007 JAMES BOND

Die Geschichte der erfolgreichsten Filmserie

INHALT

Der Autor

Die Filme

Ian Fleming:
Der Mann, der 007 erfand

James Bond –
die Kult-Figur aus dem Agentenmilieu

Der erste Bond-Film, den das Publikum je zu sehen bekam, war – nein, nicht „Dr. No", sondern „Casino Royale". Die Premiere fand im amerikanischen Fernsehen statt, am 21. Oktober 1954. CBS brachte damals eine Reihe mit dem Titel „Climax Mystery Theatre", eine Anthologie spannender Geschichten, präsentiert von dem Schauspieler William Lundigan.

Der Broadway-Veteran Bretaigne Windust, ein routinierter Produzent und Filmregisseur, hatte sich entschlossen, dem Drama einen amerikanischen Touch zu geben. Er engagierte Barry Nelson für die Rolle des britischen Geheimagenten. Peter Lorre spielte das Ekel Le Chiffre, einen russischen Agenten, der die Gelder im größten und berühmtesten Spielcasino der Welt kontrolliert, Linda Christian war das erste Bond-Girl.

Der Film entstand zu großen Teilen in einer Casino-Kulisse, nachgebaut in „Television City", den Fernsehstudios in Hollywood. Kein Wunder, daß es „Casino Royale" an dem Abenteuer-Flair und den beeindruckenden Drehorten ermangelte, die mit 007 assoziiert werden. Das Ganze war schlicht nichts weiter als ein simples Duell zwischen Le Chiffre und Bond, die sich an einem Baccara-Tisch gegenübersaßen. So kann es kaum verwundern, daß Bonds erster Bildschirm-Auftritt von der Kritik weitgehend übersehen wurde.

Die Figur James Bond war damals bereits 10 Jahre alt. Ihr geistiger Vater Ian Fleming hielt sich 1944 einige Wochen auf Jamaika auf. Bevor er nach London zurückkehrte, bat er seinen Freund, den amerikanischen Millionär Ivar Bryce, für ihn an der Küste der Insel einen Besitz zu erwerben. „Goldeneye" wurde in dem Jahr geboren, als Bryce ein Stück Land an der Küste kaufte. Es lag nicht weit entfernt von dem verlassenen Eselspfad von Oracabessa, einem Handelszentrum für Früchte an der schönen Nordküste Jamaikas.

Zwei Jahre später wurde Fleming von dem Zeitungs-Magnaten Lord Kemsley angeworben; seine Aufgabe: Er sollte für eine umfangreiche Gruppe englischer Tageszeitungen Nachrichten aus dem Ausland auswerten. Fleming nahm den Job an – unter der Bedingung, daß in seinem Vertrag ein zweimonatiger Jahresurlaub festgelegt wurde.

Als sein Haus an der Küste Jamaikas fertiggestellt war, begann Fleming mit der Reihe seiner Bond-Geschichten. Jahr für Jahr schrieb er einen Thriller, bis an sein Lebensende wurden es insgesamt 13. Sechs Jahre lang hatte er vorher schon mit dem Gedanken gespielt, umfangreiche Abenteuergeschichten niederzuschreiben, doch erst nach seiner Hochzeit im Jahre 1952 machte Fleming Ernst. Den Namen seiner Hauptfigur entlieh er einem Buch, das stets seine Kaffeetafel schmückte. „Birds of the West Indies" stammte von dem amerikanischen Ornithologen James Bond.

Als er die erste Geschichte plante, begann Fleming all die Erlebnisse seiner Jugend in England noch einmal zu durchleben. Die Schulzeit in Österreich wurde wieder wach, die Träume von schnellen Autos, deutschen Agenten, attraktiven Frauen und erstklassigen Weinen. Fleming ließ auch seine Erfahrungen als Journalist einfließen, die bis zu seiner ersten Stellung als ▶

Jedes Jahr ein Buch

13 Jahre lang schrieb Ian Fleming jedes Jahr einen Bond-Roman und zwar immer während der vertraglich vereinbarten 8 Wochen Ferien in seinem Haus auf Jamaika. Diese 13 Romane begründeten seinen Ruhm. James Bond wurde zum populärsten Leinwandhelden unserer Zeit.

Nachrichtenkorrespondent der Presseagentur „Reuters" in den 30er Jahren zurückreichten.

1933, als er für „Reuters" arbeitete, war der 25jährige Fleming nach Moskau entsandt worden. Er hatte von der skandalösen Gerichtsverhandlung gegen eine Gruppe von Metro-Vickers-Ingenieuren zu berichten, die von der sowjetischen Regierung der Spionage angeklagt wurden. In Schilderungen, die ihm die Anerkennung seiner Journalistenkollegen einbrachten, vermied er sorgfältig eine allzu simple Sensationsberichterstattung und Abrechnung mit dem Gericht. Stattdessen konzentrierte er sich darauf, die Atmosphäre zu schildern, die das Ereignis umgab, und die schillernden Persönlichkeiten der Hauptfiguren.

Als Journalist, Reiseberichterstatter und Kolumnist für verschiedene Londoner Zeitungen fand Fleming stets präzise Details zu den Themen, über die er schrieb. Er vertiefte sich in Einzelheiten, die andere Nachrichtenleute als überflüssig abtaten und gewann mehr und mehr Zustimmung für die ungewöhnliche Qualität seiner Arbeit. Wenn er Hilfe für eine Geschichte brauchte, war er sich durchaus nicht zu fein, einen Experten zu dem jeweiligen Thema um Mitarbeit zu bitten.

Als er zum Beispiel die James-Bond-Geschichten schrieb, stellte er fest, daß es ihm sehr an Kenntnissen in den Bereichen Ballistik und Autotechnik mangelte. Um das auszugleichen, rief er qualifizierte Experten zu Hilfe. Wie viele Journalisten besaß Fleming Freunde auf zahlreichen Gebieten: Weinhändler, Büchsenmacher, Banker, Gourmetköche, Diamantenhändler, Unterwasserforscher, Mechaniker. Die James-Bond-Geschichten waren eine Mischung aus ihren kombinierten Erfahrungen und Flemings Erinnerungen.

Im Winter 1952 wurde „Casino Royale" fertiggestellt. Fleming bot das Manuskript dem Verleger Jonathan Cape an, der einige Reisebücher seines Bruders Peter veröffentlicht hatte. Cape sagte ‚ja' – nicht zuletzt aufgrund diverser Empfehlungen, unter anderem von Flemings gutem Freund William Plomer, einem Schriftsteller. Für den Frühling 1953 wurde die Veröffentlichung geplant.

Nobel-Ausbildung in Eton

Nach seiner Schulzeit in Österreich genoß Fleming die englische Nobel-Ausbildung in Eton, wo er als besonders guter Sportler auffiel (Bild oben). Jahre später besuchte der „berühmte" Schriftsteller in Eton seinen Bruder Peter (Bild unten).

Happy Days in Kitzbühel

Mit die schönsten Erinnerungen hatte Fleming Zeit seines Lebens an den Ferienaufenthalt in Kitzbühel. Er nannte sie gerne die „goldenen Zeiten, als die Sonne immer schien." Die Erlebnisse in den Bergen verarbeitete er später in seinem Roman „Im Geheimdienst Ihrer Majestät".

Die Möglichkeit, die James-Bond-Geschichten auch zu dramatisieren, hatte Ian Fleming schon seit einiger Zeit interessiert. Er besaß eine Reihe von Freunden in der Unterhaltungsindustrie, darunter den Schauspieler David Niven und Alexander Korda, einen bekannten Produzenten. Korda hatte ihn um ein Voraus-Exemplar von „Live and Let Die", seiner zweiten Bond-Geschichte, gebeten, und aus heiterem Himmel bot plötzlich CBS 1000 Dollar für die Fernsehrechte an „Casino Royale" an.

Fleming hatte jedoch eine Menge zu lernen über die großen Studios in Amerika und England. Nach einem Jahr stellte er zu seiner großen Enttäuschung fest, daß der Enthusiasmus für Bond gestorben war. Trotz guter Kritiken für „Moonraker" ging nur ein einziges Projekt voran: die etwas schwächliche amerikanische Fernsehfassung. Alexander Korda hatte das Voraus-Exemplar von „Live and Let Die" mit einem höflichen Brief zurückgesandt.

Es waren zwei Dinge gleichzeitig, die damals die Filmgesellschaften davon abhielten, über Filmverträge zu sprechen. Zum einen berührten die Bond-Geschichten politisch brisante Bereiche – speziell „From Russia with Love", das sich direkt mit dem russischen Geheimdienst beschäftigte. In der Atmosphäre des „Kalten Krieges", die Ende der 50er Jahre herrschte, wurden Flemings Bücher offensichtlich als „heiße Eisen" betrachtet. Zum zweiten war es schwierig, einen bekannten Star für die Bond-Rolle zu gewinnen, der über mehr als einen Film abschloß, und ohne feste Zusage eines solchen Stars war keine Gesellschaft bereit, sich an die Bücher heranzuwagen. Es kam hinzu, daß Bond auch noch nicht in den Bestsellerlisten aufgetaucht war. In Amerika blieben die Bücher bis 1958 weithin unbekannt – oder man hielt sie für eine weitere Kopie des berühmten Mike Hammer.

Was sollte Fleming tun, er brauchte Geld. Also verkaufte er die Filmrechte für „Casino Royale" an den Regisseur Gregory Ratoff – für ganze 6000 Dollar übrigens. Ratoff verkaufte sie später weiter an Charles K. Feldman, der „Casino Royale" 1966 produzierte.

Wenige Monate, nachdem Fleming „From Russia with Love" beendet hatte – das war 1956 – zeig- ▶

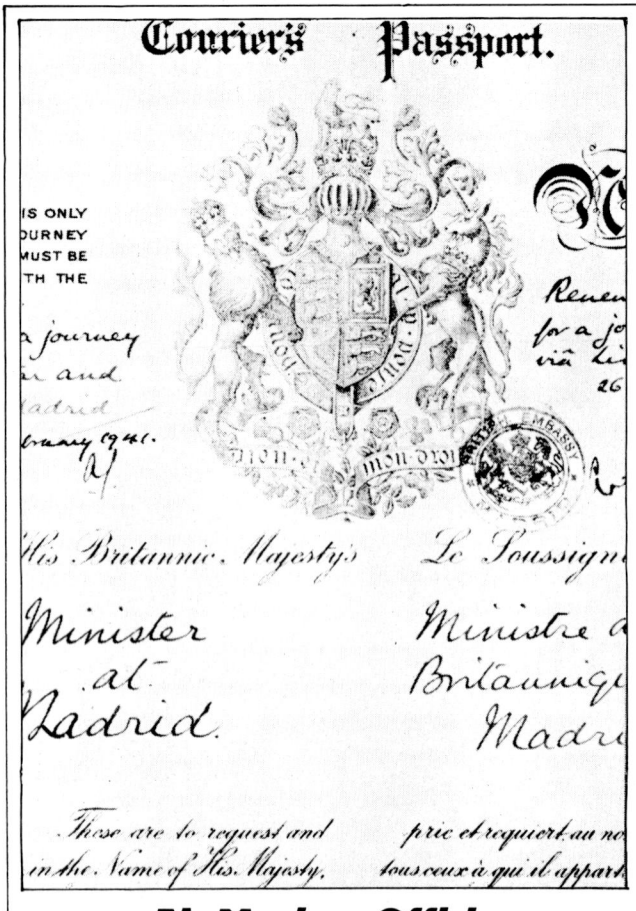

Als Marine-Offizier im Krieg

Während des 2. Weltkrieges war Fleming persönlicher Adjutant von Admiral Godfrey. Das Bild rechts zeigt Fleming in der Uniform der Naval Intelligence Division. Oben ist Flemings Courier-Ausweis für einen Geheim-Auftrag zu sehen.

te der Schauspieler Ian Hunter Interesse an „Moonraker". Fleming erklärte sich bereit zu einer Option; doch Hunter, der für die Rank Organisation tätig war, müsse 1000 englische Pfund für die Option bezahlen und weitere 10000 für die Filmrechte. Kurz nach dieser Übereinkunft erhielt Fleming ein interessantes Angebot von dem amerikanischen Multi-Millionär Henry Morgenthau III., der als Fernsehproduzent für NBC arbeitete. Morgenthau plante eine halbstündige Abenteuer-Serie mit dem Titel „Commander Jamaica"; gedreht werden sollte auf der Insel, und Fleming sollte an den Geschichten mitarbeiten.

Flemings Entwurf für die Serie sah als Hauptperson einen James Gunn vor. Als Operationsbasis dien-

te eine Zehnmeteryacht mit dem Ankerplatz Morgans Harbour, Jamaica. Ein mürrischer alter Admiral, der seine Anweisungen über die versteckten Lautsprecher der Yacht gibt, war als Gunns Chef vorgesehen. Die Geschichte war aufgehängt an einer Verbrecherbande, die von einer unbewohnten Insel aus operierte und angeblich versuchte, amerikanische Raketen beim Start von Cape Caneveral in ihrem Kurs zu beeinflussen. Als NBC die Serie doch nicht drehte, bekam Fleming die Idee zurück. Er verwendete sie später für seinen sechsten Bond: „Dr. No".

Ein Jahr später begann CBS wieder mit dem Options-Spielchen. Die Gesellschaft fragte bei Fleming an, ob er gegen eine prächtige Voraus-

zahlung bereit sei, eine Serie von 32 Bond-Episoden fürs Fernsehen zu schreiben. Er stimmte zu, doch erneut fiel die Sache ins Wasser. Sechs der Entwürfe, die er geschrieben hatte, verwendete Fleming schließlich als Grundstock für eine Sammlung von Kurzgeschichten unter dem Titel „For Your Eyes Only".

Im Winter 1958 kam das Thema Spielfilm erneut ins Gespräch. Flemings Freund Ivar Bryce kam nach London und stellte ihm Kevin McClory vor, einen dreiundreißigjährigen irischen Filmregisseur; Bryce unterstützte ihn bei dem Wagnis, seinen ersten Spielfilm zu drehen, eine sensible Geschichte mit dem Titel „The Boy and the Bridge". McClory hatte nie zuvor ein Bond-

In »Goldeneye« auf Jamaika

Im Winter 1963 / 64 verbrachte Fleming die letzten Ferien in seinem Landhaus „Goldeneye" auf Jamaika.
Das Foto zeigt ihn mit seiner Frau Anne und der Köchin Violet.
In dieser Zeit schrieb Fleming sein letztes Buch: „Der Mann mit dem goldenen Colt".

Buch gelesen; doch jetzt beschäftigte er sich mit den ersten sechs Romanen und prüfte sie auf die Möglichkeit, sie auf die Leinwand zu bringen. McClory fand großen Gefallen an den Büchern und sagte das auch. Aber zugleich erklärte er Fleming, daß die Geschichten zum Teil nicht visuell genug aufgebaut seien, für die Leinwand müßten sie völlig umgeschrieben werden; vielleicht verwende man nur die Hauptfigur und drehe das Ganze dann in einer Unterwasserkulisse bei den Bahamas.

Fleming blieb unkompliziert; er schlug nur seinen Freund David Niven als idealen Bond vor. Außerdem war er bereit, sich an der Filmgesellschaft Xanadu Productions zu beteiligen, die Bryce und Mc-

Clory neu gegründet hatten. Sollte ihr gemeinsames Projekt tatsächlich auf den Bahamas gedreht werden, dann hatte Xanadu die Möglichkeit, vom „Eady Subsidy Plan" zu profitieren. Das hieß: Bestimmte Produktionen, die irgendwo im Commonwealth gedreht wurden, wurden finanziell unterstützt; Filmemacher sollten dadurch angeregt werden, daß sie auf „britischem" Territorium drehten.

Flemings neuer Agent, Laurence Evans von MCA, sagte ihm offen, daß ein junger, unbekannter Regisseur kaum in der Lage sein würde, Stars mit großen Namen anzuziehen. Da Fleming jedoch an Leute wie James Stewart, Richard Burton oder David Niven dachte — als vierten brachte er noch James Mason

ins Gespräch — empfahl er ihm, für das Projekt einen namhaften Regisseur ins Auge zu fassen, zum Beispiel Alfred Hitchcock oder Anthony Asquith. Evans riet dringend, Fleming solle auf einem solchen etablierten Regisseur zurückgreifen. Nur er vermöge es, für den Film ein vernünftiges Budget auszuhandeln, nur so sei es möglich, eine der großen Gesellschaften zu bewegen, daß sie den Film finanziert.

Obwohl Fleming klar war, was Evans meinte, liefen die Pläne mit McClory weiter. Keiner der existierenden Bond-Romane diente als Basis für ein Drehbuch, statt dessen hatte man beschlossen, eine völlig neue Abenteuer-Story zu bauen, die filmgerecht und gleichzeitig publikumswirksam sein sollte. ▶

Große Hoffnungen ruhten auf der Tatsache, daß McClory 1955 und 1956 wichtige Erfahrungen sammeln konnte, als er mit dem Produzenten Michael Todd an dem Film „In 80 Tagen um die Welt" gearbeitet hatte. Diese Mischung aus Abenteuer- und Actionfilm hatte immense Gelder eingespielt, und seine kosmopolitische Betrachtungsweise der Welt würde ausgezeichnet zu einer James-Bond-Geschichte passen. McClory selbst war besonders daran interessiert, Bond vor internationalen Kulissen zu präsentieren.

Im Mai 1959 skizzierten Bryce, Ernst Cuneo und McClory ein geeignetes Bond-Abenteuer. In diesem Entwurf hat sich ein russischer Agent als Sergeant in die US-Army eingeschmuggelt und tut Dienst an Bord eines Flugzeugs, das permanent Berühmtheiten zu streng geheimen US-Basen bringt. Bond entdeckt, daß die Russen den Plan haben, auf eben diesen Basen Atombomben explodieren zu lassen.

Als der verdächtige Sergeant in die Karibik versetzt wird, folgt Bond ihm, verkleidet als britischer Entertainer. In Nassau stellt er fest, daß eine geheimnisvolle Macht eine ganze Flotte von einheimischen Fischerbooten bestellt hat. Sie alle sind mit wasserdichten Unterwasser-Luken ausgestattet, ähnlich wie die von der italienischen Marine im II. Weltkrieg verwendeten. Russische Unterseeboote sollen diesen Fischerkähnen Atombomben liefern, die von Froschmännern durch die Unterwasser-Klappen an Bord gebracht werden. Cuneo ließ die Geschichte mit einer gewaltigen Unterwasserschlacht zwischen den Froschmännern des Feindes und Bonds Truppe enden. Zur gleichen Zeit fand in Nassau ein großes Konzert im Freien statt.

Der Drehbuchentwurf sah eine Menge englischer und amerikanischer Spitzen-Stars vor, dieser Gedanke stammte von McClory, der für kleine Nebenrollen in „In 80 Tagen um die Welt" große Namen verpflichten konnte. Cuneo glaubte, daß man von der amerikanischen Regierung bestimmt Unterstützung bekommen könnte. Warum sollten sie nicht einem englischen Film-Team erlauben, bestimmte militärische Einrichtungen zu fotografieren, eventuell sogar an Bord des neuen Flugzeugträgers „The USS Inde-

Aus dem Familien-Album

Ian Fleming mit seiner Frau Anne und dem Sohn Caspar.

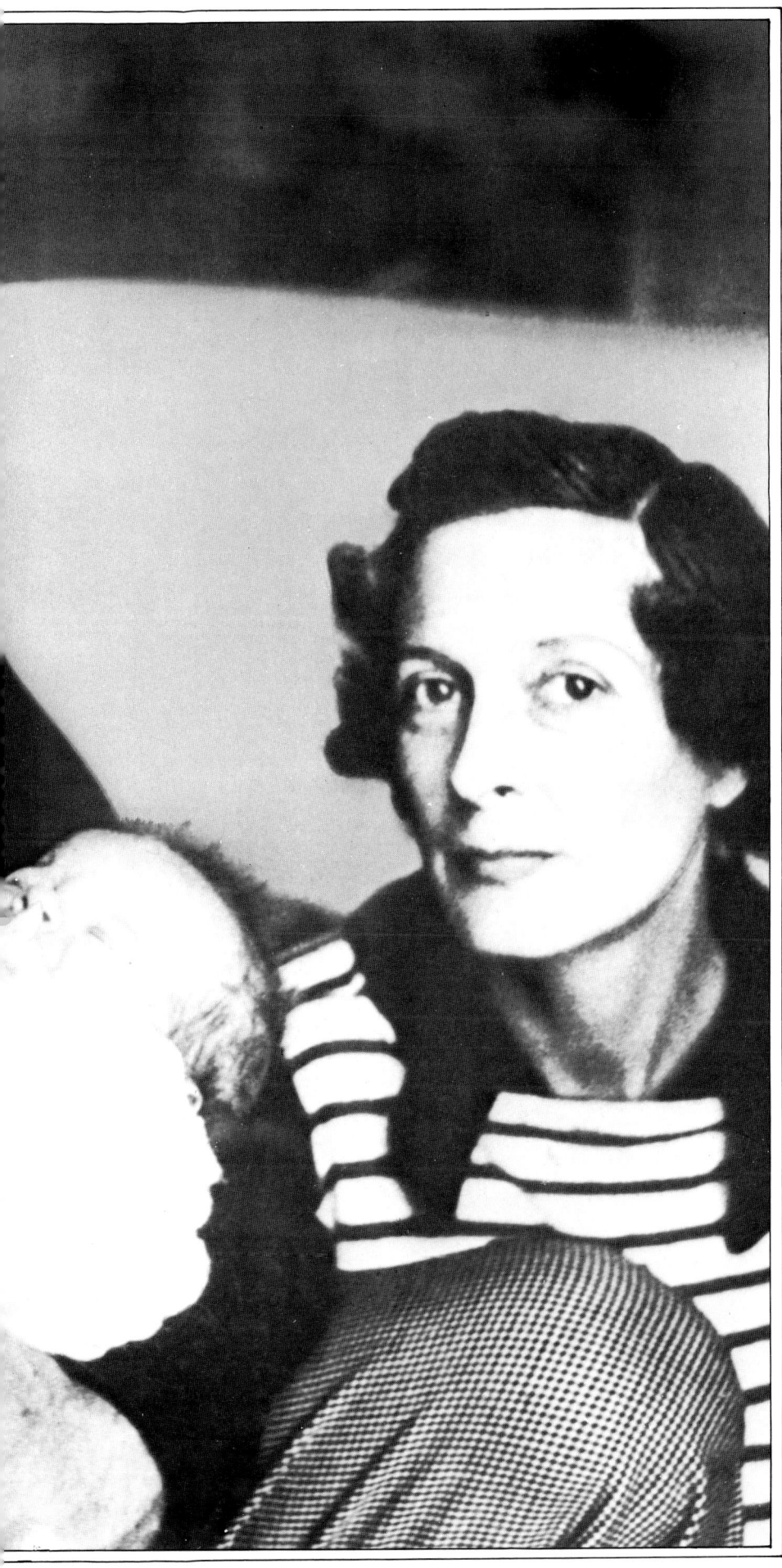

pendance" zu drehen. Er schlug auch vor, das neue Breitwandsystem Todd-A0 zu verwenden, das sich bei „In 80 Tagen um die Welt" als so eindrucksvoll erwiesen hatte.

Flemings hauptsächliche Einwände gegen dieses Drehbuch waren einmal das Fehlen einer Bond-Heldin und zum zweiten die Tatsache, daß die Russen als Hauptübeltäter herhalten sollten. Den letzten Einwand hatten vier Jahre später auch Albert Broccoli und Harry Saltzman. Sie fanden, „Liebesgrüsse aus Moskau" sei ein viel zu politischer Film, wenn die Russen als der Haupt-Feind dargestellt würden.

Anstelle der Russen erfand Fleming SPECTRE. In seiner Vorstellung stand diese Abkürzung für „Special Executive for Terrorism Revolution and Spionage", eine ungeheuer mächtige Organisation in privater Hand, besetzt mit ehemaligen Mitgliedern der „Smersh", der „Gestapo", der „Mafia" und der „Schwarzen Zange" aus Peking. Flemings Idee war es, daß diese finstere Organisation Atombomben auf NATO-Basen deponieren sollte mit der Absicht die Westmächte um 100 Millionen Pfund zu erpressen.

„M" mußte für einige Zeit einen Doppelagenten bei SPECTRE gehabt haben, eine hübsche Agentin mit Namen Fatima Blush. Sie fungierte in dem USO-Flugzeug als Stewardeß und Assistentin des Sergeants. Von ihr erfährt Bond nach und nach die Einzelheiten des Planes, von dem er sonst kaum Kenntnis erhalten hätte. Dieser Kunstgriff rettet Bond.

„In der abschließenden Unterwasser-Szene", so schrieb Fleming, „befindet sich Fatima Blush natürlich auf der Seite des Feindes. Ihr Auftauchen in einem engsitzenden, schwarzen Gummianzug läßt das Publikum nahezu ohnmächtig werden. Im Laufe des Kampfes bemerkt jedoch der Sergeant, wie sie ein Loch in seinen Unterwasser-Anzug schneidet; er erkennt, daß sie eine Doppelagentin ist. Im nun folgenden Durcheinander tötet Bond den Sergeanten gerade in dem Augenblick, in dem er das Ventil an Fatimas Sauerstoff-Flasche abdreht. Der Vorhang fällt, als sich Bond und Fatima durch ihre Schnorchel küssen."

McClory, Bryce und Cuneo diskutierten Flemings Anmerkungen und stimmten überein: Den russi- ▶

Landsitz auf der Trauminsel

Sein Haus „Goldeneye" auf Jamaika kaufte Fleming schon 1944. Er lebte regelmäßig mindestens zwei Monate im Jahr hier.

Stadtwohnung in der Metropole

In London, im Hause Victoria Square Nr. 16 hatte Fleming seine Stadtwohnung. Sie war vollgestopft mit Büchern, selbst sein Schlafzimmer glich einer Bibliothek.

schen Aspekt sollte man über Bord werfen. Sie hießen auch Flemings SPECTRE-Organisation gut, wobei das Hauptgewicht auf ehemalige Mafia-Mitglieder gelegt werden sollte.

In seiner ersten Film-Bearbeitung hatte Fleming ursprünglich auf SPECTRE verzichtet und eine rein mafiaorientierte Verschwörung gewählt, Boß der Bande war ein Capo Mafioso namens Cuneo, dessen erster Leutnant ein Bär von einem Mann: Largo. Dieser Largo sollte von dem amerikanischen Schauspieler Burles Yves gespielt werden, der sich schon sehr für das Projekt interessierte.

Largo und seine ausgewählte Mannschaft brechen in eine amerikanische Atom-Basis auf englischem Boden ein und stehlen eine Atombombe. Sie transportieren die Bombe zu einem Hubschrauber, und der bringt sie auf ein Schiff, das im englischen Kanal ankert. Von dort wird die gefährliche Fracht auf ein Flugboot umgeladen, das mit Hochgeschwindigkeit den Atlantik überquert und seine Ladung schließlich neben Largos Luxus-Yacht „The Virginia" dem Meer übergibt. Eine Tauchermannschaft bringt die Bombe durch eine Unterwasserluke an Bord.

Am Anfang des Fleming-Drehbuchs spielt ein großer Teil der Szenen in einem englischen Land-Gasthof. Bond ist Largo hierher gefolgt und trifft Domino Smith, eine britische Agentin, die sich in die Mafia-Gang eingeschlichen hat. Zunächst jedoch treffen wir Bond im Keller des Secret-Service-Hauptquartiers, wo er auf dem Schießstand mit dem Waffenmeister seine monatliche Routineübung abhält.

Anstatt bestimmte Elemente der Geschichte der Phantasie des Zuschauers zu überlassen, erlaubte Fleming seinem Bond bisweilen längere Monologe, in denen er über sich und seine Herkunft spricht. So gibt es eine Szene, in der Bond in seinem Büro sitzt und auf einen Anruf von „M" wartet, der ihn nach Nassau beordern soll. In diesem Augenblick beginnt Bond sich selbst zu beschreiben: ‚Mein Name ist James Bond. Ich bin Agent Nr. 007 im Secret Service. Die doppelte 0 bedeutet, daß ich die Lizenz habe, in Erfüllung meiner Pflichten zu töten. Das heißt, daß ich die dreckigen Jobs bekomme – die Jobs, über die

man nie in den Zeitungen liest; die Jobs, von denen selbst die Regierung lieber nichts Genaueres weiß. Ich mag diese Jobs nicht besonders, aber es ist jetzt schon Monate her, daß ich aus diesem verdammten Büro rausgekommen bin. Dieser elende Papierkram! Und dann ist heute Montag – Montage sind sowieso die Hölle!'

Der Summer an Bonds Sprechanlage unterbricht diesen im Alan-Ladd-Stil abgefaßten Monolog. Bond wird in „M"s Büro gerufen und erfährt erste Einzelheiten über die Mafia-Verschwörung.

In „M"s Büro begrüßt Bond Detektiv Ronnie Vallance (ein Mitglied der Londoner „Criminal Investigation Division" und eine wichtige Figur in Flemings Roman „Moonraker"). Er fragt: „Was wissen Sie über die Mafia?" Die Frage gibt Fleming Gelegenheit zu einer seiner charakteristischen Beschreibungen, in denen Bond die ausgesuchtesten Einzelheiten über die „Ehrwürdige Gesellschaft" berichtet, die Fleming nur finden konnte. „Mehr oder weniger das, was jeder weiß", antwortet Bond Vallance. „Sie sind eine Art sizilianischer Gewerkschaft in Sachen Verbrechen. Tüchtige Leute. Sie haben Agenten in der ganzen Welt, speziell aber in Amerika. Al Capone war eines ihrer Mitglieder, Luciano ebenfalls – usw."

Zurück zur Geschichte: Bond verfolgt das Flugboot nach Nassau, wo er erneut auf Largo trifft. Der Mafioso fungiert hier als Boß der Italo-amerikanischen Gewerkschaft der Getreidearbeiter, die sich gerade auf den Inseln versammeln. Inzwischen fordert die Mafia 100 Millionen Pfund in Goldbarren für die Rückgabe der gestohlenen Atombombe. Bond stellt mit Hilfe des Kollegen Felix Leiter vom amerikanischen CIA fest, daß Largo ein amerikanischer Gangster ist. Nach ein paar Zusammenstößen mit Bond erklärt sich Domino Smith, die sich noch immer an Largos Seite befindet, bereit, einen Geigerzähler mit an Bord der „Virginia" zu nehmen. Sie wird entdeckt und in ihrer Koje gefesselt.

Bond und Leiter beschatten die „Virginia" in einem U-Boot der US-Marine. Das Finale ist die Unterwasserschlacht vor Miami, wo Largos Leute die Bombe deponiert haben. Bond wird fast von Largo umgebracht, doch in letzter Minute ▶

Mit Anne in Venedig

Ganz als Gentleman präsentierte sich Ian Fleming mit seiner Frau Anne bei einem Besuch in Venedig.

taucht Domino auf, die es geschafft hat, von der Yacht zu fliehen und in den Kampf einzugreifen. Sie spießt den Bösewicht auf. Der Film endet damit, daß die Marine die Atombombe entdeckt. Währenddessen küßt Bond Domino nicht mehr durch den Schnorchel, sondern nimmt ihr die Taucherbrille ab, entführt sie zu einem nahegelegenen Strand und küßt leidenschaftlich ihre Lippen.

Flemings Partnern gefiel das Drehbuch. Dennoch war ihnen klar, daß jemand mit entsprechender Er-

fahrung vonnöten war. William Fairchilds Name fiel ziemlich schnell. Er war ein sehr bekannter englischer Drehbuchautor, der im Jahr zuvor großen Erfolg mit „The Silent Enemy" erzielt hatte. Der Film war eine faszinierende Studie englischer Taucher, die während des II. Weltkriegs im Mittelmeer mit italienischen Froschmännern kämpften — ein Thema, das Flemings Drehbuch sehr verwandt war.

Zufällig war es dennoch ein anderer Autor, der schließlich ausgewählt wurde: Jack Whittingham.

Als erstes hatte er mal eine Reihe negativer Bemerkungen zu Flemings Drehbuch abzugeben. Er fand die Methode, wie die Mafia die Atombombe stahl, unglaubwürdig. Die Idee dreier verkleideter Mafia-Helfershelfer, die sich an eine amerikanische Atombasis einschleichen und mit einer Bombe verschwinden, klang etwas realitätsfern. Abgesehen davon wurde viel zu viel Zeit damit verschwendet, die Bombe zu transportieren: vom Hubschrauber auf das Schiff, vom Schiff ins Flugzeug, von dort wieder auf die Yacht.

Mit Python
im Büro

*Fleming interessierte
sich für fast alles
und schrieb gerne darüber.
Sein besonderes Inter-
esse jedoch gehörte den
Schlangen. Er hatte
sich auf Jamaika fast zu
einem Schlangen-
Spezialisten entwickelt.*

Er schlug statt dessen vor, daß die Mafia einen NATO-Bomber mit Atombomben an Bord entführen sollte. Das Flugzeug sollte auf den Bahamas notlanden, und von dort konnten dann Froschmänner die Bomben zur Mafia-Yacht transportieren.

Whittingham erklärte auch, daß Flemings Geschichte zu sehr in Dialogen erzählt war — es fehlten die optischen Eindrücke, um die Handlung weiterzuführen. Ihm gefiel auch nicht, daß sich Domino Smith so problemlos in die Mafia-

Bande einschleichen konnte; ebensowenig der Gegenspionageplan des Secret Service, der ganze zwei Männer und ein Mädchen nach Nassau schicken wollte. Sodann erklärte Whittingham, die Mafia solle besser zwei Bomben stehlen. Die erste konnte gezündet werden, falls die NATO sich weigern sollte, das Lösegeld zu zahlen.

Alle Passagen, in denen Fleming die Handlung durch einen Bond-Monolog unterbrochen hatte, verschwanden. Die Szene in dem Landgasthof wurde herausgenom-

men, ebenso entfiel Bonds Schilderung der Mafia. Stattdessen plante man, die Ganoven optisch einzuführen. Das überarbeitete Drehbuch begann nun mit einer Reise des Mafia-Agenten Martelli nach Nassau, wo er Largo berichtet, daß der NATO-Beobachter Joe Petacchi jetzt unter ihrer Kontrolle sei. Largo ist erfreut, bietet dem Mann 10000 Dollar Belohnung und läßt dann prompt einen seiner Leibwächter Martelli von hinten erschießen, damit er auf keinen Fall einen gefährlichen Mitwisser am Leben läßt. Seine Leiche wird anschließend den Haien vorgeworfen.

In Whittinghams Drehbuch heißt Largos Haus „Xanadu", Domino ist ersetzt durch das amerikanische Playgirl Gaby. Der Name des sizilianischen Mafia-Bosses lautete nicht mehr Cuneo, sondern Bastico. Whittingham führte auch einen von Largos Helfershelfern als „Janni" ein.

Petacchi entführt das Flugzeug, doch der Alliierte Geheimdienst kann zuvor noch eine vage Spur des Bombers aufnehmen. Bond erhält von „M" die Information, daß der Flieger zuletzt über dem Atlantik geortet wurde, etwa bei 78 Grad westlicher Länge. Dorthin wird Bond geschickt.

78 Grad westlicher Länge war zunächst der Arbeitstitel des Drehbuchs, doch Fleming und McClory änderten ihn dann in „Thunderball" — das war der Deckname für die Operation des anglo-amerikanischen Geheimdienstes. Von dem Augenblick an, wo Bond und Leiter in Nassau ankommen, hielt sich Whittinghams Buch ziemlich an die Handlung, wie sie Ian Fleming entwickelt hatte. Im Laufe ihrer Untersuchungen auf der Insel stoßen sie auf Largo und seinen mafiaähnlichen Verein. Eine Szene wurde noch hinzugefügt. Bond im Kampf mit einem Unterwasserwachtposten, als er den Schiffsrumpf von Largos Yacht sucht, die jetzt „Sorrento" heißt. Ein englisches Kanonenboot (als Ersatz für Flemings U-Boot) beschattet die „Sorrento" bis zur großen Unterwasserschlacht, die nun abseits von der Raketenbasis stattfindet.

Whittinghams Ende: Largo flieht mit einem Wasserflugzeug und hat die zweite Atombombe bei sich. Was er nicht weiß: Gaby hat den Zeitzünder eingestellt. Bond und der verwundete Leiter werden Augenzeugen, wie die Maschine förmlich ausgelöscht wird. Mitte 1958 erschien alles recht vielversprechend für den neuen Film. Bryce war begierig, ins Filmgeschäft einzusteigen; McClorys Film „The Boy and the Bridge" hatte gute Aussichten, und Fleming dachte daran, sich ganz aufs Drehbuchschreiben zu konzentrieren. Zwei Jahre später sah alles ganz anders aus. McClorys Film hatte einen wichtigen Preis bei den Filmfestspielen in Venedig gewonnen, doch die Kinokassen bleiben relativ leer. Und obwohl Bryce von

dem Whittingham-Drehbuch, boangetan war, vermochte er den Bond-Film nicht mehr alleine zu finanzieren. 1960 hatte Fleming das Interesse an Bonds Filmtaten verloren. Erneut hatte er sich in sein Haus „Goldeneye" auf Jamaika zurückgezogen, um den Anfang für seinen Bond-Roman dieses Jahres zu schreiben. McClory und Bryce, beide noch immer überzeugt von dem Whittingham' Drehbuch, boten es nach wie vor potentiellen Finanziers an. Sie hatten keine Ahnung, daß Fleming exakt das gleiche Material einfach als Basis für seinen achten Bond-Roman hernahm. Als Titel wählte er „Thunderball".

Fleming griff wieder zurück auf SPECTRE, seine bewährten Oberbösewichter, und ließ den Erbauer der Atombombe von ihnen entführen. Er schrieb auch eine Einleitungsszene, in der Bond in der ländlichen Klinik „Shrublands" einen Spectre-Agenten trifft. Fleming kam überhaupt nicht der Gedanke, er könne etwas Unrechtes getan haben. Zum Eklat kam es erst im folgenden Frühling, kurz vor der Veröffentlichung des Buches.

McClory hatte ein Vorausexemplar von „Thunderball" kaum zu Ende gelesen, da beantragten er und Whittingham beim Gericht in London eine einstweilige Verfügung gegen die Veröffentlichung. In ihrer Klage bestanden sie darauf, daß Fleming ihre Autorenrechte verletzt habe, indem er ohne Zustimmung ein Buch veröffentlichen wollte, das auf ihrem Filmskript aufbaute. Fleming, der in gutem Glauben gehandelt hatte, war geschockt von den Vorwürfen.

Bedauerlicherweise für alle Beteiligten waren in der Vorbereitungszeit zu Xanadus „Thunderball" auch keinerlei eindeutige Vereinbarungen unterzeichnet worden. Eine lange gerichtliche Auseinandersetzung hätte sich vermeiden lassen, wenn man in der Entwicklungsphase klare schriftliche Verträge gemacht und sich nicht mit einem freundlichen Händedruck begnügt hätte. Das Fehlen solcher Vertragsvereinbarungen nahm beiden Seiten die Aussicht auf einen schnellen Sieg. Was geplant war als juristisches Geplänkel, das in zwei Wochen erledigt sein sollte, entwickelte sich nun zu einem mühsamen, drei Jahre dauernden Verfahren. ●

In der Pose seines Helden

Fleming konnte sehr gut mit Revolvern umgehen, ohne nun deshalb ein Waffenexperte zu sein. Aber wie auch in allen anderen Spezialbereichen wußte er ganz genau, wo man die richtigen Informationen über ein bestimmtes Thema bekommt.

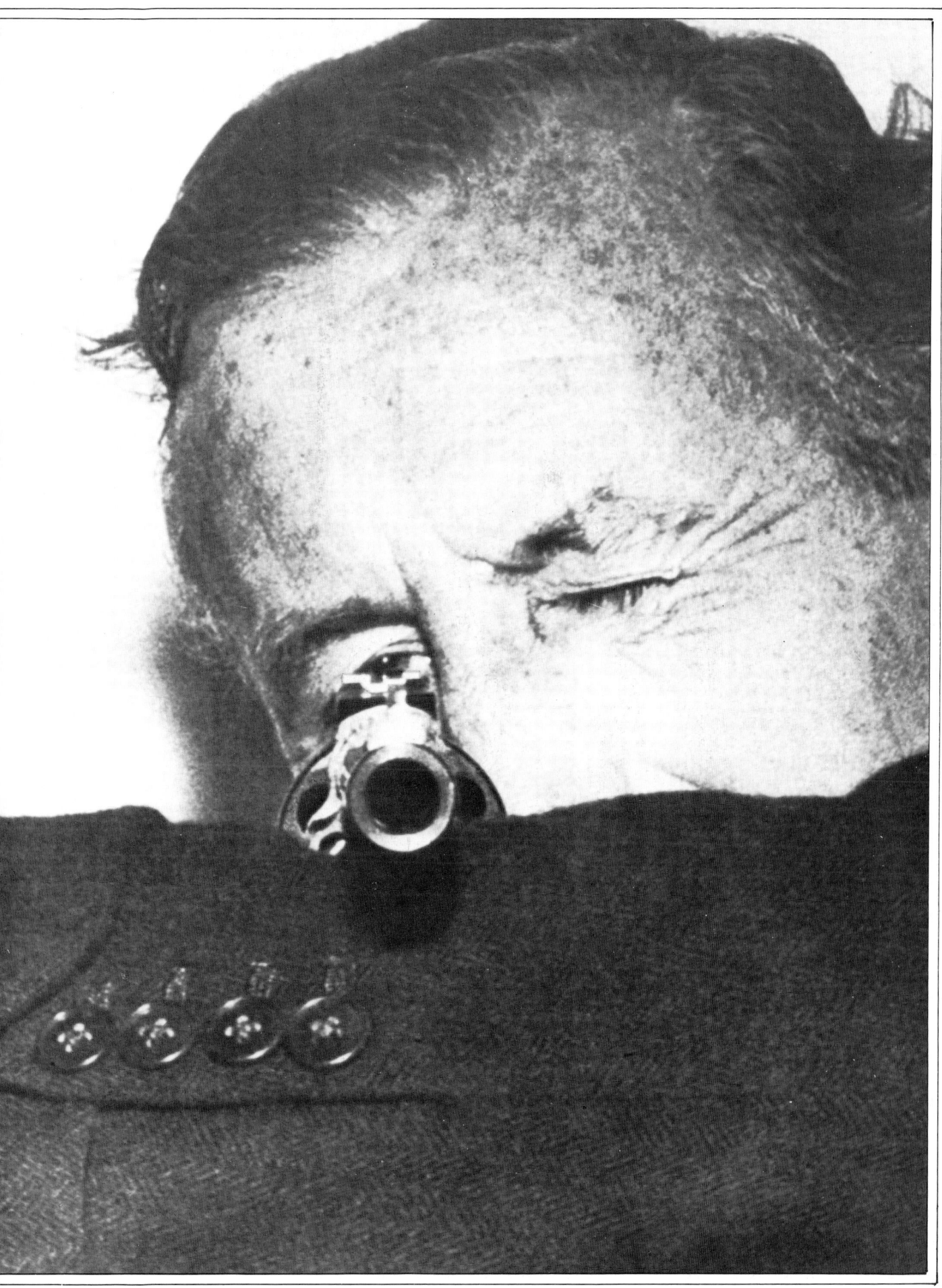

Harry Saltzman hatte die richtige Nase

Der Kanadier Saltzman hatte sich bereits Optionen auf alle Bond-Bücher geben lassen, aber die großen Studios, die er ansprach, wollten nicht so recht ran an den Stoff.

Der Beginn:
Nach vielen Rückschlägen endlich der Durchbruch

**Das Produzentengespann
Broccoli/Saltzman
bringt den ersten Bond-Film ins Kino**

Am 12. April 1961, einige Tage nach der gerichtlichen Vorladung, erlitt Fleming einen schweren Herzanfall. Noch während er sich in einer Londoner Klinik von den Folgen erholte, bekam er einen freundschaftlichen Brief von dem kanadischen Filmproduzenten Harry Saltzman. Saltzman wünschte dem Schriftsteller zunächst mal gute Genesung und ließ ihn dann wissen, daß er dabei sei, mit United Artists über eine Reihe von Bond-Filmen zu verhandeln. Er hatte sich Optionen für alle verfügbaren Bond-Bücher geben lassen und war zuversichtlich, daß er ein Filmdeal zustande bringen würde. Trotz aller Rückschläge eine Wiedergeburt für Bond.

Ein englischer Journalist beschrieb Harry Saltzman einst als einen „winzigen, dicklichen Mann, dennoch eine Person mit großer Ausstrahlung". Die Beschreibung ist treffend. Genauso wirkte der Co-Produzent der ersten acht Bond-Filme, der sich schon 1928 durch Tourneen mit Varietebühnen einen

Albert Broccoli hatte die richtigen Kontakte

Albert R. Broccoli, englischer Filmproduzent, erfuhr von dem Bond-Projekt wenige Tage bevor die Option ablief. Er hatte die richtigen Connections – nämlich zu United Artists. Die Serie konnte nun starten.

Namen gemacht hatte. Zwei Jahre später zog er nach Paris und stellte dort seine Erfahrungen der französischen Music-Hall-Szene zur Verfügung. Irgendwann managte er sogar einen Wanderzirkus. Wie und wo auch immer – Saltzman hatte einen klaren Blick für Talent.

Bei Ausbruch des II. Weltkrieges ging er zur Royal Canadian Air Force als Pilot, doch bald schon wurde er ärztlich freigestellt und kehrte nach New York zurück, um die Geschicke des Henry Miller-Theaters zu leiten. Nach dem Krieg arbeitete er weiter als Agent und stieg auch ins Fernsehen ein. Seine erfolgreichste Produktion, „Captain Gallant and the Foreign Legion", war in Nordafrika gedreht worden und wurde in ganz Amerika sehr populär. Saltzmans Filmkarriere begann 1956 in England. Er gründete „Woodfall Productions", eine unabhängige Produktionsgesellschaft, gemeinsam mit Bühnenautor John Osborne und Regisseur Tony Richardson. Für einige Leute symbolisierte „Woodfall Productions" die mögliche Wiedergeburt der englischen Filmindustrie. Die Partnerschaft dauerte drei Jahre, aus ihr gingen drei Filme hervor, die von zahlreichen Kritikern gelobt wurden. In einem Interview faßte Saltzman 1961 die Erfolge seiner Gesellschaft folgendermaßen zusammen: ,ein Flop („Look Back in Anger"), ein Plus-minus-null-Unternehmen („The Entertainer") und eine Rakete („Saturday Night and Sunday Morning")'. Obwohl er den Mut seines jungen kreativen Teams bewunderte, kritisierte er gleichzeitig die Sturheit seiner Freunde, die es einfach ablehnten, „kommerziellere" Filme zu machen.

Saltzman sehnte sich danach, Abenteuerfilme zu produzieren, Filme, die das Publikum in eine andere Welt entführten, in der Überfluß und nicht Elend regiert, wo die Zuschauer ihre eigenen Sorgen vergessen konnten. Eine Meinungsverschiedenheit in der zweiten Hälfte des Jahres führte dazu, daß Saltzman sich aus der Firma „Woodfall" zurückzog. Kurze Zeit später machte ihn Brian Lewis, sein Rechtsanwalt, mit Ian Fleming bekannt. Im Winter 1960 trafen sie das erste Mal zusammen. Fleming war damals besorgt darum, für seine Frau und seinen Sohn ein kleines Vermögen aufzubauen.

Lewis, auch sein Anwalt, setzte ihn daher unter Druck, möglichst auf die Schnelle einen Filmvertrag abzuschließen. Wenn das nicht klappen sollte, dann würde der Wert seiner Bücher sich ausschließlich nach den 1954er Verkaufszahlen von „Casino Royale" richten – also die mageren 6000 Dollar von Gregory Ratoff. In diesem Augenblick konnte Lewis Saltzman überzeugen, daß er ein bißchen in die Bond-Bücher investierte.

Bei ihrem Zusammentreffen meinte Saltzman, er könne vielleicht jetzt 50000 Dollar für eine sechsmonatige Option zusammenbringen. Und wenn dann das Projekt von einer größeren Gesellschaft angenom

Aus Romanen werden Filme

*Richard Maibaum heißt der Mann, der die meisten
Drehbücher zur Bond-Serie geschrieben hat. Er mußte aus Flemings
Romanen leinwandgeeignete Drehbücher machen.
Maibaum hat übrigens auch am Drehbuch für den neuesten Bond-Film
„In tödlicher Mission" mitgearbeitet.*

men werden sollte, dann würde er versuchen, für Fleming 100000 Dollar pro Film herauszuholen, zuzüglich einer prozentualen Beteiligung. Fleming stimmte grundsätzlich zu, bat jedoch Saltzman noch, seinen Filmagenten Bob Fenn von MCA zu treffen und mit ihm die Angelegenheit schriftlich zu fixieren.

Fenn, rechte Hand des MCA-Präsidenten Jules Stein in London, hatte die vergangenen zwei Jahre damit zugebracht, sich um Flemings Geschäfte zu kümmern. Er hatte von „Rank" die nicht wahrgenommene Option für „Moonraker" zurückerworben und hatte alles darangesetzt, um von Charles Feldman die Rechte an „Casino Royale" zurückzubekommen. Er wollte Saltzman gerne alle Fleming-Bücher zusammen anbieten können, doch Feldman ließ sich nicht überreden. Er war sich des Wertes seiner Option sicher, obwohl das Projekt nun schon seit sechs Jahren dahinsiechte. In der Zwischenzeit bot Fenn dem interessierten Saltzman die sieben Bücher an, die verfügbar waren, dazu die Optionen zu jedem zukünftig erscheinenden Bond-Roman.

Fünf Monate lang versuchte Saltzman vergebens, den großen Studios die Idee einer Filmserie über James Bond zu verkaufen. Es war das alte Lied. Die Studios wollten das Projekt wieder nicht ohne Zusage eines großen Stars anpacken, und ein großer Star wollte sich nicht auf mehr als ein Dutzend Filme festlegen. Als die Option schließlich gerade noch 28 Tage lief, bekam Saltzman einen wichtigen Anruf von seinem Freund Wolf Mankowitz, einem Autoren. Albert R. Broccoli, ein in London ansässiger Produzent, war an dem Bond-Projekt interessiert. Saltzman wußte, daß Broccoli gemeinsam mit Irvin Allen eine höchst erfolgreiche Filmserie für „Columbia Pictures" realisiert hatte und war sofort zu einem Treffen bereit.

„Cubby" Broccoli war ein ehemaliger Bestattungsunternehmer. Aus dieser Erfahrung wurde ein Teil der Ideen geboren, die später in Bond-Filmen Verwendung fanden. Zum Beispiel der brennende Leichenwagen in „Dr. No", der Begräbnis-Salon des Nathan Slumber in „Diamantenfieber" und die Friedhofs-Welt des Baron Samedi in „Leben und sterben lassen". Broccoli

Der Mann im Regie-Stuhl

Terence Young inszenierte die ersten beiden Bond-Filme „Dr. No" und „Liebesgrüße aus Moskau" sowie den vierten Film der erfolgreichen Bond-Serie „Feuerball".

war nach Hollywood gegangen und hatte dort Berühmtheiten wie die Regisseure Howard Hawks und Henry King sowie den Produzenten Joe Schenk kennengelernt. Seine Film karriere begann, als er Assistent von Hawks für „The Outlaw" wurde.

Nach dem Kriegsdienst im II. Weltkrieg kehrte Broccoli nach Hollywood zurück und wurde ein erfolgreicher Agent, der ausgerechnet für Charles Feldman arbeitete. Er wollte schon immer gerne Produzent werden, und dieser Wunsch erfüllte sich schließlich, als er die Freundschaft mit Regisseur Irvin Allen erneuerte. Gemeinsam grün-

deten sie später eine Filmgesellschaft. In Hollywood war für eine kleine, unabhängige Firma nicht viel zu holen. Broccoli und Allen siedelten daher nach London über, gründeten dort „Warwick Pictures" und heuerten Alan Ladd für drei Filme an. Die Regie beim ersten übergaben sie Terence Young, einem ehemaligen Drehbuchautoren. Der Film hieß „The Red Beret" und war ein augenblicklicher Erfolg für „Columbia Pictures". Young bekam später die Regie bei dreien der vier ersten James-Bond-Filme.

Die Streifen, die Warwick Films drehte, hatten alle amerikanische

Stars in den Hauptrollen, in den Nebenrollen gute englische Darsteller, pittoreske Drehorte und viel, viel Action. In diesen erfolgreichen Jahren schloß Broccoli bleibende Freundschaften mit vielen Künstlern, die später in hohem Maße zum Erfolg der Bond-Filme beitragen sollten. Zum Stamm der Warwick-Mitarbeiter zählten Kameramann Ted Moore, der als Kamera-Assistent bei „The Red Beret" angefangen hatte, Drehbuchautor Richard Maibaum (von ihm stammten die beiden Drehbücher zu „The Red Beret" und auch zu dem äußerst erfolgreichen Film „Cockleshell ▶

23

Ein Tüftler voller Phantasie

Ken Adam hatte bei fast sämtlichen 007-Abenteuern die für diese Serie besonders wichtige Funktion des Ausstatters und Produktions- designers innegehabt.

Heroes"), Film-Architekt Ken Adam, der „The Trials of Oscar Wilde" für Warwick ausgestattet hatte, und natürlich Terence Young.

Zwei Jahre bevor Harry Saltzman Fleming traf, hatte Albert Broccoli schon einmal das Angebot erhalten, ein James-Bond-Projekt zu starten. Er selbst war begeistert, doch Irvin Allen lehnte die Idee kurz entschlossen ab. Dieser Vorfall trug dazu bei, daß sie die Partner- schaft auflösten; „Warwick Films" hörte 1960 auf zu existieren. Allein, doch bestens betucht und auf Draht, machte sich Broccoli auf die Suche nach einem neuen Projekt. Verhand- lungen mit Fleming wollte er nach dem Fiasko mit Allen nicht führen. Doch nach einem Gespräch mit Mankowitz Produzentenfreund stimmte er 1961 trotzdem zu. Die beiden Männer vereinbarten, Part- ner zu werden, der leicht zögernde Saltzman akzeptierte die Vereinba- rung 50-50.

Broccoli ging mit der Fleming- Option zu „Columbia Pictures" und ließ Mike Frankovich, dem Produk- tionschef, die Bond-Bücher da. Der wiederum reichte sie weiter an ei- nen Verleger und bat ihn um seine Beurteilung. Die Antwort kam schnell: James Bond sei eine ‚Arme- Leute-Version' von Mike Hammer, die Figur würde in den Vereinigten Staaten nie gehen. Frankovich hat- te jedoch zu viel Respekt vor Broc- coli und seiner Serie, als daß er die Bücher nun kommentarlos zurück- geschickt hätte. Er beschloß, die leitenden Mitarbeiter der Gesell- schaft zusammenzurufen und eine endgültige Entscheidung erst dann zu treffen. Dennoch: Columbias endgültige Antwort war negativ.

Broccoli ging zum nächsten: „United Artists". Am 20. Juni 1961 flogen er und Saltzman nach New York, um UA-Präsident Arthur Krim zu treffen. Zum Glück für James Bonds Zukunft war United Artists zu einem Deal bereit. Auf Empfehlung von David Picker, ei- nem großen Bond-Fan, und UA- London-Chef Bud Orenstein ent- schied sich Krim für das Projekt. Als Broccoli und Saltzman sein Büro betraten, fanden sie zu ihrer Verwunderung das gesamte Direk- toren-Team der United Artists vor. Broccoli erinnert sich, daß es nur Minuten dauerte, bis man sich auf eine Serie von zunächst sechs Fil- men geeinigt hatte. ●

Im Frühjahr 1962 begegneten sich Ian Fleming und Sean Connery zum erstenmal. Bei den Dreharbeiten für den ersten Streifen „James Bond 007 jagt Dr. No" führten die beiden ein ausführliches Gespräch.

Die Star-Suche: Wer wird James Bond?

Bei der Wahl nach dem idealen Darsteller machte Sean Connery das Rennen

Die Suche nach einem noch unbekannten Darsteller, der Bond spielen sollte, begann ganz gewissenhaft.

Broccoli stellte sich unter Bond einen rauhen Engländer vor, einen, der gern mal die Fäuste benutzt. Ein solches Produkt glaubte er den Amerikanern bestens verkaufen zu können, die ja an die rauhbeinige „Handarbeit" eines Mike Hammer oder Sam Spade gewöhnt waren. Obendrein sollte Bond starken Sexappeal haben, so ein richtiger Ladykiller sollte er sein.

Im Oktober 1961 erzählte der Produzent Peter Hunt Saltzman von

einem dunkelhaarigen Schotten, den er aus der Filmkomödie „On The Fiddle" kannte. Er könnte der richtige Darsteller für die Bondrolle sein, hieß es. Saltzman beschloß, sich ein Stück von „On the Fiddle" anzuschauen, um selbst einen Eindruck zu gewinnen. Es war ein interessanter Zufall, daß zur gleichen Zeit auch Cubby Broccoli Connery „entdeckt" hatte, als er sich in Hollywood eine Kopie des Disney-Films „Darby O'Gill and the Little People" ansah. Broccoli gefiel der breite schottische Akzent des Schauspielers, gleichzeitig meinte seine Frau, dieser Connery sei außerordentlich

attraktiv. Broccoli nahm sich vor, in London ein Gespräch zu arrangieren.

Zu Connerys Konkurrenz gehörten damals eine Reihe vielversprechender junger Schauspieler. Einer von ihnen war Patrick McGoohan, ein gutaussehender Bühnendarsteller, den Broccoli bereits in dem „Warwick"-Film „Zarak" eingesetzt hatte. McGoohan beschäftigte sich mit der Rolle, doch dann soll er sie aus moralischen Gründen abgelehnt haben. Ein weiterer potentieller Bond war der robuste Richard Johnson, auch ein aufstrebender englischer Schauspieler. Er wiederum ▶

wollte keinen Vertrag für ein halbes Dutzend Filme abschließen. Ironischerweise sah man dann beide später in 007-Nachziehern; McGoohan geisterte sechs Jahre lang über Englands Bildschirme als „John Drake", Johnson spielte den „Bulldog Drummond" in dem 1966 veröffentlichten Film „Heiße Katzen".

Der englische Schauspieler Roger Moore, der damals Star einer amerikanischen Fernsehserie war, wäre auch in Frage gekommen. Doch er schien nicht so ganz der starke Mann zu sein, den man für die Rolle suchte. Es war auch zweifelhaft, ob Moore sich überhaupt aus seinen TV-Verpflichtungen herauslösen konnte, um dann eine Serie von Bond-Filmen zu drehen. Wenige Monate später begann er mit den Dreharbeiten zur englischen Fernseh-Serie „Simon Templar".

Connery war also nun derjenige, den man ernsthaft im Auge hatte. Allerdings war er kein so kultivierter Schauspieler, und Saltzman befürchtete, sein schottischer Akzent könne dem Film schaden. Nach einer Reihe von gemeinsamen Gesprächen kam man dennoch zu dem Ergebnis, daß Connery es schaffen könne. Schließlich bestand der Film zum Großteil aus Action-Szenen und nur zu 20 oder 30 Minuten aus Dialogen. Und das wichtigste: Connery war bereit, einen Langzeit-Vertrag zu unterschreiben. Allerdings spielte er Bond nur unter der Voraussetzung, daß er zwischendurch auch andere Rollen übernehmen durfte.

Connery stammte aus einer schottischen Arbeiterfamilie. Er wurde 1930 als Sohn eines Lastwagenfahrers in Edinburghs wenig feiner Gegend Fountainridge geboren. Um Geld dazuzuverdienen, begann er mit neun Jahren zu jobben. Später teilte er seine Zeit auf zwischen der Schule und einem Sieben-Tag-Job als Milchausfahrer. 1946 trat er in die Marine ein, wurde jedoch nach drei Jahren aus gesundheitlichen Gründen entlassen.

1952 nahm Connery als Vertreter Schottlands an der Wahl zum „Mr. Universum" teil. Auf Umwegen bekam er dadurch eine Rolle in dem Musical „South Pacific", das damals auf Tournee war. Er spielte dann weiter auf Londoner Bühnen und, Mitte der 50er Jahre, auch im Fernsehen. Seine Darstellung des Boxers Mountain McLintock in der

Der Star und seine Konkurrenten

DAVID NIVEN

JAMES STEWART

BBC-Verfilmung des Stücks „Requiem for a Heavyweight" brachte ihm einen Vertrag mit der 20th Century Fox ein. Die Firma setzte ihn dann jedoch nicht ein, sondern lieh ihn an andere Gesellschaften aus. So spielte er in „Action of the Tiger" für MGM in „Tarzan's größtes Abenteuer" für Paramount.

Während Connery Probeaufnahmen mit einer ganzen Reihe junger Schauspielerinnen machte, die in „Dr. No." mitwirken wollten, bekam Terence Young von Cubby Broccoli das Angebot, die Regie des

ersten Films zu übernehmen.

Young war allerdings nicht Broccolis erste Wahl. Die Produzenten hatten das Projekt einigen renommierten englischen Regisseuren angetragen, darunter auch Guy Hamilton und Guy Green. Doch alle lehnten kühl und dankend ab. Broccoli war ein bißchen unsicher mit Young wegen seiner ungleichmäßigen bisherigen Leistungen. Doch die Zeit lief davon, und Broccoli holte sich das Einverständnis von United Artists. Die Firma stimmte auch zu, unter der Voraussetzung, daß Broc-

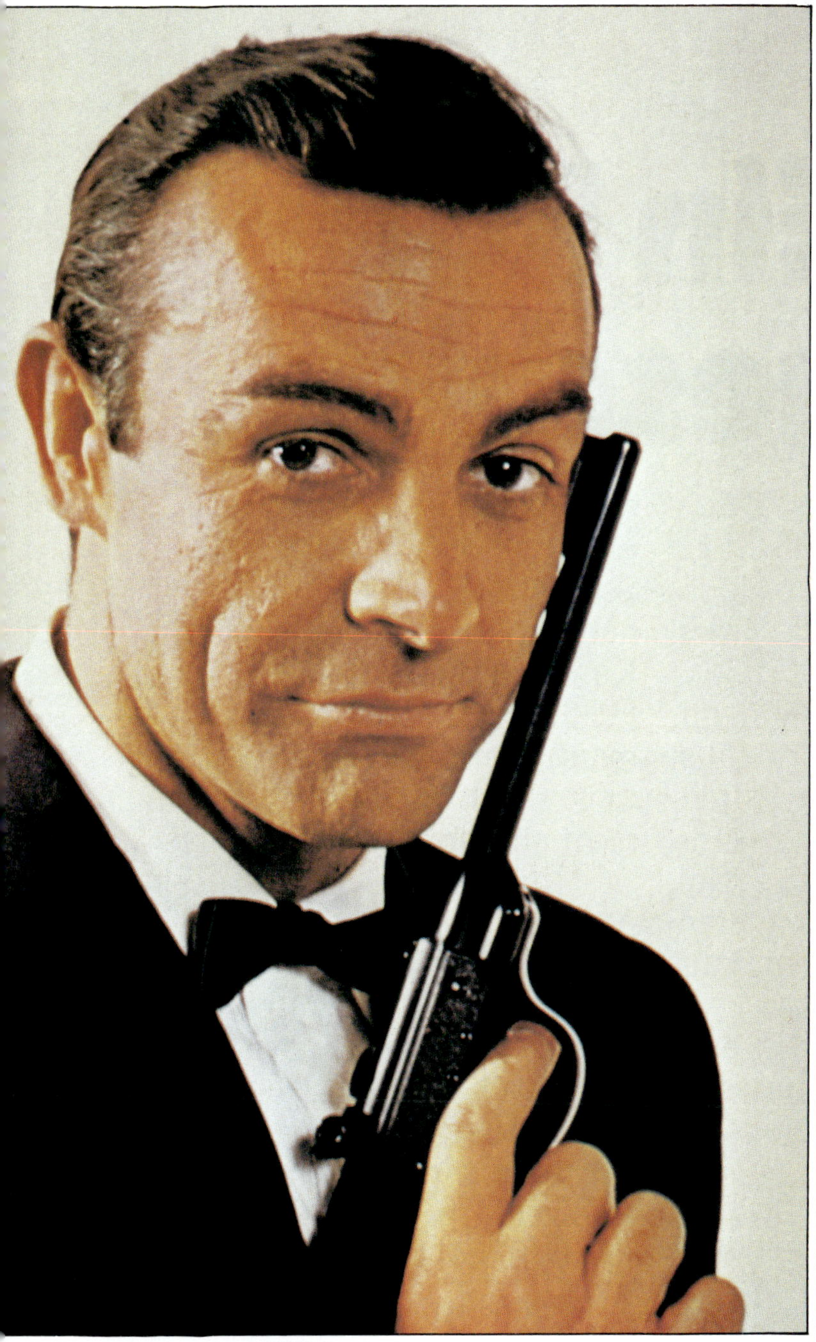

SEAN CONNERY

Neben dem Schotten Sean Connery, der schließlich die Rolle erhielt, standen eine ganze Reihe anderer Darsteller zur Diskussion: Die ausschlaggebende Entscheidung für Connery als James Bond kam von Ian Fleming. Er hielt Connery für den geeignetsten Darsteller.

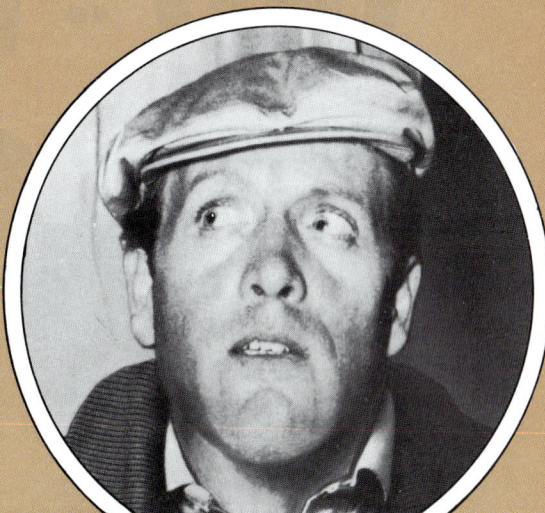

PATRICK McGOOHAN

RICHARD BURTON

coli und Saltzman das Budget des Films und die Fertigstellung garantierten. Bei Überziehungen, hatten sie die Kosten aus der eigenen Tasche zu tragen. Aber da sie Youngs frühere Arbeiten kannten, waren beide Produzenten einverstanden, das Risiko zu tragen.

Groß wie er war, gut gekleidet und von ausgesuchten Manieren hätte Terence Young sehr gut selbst Ian Flemings James Bond darstellen können. Er war auch ein eifriger Leser der Romane und sprach sich dafür aus, so viel wie möglich von Flemings Schilderungen in die Filmversion zu übertragen. Young kannte auch Sean Connery und war einer der wenigen Regisseure, die schon mit ihm gearbeitet hatten. Die Zusammenarbeit lag fünf Jahre zurück: „Action of the Tiger" hieß der Film, der allerdings kein großer Erfolg geworden war. Dennoch bestand zwischen Young und Connery eine gute Beziehung. Mit „Dr. No" im Hinterkopf begann Young sofort mit Connery zu arbeiten. Als erstes erklärte er, daß der Schauspieler sich in der Rolle des Bond wohlfühlen müsse. Wenn Connery eine Flasche Dom Perignon und Beluga Kaviar bestellte, mußte er es mit Überzeugung tun. Ebenso war es mit der Kleidung. Young brachte Connery eigens zu seinem persönlichen Schneider, besorgte ihm Sporthemden, Ledersandalen, ein elegantes Dinnerjackett und die feinsten Krawatten. Vorbei war es mit Connerys bequemen Hemden und Jeans. Er wurde, auch äußerlich, James Bond, der Geheimagent. Von Kopf bis Fuß ein geschmackssicherer, kultivierter Brite.

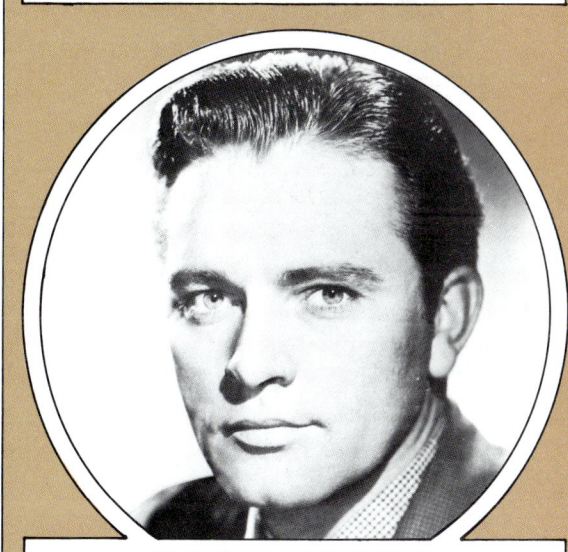

007 - Ein Kapitel Filmgeschichte

Vor 26 Jahren – im Sommer 1961 – fiel bei United Artists die endgültige Entscheidung: Das Hollywood-Management gab grünes Licht für James Bond.

Damals ahnte freilich niemand, daß aus 007 der größte Serienrenner aller Leinwandzeiten werden würde. Bei UA, vor allem in den amerikanischen Chefetagen, rechnete man bestenfalls mit einem mittleren Kassenerfolg. Inzwischen wurde aus Bond längst ein Film-Klassiker.

Die von Saltzman/Broccoli bzw. von Broccoli alleine produzierte Serie hat sich im Lauf der Jahre verändert. Nicht nur, daß nach Sean Connery, George Lazenby und Roger Moore jetzt Timothy Dalton als vierter Bonddarsteller antritt – auch Machart und Stil der Streifen waren erheblichen Wandlungen unterworfen.

Sind die ersten James-Bond-Filme noch in einem bestimmten Sinne als ernsthaft zu bezeichnen und eng an die Flemingsche Vorlage angelehnt, so entfernten sich die späteren mehr und mehr von den Intentionen ihres Schöpfers. Bond entwickelte sich zunehmend zu einem von technischen Kinkerlitzchen abhängigen Comic-Helden. Nur eins blieb dem Supermann vom britischen Geheimdienst treu: der Erfolg. Kein Bondfilm, der nicht ansehnliche Kassen machte.

Im Umfeld der Figur des smarten Agenten gedieh zudem eine saftige Fauna verkaufsträchtiger 007-Artikel. Zum Höhepunkt der Bond-Welle um 1966/67 herum gab es nicht weniger als 50 Artikel, die unter dem Markenzeichen 007 oder James Bond segelten. Da wurden Hemden und Gürtel, Spielzeug und Tabakpfeifen, Manschettenknöpfe und Popeline-Mäntel, Wodka und Schuhe, Schmuck und Negligés feilgeboten.

Am bemerkenswertesten scheint an der Bondserie aber wohl das zu sein: das Bondfieber ist nie ganz abgeklungen. Mit jedem neuen Streifen stieg es jedesmal wieder an, aber nie

Trotz permanenter Probleme entwickelte sich 007 zur erfolgreichsten Serie in der Geschichte des Films. Doch spurlos gingen die Star- und Stil-Wechsel auch an Bond nicht vorüber.

mehr in solche Bereiche wie noch zu Zeiten von „Goldfinger" oder „Man lebt nur zweimal".

Schuld am zeitweisen Abflauen der Begeisterung hatten nicht zuletzt die zahllosen Plagiate, die Mitte der 60er Jahre Kinos und Bildschirme überschwemmten. Da gab es die Agenten Matt Helm, Derek Flint, Jack Clifton, Kommissar X, Agent OSS 117 und unzählige andere. Das Thema wurde von der Welle totgeflimmert. Auch James Bond bekam dies deutlich zu spüren. Deshalb auch die Meinung der Produzenten, nun manches an der Figur und am Filmstil ändern zu müssen.

Daß James Bond nicht nur Fans hat, liegt auf der Hand. Vor allem Film-Kritiker hatten an seinen Leinwandabenteuern Grundsätzliches auszusetzen. 007 wurde in die Nähe des Faschismus gerückt („Zürcher Woche"), wirkte wie Gift für Kinogänger („Tagesspiegel", Berlin) oder war schlechthin für alles Böse in der Welt verant-

wortlich („Prawda") - so der SPIEGEL 1965 in seinem Report über die Bondomanie.

Echten Bondianern schmeckte die starke Science-fiction-Tendenz bei „Moonraker - Streng geheim" allerdings nicht mehr. Hier wurde deutlich, daß mittlerweile ein ganz neues Publikum herangewachsen ist. Jene 007-Fans, die ihren Helden bereits seit 1962 durch die Kinos begleiten, waren von „Moonraker" enttäuscht, während Kinder, für die dieser Bondfilm vielleicht der erste war, durchaus einverstanden waren. Doch inzwischen hat Roger Moore abgedankt. Er ist in die Jahre gekommen - ebenso wie der 1983 mit „Sag niemals nie" überraschend zurückgekehrte Ur-Bond Sean Connery. Eon Productions kündigt mit dem frischen Gesicht Timothy Daltons auch eine Rückbesinnung auf die traditionellen Bond-Werte an. Was von diesem Trend zu halten ist, muß jeder Fan selbst entscheiden - demnächst im Kino.

1962

James Bond 007 jagt Dr. No

Originaltitel: **Dr. No**

STAB

Regie	Terence Young
Produktion	Harry Saltzman und Albert R. Broccoli
Drehbuch	Richard Maibaum nach dem Roman von Ian Fleming, Johanna Harwood, Berkley Mather
Kamera	Ted Moore, B.S.C.
Schnitt	Peter Hunt
Bauten	Ken Adam
Musik	Monty Norman
Ton	Wally Milner, John Dennis

BESETZUNG

James Bond	Sean Connery
Dr. No	Joseph Wiseman
Felix Leiter	Jack Lord
Honey	Ursula Andress
Professor Dent	Anthony Dawson
Quarrel	John Kitzmiller
Miss Taro	Zena Marshall
Sylvia	Eunice Gayson
Miss Moneypenny	Lois Maxwell
„M"	Bernard Lee

„Dr. No" war das Buch, auf dem der erste Bond-Film basierte; ohne Zweifel einer der spannendsten Romane von Fleming. Obwohl die Handlung ein wenig Comic-Buch-Charakter hat, besitzt dieser Roman eine ganz eigene Vitalität - sicher die Folge davon, daß es Fleming nicht schwer fiel, die ihm vertraute Umgebung auf Jamaika mit leichter Hand zu schildern.

„Dr. No" war auch einer von Cubby Broccolis Bond-Favoriten; und der Stoff erfüllte hervorragend eine Voraussetzung: Es handelte

Colt-Finger

Auf Jamaika stellt James Bond Nachforschungen über den ermordeten Dr. Strangways an. Als 007 in der Bar am Strand von zwei Männern bedroht wird, zieht er den Revolver. Kurz darauf stellt sich allerdings heraus, daß die beiden keine Helfershelfer von Dr. No, sondern Freunde von Dr. Strangways sind.

sich um ein besonders farbiges Abenteuer. „Thunderball", zuvor die erste Wahl, wurde nach wie vor durch den Rechtsstreit zwischen McClory und Fleming auf Eis gelegt. Eine gute Voraussetzung..."

Fleming war ein ausgezeichneter Reiseschriftsteller; ein Mann, der die exotischen Plätze der Welt hervorragend zu schildern wußte. Doch neben seinen Inseln und Stränden, neben seinen einheimischen Boulevards beobachtete er auch andere Dinge aufs genaueste. Wie er in „Dr. No" Jamaika beschreibt, das gibt seiner Schreibe eine ganz neue Perspektive. Gerade die detaillierten und genauen Beobachtungen verleihen der Erzählung eine ganz eigene Stärke.

Wie in allen 007-Thrillern ist auch in „Dr. No" einiges von Flemings eigenen Erlebnissen eingeflossen. In diesem Fall geht die Geschichte auf eine Reise zurück, die er im März 1956 unternahm. Er bekam damals ein Telegramm von Ivar Bryce, der ihn einlud, ihn zur kleinen Bahama-Insel Inagua zu begleiten und die dortige Flamingo-Kolonie zu besuchen. Es handele sich um die erste wissenschaftliche Expedition seit dem Jahre 1916.

Fleming lebte auf der Insel bei einem Wildhüter, schlief in einem Zelt, hielt Ausschau nach gewaltigen Tausendfüßlern und hörte den Naturforschern gespannt zu, als sie über die verschiedenen Vogelarten sprachen. Die Rede war auch von den Guanos, einem Vogel aus Südamerika, dessen Dung höchst gefragt ist. Von Zeit zu Zeit flogen die Guanos auf die Insel und lagerten ihre kostbare Fracht dort ab. Fleming wundert sich nicht wenig, daß ein Vogeldung solchen Wert besaß und begann sich alle einschlägigen Fakten dazu zu notieren. Er notierte sich auch das ungewöhnliche Geländefahrzeug, mit dem sie ▶

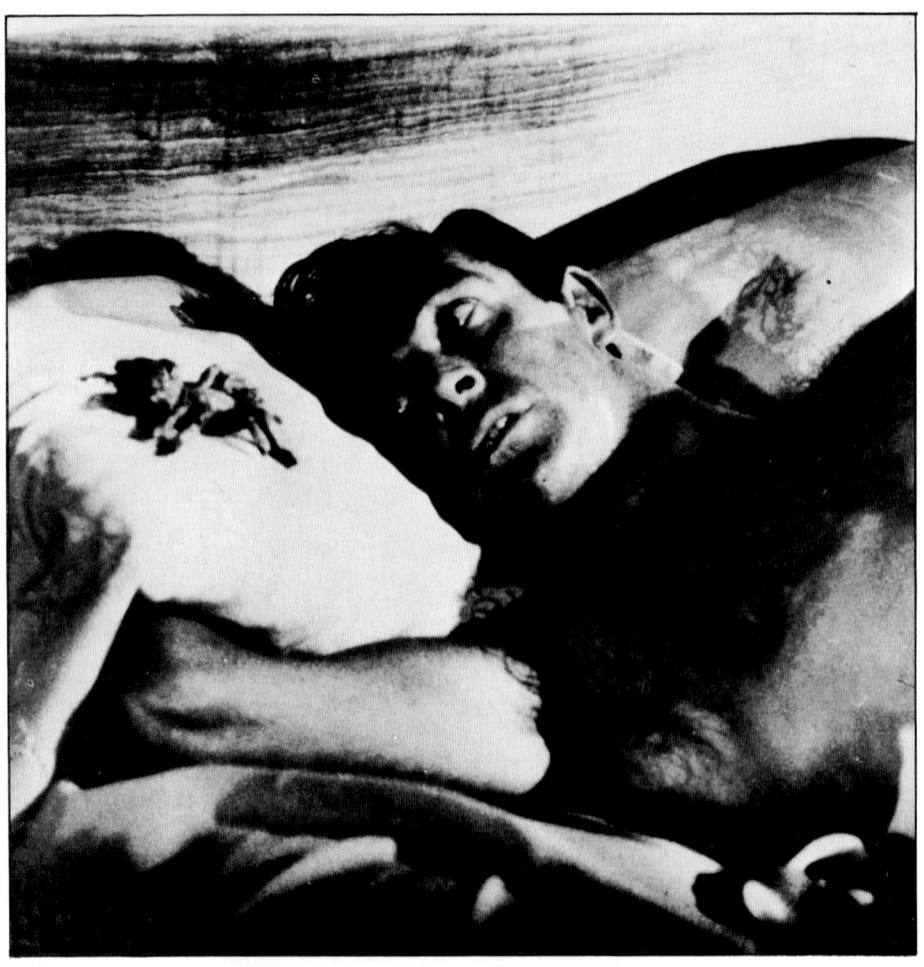

Attentat mit Spinne

*Bond hat sich gerade zur Ruhe begeben, als er in
seinem Hotelbett eine gefährliche Vogelspinne (Tarantula)
entdeckt. Es ist das erste Attentat auf ihn.*

über die Insel fuhren. Es sah aus wie ein Jeep, war jedoch mit großen Ballonrädern ausgestattet. Schon ein Jahr später zahlten sich die Erfahrungen dieses kurzen Urlaubs aus. Fleming verwandelte Inagua in „Crab Key", die geheimnisumwobene Festung des bösen Orientalen Dr. No.

Dieser über 1,90 Meter große Kahlkopf war Ian Flemings Reminiszens an Sax Rohmers „Fu Manchu"-Geschichten, die er auf dem College in Eaton gelesen hatte. Im Roman entkommt Dr. No mit dem Eine-Million-Dollar-Schatz einer chinesischen Zangen-Gesellschaft nach „Crab Key". Dort arbeitet er für die Russen. Seine Insel, als gutgehende Guano-Dung-Fabrik getarnt, ist in Wahrheit ein Labyrinth voll von hochentwickelter Elektronik, mit dessen Hilfe die Steuersysteme amerikanischer Raketen gestört werden sollen. „Crab Key", einst ein Vogel-Reservat, bevor Dr.

No die Idylle mit seinem flammenspeienden Panzerwagen „Dragon" zerstörte, wird von einer Gruppe schwarzer chinesischer Ganoven bewacht, die ihr Spionage- und Mördernetz nach Jamaika ausweiten.

Als Dr. No den Tod des herumschnüffelnden Secret-Service-Chef John Strangways und seiner hübschen Assistentin befiehlt, wird James Bond der Fall übergeben. Er tut sich zusammen mit Quarrel, einem höchst nützlichen Bewohner der Kayman Inseln, vereitelt mehrere Mordanschläge auf sein eigenes Leben und landet auf Crab Key. Dort begegnet er einem weiblichen Tarzan mit Namen Honeychile Rider, entkommt einem Rudel scharfer Hunde ebenso wie den Bewachern der Insel, verliert Quarrel, der von dem Panzerwagen „Dragon" erledigt wird, wird gefangengenommen und Dr. No vorgeführt, überlebt den Tunnel des Todes, befreit Honeychile und versenkt den Dok-

tor in einem Berg aus Vogeldung. Der Roman war äußerst temporeich, wohl selten kam Fleming mit seinen Geschichten einem Mickey-Spillane-Abenteuer so nahe.

Im Spätsommer 1961 begannen die Drehbuchautoren Richard Maibaum und Wolf Mankowitz ihre Arbeit an Flemings Roman. Obwohl sie vorhatten, fast die gesamte Handlung zu übernehmen, konnte keiner der beiden die Titelfigur Dr. No leiden. Mit seinen zwei Haken anstelle der Hände (seine Zangen-Kollegen hatten sie ihm abgeschnitten) und seinem Kahlkopf machte er wohl doch zu sehr den Eindruck einer Karikatur, als daß man ihn auf die Leinwand hätte übernehmen können. Da Broccoli schon frühzeitig davon gesprochen hatte, daß man auch Humor im Buch brauche, schrieben die Autoren einen ersten Entwurf, in der gar keine Person namens Dr. No auftauchte. Den Namen erhielt statt dessen der kleine Klammeraffe des Bösewichts, der dauernd auf seiner Schulter saß. Diese Version klang vielleicht ganz amüsant, aber sie brachte Broccoli auf die Palme. Um weitere Aufregungen zu vermeiden, stieg Wolf Mankowitz aus und überließ Maibaum die Aufgabe, den nächsten Entwurf für „Dr. No" allein zu schreiben.

Auch diese zweite Version hielt sich ziemlich nah an das Buch. Gleichzeitig brachte sie jedoch eine Reihe wichtiger Ergänzungen. Da es sich um den Anfang einer Serie handelte, schrieb Maibaum eine Einführung in die Welt des James Bond — eine Szene in einem Londoner Spielcasino. Die Einleitung erlaubte es Maibaum auch, frühzeitig das Thema Liebe ins Spiel zu bringen und damit dem Film gleich den richtigen Dreh zu geben. Im Roman dauerte es fast bis zur Hälfte, bevor Bond Honeychile Rider trifft, aber die Produzenten hatten nicht die Absicht, mit dem Film Risiken einzugehen. Die Mädchen mußten von vornherein dabeisein.

Bonds erste Eroberung wurde die entzückende Sylvia Trench. Ihr Satz „Ich bewundere Ihr Glück, Mister...?" gab Gelegenheit, James Bond im Film vorzustellen. Ein Gag, der durch alle Bond-Filme laufen sollte, war, daß Bond immer zu sehr in Eile war, um Sylvia zu lieben. Terence Young engagierte seine Freundin Eunice Gayson für die

Rolle der frustrierten Dame. Als ihn jedoch Guy Hamilton im dritten Film ablöste, verlor Eunice ihre Rolle, die Figur Sylvia Trench verschwand.

Maibaum schmückte auch die Rolle der Miss Taro, der Assistentin von Kolonialminister Pleydell-Smith, weiter aus. Die schöne Orientalin lockt Bond zu seinem sicheren Tod in die Blauen Berge von Jamaica. Bei der Planung des weiblichen Elementes in zukünftigen Bond-Filmen schufen Broccoli und Saltzman dann immer eine ganze Reihe neuer Rollen.

Aus Flemings „Thunderball"-Roman übernahm Maibaum die SPECTRE-Organisation und schilderte sie als Dr. Nos Hintermänner, ein Schachzug, durch den die politischen Tagesaktualitäten geschickt umgangen wurden. Flemings Hinweis auf die Russen als Dr. Nos finanzielle Förderer war damit ersetzt. Wie in Flemings Roman „Thunderball" stand SPECTRE hier nun als Abkürzung für „special executor for counter-intelligence, terrorism, revenge and extortion".

Fleming hatte seine Geschichte folgendermaßen enden lassen: Der Doktor befaßt sich mit seinen Guanos, seine Ganoven rasen in der Dunkelheit herum und suchen Bond. Der jedoch entkommt mit Honey in dem „Dragon"-Panzerwagen. Maibaum erfand den großartigen „Reaktorraum", in dem Dr. No die Zerstörung der amerikanischen Raketen plant. Der kochende Pool dieses Raumes wurde für den bösen Doktor ein viel passenderer Platz zur letzten Ruhe als Flemings Berg aus Guano-Mist.

Broccoli und Saltzman bauten einer Zensur in England und Amerika frühzeitig vor. Nach einer sorgfältigen Bewertung der Sex- und Gewalt-Szenen im Buch beschlossen sie, Flemings Ablauf zu nehmen und übertriebene Sex-Passagen zu vermeiden. Ebenso sollte Gewalt gedämpft werden. Obendrein versetzte Maibaum das Buch mit einer kräftigen Prise Humor und erreichte damit das Ziel, den Film eine Klasse über die üblichen Agenten-Thriller hinauszuheben. Gleichzeitig wurde damit Nachahmern das Leben schwergemacht — ebenso wie Parodisten. Von Anfang an war es beschlossene Sache, auf eine allzu direkte Dramatisierung der Fleming-Romane zu verzichten und ein iro-

Dr. Nos Kommandozentrale

Im Reaktorraum befindet sich die Kommandozentrale des finster-genialen Dr. No. Mit dieser Apparatur will der Bösewicht die Atomraketen von ihrem Kurs ablenken.

nisches Element hinzuzufügen. Eines war klar: James Bond mußte eine leichte, spritzige Figur sein, um so eine ganze Serie von Filmen zu überleben. Andernfalls würde die Handlung zu sehr von Wiederholungen bestimmt sein. Ohne großes System entwickelte sich beim Schreiben eine stets wiederkehrende Formel. Eine Szene baute sich auf bis zu einem unglaublich spannenden Höhepunkt, das Publikum hielt vor Entsetzen den Atem an, und dann, als der schreckliche Moment vorüber war, ließ Bond ein paar witzige Wortspielereien los, um die Zuschauer zum Lachen zu bringen.

Die Dreharbeiten sollten im Januar 1962 auf Jamaika beginnen — sechs Wochen waren dort vorgesehen. Zuvor jedoch machte sich Young erst einmal über Maibaums Drehbuch. Während einer dieser Sitzungen sah der Regisseur Probleme mit einer Passage, in der Bond in

das Haus von Dr. No eindringt und gestohlene Kunstobjekte sowie andere SPECTRE-Beute entdeckt. Um dem Film einen zeitgemäßen Dreh zu geben, hatte man sich ursprünglich entschlossen, daß in dem Tresor auch ein gestohlener Picasso liegen sollte, der bei einem Raub aus dem Museum von Aix en Provence verschwunden war. Skriptgirl Joanna Harwood hatte eine andere Idee: Sie schlug vor, man solle doch das Goya-Portrait von Wellington nehmen, das gerade vor ein paar Monaten geraubt worden war. Jeder in England würde es sofort erkennen. Young stimmte sofort zu.

Um das Drehbuch auf die örtlichen Gegebenheiten in Jamaika abzustimmen, besuchte Young die Insel im Winter 1961. Broccoli, Saltzman, Produktionsmanager L. C. Rudkin sowie die Filmausstatter Ken Adam und Syd Cain fuhren mit. Sie entdeckten sofort, daß es gar nicht nötig war, nach einer In- ▶

Verliebt in James Bond

Albert Broccoli entdeckte die Schweizerin Ursula Andress für die Leinwand. In „Dr. No" spielt sie Honey Rider, die sich in James Bond verliebt.

sel zu suchen, die „Crab Key" darstellen konnte. Jamaika selbst mit seinen verschiedenartigen Gebieten und Stränden konnte problemlos Dr. Nos Teufelsgarten abgeben. Die Strandszenen konnten bei „Laughing Water" gedreht werden, dem abgeschiedenen Besitz der Mrs. Minnie Simpson, die sich seit Jahren völlig zurückgezogen hatte und zufällig auch ein Bond-Fan war. Als der Mangrovensumpf, in dem Dr. Nos Tankwagen „Dragon" Bond und Honey fängt, bot sich Falmouth an, eine tropische, morastische Gegend an Jamaikas Nordküste, etwa 20 Meilen von Montego Bay entfernt. Syd Cain hielt diese Gegend für ideal — dünne weiße Zweige ragten aus dem Sumpf hervor. Um den im Studio gebauten „Dragon" in dem Morast fahrtüchtig zu machen, konstruierte er eine Unterwasserrampe, auf der das Fahrzeug sich durch den Sumpf bewegen konnte.

Andere Motive, die sich das Team bei dieser Reise ansah, der „Palisadoes Airport" in Kingston, auf dem Bond aus London kommend landet, „Morgan's Harbour", wo Bond zum ersten Mal „Quarrel" trifft, die Kinser Street, an der John Strangeways Haus lag; das afro-chinesische Viertel von Kingston, durch das die drei „blinden" Bettler marschieren; eine Bauxitmine in der Nähe von Port Royal, die als Dr. Nos Bauxitmine auf „Crab Key" gefilmt wurde; die Wasserfälle außerhalb von Ochos Rios, die als die herrliche Küstenlinie von „Crab Key" dienten; der „Queens Club", in dem Strangway seine wöchentliche Bridgepartie spielt; das Government House, in dem Bond zum ersten Mal den Kolonialminister trifft; schließlich das Vorgebirge zu den Blue Mountains, in dem Dr. Nos Agentin Taro lebt.

Alle Drehorte auf Jamaika fielen in die Verantwortung von Syd Cain, einem ehemaligen RAF-Kampfflieger, der für die Filme „Zarak" und „A Prize of Gold" als Ausstatter zu Broccolis Firma „Warwick" gekommen war. Während er mit seinen Leuten die Drehorte aussuchte, arbeitete Ken Adam ein weiterer „Warwick"-Veteran in den Pinewood-Studios an den Kulissen für die Innenaufnahmen. Der deutschstämmige Adam war bekannt für seine durchgestylten Szenerien. Seine Bauten — der große

Atomreaktor-Raum, Dr. Nos Lebensbereich und die übrigen Zimmer der Festung „Crab Key" — waren phantasievoll und spiegelten das Machtstreben des ehrgeizigen Doktors wider.

Wenn es eine Szene in dem Buch gab, die Broccoli und Saltzman davon zu überzeugen vermochte, daß „Dr. No" reif war für eine Filmbearbeitung, so war es das erste Zusammentreffen von Bond und Honeychile Rider. Bond wird am Strand von „Crab Key" von der Stimme eines Mädchens geweckt, das ein jamaikanisches Liebeslied singt, eine fast nackte, junge Frau tritt ihm entgegen, die nur einen Ledergürtel und ein Jagdmesser in einer Lederscheide trägt. Fleming vergleicht sie mit „Botticellis Venus — von hinten betrachtet". Nun galt es nur noch, die Rolle zu besetzen.

Broccoli entdeckte zufällig das Bild eines Mädchens, das ein Herren-T-Shirt trug. Sie war naß bis auf die Haut, die Brustwarzen zeichneten sich deutlich ab, das Gesicht war wunderschön. Sie hieß: Ursula Andress. Obwohl von den verschiedensten Seiten Einwände kamen wie „die redet doch wie ein holländischer Komiker" oder „die kann doch überhaupt nicht spielen", bestand Broccoli darauf, sie für 1 000 Dollar pro Woche zu engagieren, wenngleich er sie vorher nie gesehen hatte. Die in der Schweiz geborene Ursula Andress hatte schon in italienischen Filmen mitgewirkt, und 1956 hatte Paramount ihr einen Hollywood-Vertrag angeboten. Da sie sich nicht sehr bemühte, ihr Englisch und ihre Schauspielkenntnisse zu verbessern, wurde nichts aus der großen Hollywood-Karriere. Sie wirkte in einem Dutzend unwesentlicher Filme und Fernsehstücke mit, zeigte jedoch keinen allzu großen Ehrgeiz. Es war ihr Mann, der Schauspieler John Derek, der sie schließlich überredete, die Rolle in „Dr. No" doch anzunehmen.

Nachdem die Besetzung stand, begannen die Dreharbeiten auf Jamaika am Dienstag, dem 16. Januar 1962. Sean Connery war am ersten Tag besonders gut, insbesondere am späten Nachmittag. Man drehte eine Schlüsselszene. In einer Telefonzelle kommt Bond darauf, daß der Fahrer des Regierungshauses in Wirklichkeit ein feindlicher Agent ist. Terence Young drehte die Szene mehrfach und nahm Connery

schließlich in einer lebendigen Großaufnahme auf, wie er voller Wut den Kollegen Reggie Carter anschaut. Die Szene war hervorragend, und sie ließ so viel von Connerys magnetischer Ausstrahlung als 007 spüren, daß Young sich ihrer stets als Geburtsminute von James Bond erinnerte. Eine Minute und 56 Sekunden, das war die Drehausbeute des ersten Tages. Doch das Eis war gebrochen.

Als Broccoli und Saltzman sich die Muster ansahen, nahmen sie schnell wahr, wie gut die Wahl gewesen war, „Dr. No" als ersten Bond-Film zu drehen. Die Drehorte auf Jamaika ließen sich herrlich photographieren. Am Tag war die Insel sonnig, tropisch und doch erfrischend. Bei Nacht stellte sie sich als eine Mischung aus Eleganz und Geheimnis dar. Ebenfalls sehr wichtig. Terence Young brachte Connery durch sein Arbeitstempo dazu, den Zeitplan einzuhalten.

Komponist Monty Norman war während der ersten Wochen Drehzeit beim Team und hatte einige hochrhythmische Calypso-Songs entdeckt, die er für die Filmmusik verwenden wollte. Darunter befanden sich „Underneath the Mango Tree", das seelenvolle „Jump Up Jamaica" und eine Calypso-Version

der „Three Blind Mice", die als Eröffnungsmusik des Films ausgewählt wurde und gleichzeitig auch die drei „blinden" Bettler einführte. Die Produzenten hatten „Byron Lee's all Chinese band" engagiert, um die Songs zu spielen.

Dreißig Minuten Film waren im Kasten, als Young seine Mannschaft zur Nordküste Jamaikas verlegte, um dort die „Crab Key"-Sequenzen zu drehen. Neben Connery spielten in den Strand-Szenen John Kitzmiller (als Quarrel) und die neu eingetroffene Ursula Andress.

Auf der Insel des Supergangsters

John Derek, schon immer geschickter Traumfrau-Manager, überredete Ursula Andress, die Rolle der Honey zu spielen. Hier arbeitet er fürs Familienalbum.

Es war kein Kinderspiel, sich durch jungfräulichen Dschungel zu schlagen, um Mrs. Simpsons Besitz „Laughing Water" zu erreichen. Die Straßen waren alles andere als gut, und das Equipment — schwere Generatoren, Scheinwerfer und Reflektoren — mußte von den Arbeitern an den Strand geschleppt werden. Sie schwitzten in der glühenden Sonne und kämpften mit den Moskitos. Die Arbeit an den Drehplätzen im Dschungel war ziemlich gefährlich, und es gab eine Kette kleinerer Unfälle, Sonnenbrände und Ruhr-Erkrankungen. Sicher hatte es seine Nachteile, draußen im Dschungel zu drehen. Andererseits waren diese Filmmeter besonders wertvoll — weil lebensecht. Ge-▶

gen Ende der Außenarbeiten benutzte die Crew die Umgebung des eigenen Hotels, des „San Souci" in Ochos Rios, um die Umgebung von Miss Taros Haus in den Blue Mountains zu simulieren. Jamaikas größte Bauxitmine, ganz in der Nähe von Ochos Rios an der Küste gelegen, wurde zu Dr. Nos „Crab Key"-Betrieb umfunktioniert. John Stears, der Experte für Special Effects, baute später ein Bauxitminen-Modell, ausgestattet mit einem motorgetriebenen Radarschirm, mit dessen Hilfe Dr. No die amerikanischen Raketen abstürzen läßt.

Am 19. Februar drehte Young

steuern, wo ihn Dr. Nos waffenstarrende Leibwächter in Empfang nehmen und zur Inselfestung bringen. In Wirklichkeit wechselte Dawson in dem Augenblick, wo er die Docks überquerte, vom sonnigen Jamaika nach London — Ken Adam hatte dort schon das Innere der Dr.-No-Festung im Studio erstehen lassen.

Die Dreharbeiten auf Jamaika wurden am 21. Februar 1962 abgeschlossen. Young und seine Mannschaft kehrten nach London zurück. Daheim in England stießen gänzlich neue Schauspieler zum Team, deren Rollen noch im Studio fertig-

ständen greifend und die Leute mit schwarzen, hervorstehenden Augen anblitzend. Ursprünglich hatte man vor, Ian Flemings Nachbarn Noel Coward zu fragen, ob er nicht den Dr. No spielen wolle. Er lebte am Ort auf Jamaika und hätte bei den Außenarbeiten ohne weitere Kosten für die Produktion zur Verfügung stehen können. Coward jedoch, damals schon ein älterer Herr, erhielt Flemings Telegramm und kabelte umgehend zurück: „Lieber Ian, die Antwort auf ‚Dr. No' lautet No, No, No, No!"

Harry Saltzman wählte schließlich Joseph Wiseman für die Rolle, einen New Yorker Bühnen- und Filmschauspieler, der Saltzman in einigen Filmen gut gefallen hatte, darunter auch die „Detective Story". Wiseman sah zwar nicht so aus wie Flemings Wurm, er klang aber zumindest so ähnlich. Seine erschreckend monotone Sprechweise war so wirksam als „Stimme des Verderbens", daß die Produzenten Wiseman später im vierten Bond-Film „Thunderball" die Synchronrolle des Ernst Stavro Blofeld übertrugen. Um zu vermeiden, daß Dr. No wie die Karikatur aus einem Comic-Buch wirkte, bekam Wiseman anstelle der ungeschickten und lächerlichen Eisenhaken ein paar Plastikhandschuhe, als Garderobe ein paar flotte Jacketts, die wie eine Mischung aus Kimono und Militäruniform wirkten, und ein sehr konservatives Make-up, das ihm den wichtigen chinesischen Ausdruck gab.

Die Dreharbeiten in den Pinewood-Studios begannen Ende Februar 1962; die erste Sequenz spielte in „M"'s Büro; Bond wird spät in der Nacht dorthin beordert, um die Nachricht von Strangways Verschwinden zu erhalten. Beim Drehen von Maibaums Einleitung am Spieltisch in London machte Terence Young eine Anleihe bei dem Film „Juarez", in dem Paul Muni 1939 die Hauptrolle spielte. Die ganze erste Szene über sieht man Muni nur mit dem Rücken zur Kamera. Erst als ihn jemand nach seinem Namen fragt, dreht er sich um und schnarrt „Juarez". Young plante James Bonds Vorstellung auf die gleiche Art. Seine Kamera zeigt die ganze Zeit Bonds Rücken — bis zu dem genau ausgeklügelten Moment, wo Sylvia Trench ihn anspricht. Da sieht man zum ersten Mal sein Ge-

Dr. No persönlich
Zusammen mit einem Komplizen beobachtet Dr. No (vorne rechts) im Reaktorraum die Vorbereitungen zur entscheidenden Aktion.

draußen auf der Laderampe der Bauxitmine die Ankunft des Professors Dent in einer kleinen Barkasse. Dent, gespielt von dem englischen Charakterschauspieler Anthony Dawson, war eine der Verbesserungen, die Drehbuchautor Richard Maibaum dem Fleming-Roman verordnet hatte. Er ist Dr. Nos Chefagent in Kingston und plant die zahlreichen Mordversuche an Bond im Laufe des Films. Seine meisten Szenen hatte er in London zu drehen, im Studio. Die einzigen Außenaufnahmen: Zu Beginn des Films eine Brigadepartie im „Queen's" mit Strangways, danach mußte er eine Barkasse zu den Bauxitdocks

geschrieben wurden. Dazu gehörten Bernhard Lee als „M" und Lois Maxwell als Moneypenny, Bonds glühendster Bewunderer. Diese zwei Schauspieler tauchten in jedem neuen Bond-Film wieder auf, die einzigen zwei Darsteller, die dieses Kunststück fertigbrachten.

Jemanden zu finden, der in die Haut des gefürchteten „Dr. No" schlüpfte, war ein schwieriges Besetzungs-Problem. Kein Wunder, daß Maibaum und Mankowitz sich überlegt hatten, daß sie die Rolle lieber einem Affen geben wollten. Im Buch gleitet der böse Doktor wie ein riesiger Wurm über den Boden, mit seinen Haken nach Gegen-

sicht; er zündet sich eine Zigarette an und stellt sich vor: „Bond ... James Bond".

Auf dem Papier las sich das alles recht gut. Doch als er daran ging, die Szene zu drehen, lief irgendwas schief. Als Connery die Zigarette zwischen die Lippen steckte, das Feuerzeug klicken ließ und dann murmelte „Bond ... James Bond", da fand Young das Ganze irgendwie merkwürdig.   FEUERZEUG!!! KLICK... NAME das ganze hatte einen komischen Beigeschmack, in etwa so, als wenn die Flamme des Feuerzeugs den Augenblick besonders herausheben sollte. Doch diese Wirkung wollte Young gar nicht. Connery selbst schlug schließlich eine andere Lösung vor. Er würde die Zigarette zu den Lippen führen, das Feuerzeug benutzen und dann einen Augenblick warten, bevor er Sylvia seinen Namen nannte. Das erste Bild von Bond sollte diesen Moment festhalten, nachdem die Zigarette angezündet war. Connery würde aus einer Rauchwolke auftauchen und seinen Namen nennen, ohne daß es eine Ablenkung gab. 20 Minuten später lief die Szene bestens und war nicht mehr ungewollt komisch.

Ken Adam, der Filmarchitekt, hatte seine Handarbeit über den ganzen weiten Pinewood-Komplex verteilt. Studio „D" war vollgestopft mit einer Reihe von Kulissen, die zu Bruch gehen konnten. Terence Young arbeitete jeden Tag in einer anderen. Am 26. Februar war er in „M"s Büro, zwei Tage später in Professor Dents Labor. Am 1. März bauten die Bühnenhelfer die kleineren Räume ab und erstellten den Konferenzraum des Secret Service. Am Ende des Tages wurde diese Kulisse wieder abgebrochen, Terence Young drehte mit Sylvia Trench die Verführungsszene in Bonds Londoner Wohnung.

Zu verschiedenen Zeiten im März wurde Halle „D" zum Büro des Kolonialministers Pleydell-Smith auf Jamaika, das Innere des Fahrstuhls in Dr. Nos unterirdischer Wohnung, das Spielcasino, in dem Bond zum ersten Mal auf Sylvia trifft, sowie das lange Tunnelsystem, das zum teuflischen Hindernis-Kurs des Doktors gehörte. Maibaum hatte letzteres noch ein wenig entschärft. Flemings Taranteln und der menschenfressende Tintenfisch am

Ende des Tunnels waren gestrichen.

Die beste Arbeit von Ken Adam konnte in Halle „A" bewundert werden, in der er den herrlich erfinderischen Reaktorraum des Doktors hatte aufbauen lassen. Adam hatte das Glück, daß ihm der Konstruktionsmanager Ronnie Udell als rechte Hand zur Verfügung stand. Udell und die übrigen Handwerker in Pinewood ermunterten ihn, neue Materialien und Techniken auszuprobieren. Mit einem begrenzten Budget von 14 000 englischen Pfund — für den gesamten Film „Dr. No" standen nur 900 000 Dollar zur Verfügung -- war es ein

jekt fast ununterbrochen gearbeitet.

Obwohl Monty Norman als Komponist der Musik für „Dr. No" angegeben ist, war es John Barry, der die zündende Themamusik schrieb, die eine Art Markenzeichen der Bond-Serie wurde. Broccoli und Saltzman waren mit dem Titelthema, das ihnen Norman geliefert hatte, nicht zufrieden gewesen. Und Barry, der 1956 eine eigene, sehr jazzorientierte Gruppe gegründet hatte, lieferte ihnen bereits die Musik für drei andere Filme. „The Amorous Prawn", „The L-Shaped Room" und „Never Let Go". Er wurde gebeten, so bald wie möglich

Gala-Premiere in London

Zur festlichen Premiere im Londoner „Pavilion-Theatre"
präsentierte sich die Creme der Prominenz. Hier im Bild Sean Connery
mit Phyllis Newman und dem Dirigenten Leonard Bernstein.

Wunder, daß Adam diesen herrlichen Reaktorraum überhaupt konstruieren konnte. Die vielfarbigen Ebenen, die terrassierten Aufbauten, der phosphoreszierende Atom-Pool, das alles machte einen großartigen Eindruck. Man muß fairerweise sagen, daß Adam von Broccoli und Saltzman jede mögliche Unterstützung bekam und als er schließlich um weitere 8 000 Pfund bat, um die Kulisse endgültig fertigstellen zu können, stimmten beide zu, obwohl damit das Budget überzogen wurde.

Letzter Drehtag für „Dr. No" war Freitag, der 30. März 1962. 58 Tage hatte die Crew an dem Pro-

ein dynamisches Thema für „Dr. No" zu schreiben, und tatsächlich gelang es ihm, diese Aufgabe zu erledigen, ohne daß er den Film je gesehen hatte. Man hatte ihm einfach nur einen Zeitablauf in die Hand gedrückt und ihn gebeten, sich ein zweieinhalb-Minuten-Thema einfallen zu lassen, das zum Vorspann paßte. Obwohl er das Stück ohne Vorlage komponierte, war es kein total neues Original. Barry machte Anleihen bei seinem eigenen Instrumental-Repertoire, speziell bei einem kleinen Stück mit dem Titel „Bea's Knees", in dem die gleiche scharf geschlagene Gitarre auftauchte. Eingangs ahnte ▶

wohl niemand wie populär diese 2 1/2 Minuten einmal werden sollten. Barrys Honorar für das James-Bond-Thema: ganze 200 Pfund — weniger als 500 Dollar!

Mit einem schmalen Budget hatten Broccoli und Saltzman gemeinsam ihre Geschicklichkeit und eine Menge Talent bewiesen. Dieses war ein englischer Film, der amerikanische Größenordnungen erreichte und für die amerikanische Filmindustrie ein Zeichen setzen sollte.

„Dr. No" hatte seine Premiere im Londoner „Pavilion" am 6. Oktober 1962. Die Eröffnungsvorstellung fand aus gutem Grund in London statt. Wenn „Dr. No" die scharfen Londoner Kritiker, die Bond ja kannten, überzeugen würde, dann konnte United Artists den Film mit Zuversicht auf den amerikanischen Markt bringen. Die vorherrschende Meinung im anderen Fall: „Wenn der Film in England durchfällt, dann laßt ihn einen europäischen Tod sterben." Trotz Broccolis und Saltzmans Zuversicht wollte United Artists den Film schon in die Autokinos in Texas und im Mittleren Westen verbannen. Es war keinerlei Weltpremiere in New York oder Hollywood vorgesehen.

Glücklicherweise gab es einige günstige Vorzeichen. Schnittmeister Peter Hunts endgültige Fassung des Films war problemlos durch die Zensur gekommen; „Dr. No" bekam damit ein „A"-Zertifikat und war für alle Altersklassen zugelassen.

Für Harry Saltzman und Albert Broccoli wurde diese Premiere im Oktober 1962 zu einem wichtigen Ereignis. Die Creme der englischen Filmwelt kam und machte die Bond-Premiere zu einem selten glanzvollen Ereignis. Ebenfalls zugegen: so prominente Leute wie J. Paul Getty und schließlich Ian Fleming selbst.

Die Pressestimmen machten allen Befürchtungen der Produzenten ein Ende. Derek Hill schrieb in „London Scene" „Terence Young ist eigentlich kein Name, der einem spontan einfällt, wenn man sich anschickt, eine Liste der brillantesten Techniker aufzustellen. Doch ,Dr. No' zeugt von einem außergewöhnlichen Können, wie es eigentlich eher mit Hollywood in Zusammenhang gebracht wird".

Der Korrespondent von „New of the World" bezeichnete „Dr. No" als großartigen Abenteuerfilm,

Der erste Bond

Im Londoner „Pavilion-Theatre" erlebte „Dr. No" am 6. Oktober .62 seine glanzvolle Uraufführung.

wobei „Sean Connery auf Flemings Held so nahtlos paßt wie ein Maßanzug aus der Savile Row". Die stets besonders hartgesottene Kritikerin Penelope Gilliatt, bekannt für ihre spitze Feder, registrierte zwar den snobistischen und brutalen Charakter des Flemingschen Helden, hob jedoch lobend das selbstironische Element des Films hervor.

Die positive Reaktion der Kritiker war dem „Time Magazine" Anlaß genug, dem Film eine amerikanische Vor-Kritik zu widmen, die Ian Flemings eigene Eindrücke einschloß. Fleming schrieb: „Wer das Buch gelesen hat, wird vielleicht ein wenig enttäuscht sein. Die anderen jedoch werden finden, daß dieses ein herrlicher Film ist. Das Publikum lacht stets an den richtigen Stellen." Die Zustimmung der Kritiker und auch der kommerzielle

Erfolg von „Dr. No" garantierte die Fortsetzung der James-Bond-Filmserie.

Um dem Nachdruck zu verleihen, hatten die Produzenten am Ende ihres ersten Films eine kleine Notiz angehängt. Dort hieß es ungelogen: „Das ist das Ende von ,Dr. No'. Doch James Bond kommt wieder in ,Liebesgrüße aus Moskau'."

Als Harry Saltzman und Albert Broccoli 1960 die „Eon Productions" gründeten, war ihre nähere Zukunft ganz dem Zustandebringen des ersten Bond-Filmes verschrieben. Trotz einiger Meinungsverschiedenheiten respektierten sich die beiden Männer — eine Tatsache, die sie gemeinsam durch 12 stürmische Jahre des Filmemachens führte. Cubby Broccoli nahm seine Rolle bei der Herstellung der James Bond-Filme ernster als Harry Saltzman das tat. Für Broccoli wurden die Bond-Filme das einzige, was ihn im Filmgeschäft interessierte. Als Ian Fleming 1964 an einem Herzschlag starb — es war kurz bevor „Goldfinger" in die Kinos kam — da hing James Bonds Zukunft ganz an Broccoli.

Saltzman sah das alles anders. Schon von Anfang an hatte er auch anderweitige Interessen. Er war eine Spielernatur, und wenn etwas nicht mehr so heiß war, war er nur zu gerne bereit, sich etwas Neuem zuzuwenden. Bond war gerade gestartet und lief, da suchte der internationale Macher schon ungeduldig nach neuen Projekten. Später im Verlaufe der Serie wurde er eine Art ,Ober-Berater, der weltweit nach ungewöhnlichen Talenten suchte, eben nach jenen „Ereignissen", bei deren Anblick einem das Herz stehenbleibt und die weiteren Glanz in die Welt des 007 bringen sollten. Mit der finanziellen Unterstützung von United Artists und mit Broccolis Hilfe begann Saltzman 1963, sich um neue Projekte zu bemühen, die die Kassen der „Eon Productions" weiter füllen sollten.

Mit seinem nächsten Projekt „Call Me Bwana" hoffte Saltzman einen echten Kassenknüller für „Eon" zu produzieren; doch diese Hoffnung erfüllte sich nicht. Die Bob-Hope-Komödie spielte lediglich ihre Kosten wieder ein. Saltzman und Broccoli setzten sich hin, um den zweiten James-Bond-Film in Angriff zu nehmen, der im Stadium der Vorplanung steckte. ●

Killer im Visier

James Bond und sein Partner Kerim Bey versuchen einen gefährlichen SPECTRE-Agenten auszuschalten, den sie in der vorangegangenen Szene belauscht haben.

1963

Liebesgrüße aus Moskau

Originaltitel: From Russia with Love

STAB

Regie . . . . Terence Young
Produktion. , Harry Saltzman und Albert R. Broccoli
Drehbuch. . . . . Richard Maibaum nach dem Roman von Ian Fleming
Kamera . . . . Ted Moore, B.S.C.
Schnitt . . . . Peter Hunt
Herstellungsleitung . . . . Bill Hill
Bauten . . . . .Syd Cain
Kompositionen des Leitmotives . . Lionel Bart; Lied „From Russia With Love" von Matt Munro; „James Bond Thema" geschrieben von Monty Norman; Background-Musik komponiert und dirigiert von John Barry
Ton . . .John W. Mitchell, C. Le Mesurier
Kostüme . . . . Jocelyn Rickards

Make-up . . .Basil Newall und Paul Rabiger
Frisuren. . . . . Eileen Warwick
Spezialeffekte. . . . . . .John Stears unter Assistenz von Frank George
Titelvorspann . . Robert Brownjohn unter Assistenz von Trevor Bond

BESETZUNG

James Bond . . . . Sean Connery
Tatjana Romanova. . . . . Daniela Bianchi
Kerim Bey . . . . Pedro Armendariz
Rosa Klebb . . . . Lotte Lenya
Red Grant . . . . .Robert Shaw
„M" . . . . Bernard Lee
Sylvia . . . . .Eunice Gayson
Morzeny . . . . .Walter Gotell
Vavra . . . . .Francis de Wolff
Kerims Geliebte . . . . Nadja Regin
Schönheitstänzerin . . . . Leila

Selbst der hartgesottenste Bond-Kritiker kann die Wirkung des Films „Liebesgrüße aus Moskau" nicht in Abrede stellen: ein erstklassiger Spionage-Thriller und gleichzeitig der letzte der ernsthaften Bond-Streifen.

Als Geheimagent 007 ist Sean Connery da noch von seiner eigenen Intelligenz und seiner unerschütterlichen Courage abhängig, um sich aus den unmöglichsten Situationen herauszuwinden. Obwohl am Ende der trickreich ausgerüstete Diplomatenkoffer , der von der Abteilung „A" zur Verfügung gestellt wurde, sein ▶

Die schöne Agentin

Das italienische Starlet Daniela Bianchi
spielte die Rolle der russischen Agentin Tatjana Romanova, die sich
unsterblich in den englischen Gentleman-Agenten verliebt.

Leben rettet, ist es doch James Bond selbst, der sein Waffenarsenal bedient. Es war das letzte Mal, daß sich die Ereignisse in dieser Reihenfolge abspielen sollten.

Richard Maibaum, der erneut verpflichtet worden war, um das Drehbuch zu schreiben, liebte diesen Fleming-Roman mit seinen faszinierenden Charakteren ganz besonders. Sie hatten alle eine starke Ausstrahlung – insbesondere die drei russischen Meister-Spione: Klebb, die böse Obermacherin von „Smersh"; Grant, der Mörder, und Kronsteen, der Meisterplaner. Diese dreidimensionale Charakterisierung, verbunden mit der phantastischen Erpressergeschichte und dem exotischen Rahmen Istanbul – all das zusammen ergab eine äußerst kinogerechte Geschichte.

Dennoch erhielt Maibaum den Auftrag, Änderungen vorzunehmen. Bei allen Bond-Drehbüchern sollte es so sein. Broccoli und Saltzman hatten entschieden, daß die Russen nicht mehr als die Übeltäter in dem Film auftauchten. Man war einfach der Meinung, Bond solle nie in die Politik verwickelt werden. So wurden seine Gegner erneut die Leute von SPECTRE.

Nachdem sie im ersten Film ihren tüchtigen Dr. No verloren hatten, war es nur logisch, ihnen eine zweite Chance gegen Bond zu geben. Maibaum hatte auch das Gefühl, daß die Geschichte so noch interessanter wurde. Statt daß die Russen eine Dechiffriermaschine benutzten und eine bildhübsche Agentin als Köder, um 007 zu ermorden, sollte SPECTRE den gleichen Plan benutzen, um die Russen gegen die Engländer auszuspielen und so an allen Beteiligten Rache zu nehmen. Um SPECTRES komplizierte Strategie gefällig zu erklären, schuf Maibaum das symbolische Bild des Siamesischen Kampffisches, eine verschlagene Kreatur, die zuschaut, wie sich zwei Artgenossen bis zum Tode des einen bekämpfen, und sich dann auf den Sieger stürzt, „der zu erschöpft ist, um sich noch zu verteidigen".

Broccoli und Saltzman begannen inzwischen, Schauspielerinnen für die Rolle der charmanten Tatjana Romanowa zu testen – das Werkzeug in SPECTRES Erpressungsszene. Für „Dr. No" hatten sie lange gesucht, um eine „Botticelli-Venus von hinten" zu finden. Die neue Aufgabe war nicht leichter, denn Ian Fleming hatte sich die Romanowa als „junge Greta Garbo" vorgestellt.

Wie Terence Young berichtet, wendeten die Produzenten fast so viel Zeit für diese Tests auf, wie sie für den gesamten „Dr. No"-Film gebraucht hatten. Ihre erste Wahl für die Rolle war Elga Andersson, eine französische Schauspielerin. Doch einer der Bosse von United Artists, der zugleich ein abgewiesener Liebhaber der Dame war, vermochte sie zu einer anderen Entscheidung zu bewegen. Der gute Mann brachte ungelogen vor, ihr Ruf mache es unmöglich, sie für den Film zu engagieren. So entschieden sich die Produzenten schließlich für ihre zweite Wahl, Daniela Bianchi, eine Italienerin, die beim „Miss Universum"-Spektakel 1960 die große Entdeckung gewesen war.

Aus der Reihe der Mädchen, die für die Rolle getestet worden waren, suchte Young die Jamaikanerin Martine Beswick aus. Sie war bei „Dr. No" nicht zum Zug gekommen; jetzt wurde sie als eines der feurigen Zigeunermädchen eingesetzt, deren tödlicher Kampf um einen gemeinsamen Liebhaber von einem russischen Stoßtruppunternehmen unterbrochen wird.

Nachdem Fleming mit Klebb, Grant und Kronsteen so meisterhafte Bösewichter geschaffen hatte, begann die Suche nach den Schauspielern, die ihrem literarischen Gegenstück ebenbürtig sein konnten. Harry Saltzman beeinflußte das Besetzungs-Spiel hinter den Kulissen ganz entscheidend, als er Lotte Lenya für die Rolle der Rosa Klebb vorschlug, die im Vergleich zu Flemings ursprünglichem Konzept stark abgeschwächt worden war. Die Lenya war kaum der Typ Schauspielerin, die man instinktiv auswählen würde, um die abstoßende Rolle dieses Films zu spielen. Sie ist die Witwe des Komponisten Kurt Weill und hatte in den 20er und 30er Jahren viel auf deutschen Bühnen gestanden. Sie war auch Mitglied des berühmten „Berliner Ensembles" und hatte in Filmen mitgewirkt wie der bemerkenswerten „Dreigroschenoper" von Pabst. Jetzt, mit Ende 60, hatte sie ihre jüngste Rolle im „Römischen Frühling der Mrs. Stone" gespielt. Die Rolle des Red Grant wurde Robert Shaw angeboten; Terence Young wies ihn an, sich umgehend in einem Bodybuilding-Center anzumelden, bevor die Dreharbeiten begannen. Shaw tat das auch; schließlich mußte er den Eindruck erwecken, er sei körperlich durchaus in der Lage, einen direkten Schlag mit dem Schlagring von Colonel Klebb auf seinen Solarplexus auszuhalten.

Vladek Sheybal machte das SPECTRE-Trio komplett. Der 40-jährige, verschlafen wirkende Schauspieler und Regisseur polnischer Abstammung, spielte Kronsteen, den Meisterplaner. Er behandelt das Leben wie ein Schachspiel – mit bemerkenswerter Großmäuligkeit.

Dadurch, daß er die Russen als Bonds Hauptfeinde wegließ und an ihrer Stelle SPECTRE einführte, mußte Maibaum automatisch die

Das smarte Duo

Sean Connery und Daniela Bianchi bei einem privaten Treffen in London. Daniela in einem Interview mit dem US-Magazin „Movie Illustrated": „Ich mag am liebsten Bettszenen!".

ganze erste Hälfte von Flemings Roman unter den Tisch fallen lassen, denn sie entwickelte Moskaus Plan, 007 zu ermorden. Das Problem war nun: Wie sollte man die SPECTRE-Gruppe einführen? Fleming hatte sein Buch mit einer Szene beginnen lassen, in der Grant auf einem baltischen Besitz am Swimmingpool liegt und von einem vollbusigen Bauernmädchen massiert wird. Der Film fängt ganz anders an...

Vor dem Vorspann läuft eine Szene ab, die den Zuschauern Grant vorstellt und dem neuen Bond-Film gleich einen furiosen Start gibt. Dieser Kniff war Saltzmans Idee. Er hatte ursprünglich vor, ein 007-Double durch einen vor Waffen starrenden Trainingsbereich bei SPECTRE jagen zu lassen. Der „scheinbare Bond" schafft es zwar durchzukommen, doch nur um dann fachmännisch von Red Grant erwürgt zu werden. So würde der Film also damit anfangen, daß

Bond gekillt wird – nur wäre es nicht Bond.

Young änderte die Handlung, als er den gerade neu in die Kinos gekommenen Alain-Resnais-Film „Letztes Jahr in Marienbad" sah.

Da gab es eine geisterhafte nächtliche Schießerei in einem Garten, der von griechischen Statuen umgeben war. Statt Bonds Double durch das SPECTRE-Trainingsgelände laufen zu lassen, ersannen Young und Maibaum die fremd anmutende, mondüberflutete Gartenszene, in der Bond beim Zirpen der Grillen, dem Rauschen der Zweige und dem Plätschern des Brunnens verfolgt wird. Auf diese Einleitung („Teaser" = Anreiz genannt) folgte sofort der Vorspann, bei dem die Namen auf den sich wiegenden Körper einer türkischen Schönheitstänzerin projiziert wurden – das alles dank Robert Brownjohn und Trevor Bond.

Der eigentliche Film beginnt ▶

dann mit einer in Pinewood gedrehten Studioszene, in der Kronsteen bei einem internationalen Schachturnier gegen einen kanadischen Gegner antritt. Maibaum verlegte die Partie von Moskau, wo Fleming sie spielen ließ, nach Venedig, das viel mehr Atmosphäre bot. Mit Venedig als Drehort bot es sich natürlich an, noch eine SPECTRE-Yacht einzufügen, die auf einem der Kanäle liegt. Kronsteen und Rosa Klebb besprechen an Bord ihren Plan, Bond zu töten und eine brandneue russische Dechiffriermaschine vom Typ „Lector" zu stehlen.

„Lector" war Maibaums neuer Name für Flemings „Spektor"; eine Maschine, in welcher der Entschlüsselungs-Code für alle geheimen diplomatischen Aktivitäten Moskaus gespeichert war. Als Vorbild hatte Fleming für seinen „Spektor" die „Enigma" gedient, eine englische Dechiffriermaschine aus dem II. Weltkrieg. Sie war ein Teil des streng geheimen „ULTRA-Funks" und hatte den diplomatischen Code der Nazis im Jahre 1939 geknackt.

Die Wahrheit über die „ULTRA-Organisation" und Flemings Mitwirkung bei ihren Aktivitäten wurde erst 1975 enthüllt, als englische Kriegsgeheimnisse zum ersten Mal ans Licht der Öffentlichkeit drangen. Sir William Stevenson, ULTRAS oberster Chef und ein enger Freund von Fleming, machte die Geheimnisse über Flemings Mitwirkung in einem Buch bekannt, das den Titel trug „A Man Called Intrepid". Diese knappe Geschichte über die Aktivitäten des Britischen Geheimdienstes erklärte nachträglich ein Großteil der Quellen, aus denen Fleming seine James-Bond-Romane gespeist hatte.

Die Russen waren nicht die einzigen Trickreichen. Ausstatter Syd Cain und Specialeffects Experte John Stears entwickelten direkt nach Flemings Beschreibung das erste Bond-„Spielzeug" — einen schwarzen Aktenkoffer, den Bond mit nach Istanbul nimmt. Bei der Dreherei am ersten Tag spielte dieser Koffer gleich eine entscheidende Rolle. Neben Connery, Bernard Lee und Lois Maxwell stand an diesem 1. April 1963 Desmond Llewelyn vor der Kamera, der den rund 1,90 Meter großen Chef der Abteilung „Q" spielte. Cain und Stears hatten dem Inhalt des Koffers, der aus 50 Goldstücken, einem Wurfmesser

und Munition vom Kaliber 25 bestand, noch einiges hinzugefügt, das Llewelyn dann zu erklären hatte. Da gab es noch ein zusammenlegbares Gewehr für Scharfschützen, das mit einem teleskopischen Infrarot-Zielfernrohr ausgestattet war, und schließlich einen Trickkanister mit Tränengas, der als Puder-Deodorant getarnt war.

In seinem speziell englisch-autoritärem Ton erklärt Llewelyn Bond nun: „Um einen Koffer wie diesen zu öffnen, schieben Sie normalerweise die Sperren zur Seite. Wenn sie dieses tun, wird eine Patrone direkt in Ihr Gesicht hinein explodieren. Um die Patrone nicht explodieren zu lassen, schieben Sie die Sperren horizontal nach oben und öffnen dann den Koffer ganz normal." Indem er den Diplomatenkoffer auf diese Weise beschrieb, hatte Maibaum Flemings Vorliebe, seinen Lesern Dinge zu erklären, berücksichtigt. Die Erklärung der Waffen sollte fortan in allen Bond-Filmen ein Standardelement werden.

Damiela Bianchis erster Auftritt als Tatjana Romanowa spielte in einer Art Hochzeits-Suite, die Syd Cain in der eiskalten Halle „D" aufgebaut hatte. Hinter dem Spiegel, der über dem überdimensionalen, großen Bett hing, hatte Cain geschickt das „Voyeur-Kabinett" untergebracht, in dem SPECTRES Kamera-Anlage Bond für den genau durchdachten Erpresserplan beim

Liebe im Voyeur-Kabinett

Während einer Liebesszene in dem von SPECTRE mit einer Kamera-Anlage präparierten Schlafzimmer, soll Bond nach einem exakt ausgetüftelten Plan erpresst werden

Liebemachen filmte. Die Produzenten waren von der Zensurbehörde von vornherein angewiesen worden, den „schwitzenden" Kameramann im Dunkeln zu lassen, sonst hätte die gesamte Szene als zu pikant herausgeschnitten werden müssen. Obwohl sie reichlich nervös war, spielte Miss Bianchi, mit einem schwarzen Tuch um den Hals und einem fleischfarbigen Bodystocking bekleidet, die Szene recht gut. Um ihr einen Gefallen zu tun, sperrte Young den Drehort für alle Neugierigen. Nur ein paar Techniker waren zugegen, als die beiden Hauptdarsteller sich den Nachmittag über friedlich miteinander „herumschlugen".

Connery selbst verbrachte den ganzen Tag nur mit einem Handtuch bekleidet.

Zwei Tage später arbeitete Young mit Vladek Sheybal an Bord der Yacht von Ernst Blofeld. Um ein Boot, das im Canale Grande von Venedig ankert, zu simulieren, hat-

„Dr. No" einen großartigen Eindruck hinterlassen. Dawsons Rolle war nicht im Vorspann aufgeführt. Vielleicht deshalb, weil er einfach nur mit dem Rücken zur Kamera in einem Stuhl zu sitzen hatte, eine weiße Katze streichelnd, dann einen versteckten Knopf drükkend, der Morzeny (Walter Gotell) herbeiruft, schließlich nahm er den toten Kampffisch aus dem Aquarium und gab ihn der Katze zum Fressen. Dawsons Stimme wurde

der Nacht vom 12. April 1963 aufgenommen wurde. Syd Cain hatte einen Renaissance-Garten täuschend echt nachgebaut, mit Statuen, kleinen Außentreppen, dekorativen Blumenbeeten, einem Springbrunnen und speziellem Hinterlicht, das eine mondhelle Nacht an der Adria vortäuschte.

Die Dreharbeiten begannen immer abends um 19.00 Uhr und dauerten bis zum frühen Morgen. Um Mitternacht gab's eine Essenspause. Das einzige Problem in der ganzen Sequenz tauchte auf, als Gotell seinem Opfer die Sean-Connery-Maske vom Gesicht zog. Als Terence Young sich am nächsten Tag die Szene schnell ansah, stellte er fest, daß das Double zu viel Ähnlichkeit mit Connery hatte. Ein Publikum, das vielleicht mit Connery noch nicht so vertraut war, konnte dadurch in Verwirrung gestürzt werden. Er beschloß, die Szene noch einmal zu drehen — und zwar mit einem Double, das einen Schnauzbart trug.

Am 22. April 1963 begannen in Istanbul die Innen-Dreharbeiten in der Hagia Sophia, einer der schönsten und historisch interessantesten Moscheen der Welt. Um 7.30 Uhr morgens verließ ein Produktions-Konvoi das Hilton-Hotel in Richtung Westen — insgesamt 28 Fahrzeuge. Die Hälfte der LKWs war mit Scheinwerfern und Beleuchtungs-Equipement beladen, um die Dunkelheit in der Moschee auszuleuchten. Die Dreharbeiten begannen am späten Nachmittag, als der türkische Führer Muhammat Kohen eine Gruppe von Touristen durch die Moschee führte.

Während Kohen im Hintergrund aus der Geschichte der Moschee erzählte, begann Young mit seinen Hauptdarstellern zu arbeiten: Connery, Daniela Bianchi, Robert Shaw und ein Charakterdarsteller mit Namen Hasan Ceylan, der den pockennarbigen Bulgaren spielte. In der Hagia Sophia wurde bis 18.20 Uhr gedreht, mit einer 20 minütigen Pause am späten Nachmittag, als das Museum von einem Strom echter Touristen überrannt wurde.

Am 30. April teilte Young seine Mannschaft. Ein zweites Kamerateam, geleitet von seinem Assistenten David Anderson, fuhr mit dem Zug zur griechischen Grenze und nahm Hintergrundbilder für die „Orient Express"-Passage auf. Die ▶

Bond stirbt in Marienbad

Die Anfangsszene hat Terence Young stark Alain Resnais „Letztes Jahr in Marienbad" nachempfunden. Hier wird Bond — allerdings nicht der echte — in einer gespenstischen Mondscheinszene von Grant getötet

te Syd Cain den Drehort in Halle „D" mit einer Reihe besonderer Effekte ausgestattet. Dazu gehörten auch die Lichter zur Hafeneinfahrt, die während des Drehens langsam auf- und abbewegt wurden. Auch die Kamera war auf eine Schaukel montiert und bewegte sich im Rhythmus der Lichter mit. Anthony Dawson, der den Ernst Stavro Blofield spielte, war an diesem Tag an Bord der Yacht. Er hatte im Jahr zuvor als der böse Professor Dent in

später von dem Schauspieler Eric Pohlmann synchronisiert.

Eine Menge Szenen in „From Russia with Love" wurden auf dem parkähnlichen Grundstück der Pinewood-Studios gedreht. Das Hauptverwaltungsgebäude wurde zum Landhausähnlichen SPECTRE-Hauptquartier, vor dem ein Hubschrauber landet, der Colonel Klebb an Bord hat. Das gleiche Gelände dient auch dazu, den „Teaser" (die Eingangsszene) zu drehen, die in

Aufnahmen dienten der Spezial-crew für optische Effekte in Pine-wood dazu, das Innere des Zuges nachzubauen, denn die entsprechen-den Szenen sollten im Studio ge-dreht werden.

Young blieb in Istanbul, um eine andere Serie von Nachtaufnah-men vorzubereiten. Syd Cain hatte im Industriegebiet der Stadt einen besonderen Drehort gebaut, der das Appartement des russischen Agen-ten Krilencu darstellte, eine Plakat-wand mit einer Falltür. In Flemings Roman war auf der Plakatwand ei-ne Werbung für den 20th Century Fox-Film „Niagara" angeschlagen, in dem Marylin Monroe die Haupt-rolle spielte. Die Falltür war genau in ihren Mund hineingeschnitten. Broccoli und Saltzman machten lie-ber Werbung für ein eigenes Pro-dukt: „Call Me Bwana". Marilyn Monroe wurde durch Anita Ekberg ersetzt.

Als sie aus Istanbul fliehen, benutzen Bond und Tanja den welt-berühmten Orient Express, der von Istanbul über Thessaloniki, Belgrad, Venedig und Lausanne in vier Ta-gen und fünf Nächten nach Paris fährt. Nachdem Bond Grant gekillt hat, verlassen er und Tanja den Zug an der jugoslawischen Grenze, neh-men Grants Fluchtauto und stehlen ein Motorboot, das sie nach Vene-dig bringt. Bevor das alles geschieht, spielt das Drehbuch etwa 20 Minu-ten in dem Zug, der in dieser Zeit drei Bahnhöfe passiert. Einer davon, St. Sophia, befand sich in Istanbul, dort mußte am Tage gedreht wer-den. Die anderen beiden, die Bel-grad und Zagreb darstellen sollten, wurden nachts angefahren.

Für Produktionsleiter Bill Hill war es ein Alptraum, mit den türki-schen Gewerkschaften auf dem Sir-keci-Bahnhof von Istanbul zu arbei-ten. Er erinnert sich, daß Kamera-mann Ted Moore jeden Abend um 18.00 aufzubauen begann — um 23.00 Uhr war er noch immer da-bei, Anweisungen für das Licht zu geben. Generatoren wurden auf den Spezialzug geschleppt, dem türki-schen Ingenieur seine Anweisungen gegeben. Er sollte den Zug in den Bahnhof einlaufen und an einer be-stimmten Kreidemarkierung halten lassen. Das sollte Robert Shaw die Möglichkeit geben, in der Zagreb-Szene den Zug zu verlassen und dem örtlichen britischen Agenten zu entgehen. Hill hatte Probleme mit dem Zugführer, der einfach nicht in der Lage war, bei der Krei-de-Markierung anzuhalten. Er stieg wieder und wieder in seine Brem-sen und trennte dabei die Generato-renkabel durch, so daß alle Lichter erloschen. Die Offiziellen der Ge-werkschaft standen ruhig daneben, und es dauerte Stunden, um alles wieder in Ordnung zu bringen. Ge-quält wie er war, spielte Hill in dem Film mit. Er spielte Nash, den un-glücklichen britischen Agenten, den Grant in Zagreb im Badezimmer er-mordet.

Das Chaos bei den Zugszenen wurde noch weit übertroffen von dem Durcheinander bei den Motor-boot-Sequenzen. In Pendik, einem kleinen Küstendorf nahe der grie-chischen Grenze, ging alles schief. Die Verfolgungsjagd mit dem Motor-boot und Bonds Kampf mit einem SPECTRE-Hubschrauber waren Ori-ginal-Filmszenen, die in Flemings Buch nicht auftauchen. Man hatte das Gefühl, daß dem Film nach den langen Passagen im Orient Express ein paar weiträumige Action-Szenen guttun würden. Die beste Möglich-keit dazu schien es zu sein, wenn Bond das letzte Viertel von „From Russia with Love" zu einer giganti-schen Verfolgungsjagd werden ließ, in deren Verlauf er einen rachsüch-tigen SPECTRE-Agenten nach dem anderen erledigte.

Erst holt Bond den SPECTRE-Hubschrauber mit einem gezielten Schuß vom Himmel, dann findet er Grants Motorboot und rauscht da-mit ab nach Venedig. Natürlich wird er bald von drei SPECTRE-Schnellbooten verfolgt, die Männer mit Maschinengewehren an Bord haben. Mit einer Leuchtpistole setzt Bond ausgelaufenes Benzin in Brand und schüttelt so seine Verfolger ab — ein Trick, den Maibaum in „The Red Beret" benutzt hat.

In diesem Film wird Alan Ladds Einheit in ein Minenfeld getrieben. Um zu entkommen, läßt er einen Kameraden eine Panzerrakete ab-

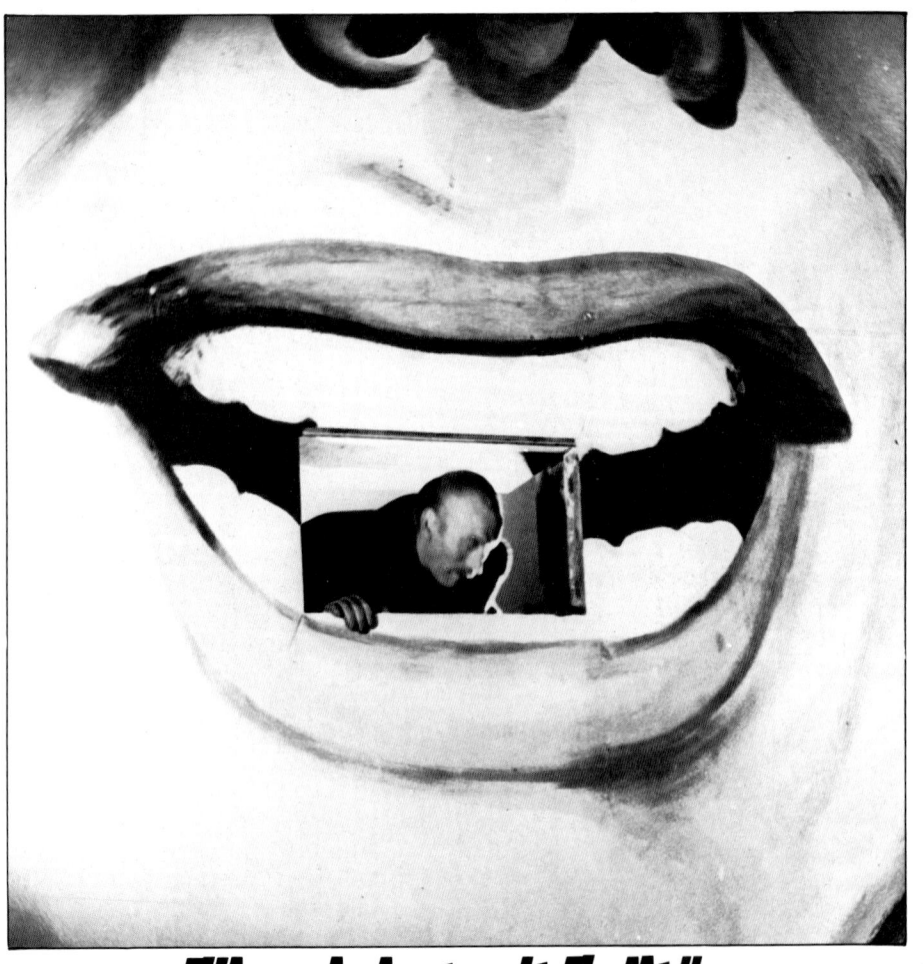

Filmplakat mit Falltür

Einen besonders originellen Fluchtweg haben sich die Drehbuchautoren für den SPECTRE-Agenten ausgedacht. Er versucht durch eine Tür zu entkommen, die im Plakat versteckt war.

feuern, die über den Boden dahinzischt, die die tödlichen Minen explodieren läßt und so den Weg freimacht. In „From Russia with Love" wandelte Maibaum die Szene nur um: Bond wirft seine durchlöcherten Benzinfässer über Bord, wartet, bis sie zwischen die SPECTRE-Boote getrieben sind und schießt dann das Benzin in Brand mit einer Leuchtkugel. Die hüpfende Leuchtkugel läßt das Benzin an allen Stellen entflammen, die SPECTRE-Flotte wird vom Feuer verschlungen.

Die schwierige Passage sollte in den ruhigen Gewässern bei Pendik gedreht werden, ein idealer Ort, den das Erkundungsteam bei der Motivsuche gefunden hatte. Gewisse Probleme hatte man jedoch nicht vorhergesehen. Die Schnellboote z.B. waren alles andere als schnell; sie fielen im Gegenteil laufend aus. Dann hatte der türkische Produktionsassistent in die Tanks Kerosin geschüttet anstelle von Benzin, und so kam es zu weiteren Verzögerungen. Um die technischen Probleme noch zu steigern, bezog sich langsam der Himmel. Youngs Crew brachte 13 Stunden auf dem Wasser zu, um nicht mal 30 Sekunden Film in den Kasten zu bekommen. Daniela Bianchi wurde einige Male seekrank, und das gesamte Team war allabendlich dankbar, wenn es wieder festen Boden unter die Füße bekam.

Nach einem zweiten Drehtag ohne brauchbares Material wollte Young das Handtuch werfen. Schon drei Tage hinter dem Zeitplan! Er rief Broccoli in London an und schlug vor, die Bootsszenen in England zu drehen, wo sie eine bessere Kontrolle über alles haben würden. Er erzählte, daß er sich an eine Reihe einsamer Buchten an der schottischen Küste erinnere, die dem Golf von Venedig ähnelten. Broccoli und Saltzman waren sich des Zeitverzugs und der allgemeinen Frustration bewußt: Sie stimmten zu, daß das Team zurückkehren sollte. Nur eine kleine zweite Mannschaft blieb zurück. Sie sollte eine Reihe von Landschaftsaufnahmen machen, damit man in Schottland vergleichbare Hintergründe suchen konnte.

In einem Film, in dem es von geheimnisvollen Leuten wimmelt, die alle von höchst ungewöhnlicher Eigenwilligkeit sind, kam Pedro Armendariz als der überschwängliche, doch unheilvolle Kerim Bey als Boss der Station T-Turkey am besten raus. Interessanterweise wurde die wichtigste Kerim-Bey-Szene aus „Liebesgrüße aus Moskau" herausgeschnitten. Sie spielte vor der Einstellung, in der Bond auf der Bosporus-Fähre Tanja trifft. Wohin Bond auch immer ging, er wurde von einem Bulgaren mit mächtigem Schnurrbart, schwarzer Baskenmütze und einem Citroen verfolgt.

Bond geht also auf die Fähre, um das Mädchen zu treffen und muß irgendwie seinen Verfolger loswerden. Sein Taxi wird von dem Bulgaren verfolgt; plötzlich beugt sich Bond zur Seite vor den Taxifahrer und geht voll aufs Bremspedal. Mit kreischenden Reifen kommt das Taxi zum stehen, der Bulgare prallt mit seinem Wagen drauf, ein drittes Auto fährt in ihn hinein.

Aus dem ersten Wagen springt Bond, aus dem zweiten der Bulgare, aus dem dritten Pedro Armendariz. Young drehte die Einstellung 10mal. Armendariz wollte eine lange Asche an seiner Zigarre haben, doch jedesmal, wenn der Bulgare seiner Erregung Ausdruck verlieh, fiel die Asche von der Zigarre ab. Beim zehnten Mal steigt Armendariz aus dem Auto, eine schöne lange Asche an der Zigarre, und der Bulgare wendet sich ihm protestierend zu. Armendariz beugt sich zu ihm herunter, nimmt die Zigarre aus dem Mund, stäubt die Asche ab und sagt: „Mein Freund — so ist das Leben." In dem Augenblick rollt der große Rolls Royce der englischen Botschaft vor, Bond steigt ein und fährt davon. Der Bulgare kann 007 nicht mehr zur Fähre folgen, da sein Auto zwischen zwei anderen eingeklemmt ist. Ein perfekter Trick — und gleichzeitig bestimmt die beste Szene, die Armendariz hatte.

Bei einer privaten Vorführung eine Woche vor dem Start des Films bemerkte als erster Youngs 12jähriger Sohn, daß der Bulgare ja längst ▶

Fleming bei den Dreharbeiten

Romanautor Ian Fleming besuchte die Dreharbeiten zu „Liebesgrüße aus Moskau", als gerade die sehr schwierigen Zugszenen in Istanbul gedreht wurden.

von Robert Shaw in der „Hagia Sophia" „gekillt" worden war. Die Szene mußte also leider herausgenommen werden.

Terence Young erinnert sich, wie er später erfuhr, daß Armendariz Krebs hatte und man wußte, daß er sterben würde. Der Regisseur besuchte ihn im Hotel und wollte irgendetwas Tröstliches oder Wichtiges sagen, doch er starrte wortlos die Wand an. Auch in diesem Augenblick hatte Armendariz eine Zigarre in der Hand. Er stemmte sich zu Young hoch, sah ihm direkt in die Augen, stäubte die Asche auf den Fußboden und sagte: „So, mein Freund, ist das Leben!"

Es war Terence Young, der bei seiner Rückkehr aus Istanbul entdeckt hatte, daß Armendariz unter einer unheilbaren Krankheit litt. Der Schauspieler, der in Deutschland erfolgreich den „Käpt'n Sinbad"

Letzte Rettung

Schon fast von den SPECTRE-Booten eingeholt, hat Bond eine rettende Idee: Er wirft die Ölfässer ins Meer und schießt sie in Brand.

---

gespielt hatte, hatte gehofft, er würde für die Dauer des Bond-Films schon fit sein. Seine ganze Sorge war, seiner Frau möglichst etwas Kapital zu hinterlassen. Doch mit seiner Gesundheit war es schneller bergab gegangen, als er selbst vorausgesehen hatte. Abgesehen von allem anderen standen die Produzenten vor dem Dilemma, den Film entweder ohne Armendariz zu Ende zu drehen oder die Rolle des Kerim Bey nochmal neu zu besetzen. Armendariz hoffte verzweifelt, den Film zu Ende drehen zu können.

Der Gedanke an seine Frau hielt ihn aufrecht. Young brachte es nicht über sich, ohne Armendariz weiterzumachen. Er überzeugte die Produzenten, daß er es schaffen würde, all die Pinewood-Szenen mit Kerim Bey am Stück zu drehen. Auf die schnelle wurde eine Besprechung angesetzt; Ausstatter Syd Cain und sein Assistent Michael White bekamen die Weisung, sofort mit dem Bau aller Kulissen zu beginnen, die irgend etwas mit Armendariz zu tun hatten, darunter auch das weitläufige Zigeuner-Camp.

Gemeinsam mit Kameramann Ted Moore plante Young, alle Nahaufnahmen innerhalb von zwei Wochen abzudrehen und den Schauspieler über die Schulter eines Doubles aufzunehmen. Wochen später mußte Connery die Szenen mit Terence Young, der nun selbst den Kerim Bey spielte, zu Ende drehen.

Es herrschte eine niedergedrück-te Stimmung in den Pinewood-Stu-dios in jenen letzten Wochen des März 1963. Am Sonntag, dem 9. Juni 1963, gab Terence Young in seinem Londoner Haus eine Ab-schiedsparty für Armendariz. Der größte Teil des Produktionsteams war gekommen; Ian Fleming, selbst ernsthaft krank, fand sich dennoch am späten Nachmittag auch ein. Die beiden Männer hatten sich zum er-sten Mal in Istanbul gesehen und gleich Gefallen aneinander gefun-den. Sie verbrachten den größten Teil des Nachmittags auf einer Couch in Youngs Wohnzimmer und sprachen über einen guten Armen-dariz-Freund: Ernest Hemingway, der lieber Selbstmord begangen hat-te, als sich einer langen endlosen Krankheit auszusetzen.

Einen Monat später, als er tod-krank in einem Krankenhausbett in Los Angeles lag, zog Armendariz ei-ne Pistole unter dem Kopfkissen hervor und erschoß sich. Ian Fle-ming sollte auch nicht mehr sehr lange leben...

Die Produktion mußte weiterge-hen. Die Crew sollte in Kürze nach Schottland aufbrechen, um die Au-ßenaufnahmen auf dem Motorboot und die Hubschrauber-Verfolgungs-jagden zu drehen. Young drängte den Drehplan zusammen, alle arbei-teten rund um die Uhr.

Syd Cain war rechtzeitig mit seinem Zigeuner-Camp fertiggewor-den, der Kampf mit den Bulgariern konnte gedreht werden. Jetzt war es Zeit für die übrigen Hauptdarstel-ler, ihre Aufgaben auf dem riesigen Pinewood-Gelände anzugehen. Zwei der jetzt Betroffenen waren Youngs Zigeuner-Mädchen Martine Beswick und Aliza Gur. Die Dame Beswick hatte in Terence Young einen heim-lichen Verehrer, und das beeinfluß-te den Umgang mit Miss Gur nicht gerade positiv. Sie kam nämlich frisch aus Hollywood und war dar-an gewöhnt, die ungeteilte Auf-merksamkeit auf sich zu ziehen. Hinter den Kulissen begann sich zwischen den beiden Schönen eine gepflegte Rivalität zu entwickeln, und das sprang über in die köstliche Kampfszene, die Ian Fleming ge-schrieben hatte.

Die beste Kampfsequenz des Films, das Duell zwischen Bond und Grant im Orient-Express, ist bei Fernseh-Versionen des „Liebes-grüße aus Moskau"-Films gewöhn-

Letzte Rolle

Zu Beginn der Dreharbeiten wußte keiner, daß Pedro Armendariz der den Kerim Bey spielte, todkrank war. Armendariz hielt bis zum Drehschluß durch

lich geschnitten. Eigentlich schade, denn es handelt sich um eine der blutrünstigsten Auseinandersetzun-gen, die je gefilmt wurden. Mai-baums Buch, verbunden mit Peter Perkins' Choreographie — das war James Bond erster Klasse.

Maibaum mußte an Flemings Originalkampf ändern. Im Buch legt Bond sein Zigarettenetui in ein Buch, das er auf dem Schoß hat. Als Grant schießt, wird die Kugel von dem Etui abgeleitet. Als Grant sich dann über Bonds ausgestreck-ten Körper beugt, zieht 007 ein

Wurfmesser aus einem Fach seines Aktenkoffers und rammt es Grant in die Rippen. Der Kampf dauert nur eine Minute.

Im Drehbuch hat Maibaum das Duell auf fast zwei Minuten ausge-dehnt. Alle pfiffigen „Spielzeuge", die von der „Q"-Abteilung entwik-kelt worden waren, werden vorge-führt — insbesondere die Tränengas-Sprühdose, die in Bonds Aktenkof-fer versteckt ist. Grant wird von dem Gas ins Gesicht getroffen, als er fälschlicherweise den Koffer öff-net, ohne die Halterungen hochzu-schieben. Dann wird er von Bond mit dem breitklingigen Wurfmesser verletzt und schließlich mit der gleichen Würge-Uhr erdrosselt, mit der auch der scheinbare Bond in der Einleitungsszene ins Jenseits be-fördert wurde. Zwischendrin teilen beide Widersacher noch ein Dut-zend Schläge aus und demolieren ▶

das luxuriöse Eisenbahnabteil total.

All das wurde gedreht in zwei der großen Pinewoodhallen, in denen Syd Cain das Innere des Orient-Express nachgebaut hatte. Peter Perkins war für die Sensationsdarsteller zuständig, Bob Simmons doubelte Sean Connery, Jack Cooper seinen Gegner Robert Shaw.

Seit den katastrophalen Außenaufnahmen in der Bucht von Pendik hatte Young die ganze Zeit auf einen neuen Versuch mit der Motorboot-Jagd gewartet. Ursprünglich wollte er diese Sequenz zusammen mit der Hubschrauberjagd in Schottland drehen. Seine Chance kam anfang Juli. Das Hauptteam reiste gen Norden nach Lochgilphead, um mit den Helikopter-Szenen zu beginnen, eine zweite Crew fuhr nach Crinan an Schottlands Westküste, um die neuen Motorboote zu testen.

Für die Motorboot-Jagd, einen der Höhepunkte des Films, sollte außerhalb Crinans auf dem Ozean gedreht werden. Die Zerstörung der SPECTRE-Flotte durch Bonds tan-

Schlägerei um einen Mann

Im Zigeunercamp: Zwei Mädchen (die eine Darstellerin: Martine Beswick) führen einen tödlichen Kampf um den gemeinsamen Liebhaber.

zende Leuchtkugel hingegen sollte in einem Wasserbecken in Pinewood stattfinden, in dem Gasexplosionen und Spezialeffekte gefahrlos simuliert werden konnten.

Fünf schnelle Motorboote wurden bei Fairey Marin's in Glasgow bestellt, auf LKWs geladen und über Land nach Crinan transportiert. Dort lagen sie zunächst in einer Bucht und liefen dann aus in den Atlantik. Der Umgang mit den Booten lag nun Gott sei Dank nicht mehr in der Hand von ungeschickt herumfummelnden Türken, sondern war Peter Twiss von Fairey Marine's übertragen, einem ehemaligen Luft-

waffenpiloten, der als erster Engländer die Schallmauer durchbrochen

Da das Wetter unbeständig war, pendelte die Crew zwischen der Hubschrauber-Jagd in Lochgilphead und der an der Küste stattfindenden Bootsjagd hin und her.

Am 6. Juli schlug Ausstatter Syd Cain Terence Young vor, er sollte sich doch mal eine kleine, besonders interessante Bucht näher ansehen, die er am Tag zuvor entdeckt hatte. Young war einverstanden, ließ Cain auf dem Dock und stieg zusammen mit Cains Assistenten Michael White in einen Hubschrauber, den Captain Cyril Sweetman von „Film Aviation Services" steuerte. Sweetman war jedoch kaum in der Luft, da wurde er von einer Windbö erfaßt, welche die „Hiller" auf die Seite und ins Wasser drückte. Cain und seine Mannschaft konnten nichts unternehmen, als der Hubschrauber in die See stürzte. Die Plexiglas-Kabine sank gänzlich unter Wasser, während die Rotorblätter den Ozean ringsumher aufwühlten. Terence Young fand sich innerhalb weniger Sekunden plötzlich drei Meter unter Wasser wieder und gestand nachher, daß er froh war, noch am Leben zu sein.

Die Crew schlug schnell das Kabinendach des Helikopters ein und zog den blutenden Regisseur aus dem Wrack. Sweetmans Sicherheitsgurt war von einem Propeller durchgetrennt worden, so kam auch er heraus. White war in dem Augenblick herausgesprungen, als der Hubschrauber auf die Wasseroberfläche aufschlug und überlebte den Unfall mit einem verletzten Ellenbogen. Young erlitt Schnitte an der rechten Hand sowie an den Beinen und Prellungen.

Trotz des Unfalls drehte er um 10.30 an diesem Morgen schon wieder die Bootsjagd – kaum eine Stunde, nachdem er zu dem Unglücksflug gestartet war. Eine spezielle Kamera-Crew wurde auf einer verlassenen Insel inmitten dieser Bucht abgesetzt, um einige lange Einstellungen von Bonds Schnellboot zu drehen. Man arbeitete bis 18.30, erst anschließend ließ sich Terence Young im Krankenhaus von Lochgilphead behandeln. Der Absturz mit dem Hubschrauber sollte die letzte Katastrophenmeldung sein: Die schwierigen Motorboot-Szenen kamen doch langsam in Ordnung, am 16. Juli war man mit allen

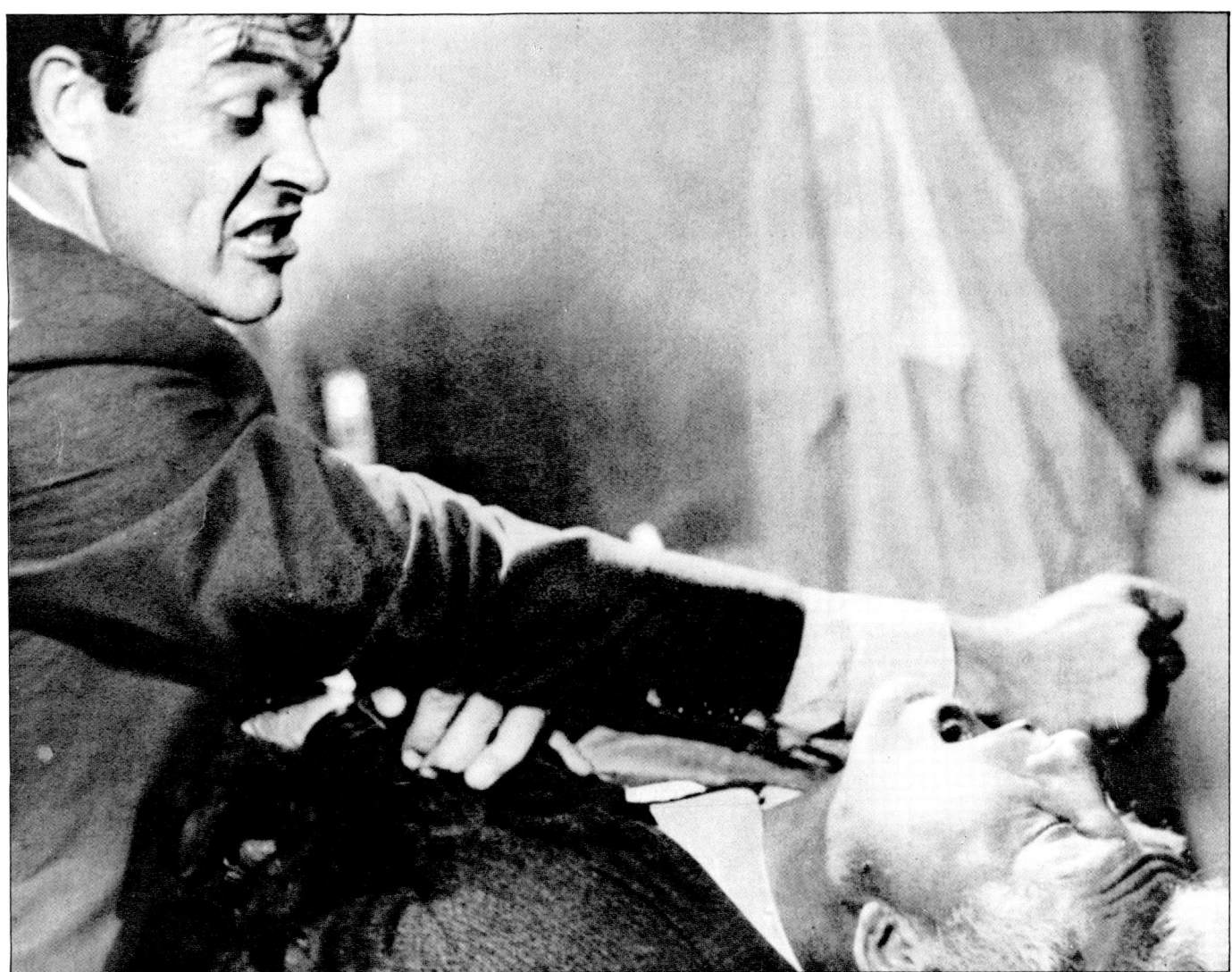

Außenaufnahmen in Crinan fertig.

Im August, die letzten Drehwochen waren angebrochen — flog Young mit einer kleinen Crew nach Madrid, um sich dort auf die Suche nach wilden Ratten zu begeben. Eine Schlüsselszene in „From Russia with Love" spielt in einem unterirdischen Kanalsystem, nachdem Kerim Bey das russische Konsulat in die Luft gejagt hat. Um zu entkommen, rennen Bond, Tanja und Kerim durch die Kanäle, verfolgt von Tausenden brauner Ratten.

Ursprünglich hatte man versucht, zahme weiße Ratten hierfür einzusetzen, die in Kakao getaucht wurden, um ihnen die erforderliche Farbe zu geben. Doch nachdem die Scheinwerfer eingeschaltet waren und alles zum Drehen bereitstand, wurden sie schläfrig und wollten nicht mitmachen. Das einzige, was sie interessierte: sich gegenseitig den Schokoladenüberzug vom Pelz zu lecken. Die Crew reiste also nach Madrid, wo ein spanischer Rattenfänger angeheuert wurde, der 200

Kampf im Orient-Expreß

Während der Fahrt im Orient-Expreß kommt es zwischen Red Grant (Robert Shaw) und James Bond zum entscheidenden Kampf auf Leben und Tod.

braune Ratten für sie fing. Anschließend wurde eine große Garage gemietet und darin das byzantinische Kanalsystem nachgebaut. Young drehte die Szene, in der die Ratten den Tunnel entlanglaufen, hinter einer Glasscheibe, die ihn und das Team schützte. Am Schluß standen alle auf Stühlen, selbst Cubby Broccoli, der rübergekommen war. Alle Ratten waren entkommen, und keiner hatte Lust, sich beißen zu lassen...

Der 23. August 1963 war der letzte Drehtag für „Liebesgrüße aus Moskau". Zwei Monate später fand im „Odeon" am Leicester Square die Premiere statt. Erneut zählte Penelope Gilliat vom „Evening Standard" zur vordersten Front derer, die Bond „rühmten". Sie ließ sich aus über die Respektlosigkeit des Films, die ihr vorkam wie „eine Stimme unseres Zeitalters, die Stimme kranker Scherze über die Atombombe und Grausamkeiten über Belsen". Das allgemeine Kritiker-Echo war gut. Nicht nur deshalb war man bei „Eon Productions" im Herbst 1963 höchst zufrieden. Auch nicht nur wegen des finanziellen Erfolgs: Der Film spielte seine Herstellungskosten allein in England wieder ein. Bemerkenswert war die kostenlose Publicity, die James Bond erhielt. „From Russia with Love" stand auf der Liste der Bücher, die US-Präsident John F. Kennedy als seine Lektüre angab. Was der politische Journalist Hugh Sidey als interessantes Beispiel für die Lesegewohnheiten des Präsidenten hochgekocht hatte, war ein mehr als glücklicher Zufall für die Bond-Leute. ●

1964

Goldfinger

Originaltitel: **Goldfinger**

STAB

Regie . . . . Guy Hamilton
Produktion. . Harry Saltzman und Albert R. Broccoli
Drehbuch. . . . . . .Richard Maibaum und Paul Dehn
nach dem gleichnamigen Roman von Ian Fleming
Bauten . . . . Ken Adam
Kamera . . . . Ted Moore, B.S.C.
Schnitt . . . . Peter Hunt
Herstellungsleitung . . . . . . L.C. Rudkin
Interpretin des Titelliedes . . . . . .Shirley Bassey
Liedertexte . . . . . . .Leslie Bricusse und Anthony Newley
Musik und Orchesterleitung. . John Barry
Ton . . . . Dudley Messenger und Gordon McCullum
Masken . . .Paul Rabiger und Basil Newall
Frisuren. . . . . Eileen Warwick
Spezialeffekte. . . . . John Stears

BESETZUNG

James Bond . . . . Sean Connery
Goldfinger . . . . Gert Fröbe
Pussy Galore. . . . . . . Honor Blackman
Jill Masterson. . . . . Shirley Eaton
Tilly Masterson. . . . . . . .Tania Mallett
Odd-Job . . . . Harold Sakata
„M" . . . . Bernard Lee
Solo . . . . Cec Linder
Simmons . . . . Austin Willis
Miss Moneypenny . . . . . .Lois Maxwell
Bonita. . . . . Nadja Regin

Mitte 1964 waren Harry Saltzman und Albert Broccoli durchaus zufrieden mit ihrem James Bond. Die beiden ersten Filme waren in England äußerst erfolgreich geworden, „Liebesgrüße aus Moskau" führte gar die Liste der Filme mit den besten Einspielergebnissen an. In den USA liefen die Geschäfte prächtig an — was wollte man mehr. Dennoch: United Artists hielt sich noch immer auf merkwürdige Weise zurück. Man zögerte, Bond mit dem entsprechenden Paukenschlag auf den amerikanischen Markt zu bringen, man war sich des Produkts noch immer nicht sicher.

Saltzman wies immer wieder auf die Verkaufszahlen der Bücher hin, die täglich reinkamen. Die ersten zwei Filme hatten den Amerikanern vielleicht den Mund wäßrig gemacht, die Bücher hingegen weckten ein weites Interesse an dem Geheimagenten Ihrer Majestät.

Als United Artists im Sommer 1964 das Drehbuch für „Goldfinger" vorgelegt wurde, begann die Firma schließlich doch, mehr Interesse zu zeigen. Erstmals wurde ein großer Werbefeldzug für einen Bond-Film geplant.

Fort Knox in Kentucky beherbergt das Waffenzentrum der US-Army. Doch dieser Ort ist weniger bekannt aufgrund seiner militärischen Zweckbestimmung. Es sind die Edelmetall-Reserven von Fort Knox, die den Namen in alle Welt getragen haben. In Fort Knox liegt der größte Goldschatz der Welt!

In dem neuen „Goldfinger"-Drehbuch plant der Meister-Verbrecher Auric Goldfinger einen Einbruch in die Schatzkammer von Fort Knox. Er will eine kleinere Atombombe zünden und damit den gesamten Goldvorrat der USA verseuchen. Da Goldfinger bereits 60 Millionen Dollar in Form von gestohlenen Goldbarren hortet, wird dieser Besitz spektakulär im Preis steigen — so seine Rechnung.

Bond trifft Goldfinger in Miami, wo der Superganove einen Mister Simmons beim Spiel betrügt. Nachdem er Goldfinger einen Strich durch seine finsteren Absichten gemacht und ihm seine Freundin Jill Masterson ausgespannt hat (sie stirbt kurze Zeit später, da ihr gesamter Körper mit Gold bemalt wurde), kehrt Bond nach London zurück. „M", der mit der Bank of England zusammenarbeitet, erteilt Bond den Auftrag, Goldfingers illegale Aktivitäten zu untersuchen; ein Auftrag, der 007 von den Schweizer Alpen bis nach Kentucky führt.

Um Goldfingers Überfall auf die Goldkammern von Fort Knox filmen zu können, erhielten die Produzenten Unterstützung von der US-Army, die beständig in diesem Gebiet eine große Anzahl bewaffneter Streitkräfte unterhält. Im Drehbuch waren Land- und Luftaufnah-

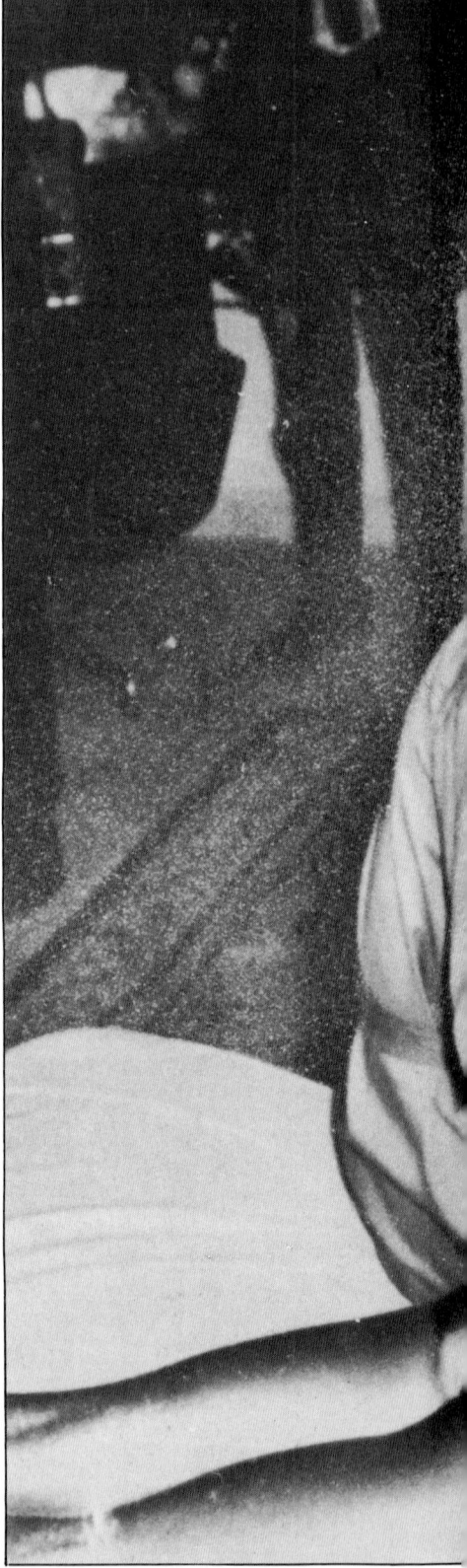

Gold-Mädchen

Bond findet Jill Masterson tot in ihrem Zimmer. Goldfinger hat sich für ihren Verrat eine teuflische Strafe ausgedacht: Sie wird von Kopf bis Fuß vergoldet und erstickt. Shirley Eaton spielte die Rolle.

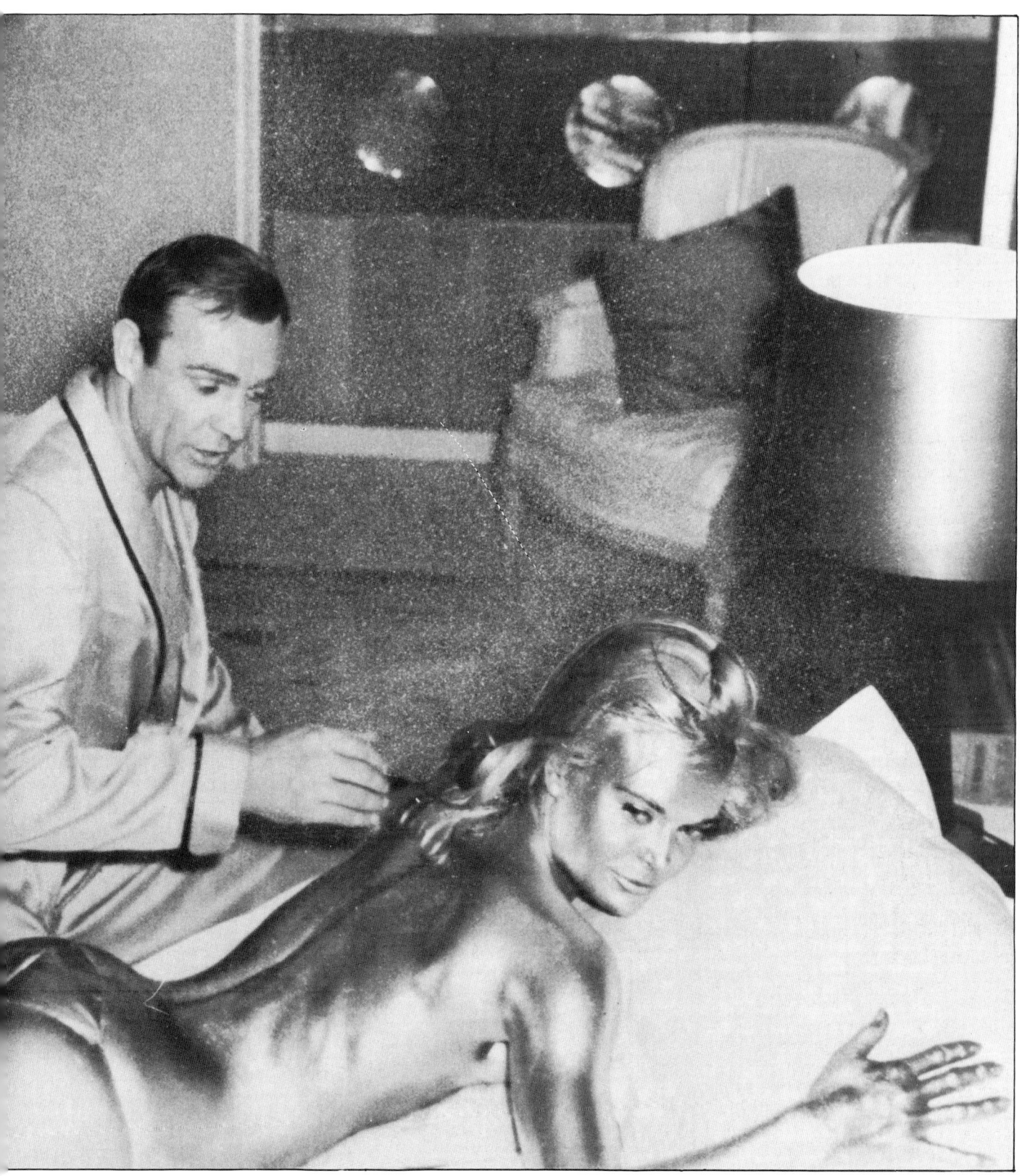

men des Militärstützpunktes vorgesehen, dazu Großaufnahmen von großen Truppenkontingenten, die von Pussy Galores privater Luftflotte in Morpheus Arme geschickt werden, indem sie ein Nervengas über der Basis versprüht. Was das Drehen in den Tresoren selbst betraf, da hatten Broccoli und Saltzman vom Schatzministerium der USA bereits ein höfliches „Nein" bekommen.

Im Februar reisten Broccoli, sein Stiefsohn Michael Wilson, der neu bestellte Regisseur Guy Hamilton, Ken Adam und etwa 18 Mitglieder der Crew per Flugzeug von New York nach Fort Knox. Hamilton wurde begleitet von einer kleinen Kameramannschaft, die Bond-Veteran Ted Moore leitete. Sie filmten überall in Fort Knox, und mit Hilfe eines pensionierten Army-Colonels namens Charlie Rushon, der gute Verbindungen zum Verteidigungsministerium unterhielt, erhielten sie sogar die Erlaubnis, auf dem Militärstützpunkt zu drehen. Man stellte ihnen sogar ein großes Kontingent an Soldaten als Doubles zur Verfügung. ▶

Laser-Strahl

Bond ist in der Gewalt von Goldfinger, der zunächst vorhat, den Superagenten mit der Laserkanone in zwei Hälften zu zerschneiden, es sich dann aber doch anders überlegt.

Die Mannschaft revanchierte sich mit einem privaten Scherz, der tatsächlich im Film zu sehen war: Als die kleinen Eindecker-Maschinen vom Typ „Commanche" auf dem Stützpunkt landen, schwenken Moores Kameras über die Landebahn und bleiben hängen bei dem Schutzdach eines Hangars, auf dem steht: „Willkommen, General Rushon!"

Hamiltons Crew drehte während ihres Aufenthaltes schließlich in einer Werkstatt, in der Tanks repariert wurden, auf dem Exerzierplatz und überall dort, wo sie sonst noch größere Truppenansammlungen einfangen konnten.

Zur Darstellung des fliegenden Zirkus, einer Gruppe sinnlicher Bondinen unter der Führung von Miss Pussy Galore, heuerte Broccoli einen Trupp männlicher Piloten aus einer örtlichen Flugschule in Kentucky an. Sie wurden in schwarze Fallschirmspringer-Kluft gesteckt, bekamen blonde Perücken aufge-

setzt und sollten ihre „Commanche"-Maschinen zu Luftaufnahmen nach Fort Knox bringen. Ein Kamera-Hubschrauber mit Moore, Hamilton und Johnny Winbolt an Bord fotografierte die kleinen Flugzeuge, wie sie über Kentuckys Wiesen dahinschwebten und auf einem kleinen Flugplatz landeten, der „Friendship Airport" in Baltimore darstellen sollte.

John Pearson erklärt in seiner Biographie über Ian Fleming, daß dieser nach „From Russia with Love" wieder von dem Gedanken abkam, die literarische Qualität seiner 007-Romane anzuheben. Statt dessen kehrte er dazu zurück, im Grunde immer wieder das gleiche Buch zu schreiben und nur die Schauplätze zu variieren.

Als Richard Maibaum im Begriff war, das Drehbuch zu „Goldfinger" zu schreiben, befand er sich in einer ähnlich heiklen Lage. Es war klar: „Liebesgrüße aus Moskau" würde immer sein Lieblings-Bond

bleiben, aber er wußte instinktiv, daß Broccoli und Saltzman nicht wünschten, daß die Serie zu sehr in einer Richtung verlief. Es war nicht die Kulisse und auch nicht die Handlung, die Bond einmalig machte. Es war die Art der Präsentation.

Mit „Goldfinger" schrieben Maibaum und sein Co-Autor Paul Dehn, der eine erste Rohfassung des Films entwickelte, eine Art Schlüssel-Buch in der James-Bond-Serie. Es wurde später so etwas wie eine Blaupause für alle weiteren Bond-Streifen. „Goldfinger" war der erste stilisierte Bond-Thriller, bei dem tatsächlich jede Szene auf ihren komischen Gehalt hin angelegt war; ein lärmendes Spiel, doch mit einem ganz wichtigen Dreh: Die Autoren vergaßen nie das eine Element, das meisterhaft die Komödie ausbalancieren konnte – die Gefahr. Ohne daß Bond dauernd in gefährlichen Situationen steckte, hätte der Humor die Balance des Films zerstört.

Die Verfolgungsjagd per Auto wurde zum perfekten Beispiel. Bond fährt seinen Wunder-Aston-Martin und löscht seine Gegner mit Hilfe von Maschinengewehren, Ölspuren und Rauchwolken aus. Seine Beifahrerin, Tilly Masterson, genießt das Vergnügen. Ihr Lachen spiegelt die Freude der Zuschauer an dieser Szene wider. Doch dann sitzt Bond in der Falle. Er fährt von der Straße runter, stoppt den Wagen, ruft Tilly zu, sie solle Hilfe holen, tötet einige ihrer Verfolger und muß dann mitansehen, wie Odd-Job seinen Bowler-Hut mit der rasiermesserscharfen Metallkrempe nach ihr wirft. Wie vom Schlag getroffen stürzt Tilly zu Boden – beim Publikum betroffenes Schweigen. John Barrys Musik wird plötzlich unheilverkündend, und James Bond ist todernst. Diese Fähigkeit, schnell von der Komödie zum Schockierenden zu wechseln, war eines der wichtigsten Elemente in den Bond-Abenteuern. Es war dieser sorgfältige Übergang zur Action, der die Bond-Filme allen Imitationen überlegen machte.

Die Autoren widmeten Stil und Tempo nach wie vor größtes Interesse. Dennoch: Zum ersten Mal verloren sie hier Flemings Bond ein wenig aus den Augen. Zwar hatten die Romane zeitweise Comic strips geähnelt, doch in ihnen fanden sich immer wieder Studien über einen Mann, der einfach extremem Druck ausgesetzt ist. Flemings Bond machte die typischen Krisen in der Mitte des Lebens durch. Er hatte gesundheitliche Probleme, Zeitspannen voll sexueller Melancholie, pflegte Laster wie Rauchen und Trinken und zweifelte an seiner Nützlichkeit als menschliches Wesen. Er war menschlich und kämpfte gegen eine unmenschliche Welt mit seiner Intelligenz und ein paar Überraschungen, die ihm halfen.

Mit „Goldfinger" schufen die Bondfilm-Autoren einen neuen Agenten, einen unschlagbaren Helden, der jede Situation überstand. Es war nicht länger die Frage, ob Bond überleben würde, es ging vielmehr darum, welchen Knopf er denn nun drücken würde oder was er sagte.

In der Mitte des „Goldfinger"-Films soll Bond von einem Laserstrahl in zwei Hälften zerschnitten werden. Maibaum hatte Flemings surrende Säge durch ein modernes Folterinstrument ersetzt, obwohl das Ganze noch immer an „The Pit and the Pendulum" erinnerte. Die Szene hätte durchaus ins Lächerliche abgleiten können. Das Publikum weiß ja, daß Bond sicher nicht durch einen heißen Lichtstrahl kastriert werden wird. Die Frage ist: Wie entkommt er? Da liegt er ausgebreitet auf einem Tisch, voll im Blickfeld seiner Bewacher, und der Laserstrahl kommt langsam näher. Der Dialog, der für diese Szene geschrieben wurde, ist meisterhaft. Bond gelingt es tatsächlich, sich aus der tödlichen Bedrohung „herauszureden". Es war diese Art hochentwickelter Schreibkunst, die Szenen glaubwürdig gestaltete, die man sonst nur belächelt hätte.

Das endgültige Drehbuch fügte dem Charakter 007 noch einige weitere interessante Freiheiten hinzu. In den zwei vorausgegangenen Filmen war Bond nie komisch gewesen. Er erntete einfach nur Lacherfolge mit seinen leicht hingeworfenen Sätzen. Die erste Sequenz in dem neuen Bond-Film trieb den Humor eine ganze Stufe weiter. Da die Eingangs-Szene vor dem Vorspann (der „Teaser") in „Liebesgrüße aus Moskau" sich so gut bewährt hatte, beschloß man sich erneut zu einem solchen Beginn. Fleming hatte seinen Roman in einem Warteraum des Flughafens von Miami beginnen lassen. Bond sitzt dort und sinnt über einen südamerikanischen Rauschgift-

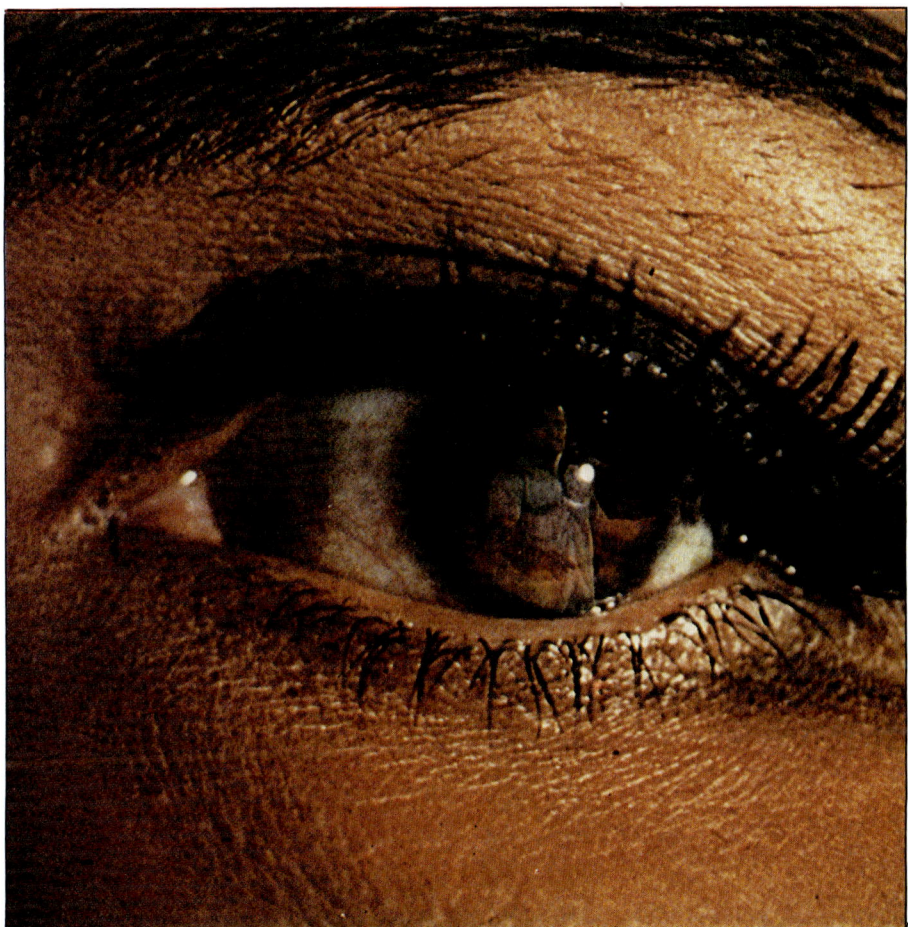

Spiegel-Bild

Buchstäblich im letzten Augenblick entdeckt Bond den Angreifer: Der Mann mit dem Totschläger spiegelt sich in der Pupille einer Tänzerin, als Bond im zärtlichen Clinch ist.

schmuggler nach, der jüngst ermordet wurde. Diese Einleitung inspirierte Maibaum zu dem neuen „Teaser". Man sieht auf der Leinwand die vom Mondlicht überfluteten Wellen der Karibik. Ein Seevogel schwimmt auf dem Wasser, im Hintergrund ein dunkles Dock, vor ihm ein verlassener Strand. Der Vogel erhebt sich aus dem Wasser, und man erkennt, daß es sich um eine Gummi-Attrappe handelt, die James Bond auf seinem Kopf befestigt hat.

Es wird berichtet, daß in der Nacht, in der diese Szene in dem großen Wasserbecken der Pinewoodstudios gedreht wurde, einige Mitglieder der Crew mit Hamilton sprachen, weil sie den Auftritt zu albern fanden. Auf jeden Fall war es sicher das erste Mal in der ganzen Serie, daß Bond für eine seiner Handlungen direktes Gelächter erntete. Die Szene geht weiter, indem Bond einen Küstenwächter erledigt, zu einem großen Vorratstank läuft, dort einen verborgenen Knopf drückt

und die Tür zu einem geheimen Raum im Tankinneren öffnet. Ringsumher leuchtet es von Mohnblumen.

Nachdem er etwas Plastiksprengstoff auf ein Faß mit Nitroglyzerin gelegt hat — eine Ladung, die den ganzen mit Rauschgift gefüllten Raum in die Luft jagen wird, verläßt Bond den Ort, entledigt sich seines feuchten Froschmann-Anzugs und steht da im weißen Dinnerjackett, die obligatorische Nelke im Knopfloch.

Er begibt sich dann zu einem nahegelegenen Nachtclub, wo die kreisenden Bewegungen einer Flamenco-Tänzerin von der fürchterlichen Explosion gestört werden. Nachdem ein befreundeter Agent Bond den Rat gibt, so schnell als möglich zu verschwinden, entschuldigt sich Bond und sucht die Flamencotänzerin auf, die in einem Hinterzimmer des Nachtclubs ein Bad nimmt. Sie erhebt sich aus dem Bade und umarmt Bond, in ihren ▶

Augen spiegelt sich ein heranschleichender Mörder wider. Im allerletzten Moment schleudert Bond dem Mann das Mädchen entgegen, der es mit voller Wucht mit einem Knüppel trifft.

Selbst 007 scheint sich in dieser Sequenz recht gut zu unterhalten. Allerdings nur bis zu dem Augenblick, in dem der Mörder in eine Badewanne geworfen wird, wo er nach Bonds Revolver greift. Die Spannung steigt...

007 reagiert blitzschnell und schleudert eine elektrische Heizsonne in die Badewanne — das unrühmliche Ende eines finsteren Ganoven. Bond schaut auf die am Boden liegende Tänzerin und krönt die Situation mit den Worten: „Widerlich!, Einfach widerlich!". Danach hört man die ersten Töne von Shirley Bassey, die „Goldfinger" singt, und es läuft der Vorspann ab. Wenn man die beiden „Teaser" zu „Goldfinger" und „Liebesgrüße aus Moskau" vergleicht, erkennt man unschwer die Veränderung, die in

der Welt des James Bond eingetreten ist.

Terence Young hatte zunächst mit den ersten Vorbereitungen zu „Goldfinger" begonnen. Doch er verlangte eine prozentuale Beteiligung an dem neuen Bondfilm, was Broccoli und Saltzman ablehnten. Daraufhin drehte Young einen anderen Film, „The Amorous Adventures of Moll Flanders" und die Produzenten holten sich Guy Hamilton. Hamilton war 42 Jahre alt, früher Regieassistent bei Paramount News, später dann Assistent bei den Regisseuren Carol Reed und John Huston. Seinen ersten eigenen Film hatte er 1952 geleitet („The Ringer"); ganz besonderen Erfolg verzeichnete er vier Jahre später mit „The Colditz Story". Hamiltons besondere Stärke waren Action-Sequenzen, in denen er ganze Heerscharen von Technikern und Darstellern verwenden konnte. Dennoch war es für ihn nicht problemlos, sich mitten in der Serie in die Welt des James Bond einzufühlen.

Terence Young hatte ein Team zurückgelassen, daß einfach an einen gewissen Stil des Regisseurs gewöhnt war.

Guy Hamilton war ein konservativerer Regisseur. Ganz anders als Young, der sich ohne weiteres mit Bond identifizieren konnte, wußte Hamilton nicht instinktiv, wie Bond in einer gewissen Situation zu reagieren pflegte und war einfach abhängiger von seinen Drehbuchautoren. Hamilton arbeitete unermüdlich, und der Erfolg von „Goldfinger" ist nicht zuletzt seinem Professionalismus und seiner Paukerei zuzuschreiben.

Inzwischen hatten die Produzenten in Berlin ihren „Goldfinger" gefunden: Gert Fröbe, ein massiger, rothaariger Mann, der damals ein sehr bekannter deutscher Charakterdarsteller war. Er hatte in „Der längste Tag" einen deutschen Feldwebel gespielt — ein Film, in dem übrigens auch Sean Connery mitgewirkt hatte. Obwohl Fröbe Englisch sprach, wurde er für den Film syn-

Der Chauffeur

Odd-Job ist Goldfingers „rechte Hand".
Der stumme Asiate räumt mit seinem Killer-Hut
mißliebige Leute beiseite.

Der Chef

In diesem Spiel ist Goldfinger unschlagbar.
Seine Assistentin gibt ihm per Funk die richtigen Tips,
sein Partner hat keine Chance.

chronisiert. Man ging kein Risiko ein.

Broccoli glaubte nicht daran, daß bekannte Schauspielerinnen irgendeine Bedeutung für das Einspielergebnis seiner Filme haben sollten. Seine Politik war bei „Goldfinger" die gleiche wie bei allen anderen Bond-Filmen: Er verpflichtete unbekannte Damen. Um den notwendigen weiblichen Anreiz für Bond zu liefern, schrieb Maibaum fünf weibliche Rollen ins Drehbuch. Shirley Eaton, eine blonde Engländerin, die in einer lang laufenden englischen Comedy-Serie mitgewirkt hatte, wurde als Jill Masterson verpflichtet. Jill stirbt dadurch, daß sie ganz mit Gold bemalt wird und ihre Haut nicht mehr atmen kann. Sie wurde das wirkliche Symbol dieses Films.

Tania Mallet wurde engagiert, um Jills rachesuchende Schwester Tilly Masterson zu spielen, ein bildhübsches Mädchen in einem schwarzen Katzenkostüm. Für sie nimmt Odd-Job seinen Hut ab. Als Pussy Galore, Goldfingers persönliche Pilotin, wählte man Honor Blackman. Broccoli bewunderte ihre Auftritte in der populären TV-Serie „Schirm, Charme und Melone", bekannt war sie vor allem für ihre Lederanzüge, die sie dort trug. Maibaum hatte die Rolle ziemlich geändert. Von Flemings ursprünglicher lesbischer Bandenchefin war nicht viel übriggeblieben. Im Film ist Pussy schon reichlich brutal – was sie jedoch nicht daran hindert, dem Charme eines James Bond zu erliegen. Margaret Nolan, die man auch für die Figur der Jill Masterson getestet hatte, bekam schließlich eine kleinere Rolle: Bonds Masseuse Dink. Nadja Regin, die in „Liebesgrüße aus Moskau" Kerims Freundin gewesen war, spielte in „Goldfinger" die Bonita, das Mädchen, das in der Einleitung erschlagen wird. Die Schauspielerin Mai Ling schließlich diente als exotische Stewardeß in Goldfingers Privatjet.

Wenn Pedro Armendariz in „Liebesgrüße aus Moskau" den anderen die Show gestohlen hatte, in „Goldfinger" war es Harold Sakata als Odd-Job. Sakatas einziger Dialog in dem ganzen Film ist eine Reihe von Grunzlauten. Doch der Anblick seiner Sumoringer-ähnlichen Erscheinung ließ das Publikum schaudern. In Wahrheit war er ein freundlicher und höflicher Mann, der stets sehr besorgt war, seine Partner nicht zu verletzen. Im Film, als massiger, unbesiegbarer „böser Orientale", auch noch in lächerlich korrekter Kleidung gesteckt und mit dem rasiermesserscharfen Bowlerhut ausgerüstet, wurde Odd-Job zum Musterbeispiel des Bond-Bösewichts. Nach „Goldfinger" erträumten sich die Drehbuchautoren stets Typen wie Odd-Job, um Bond das Leben schwerzumachen. Am nächsten kamen sie der Sache noch in „Der Spion, der mich liebte". Für diesen Film schufen sie „Jaws", den 2.40 Meter großen Giganten mit dem Stahlgebiß, der in „Moonraker" erneut auftauchte.

Bei „Goldfinger" spielen eine ganze Reihe von Szenen in Amerika; dennoch wurden fast die gesamten Außenaufnahmen des Films in England gedreht. Um trotzdem amerikanisches Flair zu verbreiten, holten die Produzenten ihren alten Favoriten Ken Adam zurück, der ähnliche Probleme gerade erfolgreich für Stanley Kubricks „Dr. Strangelove" gelöst hatte. Um die genauen Hintergründe für „Goldfinger" in sich aufzunehmen, stieß Adam zu dem Erkundungsteam, das im Winter 1963/64 auf Motivsuche ging. Adam sammelte fleißig Fotos von allen wichtigen Einrichtungen in Fort Knox und vom Fontainbleau Hotel in Miami, in dem Bond Goldfingers Bekanntschaft macht.

Da sowohl Sean Connery (er drehte zu der Zeit mit Alfred Hitchcock „Marnie") als auch Gerd Fröbe nicht zur Verfügung standen, wollte man die Außenaufnahmen in Miami einfach mit Doubles drehen, die Bond und Goldfinger vertraten. Die einzigen Darsteller, die nach Fontainebleau reisten, waren der Kanadier Cec Linder (er spielte Felix Leiter) und Austin Willis. Willis erhielt die Rolle des Mr. Simmons, Goldfingers Gegner bei dem betrügerischen Kartenspiel.

Für den tatsächlichen Beginn des Films, die erste Szene nach dem Titelvorspann, ließ Hamilton ein Kamerateam mit dem Hubschrauber ▶

Die Pilotin

Pussy Galore – schön und schnell. Sie steuert Goldfingers Privat-Jet und ist seine Vertraute. Später verrät sie ihn.

aufsteigen und den „Welcome to Miami Beach"-Schriftzug fotografieren. Er drehte ebenfalls Luftaufnahmen vom Hotel, darunter eine längere Einstellung, in der Kunstspringer Al Coffey vom Sprungbrett in den Swimmingpool von Fontainebleau taucht. Eine Unterwasserkamera filmte, wie Leiter im Kabinenbereich unter all den gebräunten Körpern seinen Freund Bond sucht.

Als James Bond in den begabten Armen von Dink gefunden wird, befindet er sich nicht mehr in Miami Beach, sondern befindet sich in Halle „D" in Pinewood, wo eigens eine komplizierte Lichtanlage aufgebaut worden war, um die Intensität der Sonne in Florida nachzuahmen.

Es gab nur noch einen einzigen weiteren originalamerikanischen

stimmt hatte. Der silberne Sportwagen galt damals als das Beste, was man auf diesem Sektor in England bekommen konnte. Ian Fleming war bei seiner Beschreibung des Aston Martin DB III im Originalroman sehr konservativ vorgegangen. Abgesehen von einer Reihe versteckter Fächer und einer Art Peilvorrichtung, die es Bond ermöglichte, Goldfinger in gebührendem Abstand zu verfolgen, war der DB III eigentlich mehr ein Geländewagen. Doch mit etwas Geld in der Special-Effects-Kasse wurden John Stears und Ken Adam sehr viel ehrgeiziger. Sie bestimmten: Wenn Bond schon von einer ganzen Flotte Goldfinger-eigener Mercedeslimousinen angegriffen wurde, dann benötigte er auch eine ganze eigene Verteidigungsmaschinerie.

Im Spätherbst 1963 besuchten

Drehort: einen Schrottplatz. Ein Odd-Job-Double fährt einen brandneuen 1964er Lincoln Continental auf den Schrottplatz, und das wunderschöne Auto wird in der Presse zu einem kleinen Paket zusammengedrückt.

Gab es für „Goldfinger" noch ein Symbol, abgesehen von der goldüberzogenen Shirley Eaton, so war es der herrliche Aston Martin DB 5 mit der Sonderausstattung, die Abteilung „Q" extra für Bond be-

Der Superrenner

Neben seiner legendären Superausstattung (siehe Seite gegenüber), verfügte James Bonds „Dienstwagen" der englischen Nobelmarke Aston Martin selbstverständlich auch über eine Supermaschine. V8-Motor, 287 PS, Höchstgeschwindigkeit 232 km/h. Und das bei der 3 Zentner schweren 007-Sonderausstattung.

sie die Aston-Martin-Werke in Newport Pagnell und trafen dort mit einer Reihe von Ingenieuren zusammen, mit denen sie die vorgeschlagenen Zusatzgeräte besprechen konnten. Die Aston Martin-Leute waren zunächst nicht besonders angetan, für ein solches Projekt dermaßen viel Zeit zu opfern. Doch als Adam die große Publicity erwähnte, die sie durch Bond als Aston-Martin-Fahrer bekommen könnten, ging dann alles. Endlich konnten sich Adam und Stears mit den Designern zusammensetzen, die Änderungen wurden ausgearbeitet. Das Produkt dieser interessanten Zusammenarbeit zwischen einem Filmstudio und einem Autohersteller war ein teurer Sportwagen, der mit den verschiedensten Vorrichtungen ausgestattet war. Entweder waren sie in der Tat einsatzfähig, oder sie vermittelten zumindest diesen Eindruck, wenn sie mit Hilfe von Spezialeffekten gefilmt wurden. Zur zweiten Kategorie zählten die vorne angebrachten Maschinengewehre; es handelte sich hier um dünne Metallröhren, die von einem Elektromotor betrieben wurden; dieser wiederum war mit dem Verteiler des Wagens verbunden. Aus den Röhren wurde Acetylen-Gas abgefeuert, und so entstand der Eindruck von Maschinengewehr-Salven. In dem Film zerstört Bond die Reifen von Tilly Mastersons Mustang, indem er aus seinen Reifen Messer ausfahren läßt. Die gleiche Einrichtung hatte Messala an seinem Streitwagen in „Ben Hur". Die Waffe erhält eine mörderische Wirkung, wenn sie in ein bewegliches Ziel eindringt. Beim DB 5 war diese Waffe ein riesiges Messer, das auf Ersatz-Naben aufgeschweißt war, die man eigens aufmontieren konnte. Der Wagen mußte anhalten, um die Naben auszuwechseln, doch Ted Moores Fotografie und Peter Hunts Schnitt zeigten dennoch die Messer, wie sie langsam aus den Radnaben heraustraten, während der Wagen fuhr.

Bonds Radarscope, das ihm Goldfingers Verfolgung ermöglichte, war eine weitere Attrappe, die als Zwischenschnitt auftauchte. Man sieht die erleuchtete Landkarte, den sich drehenden Strahl und das sich bewegende Leuchtzeichen, das die Position von Goldfingers Rolls-Royce haargenau angibt.

Der Schleudersitz, Bonds ▸

Der Aston Martin DB5

James Bonds hilfreichstes Spielzeug ist sein berühmter Aston Martin DB 5. Das vom britischen Geheimdienst aufs phantasiereichste ausgestattete Fahrzeug rettet 007 aus diversen Gefahren. Hier die Beschreibung der wichtigsten Vorrichtungen:

1. Kugelsichere Rückwand,
2. Schleudersitz für unliebsame Mitfahrer (rechts oben in Aktion),
3. Kontrollzentrum der Verteidigungsapparaturen,
4. Maschinengewehr-Auslöser,
5. Radarschirm,
6. Radarschirm im Außenspiegel,
7. Munitionsdepot,
8. Vorne rechts und links je ein Maschinengewehr,
9. In der Tür verstecktes Telefon,
10. Handfeuerwaffen-Arsenal,
11. Ausfahrbarer Reifenschlitzer,
12. Vernebelungsanlage,
13. Ölspritzen,
14. Rammstangen,
15. Drehbares Nummernschild,
16. Spritzen für heißes Öl.

Ausfahrbar: Der Reifenschlitzer

Hilfreich: Der Radarschirm

Drehbar: Die Nummernschilder

57

Trumpf in Reserve, funktionierte tatsächlich, doch war er mehr ein Requisit als ein Standardteil des normalen Aston Martin. Er stammte aus einem Kampfflugzeug, nahm viel Platz in Anspruch und konnte nur direkt vor der Szene montiert werden, in welcher der chinesische Wächter aus dem Dach herausgeschleudert wird. Ebenso wie im Flugzeug wurde der Schleudersitz im Aston Martin von Druckluftzylindern ausgelöst. Für Nahaufnahmen des Aston Martin wurde er gegen einen ganz normalen Fahrersitz vertauscht.

Zu der Spezialausstattung, die tatsächlich funktionierte, zählte eine drehbare Nummernschildvorrichtung, die Bond die Auswahl zwischen drei verschiedenen Kennzeichen für seinen Wagen gab. Sie funktionierte elektrisch. Auch Bonds Rauchwolke war echt; Rauchkanister, wie sie bei der Armee verwendet werden, wurden durch das Auspuffrohr entleert. Die kugelfeste Schutzwand, die nicht wirklich kugelsicher war, wurde in den Kofferraum des Wagens eingebaut und konnte elektronisch in der Höhe verstellt werden. In die Rücklicht-

Das Planspiel

Chef-Designer
Ken Adam in der von
ihm entworfenen
Kulisse des
Tresor-Raumes
im amerikanischen
Goldbunker
Fort Knox.

leiste setzten die Special-Effects-Experten zwei Kammern ein, die geöffnet werden konnten und den Blick auf eine Ölpumpe freigaben. Öl wurde auf die Straße gespritzt, gleichzeitig wurden per Preßluft Dreikantnägel auf den Asphalt geschleudert.

Der Wagen wurde programmgemäß im Frühling 1964 fertig. Wie Aston Martin erklärte, wurde die Nagelschleuder-Vorrichtung deswegen im Film nicht benutzt, weil man vermeiden wollte, daß Kinder in ihrem Nachahmungstrieb auf falsche Ideen kämen.

Es wurde nur ein Fahrzeug mit der Spezialausstattung gebaut, und dieses wurde an Eon Productions verkauft. Ursprünglich bestand die

Hoffnung, das Auto sei frei verfügbar. Immerhin bestand, nachdem „Goldfinger" in den Kinos abgelaufen war, soviel Interesse an dem Super-Wagen, daß Aston Martin zwei Nachbildungen des Originals für Werbezwecke bauen mußte. Sie wurden zu Ausstellungen, Autoshows und allen möglichen Veranstaltungen geschickt und Anfang der 70er Jahre schließlich an Sammler verkauft.

Das Innenleben des einen, der jetzt in einem Restaurant in Vancouver ausgestellt ist, verfügt noch über einige Ausstattungsdetails, die im Film gar nicht erwähnt wurden. Dazu gehören: ein Telefon, das in die Tür auf der Fahrerseite eingebaut ist; eine fünfgängige Handschaltung; ein Reservetank, der gebraucht wurde, wenn der Aston Martin seine Höchstgeschwindigkeit von über 250 km/Std. fuhr, eine handgearbeitete Karosserie und die höchst luxuriöse Innenverkleidung aus Antilopenfell. Nicht verwunderlich, daß der Wagen am Drehort extra bewacht werden mußte.

Im März wurde der Aston Martin bei Nacht aufs Land in die Black-Park-Gegend gebracht, wo „Gold-

finger" gedreht werden sollte. Bob Simmons (als Bond) fuhr den Wagen und eine junge Dame namens Phyllis Cornell (als Tilly) sprang für Tania Mallet ein. Neun chinesische Schauspieler saßen in den schwarzen Mercedes 190, die Bond jagen sollten. Guy Hamilton, der noch mit seinen Hauptdarstellern zu arbeiten hatte, war umringt von einer riesigen Crew von Special-Effects-Leuten, Kamerahelfern und Assistenten, welche die Verfolgungsjagd zu einer der spektakulärsten Szenen gestalteten, die es je gegeben hatte. Nachdem man eine Woche lang draußen auf den Straßen gedreht hatte, ging Hamilton mit seinen Leuten auf das Pinewood-Filmgelände, das in diesem Fall als die Gassen von Auric Enterprises in der Schweiz herhalten mußte.

Hier, in diesen engen Gassen, begann Ted Moore, die Hochgeschwindigkeits-Kamera einzusetzen. Sie verstärkte das Tempo des Aston Martin und des Mercedes dermaßen, daß man den Eindruck hatte, die Autos würden buchstäblich über das Fabrikgelände fliegen. Alle Stunts wurden ohne Sean Connery gefilmt, der erst am 19. Mai zu den Haupt-

Die Wirklichkeit

Was so perfekt erdacht worden war, geht letztlich doch schief. Der Überfall auf Amerikas Goldschatz scheitert an Pussy. Sie vertauscht das Nervengas gegen ein harmloses Nebelsprühmittel.

---

dreharbeiten eintreffen sollte.

Ken Adam und Ausstatter Peter Murton bauten auf dem ganzen Pinewood-Gelände ihre gewaltigen Kulissen, die dafür sorgten, daß die Kosten — im Vergleich zu früheren Bond-Filmen — in dieser Sparte aufs Doppelte und Dreifache anstiegen. Einer der spektakulärsten Bauten war der riesige, schimmernde Innenraum von Fort Knox, ein vielstöckiger Saal, voll von blendendem Gold und Chrom, in dem Bond die letzte Runde gegen Odd-Job zu bestehen hat.

Adam war nie in der Lage gewesen, sich in Fort Knox wirklich umzusehen. Darum mußte er seine Phantasie benutzen. „Die tatsächliche Atmosphäre in einem Golddepot ist

fade", erklärt Adam. „Aus Gewichtsgründen heraus kann man Gold nicht sehr hoch stapeln; außerdem gäbe es Transportprobleme. Die Barren werden gewöhnlich in kleinen Kammern gelagert, die an einem engen Tunnel liegen. Und in einer Reihe von kleinen Kammern gibt es einfach nichts Dramatisches. In meinem Fall habe ich deshalb Goldbarren mehr als 12 Meter hoch unter einem riesigen Dach gestapelt. Ich hatte allein eine ganze Crew zum Polieren des Metalls, damit es auch blitzte und blinkte, als wir die Lichter einschalteten. Das war nun auch der ideale Schauplatz für die letzte große Schlacht mit Odd-Job. Die Umgebung wirkte wie eine goldene Arena, und Bond konnte Goldbarren als Waffen benutzen."

Sean Connery begann mit der Arbeit zu „Goldfinger" in Halle „D" am 19. März 1964. 50 Männer und Frauen, die einheimische Südamerikaner darstellen sollten, probten hier unter der Leitung der Choreographin Selina Wylie. Drei Musiker-Statisten — ihre Musik kam vom Tonband — mimten auf typisches Flamenco-Trio, und auf einer kleinen Bühne in der Mitte des Rau- ▶

mes bot Nadja Regin ihren erotischen Flamenco-Tanz dar.

Der Connery, der das weiße Dinnerjackett angezogen hatte und den Nachtclub „El Scorpio" betrat, war besser vorbereitet und intuitiver als zuvor. Nach der Arbeit mit Hitchcock erschien ihm „Goldfinger" wie Urlaub. Trotzdem war das Drehen am ersten Tag erschöpfend — für Regisseur Hamilton. Der Drehort war beengt und winzig; nicht leicht, 60 Statisten dort unterzubringen. Dennoch verhielten sich alle kontrolliert, die Statisten blieben willig, und der Schweiß auf allen Gesichtern trug zum Realismus der Szene bei. Connery erzählte Hamilton später, daß er beeindruckt war von der Art, wie er mit dieser Menge umging, und die beiden Männer arbeiteten fortan gut zusammen.

Die beste Passage in Flemings Roman ist die Beschreibung eines grausamen Golfspiels zwischen Goldfinger und Bond, das im „Royal St. Marks Country Club" stattfindet, einem von Flemings eigenen Treffpunkten. Der Bond-Autor war selbst ein begeisterter Golfspieler,

Golf-Match

Bond und Goldfinger bei ihrem legendären Golf-Match, das schon Autor Fleming sehr ausführlich im Roman beschrieben hat. Es ist dies die erste Begegnung der beiden Kontrahenten.

und seine Beschreibung des Spiels ist superb. Im Drehbuch ist Bond aus Miami zurückgekehrt, wo Goldfinger Jill Masterson ermordet hat. In der Bank of England trifft er „M" und Colonel Smithers zum Abendessen und erfährt erste Einzelheiten über Goldfingers angebliche Aktivitäten als Schmuggler. Er erhält den Auftrag, mit Goldfinger erneut Kontakt aufzunehmen und über ein mögliches Geschäft zu verhandeln, das Licht in Goldfingers finstere Geschäfte bringen könnte. Der Köder ist ein einzelner Goldbarren, der aus dem Nazischatz stammen soll, der auf dem Grund des Toplitz-Sees im Salzkammergut liegt. Die näch-

ste Szene spielt im Golfclub, Goldfinger fordert Bond zu einem Spiel heraus, bei dem der Goldbarren als Preis für den Gewinner ausgesetzt ist. Etwas so weltliches wie ein Golfspiel hätte vielleicht in „Goldfinger" lächerlich wirken können, nachdem der Film an vielerlei exotischen Orten spielt. Doch es stellt sich heraus, daß diese Sequenz eine der interessantesten im ganzen Film wurde. Es gibt dafür eine Reihe von Gründen. Zunächst kürzte Maibaum Flemings 18-Loch-Beschreibung auf zwei Löcher. Sodann kannte sich Guy Hamilton, selbst Golfer, bestens aus mit der Spannung in einer Partie, in der viel auf dem Spiel steht. Hamilton wußte genau, was er wollte: Die Golf-Sequenz brachte zunächst eine frische Brise in den Film, war einer jener geschickten, entspannten Augenblicke im Film, der jedoch nur als Vorbereitung zu der Berg- und Talfahrt diente, die mit Sicherheit kam. Connerys schauspielerische Entwicklung in dieser Sequenz ist außergewöhnlich. Er erhielt die Möglichkeit, mehr zu sagen, und der Film profitierte davon

Anfang Juli hatte Guy Hamilton die meisten Innenaufnahmen des Films fertiggestellt, darunter auch die knochenharte Auseinandersetzung zwischen Bond und Odd-Job in der Fort-Knox-Kulisse. Am 6. Juli verließ die Crew England und flog in die Schweiz, dem Hauptdrehort in Europa für diesen Film. Es war in Andermatt in den Alpen, wo Bonds Aston Martin Goldfingers Rolls Royce bis zu den Auric Enterprises verfolgt. Und auch Tilly Mastersons weißes Mustang-Cabriolet kommt hier zu seinem ersten Einsatz.

Der amerikanische Wagen war von der Fähre gekommen — der erste dieses Typs, der in Europa überhaupt zu bewundern war. Ford hatte ihn kostenlos zur Verfügung gestellt. Der Einsatz in einem Bond-Film ließ später viele amerikanische Gesellschaften bei Eon-Productions vorsprechen, um die verschiedensten „Geräte" vorzuführen. Doch der Mustang war der erste Wagen in dieser Reihe.

Cubby Broccoli sah sich im Dezember 1963 gerade Motive in Por-

Gold-Kind

Am Anfang stehen sie noch auf verschiedenen Seiten: James Bond und Pussy Galore. Zum Schluß sind beide jedoch ein Herz und eine Seele. Pussy macht Goldfinger einen dicken Strich durch die Rechnung.

---

tugal an, da erreichte ihn die Nachricht, daß der Ärger um „Thunderball" in London endlich beigelegt war.

Zweieinhalb Jahre waren vergangen, seit Ian Fleming zum ersten Mal vor Gericht erschienen war, um gegen Kevin McClorys einstweilige Verfügung vorzugehen und um die weiteren Beschwerden gegen seinen neunten Bondroman aus der Welt zu schaffen.

Jetzt, 1963, war Ian Fleming ernsthaft erkrankt und der juristischen Streitereien müde. Als sich sein langjähriger Freund und Mitverteidiger Ivar Bryce dazu entschied, nachzugeben und die Ange-

legenheit mit einer gegenseitigen Übereinkunft zu beenden, warf auch Fleming das Handtuch. Das Gericht fällte dann folgenden Spruch: „Thunderball" blieb nach wie vor ein veröffentlichter Fleming-Roman, alle zukünftigen Exemplare des Buches sollten jedoch den Vermerk enthalten, daß es nach dem Original-Drehbuch von Jack Whittingham, McClory und Fleming entstanden war. Das wesentlichste Ergebnis der Auseinandersetzung war, daß McClory die vollen Film- und Fernsehrechte an „Feuerball" zugesprochen wurden. Das war ein Schlag für Broccoli und Saltzman, die zuversichtlich gewesen waren, daß Fleming vielleicht doch die Rechte an dem umkämpften Buch zurückerhalten könne.

Broccoli und Saltzman verfolgten ihre eigenen Pläne. Nachdem „Thunderball" an McClory verloren und „Goldfinger" fast fertig war, wurde es Zeit, Eons nächsten Bond-Thriller zu planen. Die Produzenten suchten die beste der späteren Bondstories aus, die Fleming ▶

geschrieben hatte: „Im Geheimdienst Ihrer Majestät". Man verabredete, in diesem Winter in die Schweiz zurückzukehren und sich dort nach Drehorten für den neuen Film umzusehen, der fast ausschließlich im alpinen Schnee stattfindet. Bond ist auf der Suche nach Ernest Stavro Blofeld, dem spurlos verschwundenen Gehirn von SPECTRE.

Den ganzen Herbst 1964 über hielt McClory seine Hoffnung auf eine eigene Produktion am Leben. Doch als United Artists nun „Goldfinger" mit einer gewaltigen Werbekampagne vor Veröffentlichung un-

prozentuale Beteiligung vom Gewinn kassieren wollte.

Broccoli und Saltzman erschien eine solche Vereinbarung nicht so sonderlich attraktiv. Schließlich gab es mehr als genug Bond-Bücher. Dennoch entschied sich Broccoli, das Angebot nicht abzulehnen. Er glaubte: Wenn jemand anderer „Thunderball" drehte, dann konnte das eine äußerst störende Einwirkung auf ihre eigene Film-Serie ausüben. Genau das bewahrheitete sich auch zwei Jahre später, als Charles Feldman endlich „Casino Royale" verwirklichte. Broccoli berichtet, daß das Publikum „Casino Royale"

Eon Productions. In den vergangenen fünf Jahren hatte er sein Drehbuch bestimmt ein dutzendmal umgeschrieben und jeden Fußbreit auf den Bahamas angeschaut, um die besten Motive zu finden. Er war ein ausgezeichneter Taucher und Unterwasser-Forscher; sein fachmännischer Rat war kaum bezahlbar bei einem Film, der besonders auf Unterwasser-Effekte baute.

„Goldfinger", der dritte James-Bond-Film, kam in den USA im Dezember 1964 in die Kinos, ausgerechnet in einer recht mageren Periode für die amerikanische Filmindustrie. Dennoch genoß der Film große Beachtung und schlug in wenigen Wochen in New York, Los Angeles und London alle Kassenrekorde. Die Kinobesitzer spielten ihn rund um die Uhr und forderten die Wiederveröffentlichung der ersten beiden Bondfilme als doppelten Knüller.

Der lang erwartete Einstieg in den amerikanischen Markt war mit der Präzision eines SPECTRE-Komplotts vorbereitet worden. Da „Goldfinger" ein derartiger Prestigefilm war, hatte man den Produzenten ursprünglich vorgeschlagen, ihn zunächst nur in einigen ausgewählten Kinos zu zeigen. Broccoli hielt von diesem Gedanken nicht viel, da auf diese Weise nur langsam Geld hereinkam. Das Interesse an Bond war weltweit vorhanden, und er wollte, daß der Film international zum gleichen Zeitpunkt gestartet wurde. Hollywood-Filme, die großes Geld brachten, erreichten ihre Rekordzahlen meist in einem langen Zeitraum von einigen Jahren.

Dem voraus gingen dann sorgfältig geplante Vorveröffentlichungen hier und dort. „Goldfinger" setzte neue Maßstäbe und schien anzuzeigen, daß mit dem richtigen Produkt in der Filmindustrie noch immer eine Menge Geld zu machen war.

Premiere

Mit einer gigantischen Promotionkampagne kam „Goldfinger" Anfang 1965 in die Kinos. Das Foto zeigt gegen zu hohe Eintrittspreise protestierende libanesische Studenten.

terstützte und auch noch Sean Connerys Verdienste als James Bond besonders hervorhob, da sah es so aus, als sei „Thunderball" ein zum Sterben verurteiltes Projekt. Unter diesem Aspekt unternahm McClory den nötigen Schritt: Er unterbreitete Saltzman und Broccoli ein Angebot. Da sie für ihre eigene Reihe so begierig auf „Thunderball" gewesen waren, konnten sie ja vielleicht daran interessiert sein, eine Partnerschaft einzugehen. Broccoli sollte von McClory die Filmrechte für „Thunderball" kaufen, der selbst als Produzent fungieren und eine

natürlich für einen Film aus seiner Bond-Reihe hielt und nun meinte, die Qualität sei gesunken.

Unter Berücksichtigung dieser Aspekte wurden die Pläne für „On Her Majesty's Secret Service" erst einmal fallengelassen, und „Thunderball" wurde die nächste Bond-Produktion. McClory war hocherfreut von der Aussicht, daß sein Film gerade auf dem Höhepunkt des Bond-Fiebers gedreht wurde. In seinem Vertrag war ein Anteil von 20 Prozent auf den Gewinn des Films festgelegt, doch umgekehrt erwies er sich auch als wertvoll für

Auch in Europa erzielte „Goldfinger" ungewöhnliche Erfolge. Die Franzosen waren clever und gründeten schnell eine Handelskette, die James-Bond-Toilettenartikel in alle Welt vertrieb. In Italien erhielt Bond den Spitznamen „Mr. Kiss Kiss Bang Bang", und schnell gab es auch Pläne für italienische Bond-Imitate. Bond — das bedeutete jetzt das große Geschäft; Eon Productions konnte sich nunmehr getrost vergrößern. ●

Finale unter Wasser

In der Karibischen See treffen die US-Wasser-Fallschirmspringer (Aquaparas) zum großen Showdown auf Largos SPECTRE-Froschmänner.

STAB

Regie	Terence Young
Produktion	Harry Saltzman und Albert R. Broccoli
Herstellungsleitung	Kevin McClory
Drehbuch	Richard Maibaum, John Hopkins und Jack Whittingham
nach dem Roman von Ian Fleming	
Kamera	Ted Moore
Bauten	Ken Adam

BESETZUNG

James Bond	Sean Connery
Domino	Claudine Auger
Fiona	Luciana Paluzzi
Patricia	Molly Peters
Paula	Martine Beswick
Largo	Adolfo Celi
„M"	Bernard Lee
Miss Moneypenny	Lois Maxwell
„Q"	Desmond Llewelyn
Felix Leiter	Rik van Nutter

1965

Feuerball

Originaltitel: **Thunderball**

SPECTRE taucht in „Thunderball" zum dritten Mal auf und nimmt hier den ehrgeizigsten seiner kriminellen Pläne in Angriff. Plan „Omega" präsentiert einen Betrüger namens Angelo, der in eine englische Nato-Basis eindringen und einen „Vulcan Vindicator"-Bomber mit zwei Atombomben an Bord entführen soll. SPECTRE verlangt dann ein Lösegeld von 280 Millionen Dollar von den Nato-Mitgliedsstaaten, wenn sie das Flugzeug zurückhaben wollen. Anderenfalls werde eine große Stadt in England oder den USA zerstört.

Die Handlung verlagert sich von England auf die Bahamas, wo Angelo den entführten Bomber mit einer Notlandung zu Boden bringt. James ▶

63

Bond macht sich auf die Suche nach dem Flugzeug. In einer englischen Klinik hat er bereits die Leiche des echten Nato-Piloten entdeckt und kommt dadurch auf die Spur zur Schwester des Piloten, einem bildhübschen Mädchen namens Domino. Sie wiederum ist die Freundin eines mysteriösen Mannes: Emilio Largo. Largo lebt in Nassau und gibt sich als millionenschwerer Abenteurer aus. In Wahrheit ist er zweiter Mann bei SPECTRE und Chef des Entführungsplans.

Auf seiner Suche nach dem verschwundenen Bomber erledigt Bond mehrere feindliche Agenten, darunter auch „Chef-Mörderin" Fiona Volpe. Die Geschichte endet im Ozean vor Nassau, wo Bond den SPECTRE-Plan mit Hilfe der US Air Force und der Küstenwache zerschlägt. Um dieses spektakuläre Abenteuer zu filmen, kehrten Eon Productions zu Ian Flemings Insel zurück, einem üppigen tropischen Paradies mit weiten Sandstränden, Korallenriffs und kleinen Atollen.
Bei „Feuerball" lag die Betonung von Anfang an auf gigantischen Ausmaßen. Das Geld, das durch „Goldfinger" hereinkam, floß gleich wieder in den neuen Film und ermöglichte so ein Budget von 5,6 Millionen Dollar — sechsmal mehr als „Dr. No" gekostet hatte! Terence Young bekam wieder die Regie.

Anfang Januar 1965 schrieb Richard Maibaum bereits das Drehbuch von McClory und Whittingham um. Ken Adam und Terence Young waren mit einer kleinen Crew nach Nassau auf Motivsuche geflogen. Harry Saltzman weilte in Paris und bereitete einen Besuch des Schlosses Chateau d'Arnet vor, wo der „Teaser" für „Feuerball" gefilmt werden sollte.

Ein Großteil der Handlung in „Feuerball" sollte unter Wasser stattfinden. Im Ozean vor Nassau findet ja eine lange Unterwasserschlacht zwischen SPECTRES schwarzgekleideten Froschmännern und James Bond statt, der erneut über ein Arsenal tödlicher Vorrichtungen verfügt. Auf dem Höhepunkt des Films verwickeln 007 und eine Einheit von US-Air-Force-Helfern SPECTRE in einen atemberaubenden Unterwasser-Kampf mit CO_2-Harpunen-Gewehren. Eine ganze Reihe von Schlüsselszenen spielt unter der Wasseroberfläche, darun-

Der Entwurf

Drei Spezial-Unterwasserfahrzeuge wurden von Production-Designer Ken Adam für Largos Taucherarmada ersonnen. Die Zeichnung zeigt den Transportgleiter (o.), den Ein-Mann-Tauchtraktor (m.) und das U-Boot.

ter auch eine Unterwasser-Verabredung zwischen Bond und Largos bildhübscher Freundin Domino, ein feuchter Raubzug von Largos Helfershelfern, die die gestohlene Atombombe in einer Unterwasser-Höhle verstecken und eine gespenstige Sequenz, in deren Verlauf Bond den entführten Bomber rund 15 Meter unter Wasser entdeckt. Er ist mit Tarnnetzen bedeckt und wird bewacht von einem Schwarm goldener Grotten-Haie. Für all diese Dinge nahm Eon Productions einen der erfahrensten Unterwasser-Kameramänner der Welt unter Vertrag: Lamar Boren aus La Jolla in Kalifornien. Er drehte bereits Unterwasser-Filme seit Ende der 40er Jahre und hatte auch bei der populären Fernsehserie „Seahunt" mitgearbeitet. Das Thema „Feuerball" war ihm schon bekannt: Broccoli hatte ursprünglich schon im Sommer 1961 Kontakt mit ihm aufgenommen, als der Streifen ei-

gentlich der erste Bond-Film werden sollte.

Während Boren in Nassau eine Mannschaft zusammenstellte, der mehr als 60 professionelle Taucher angehörten (die gesamte Tauchausrüstung hatte einen Wert von 85000 Dollar), bastelte Ken Adam fleißig an dem Waffenarsenal, das in den Unterwasser-Sequenzen zum Einsatz kommen sollte. Auf der SPECTRE-Seite sollte es eine Reihe von tatsächlich funktionierenden Requisiten geben; darunter die „Disco Volante", ein schnelles Wasserfahrzeug, das zur Tarnung wie eine normale Luxus-Yacht aussah; eine Art Schlitten, besetzt mit zwei Mann, zum Transport der geraubten Atombomben von dem entführten Flugzeug in eine Unterwasserhöhle; schließlich eine Reihe von Unterwasser-Booten für eine Person, ausgerüstet mit den tödlichen CO_2-Harpunengewehren.

In den Docks von Nassau über-

Die Szene

Die gesamten Unterwasseraufnahmen wurden von den bewährtesten Spezialisten der Unterwasserfotografie gedreht. Leiter dieses Kamerateams war der Amerikaner Lamar Boren.

wachte Adam persönlich den Bau eines naturgetreuen Modells des „Vulcan Vindicater"-Bombers, das per Kran in die karibische See hinabgelassen wurde. Zum Produktions-Team stießen jetzt noch Jordan Klein, ein Tauchspezialist aus Miami, der in allen Unterwasserrequisiten Elektromotoren anbrachte, sowie Regieassistent Ricou Browning. Er war gemeinsam mit Terence Young und Kevin McClory zustän-

dig für die Choreographie der Unterwasser-Szenen.

Trotz des großen Budgets, trotz der herrlichen Requisiten und der exotischen Szenerien wurde „Feuerball" nicht einer der besten Bondfilme. Es gab große Probleme mit dem Drehbuch, obwohl die Geschichte sich um ein so simples Thema wie die Entführung eines Nato-Bombers drehte. Nach „Goldfinger" erscheinen die Charaktere in

„Feuerball", insbesondere die Bösewichter, einfach nur eindimensional. Bond selbst wirkt hier mehr wie ein Techniker, der von der „Q"-Abteilung nur dazu bestimmt war, die Fülle ihrer technischen Spielzeuge vorzuführen, als wie ein Geheimagent aus Fleisch und Blut. Selbst die SPECTRE-Verschwörung entdeckt er mehr durch Glück als durch Können. „Feuerball" besaß dennoch alle Elemente, um den Wandel seiner Hauptperson zu verbergen. Die aufwendige Produktion, die verschwenderischen Drehorte, die gigantischen Kulissen und der Sinn für ein Thema, das weltweit aufregte, geben dem Film einen spektakulären Hintergrund. Das Ganze war ein so exquisit ausgestatteter Spielplatz, daß Fehler in der Entwicklung der Handlung gewöhnlich übersehen wurden.

So wie die exotische Insel Jamaika „Dr. No" belebt hatte, so wurde in „Feuerball" der Ozean selbst ein Teil der Handlung. Die Unterwasser-Sequenzen besaßen eine begeisternde atmosphärische Dichte, insbesondere die frühen Szenen, in denen Bond Domino in der See vor Nassau trifft und wo die beiden mitten zwischen den glitzernden tropischen Fischen schwimmen, die die Korallenriffs in der Karibik bevölkern. John Barrys angenehme Filmmusik wirkt hier besonders gut. Der Komponist, der später die Musik zu „The Deep" schrieb, erzählt, er habe bei „Feuerball" gelernt, die Handlung nicht zu verlangsamen, indem man zu schnelle Musik verwendet.

Sean Connery arbeitete sehr gut im Wasser. Die Action-Szenen mit Largos Gefolgsleuten mögen zum Teil verwirrend, die abschließende Unterwasser-Schlacht zwischen Air Force und SPECTRE-Leuten sich zu sehr wiederholend gewesen sein; die Augenblicke zwischen Bond ▶

So sahen die Unterwasserfahrzeuge der SPECTRE-Taucher in den ersten Entwürfen aus.

Oscar-prämierte Special-Effects

*Special-Effects-Mann John Stears erhielt
für seine Leistung in „Feuerball" den Oscar.
Die Abbildungen zeigen das raffiniert präparierte
Motorrad (eine englische BSA-750ccm-Ma-
schine) von Largos Assistentin Fiona.
Das wesentliche Merkmal dieser phantastisch
ausgestatteten Zweirad-Kampfmaschine
ist die Bewaffnung. An beiden Seiten des
Vorderrades befinden sich Vorrichtungen
zum Abschuß von Raketen.*

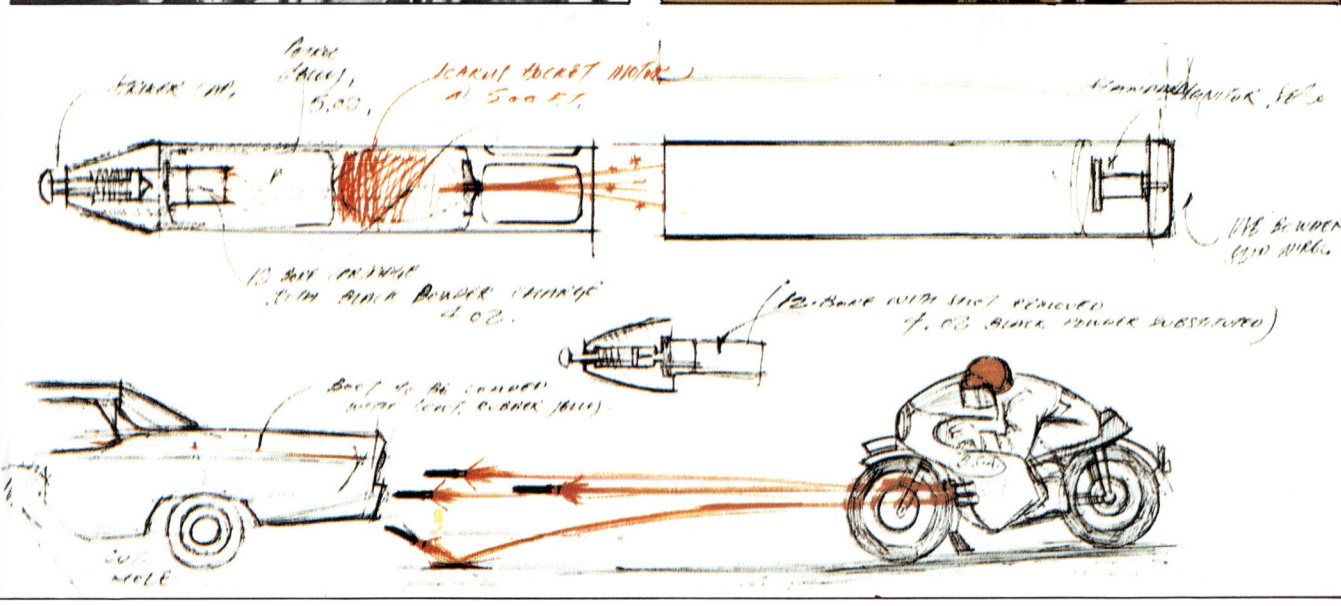

und Domino jedoch besaßen Qualität und gaben dem Film eine Atmosphäre von unverfälschter Romantik.

Das Problem bei „Goldfinger" war gewesen, daß die Frauen alle nur sehr kurz lebten. Es war kein romantischer Film, und es gab wenig Zeit für Gefühle zwischen Bond und seinen Gefährtinnen. In „Feuerball" hingegen findet Bond Domino schon früh im Film und bleibt bei ihr trotz anderer verlockender Reize, darunter auch die sinnliche SPECTRE-Mörderin Fiona Volpe.

Die Freundin

Die ehemalige Miß Frankreich Claudine Auger spielte die weibliche Hauptrolle in diesem Bond-Film.

Die Rolle der Domino in „Thunderball" zu besetzen war schwieriger, als irgendeine der anderen Bond-Heldinnen zu finden. Sie mußte nicht nur hübsch sein, sondern auch Persönlichkeit haben. Domino verbringt in „Feuerball" eine Menge Zeit mit Bond im Wasser und sollte ihm ebenbürtig sein. Mit derlei Gedanken begab sich Broccoli auf seine jährlich wiederkehrende Jagd nach Darstellerinnen. Seine Vorstellung bezog er aus Flemings eigener Beschreibung des Mädchens:

Es sollte jemand sein mit ländlicher Herkunft, mit starkem Willen, temperamentvoll und einfühlsam zugleich, nicht eine Frau, die sich der Beherrschung durch Bond zu leicht unterwarf.

Im Herbst 1964 sah er im englischen Fernsehen eine Schauspielerin, die ihn interessierte. Sie hatte in John Schlesingers „Billy Liar" gespielt und war auf dem besten Wege, sich einen großen Namen zu machen. Sie war blond und trug ihr Haar in der gleichen Art wie Brigitte Bardot. Sie hieß Julie Christie.

Der Feind

Adolfo Celi macht als Bonds Gegenspieler Emilio Largo dem Superagenten das Leben schwer.

Als sie ein paar Tage später ins Büro kam, um sich Young und Saltzman vorzustellen, war sie äußerst nervös. Sie trug Jeans und sah nicht im geringsten so aus, wie sie auf dem Bildschirm gewirkt hatte. Broccoli war enttäuscht, doch Terence Young berichtet, der Hauptgrund, sie für eine Rolle nicht zu verpflichten, in der sie die meiste Zeit Bikini zu tragen hatte, sei ihr kleiner Busen gewesen.

Die nächste ernsthafte Anwärterin für die Rolle war Raquel Welch,

deren Foto Saltzman im Oktober 1964 in der Zeitschrift „Life" gesehen hatte. Sie hatte zu der Zeit erst einen Film gedreht (mit Elvis Presley), doch Broccoli und Saltzman engagierten sie bei einem Besuch in Hollywood. Zurück in London erhielt Broccoli einen Anruf von Richard Zanuck, dem Chef der Produktionsabteilung bei der Twentieth Century Fox in Los Angeles. Zanuck bat um einen Gefallen: Ob man bitte Raquel Welch aus ihrem Vertrag entlassen könne, damit sie in dem Film „Phantastic Voyage" mitwirke; Broccoli stimmte zögernd zu.

Seine dritte Wahl fiel auf Faye Dunaway, die ihm in einem Broadwaystück auffiel. Es fanden erste Verhandlungen statt, doch dann erhielt die Schauspielerin von ihrem Agenten den Rat, ein Angebot von Sam Spiegel anzunehmen und „The Happening" zu drehen.

Broccoli setzte seine Suche in London fort. Drei weitere Namen standen auf seiner Liste: Yvonne Molaur, eine Pariser Schöne, die in einigen französischen Filmen mitgewirkt hatte; Maria Buccella, eine ehemalige Miss Italien und Miss Europa; schließlich Claudine Auger, eine ehemalige Miss Frankreich und aufstrebende Darstellerin in der französischen Filmwelt. Die Wahl fiel auf Claudine Auger. Sie besaß sowohl eine ausgezeichnete Figur, als auch Ausstrahlung und war leicht in der Lage, sich in ein raffiniertes Playgirl hineinzuversetzen, das in James Bond einen ebenbürtigen Gegner findet. Eines der Hauptprobleme bei der Übertragung von Flemings „Feuerball" auf die Leinwand war, daß dem Roman ein großer Bösewicht in der Art Goldfinger oder Dr. No fehlte. Ernst Stavro Blofeld, Bonds zukünftiger Hauptgegenspieler, taucht zwar in den ersten Szenen des Romans kurz auf, im Film jedoch blieb er anonym, schlicht nur als Nr. 1 bezeichnet, Kopf von SPECTRE.

Blofelds Rechte ist Emilio Largo, ein zäher italienischer Mafia-Typ, der die Unterwasser-Entführung in Nassau leitet. Trotzdem war dieser Largo nur ein durchschnittlicher Ganove, obwohl der italienische Schauspieler Adolfo Celi mit seiner Augenklappe und den Muskelpaketen durchaus überzeugend wirkte. Dennoch brauchte man noch den echten bösen Gegenspie- ▸

ler. Mit diesen Überlegungen im Hinterkopf erfand Maibaum die Figur der Fiona Volpe, ein weiblicher Killer; sie wird in Nassau Bonds großer Gegner. Fiona ist im wahrsten Sinne des Wortes männermordend. Sie fährt schnell, tötet schnell und gebärdet sich in der Liebe wie ein Tornado. Als SPECTREs Spitzen-Mörder setzt sie ihren sinnlichen italienischen Körper ein, um den Nato-Offizier Francois Derval (Paul Stassino) anzulocken; der Zuschauer kann dann beobachten, wie Derval ermordet und durch ein täuschend ähnliches Double ersetzt wird.

Als der SPECTRE-Mitarbeiter Count Lippe die Nato-Entführung dadurch gefährdet, daß er in der Shrubland-Klinik Bond angreift, da ist es Fiona, die auf einem Motorrad die Autobahn entlangjagt und Lippes Ford mit einem Raketenhagel brutal von der Straße fegt. In Nassau wird sie Largos perfekte Land-Adjutantin. Er selbst verbringt die meiste Zeit in nasser Kleidung und dirigiert die Unterwasser-Operationen.

Für die Rolle der Fiona, die sich sowohl in Lederjacken als auch in Negliges wohlfühlt, fanden die Produzenten Luciana Paluzzi, eine international erfahrene Schauspielerin, die schon eine Reihe von Filmen gedreht hatte. Außerdem wirkte sie mit in der amerikanischen Fernsehserie „Five Fingers", die seit 1959 lief. Der Erfolg der Fiona hing ganz allein davon ab, wie weit Miss Paluzzi in der Lage war, Sex und Blutrünstigkeit unter einen Hut zu bringen.

Sicher hatte die Bond-Serie ihre Wiederholungen, doch selbst die weniger erfolgreichen Filme dieser Reihe weisen ein hohes Maß an Phantasie und Einfällen auf.

Trotz seiner Länge und einiger Passagen, denen es an Klarheit und Spannung mangelte, war das auch bei „Feuerball" der Fall. Der Original-„Teaser" wie Maibaum ihn geschrieben hatte, spielt in Hongkong, in einem Vergnügungszentrum. Ein hübsches Mädchen, von Kopf bis Fuß wie ein Pfau gekleidet, sitzt in einem goldenen Käfig an der Decke des großen Ballsaals. Bond flirtet mit ihr und folgt ihr später in eine Garderobe; man beginnt ein höfliches Gespräch, plötzlich versetzt 007 ihr einen unverhofften Faustschlag auf den Mund. Der Pfauenkopf verrutscht und siehe da – das

Mädchen ist ein Mann, genau der feindliche Agent, nach dem Bond sucht.

Die Szene wurde schließlich jedoch als zu eigenartig verworfen. Maibaum schlug als nächste Idee eine Beerdigung vor, bei der Bond der Witwe sein Beileid ausdrückt. Er folgt ihr in ein Landhaus irgendwo in Frankreich und läßt ihr dann die gleiche überraschende Behandlung zuteil werden, wie zuvor dem Pfauenmädchen. Die Szene sollte in einem alten Schloß gedreht werden, und Harry Saltzman hatte bereits das Passende gefunden: das Original Schloß der Diane de Poitiers.

Am 16. Februar 1965 begannen vor der Kapelle dieser alten Residenz die Dreharbeiten. Eine Crew von 58 Leuten verließ London am 12. Februar. Der Konvoi mit schwerbeladenen LKWs und Personenwagen wurde begleitet von Bonds silberfarbenem Aston Martin, der gerade von einer großen „Goldfinger"-Werbekampagne zurück war, und einer speziellen Lincoln-Continental-Limousine, die von London herübergeflogen worden war.

In dem „Teaser" verkleidet sich der feindliche Agent Jack Boivard als Witwe bei seinem eigenen Begräbnis, um den englischen Geheimdienst auszutricksen. Bond schöpft jedoch Verdacht: Er beobachtet, wie „Madame" Boivard die Tür zum Lincoln selbst öffnet, statt zu warten, bis man ihr hilft. Er verfolgt die Dame nach Hause, um ihr sein ganz besonderes Beileid auszusprechen. Um Boivards Verkleidung glaubhaft erscheinen zu lassen, spielte Rosa Alba die Witwe bis zu der Prügelszene, bei der Stuntman Bob Simmons den Part übernahm. Bei der heftigen Schlägerei, die nun folgte, erhielt Sean Connerys Double Harold Sanderson ein paar häßliche Hiebe mit einem Schürhaken, bevor er Boivard das Genick bricht.

Bonds Fluchtwagen, der Aston Martin, wird die ganze Zeit von der japanischen Schauspielerin Mitsouko bewacht. Sie ist Bonds französische Kontaktperson und wartet darauf, daß ihr Partner Boivards Leibwächtern entkommt. Und bald gleitet Bond auch über die Dächer des Schlosses mit einer Bell-Einmann-Flug-Ausrüstung. Das Gerät war Eon von der US-Army zur Verfügung gestellt, ebenso ein qualifizierter Techniker, der den Nachmittag des 19. Februar damit zubrachte,

Entlarvt

Im Chateau d' Arnet wird ein Gangster zu Grabe getragen. James Bond ist Zuschauer. Schnell merkt er, daß sich hinter der Verkleidung der Witwe der angeblich Tote verbirgt.

das neueste technische Wunderwerk des Pentagons vorzuführen.

Bond kommt genau in dem Augenblick zu seinem Aston Martin zurück, in dem drei Leibwächter bei der Zufahrt auftauchen. Er fährt seine rückwärtige kugelsichere Wand aus und überschüttet die Feinde dann mit einer Wasser-Kaskade, die aus dem verborgenen Tank des Aston Martin herausspritzt. Das auf die Leinwand platschende Wasser war gleichzeitig der Hintergrund für den Titelvorspann; Tom Jones sang dazu seinen lasziven Titelsong. Die Idee zum Titelvorspann stammte von Maurice Binder; er wurde im Juli 1965 gedreht. Mickey de Raunch, Billie Bater und Jean McGrath waren die drei nackten Schwimmerinnen, die einen Vorgeschmack von „Feuerballs" Unterwasser-Thematik gaben. Es war eine der wenigen Sequenzen, die im Pinewood-Bassin gedreht wurden.

Am 24. März 1965 wurde die langerwartete Liebesszene unter Wasser, wohl die erste fürs Kino gedrehte, unter der Leitung von Lamar Boren aufgenommen. Es war ein langer Nachmittag in dem rund sechs Meter tiefen Wasser am Clifton Pier. In der Szene zuvor war Borens Ehefrau Evelyn auf einer großen See-Schildkröte geritten, die am Morgen von den Mitgliedern des See-Aquariums von Miami gefangen worden war. Die Schildkröte hatte sich äußerst stur gezeigt; es dauerte Stunden, bevor Mrs. Boren zu einem holprigen Ritt auf dem Panzer des Viechs kam. Evelyn Boren doubelte Claudine Auger, Frank Cousins vertrat Sean Connery. Beide waren mit Tauchgeräten ausgerüstet. Cousins trug eine einfache Badehose, Mrs. Boren den Bikini von Claudine Auger, der der Phantasie nur wenig Raum ließ. Sean Connery und Claudine Auger, die echten Stars, standen hinter Lamar Boren und sahen höflich-interessiert bei der Szene zu, auch sie in Badekleidung und für Nahaufnahmen bereit.

Hinter Mrs. Boren hatten zwei Taucher-Assistenten die „Par-64"- Unterwasser-Scheinwerfer besetzt; ihre langen Kabel trieben an der Wasseroberfläche. Dort stand der Generator, befestigt auf einem großen Lastkahn, der Basis für alle Operationen der Unterwasser-Mannschaft.

Ein Requisiteur, der ein drittes Exemplar des Claudine-Auger-Badeanzuges mitnahm, tauchte ins Wasser ein und schwamm zu Boren. Auf ein verabredetes Zeichen sollten Sean Connery und Claudine Auger hinter die Korallen gleiten, und der Requisiteur hatte die Badeanzüge an die Wasseroberfläche treiben zu lassen. Denn selbst der trickreiche Bond würde mit Domino kaum Liebe machen, ohne ihr den Bikini auszuziehen.

Als Boren das „Okay"-Zeichen von seiner Crew bekam, gab er mit der Hand sein Signal für „Kamera läuft!", nahm seine riesige Panavision-Kamera in den Arm und zählte bis vier. Als er bei eins war, schwammen Sean Connery und

Claudine Auger zu dem Korallenriff, umarmten sich und tauchten nach unten.

Um die Höhe seiner Kamera zu regulieren, benutzte Boren seine Lungen wie einen Fahrstuhl. Wollte er sie anheben, atmete Boren tief ein, um zu senken atmete er aus. Indem er seinen Atem auf diese Weise kontrollierte, erreichte Boren eine perfekte Balance; seine Kamera wirkte ruhig, und das trug entscheidend zur Wirkung dieser Szene bei.

Ein paar Sekunden nachdem die Stars hinter den Korallen verschwunden waren, ließ der Requisiteur Claudine Augers Bikini los, der begleitet von den Luftblasen der beiden Schauspieler prompt an die ▶

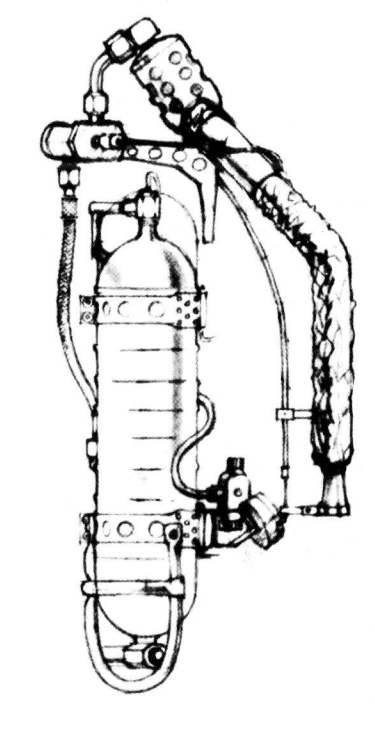

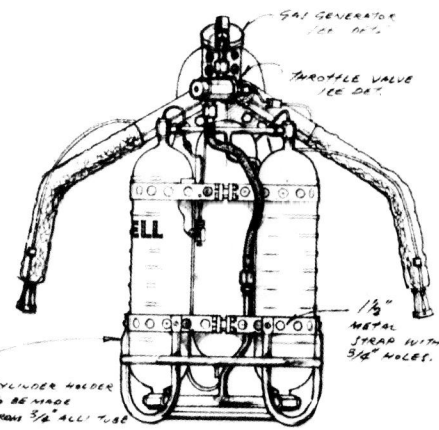

Entkommen

Dank seiner Bell-Einmannrakete kann Bond sich vor den ihn jetzt jagenden „Trauergästen" im letzten Moment retten. Oben die Szene, unten die Zeichnung des Fluggerätes.

Wasseroberfläche trieb. Die Szene klappte fehlerlos, doch Monate später entschied sich Broccoli, den treibenden Bikini lieber als zu eindeutig wegzulassen. Man sah nach wie vor, wie Bond und Domino hinter den Korallen verschwinden, doch ihre Luftblasen ersetzten den Bikini.

Zwei Abende später filmte Terence Youngs Haupt-Crew das „Cafe Martinique"; Bond, der Largo beim Kartenspiel geschlagen hat, tanzt mit Domino und erfährt, daß sie Nassau in zwei Tagen verlassen will.

Diese kurze Szene wurde eine der romantischsten in „Feuerball". Das „Cafe Martinique" liegt auf Paradise Island, einem zwei Meilen langen Sand- und Felsenstreifen; es ist der äußere Rand des Hafens von Nassau. Allabendlich trafen hier die Oberen Zehntausend der Nassauer Gesellschaft mit ihren Motorbooten zum Essen, Trinken und Tanzen ein. In dieser extravaganten Atmosphäre verliebt sich Domino in James Bond.

Dank der Hilfe von Patty Turtle vom Touristikbüro der Insel, sowie mit dem Versprechen, dem örtlichen Roten Kreuz eine Spende zukommen zu lassen, gelang es, eine Reihe Prominenter zur Mitwirkung zu bewegen. Zwei Abende lang feierten sie eine Party, bei der Terence Young seine Schlüsselszene drehte. Eon Productions sorgte für passende Stärkung: Es gab Kaviar vom feinsten und einige Kästen Champagner Marke „Dom Perignon".

Die Szene hatte echten Glamour. Die Damen trugen lange wallende Roben und schimmernde Juwelen, die Herren erschienen selbstverständlich in Dinner Jacketts, die Konversation kreiste um die jüngsten Ereignisse, das Wetter und die Pläne für die kommende Woche. Die gleiche Gruppe wurde später noch einmal engagiert, um an einer besonderen „Junkanoo"-Parade teilzunehmen, die eigens für „Feuerball" organisiert wurde.

Normalerweise findet dieses Ereignis am 26. Dezember statt. Doch Broccoli und Saltzman setzten einen besonderen Preis für die farbenprächtigsten Kostüme und Wagen aus. So ließen sich die Einwohner und Ladenbesitzer Nassaus zu ihrer eigenen Osterversion des farbigen Spektakels überreden.

Um die Parade zu filmen, bei der ein verwundeter Bond Fiona

Yacht mit Trick

Nicht nur James Bond agiert trickreich - auch sein Gegenspieler Largo hat da eini-

Rettung

Nachdem Bond das unterirdische Bombenlager aufgespürt hat, wird ihm der Rückweg abgeschnitten. Er entdeckt jedoch einen Kanal, und kann da hindurch mit einem Anker in das Flugzeug gehievt werden.

und ihren SPECTRE-Helfern entkommt, rief Terence Young seine Assistenten zusammen. Young wollte die Parade filmen, während sie durch das Geschäftsviertel von Nassau zieht. Er erklärte, was auch immer geschehen möge, sie sollten es nicht stoppen. Sie sollten drehen und drehen, so gut es ging. Der Zug war immerhin zwei Meilen lang und bewegte sich in einem großen Kreis vorwärts. 40 Gesellschaften finanzierten das Ereignis mit. Das Ganze zum Halten zu bringen, hätte eine Katastrophe bedeuten können.

Als der Zug sich durch Nassau dahinwälzte, hörte man überall den stets gleichbleibenden Rhythmus. Zwei Nächte lang war nichts anderes zu hören. Die Darsteller waren wild und berauscht. Wenn ihre Papierkostüme sich auflösten, zogen

ges vorzuweisen. Die Superyacht des SPECTRE-Gangsters „Disco Volante" kann sich durch Ablösung des

hinteren Teils (Kokon genannt) in ein Tragflächenboot verwandeln und so allen seinen Verfolgern entkommen.

Ausrüstung

Q entwickelte für Bond eine komplette Unterwasser-Ausrüstung.. Dazu gehörten u. a. auch die Sauerstoff-Ampullen (li. u.), verschiedene Harpunenspitzen und Pfeilpistolen (zum Teil mit Sprengstoff präpariert).

ten ihre eigenen „Exklusiv"-Artikel über „James Bond und seine Mädchen", und jeder wollte ein Exklusivinterview mit Sean Connery, Young war in der Lage, seine Stars von dem Presse-Bombardement zu beschützen, indem er sie dauernd brauchte. Wenn eine Schauspielerin mal nichts zu tun hatte, dann wurde sie sofort zum Pin-up für die Zeitschriften-Fotographen.

Es gab später zu „Feuerball" den Vorwurf, die drei Hauptdarstellerinnen sähen eine aus wie die andere. In wichtigen Augenblicken des Films könne man sie kaum voneinander unterscheiden. Richtig ist, daß die Damen gleiche Frisuren trugen, außerdem sind Claudine Auger und Martine Beswick etwa gleich groß. Bestimmte Versehen im Film trugen zu dieser Verwirrung bei. Als Luciana Paluzzi zum Beispiel Bond in ihrem Mustang mitnimmt und von einem kleinen Ausflug nach Nassau spricht, da hatte das Publikum endlich die Gelegenheit festzustellen: Das ist ja die gleiche rothaarige Frau, die zu Beginn des Films das Motorrad gefahren hat. Doch ihr Haar ist versteckt unter einem Kopftuch.

Die Bond-Mädchen waren nicht das einzige, was sich in Nassau in dem Jahr ähnelte. Im Hafen lagen zwei riesige Luxus-Yachten, und beide hießen „Disco Volante". Eine von ihnen war die Spezialanfertigung, die Ken Adam hatte bauen lassen. Die „Disco Volante" diente als die strahlende Super-Yacht des Emilio Largo. Doch hinter dem scheinbar harmlosen Äußeren des 35 Meter langen Schiffs verbarg sich ein Luftkissen-Boot. Es fuhr auf Wasserskiern, der Rumpf lag auf einem Luftkissen über Wasser. Geschwindigkeit der ungewöhnlichen ▶

sie sie einfach aus und erhitzten sie über einer Flamme, um sie wieder in Form zu bringen. Assistent Richard Jenkins erinnert sich: „Unsere Kameras fingen einige Male ganze Gruppen von Leuten ein, die splitternackt um die Ecke bogen".

Nach sechs Drehstunden am zweiten Abend warf Young plötzlich seine eigenen Anweisungen über Bord. Er habe Kopfschmerzen,

schrie er, und der Zug müsse eine Weile anhalten. 45000 Zuschauer sahen sich das Schauspiel an, und obwohl die Assistenten das Schlimmste befürchteten, ging alles gut. Young hatte Zeit, einige Kameras neu zu postieren, dann konnte weitergedreht werden.

„Feuerball" erhielt in Nassau unerhörtes Interesse von Seiten der Journalisten. Drei Magazine brach-

Konstruktion: über 70 km/h. War das Luftkissenboot erstmal gestartet, dann verwandelte sich die „Disco" in ein Kriegsschiff; die Bewaffnung war ausreichend, um eine ganze Flotte von Küstenwachbooten in Schach zu halten.

Um ein solches Schiff bauen zu können, fuhr Ken Adam im Dezember 1964 nach Puerto Rico. Er kaufte dort den „Flying Fish", ein altes Luftkissen-Boot von der Firma Rodriguez, das einst Passagiere zwischen Venezuela und Mexico transportierte. Rodriguez war die Herstellerfirma in Messina auf Sizilien, die ursprünglich Luftkissenboote für den Einsatz in der Adria gebaut hatte. Der verrostete Kahn fuhr noch mit eigener Kraft zu einer Schiffsbau-Firma in Miami, um dort generalüberholt zu werden. Sein 1320-PS-Dieselmotor von Mercedes wurde völlig auf Vordermann gebracht, um das 15 Meter lange Tarnungsboot anzutreiben, das Adam in der Nähe baute. Adam weiß noch, daß die Verkleidung mit zwei Bolzen befestigt war. Als Prototyp für seine eigene Schöpfung verwendete er eine ganz normale Vergnügungs-Yacht. Einige Schiffsexperten hatten gemeint, es würde nicht funktionieren, doch im Endeffekt gab es mit der „Disco" weniger Ärger als mit manchem anderen technischen Spielzeug in den Bond-Filmen.

Der „Kokon" selbst war gut 15 Meter lang und mit einem gelben Schornstein ausstaffiert. Sobald das Luftkissenboot gestartet war, sollte er sich in eine schwimmende Waffenfabrik verwandeln.

Adam installierte die Art von Waffen, die normalerweise ein Zerstörer an Bord hat; darunter eine Flak-Kanone, schwere Maschinengewehre und Panzerplatten. Special-Effects-Fachmann John Stears baute später ein Modell von beiden, vom Luftkissenboot und von dem als Yacht verkleideten Kriegsschiff, und beide wurden im Wasserbecken von Pinewood in die Luft gejagt.

Luxusyachten und schnelle Luftkissenboote waren allerdings nicht die einzigen technischen Spielereien, die Aufmerksamkeit verdienten. Sogar das kleinste Ausstattungsdetail in einem Bond-Film weckte Interesse. Eines, wiederum von Ken Adam entworfen, war ein kleines Atemgerät, das es 007 ermöglichte, vier Minuten unter Was-

Largo's Hai

Zwei im Umgang mit Haien erfahrene Experten bereiten einen der Tigerhaie für die gefährliche Szene in Largos Swimmingpool vor.

ser zu bleiben. Es war eine tolle Erfindung, aber leider nur eine Attrappe. Wenige Wochen, nachdem „Feuerball" in England angelaufen war, erhielt der stellvertretende Ausstatter Peter Lamont in seinem Büro in Pinewood einen Telefonanruf. Ein Kommandeur der Königlichen Marine, der gerade „Feuerball" gesehen hatte, war am Apparat. Offenbar arbeitete die Marine an einem ähnlichen Gerät, bis dato jedoch ohne Erfolg. Es war übrigens keineswegs das erste und einzige Mal, daß ein Detail aus einem Bond-Film das Verteidigungs-Ministerium lebhaft interessierte.

In der Mitte der Dreharbeiten in Nassau wurde Sean Connery nach „Palmyra" gerufen, Largos Haupt-

quartier an Land. In Wirklichkeit war „Palmyra" das weiträumige Sommerhaus von Nicholas Sullivan aus Philadelphia. Eon Productions hatte den Besitz gemietet und verwandelte mit Hilfe der Leute vom See-Aquarium in Miami den Swimmingpool mit seinen olympischen Ausmaßen in ein Heim für drei prächtige Tigerhaie. In „Feuerball" fällt Bond in diesen Pool und erledigt dort einen SPECTRE-Agenten.

Es war eine schwierige Szene, in der Bond nicht gedoubelt werden konnte. Nur zögernd ließ sich Sean Connery überreden, zu den Tigerhaien in den Pool zu springen. Lamar Boren, der zu der Unterwasser-Crew gehörte, die jede Gefahr von Connery abzuwenden hatte, erklär-

te: „Diese Haie waren weder narko-
tisiert, noch waren ihre Kiefer zuge-
bunden. Sie schwammen ganz normal dort herum. Sean mußte sich
darauf verlassen, daß wir auf ihn
aufpaßten. Aber vor Haien braucht
man sowieso keine Angst zu haben,
solange kein Blut im Wasser ist oder
eine Menge Abfall. In diesem Pool
waren die Haie reichlich träge. Sie
kümmerten sich überhaupt nicht
um Sean und zogen einfach nur ihre
Runden."

Die gleichen Tigerhaie (Maibaum nannte sie in seinem Drehbuch „Golden Grotto") wurden später in der gespenstischen Szene verwendet, in der Bond den „Vulcano"-
Bomber entdeckt; ein Hai schwimmt
mitten während des entscheidenden
Kampfes zwischen Largos Unter-
wasser-Armee und Bonds Froschmännern herum. Diese letzte
Schlacht, die aufwendigste aller Un-
terwasser-Passagen, wurde von der
kompletten Ivan-Tors-Crew ausgeführt, zu der 40 Taucher gehörten.
Gefilmt wurde sie von Lamar Boren,
der einhändig durch das Unterwas-
ser-Schlachtfeld paddelte.

Der Kampf wurde Stück für
Stück in einem Zeitraum von sechs
Tagen gedreht. Eine wichtige Szene
wurde außerhalb des Hafens von
Nassau gefilmt, rund um ein gesun-
kenes Sturmboot der US-Marine,
wohin Bond zwei feindliche Froschmänner zu ihrem tödlichen Ende
lockt. Der Rest der Schlacht spielt
sich im Seegebiet um Nassau ab.
Das Drehen unter Wasser war zeitweise äußerst realistisch. In einer
Szene knipst Bond einen Schalter
an seinem Tauchgerät an und feuert
eine explosive Harpune in Richtung
eines Feindes ab. Als gedreht wurde,
bekam der SPECTRE-Taucher einen explosiven Feuerwerkskörper
an seinem Körper angebracht, der
per Fernbedienung gezündet werden sollte. Der Kracher ging jedoch
nach hinten los, der Taucher erlitt
eine böse Verbrennung und mußte
ins St. Margrets-Hospital eingeliefert werden.

Bonds „Rucksack", der ihm au-
ßerordentliche Geschwindigkeit unter Wasser verleiht, war ein Requisit,
das mit einem Klavierdraht an einem Schnellboot befestigt war und
Bonds Double Frank Cousins durchs
Wasser zog. Hätte Cousins auch nur
einen Augenblick lang sein Gesicht
zur Seite gedreht, wäre ihm durch
das Tempo, mit dem er gezogen

Largo's Ende

*Largo hat Bond schon
ausgeschaltet, da trifft ihn Dominos
Kugel in den Rücken.*

wurde, die Tauchermaske vom Gesicht gerissen worden.

Ein Großteil der Schlacht wurde im etwa sechs Meter tiefen Wasser an der Clifton Pier gedreht. Die
Produzenten warfen alles, was es an
Ausrüstung nur gab, in die Schlacht,
einschließlich des Bombenschlittens
von SPECTRE, der Einmann-Boote
und der Menge von CO2-Gewehren,
die unter Wasser einen tödlichen
Pfeilregen auf die Kämpfenden ver-
schossen. Wie die frei schwimmen-
den, orange gekleideten Kampftau-
cher den gegnerischen Konvoi an-
griffen, das erinnerte fast an die
Kämpfe der Indianer mit den Plan-
wagen im guten alten Westen.

Largos Froschmänner, die hinter ihren speerfeuernden Schlitten

fast unbesiegbar erscheinen, werden
von Bond und seinen „Aquaparas"
systematisch im Kampf Mann gegen
Mann überwältigt. Terence Young,
der während der letzten Drehwochen von „Feuerball" ein bißchen enttäuscht war, störte sich an
den Wiederholungen. Auch hielt er
die Unterwasser-Sequenzen, insbesondere das große Kampf-Finale,
für zu lang und verwirrend.

Youngs Enttäuschung über
„Feuerball" spürte am meisten
Schnittmeister Peter Hunt. Er saß
im Herbst 1965 fast allein da und
schnitt den gewaltigen Film. Wie
üblich hatte das Aufnahmeteam einen Haufen Zwischenschnitte zurückgelassen, von denen viele Probleme verursachten. Insbesondere
einer: Bond versucht, die fahrende
„Disco Volante" unter Kontrolle
zu bringen, bei welcher der sterben-
de Largo die Kontrollinstrumente
blockiert hat. Die Einstellungen, in
denen das Luftkissenboot über die
Riffs dahinfliegt, wurden ursprünglich aus einem Hubschrauber gedreht. Hunt gab dem Film später im
Schneideraum mehr Tempo und
kürzte ihn auch in der Länge. Er hat
übrigens auch immer betont, daß
man den ganzen Film nicht zu genau anschauen darf. Es gibt eine
Menge Brüche in der Handlung. Einer der offensichtlichsten: Bond
und Leiter suchen per Hubschrauber nach der verschwundenen „Vulcano"-Maschine; in einer Einstellung
trägt Rik van Nutter einen Hut, in
der nächsten ist er völlig anders gekleidet. Beide Einstellungen sind
zusammengeschnitten, und nach
Hunts Meinung geht das sogar. Das
Publikum bemerkt es nicht.

Hunts logische Grundlage war:
Wenn es nichts anderes gibt, muß
man das nehmen, was da ist. In einer anderen Szene reißt Bond einem Froschmann von SPECTRE
seine schwarze Maske vom Gesicht.
In der nächsten Einstellung sieht
man ihn seine alte Maske wieder
tragen. Hunt sieht solche Probleme
unter praktischen Gesichtspunkten:
„Es gibt Momente, da möchte man
gewisse Filmstückchen zur Seite
legen. Aber es ist nicht möglich.
Und so entstehen eben die Sprünge.
Es ist wichtiger, daß der Film sein
Tempo hat, als sich um die Konti-
nuität zu sorgen. Nur sehr wenige
Betrachter werden von dem Drama
nicht so gefangen genommen, daß
sie solche Details bemerken." ●

1967

Man lebt nur zweimal

Originaltitel: **You Only Live Twice**

Was Komponist John Barry zu den Bond-Filmen beigetragen hat, ist kaum hoch genug einzuschätzen. Er selbst hat gesagt: „Die Bond-Musik scheint das Lebensgefühl der 60er Jahre überallhin zu vermitteln. Die Titelsongs wurden noch zu ihren eigenen Lebzeiten Nostalgie." Diese Worte trafen ganz besonders für den fünften Bond-Film „Man lebt nur zweimal" zu, von Barrys Leistung her

einer der besten. Seine Musik war Höhepunkt eines Films, in dem Donald Pleasance als Blofeld total fehlbesetzt ist. Sean Connery stolpert durch seine Rolle, als träume er, den Action-Szenen fehlt in den entscheidenden Augenblicken Glaubwürdigkeit.

Trotzdem hat „Man lebt nur zweimal" eine interessante Geschichte. Ebenso wie der Original-Roman, der neben den Reisebeschreibungen seine eigene, ungewöhnliche Spannung hat, so stehen auch im fünften James Bond-Film Höhepunkte neben schwachen Stellen. Terence Young und Richard Maibaum waren ausgeschieden, doch ihr Geist wurde von einem neuen Team übernommen, das wenigstens enthusiastisch wirkte, wenn auch nicht großartig erneuernd.

Schule der Ninjas

Bei den berühmten Ninjas trainiert James Bond die große Kunst des japanischen Stockkampfes sowie auch die anderen Arten asiatischer Selbstverteidigung.

„Man lebt nur zweimal" spielt ganz in Japan. Im Original-Roman, der im Frühjahr 1964 erschien, wird James Bond in den fernen Osten geschickt, um den Chef des Japanischen Geheimdienstes zu treffen. Bond soll dafür sorgen, daß England an „Magic" kommt, einen Dechiffrier-Apparat, der systematisch Rußlands diplomatische Botschaften abhört. Der Chef des japanischen Geheimdienstes ist der ehemalige Kamikaze-Flieger Tiger Ta-

naka. Er verspricht Bond den „Magic"-Schlüssel, wenn er den Bösewicht Dr. Shatterhand erledigt. Shatterhand, ein Schweizer, hat einen todbringenden Garten mit giftigen Pflanzen und Insekten in den Ruinen eines alten Schlosses in Nordost Kyushu angelegt. Hunderte von todeswilligen Japanern finden dort ihr Ende.

Shatterhand ist niemand anderer als Ernst Stavro Blofeld, der sich nach zahllosen Jahren als Übeltäter nun nach Japan zurückgezogen hat, um sich dort zur Ruhe zu setzen. Sein merkwürdiger Garten bedeutet eine große Gefahr für Japans Jugend, und Tanaka sieht in Bond die einzige Hoffnung.

In Flemings vorherigem Buch „Im Geheimdienst Ihrer Majestät" scheiterte Blofeld ein weiteres Mal mit seinen Plänen, die Welt zu be-▶

herrschen, ermordet jedoch voller Bosheit in der letzten Szene Bonds Braut Tracy. Dessen Rachedurst wird im letzten Kapitel von „Man lebt nur zweimal" befriedigt, als 007 in die abscheuliche Burgfestung eindringt und den ehemaligen Oberganoven von SPECTRE killt. Die Burg selbst mit ihren vulkanischen Dämpfen, den todbringenden Kriechpflanzen und den giftigen Insekten war der absolute Höhepunkt eines Buches, das ansonsten eher einer Reisebeschreibung glich als einem Bond-Abenteuer.

Im März 1966, nach den ersten zwei Drehwochen, war man ein bißchen innerhalb der japanischen Hauptinseln hin- und hergesprungen. Cubby Broccoli besuchte das historische Himeji-Schloß, auf dem Tanakas Ninja-Agenten ausgebildet werden, dann die Städte Tokio und Kobe, wo er gute Beziehungen zur japanischen Regierung aufbaute.

Das Erkundungsteam fuhr dann in den Süden nach Kyushu, der südlichsten in Japans Inselkette. Broccoli hoffte hier an der Küste eine Burg zu finden, die als Blofelds Festung dienen konnte. Das Team suchte entlang der Meerenge von Sushima die gesamte Küste ab — keine geeignete Ruine zu finden. Es gab weit und breit keine Burgen, und Broccoli begriff bald, daß Flemings Phantasie bei „Man lebt nur zweimal" mit ihm durchgegangen war. Die Japaner — so entdeckte Broccoli, haben an der Küste keine Burgen gebaut, weil es wegen der Taifune zu gefährlich gewesen wäre. Alle Burgen, die es gab, lagen im Landesinneren und dienten zur Verteidigung eines Passes oder eines Tales.

Bevor er nach England zurückkehrte, machte sich Broccolis Erkundungsteam noch einmal auf, um die ganze Insel Kyushu abzusuchen. Eine Stunde von Kagoshima entfernt kreuzten die Hubschrauber plötzlich ein trotzloses gebirgiges Gebiet, das als Nationalpark gekennzeichnet war und in dem es über 20 erloschene Vulkane gab. Broccoli war von seiner Entdeckung begeistert. Er bat sofort seinen Piloten, einen der Vulkane, in dem er einen riesigen Krater-See ausfindig machte, näher anzufliegen. Im Hintergrund ragten drohend und geheimnisvoll die anderen Vulkane auf, und Broccoli entschied: Das war die ideale Kulisse für den näch-

sten Bond-Film. Er hatte vor, Flemings Schloß des Todes wegzulassen und stattdessen eine interessantere Festung zu verwenden, die im Inneren eines Vulkans versteckt liegt. Was Blofeld in dieser merkwürdigen Umgebung ausbrütete, das sollte Drehbuchautor Roald Dahl bestimmen, der in England bereits bei der Arbeit war.

Als er mit „Man lebt nur zweimal" anfing, entwickelten sich die Ideen zur Bond-Story aus den aktuellen Schlagzeilen der Zeitungen. Dahl las täglich eine Reihe amerikanischer Blätter, die das neue Gemini-Programm der NASA beschrieben

und die kreisende Raumfähre, aus der Menschen zum ersten Mal zu einem „Spaziergang im Weltraum" ausstiegen. Dieses Material war gut zu verwenden für den „Teaser", der zeigt, wie ein gerade gestartetes US-Raumschiff von Blofelds Intruder-Rakete gekapert wird.

Durch Zufall verschwand einen Monat, nachdem Dahl mit seinem Drehbuch begonnen hatte, ein amerikanischer B 52-Bomber in der Nähe der spanischen Küste mit zwei Atombomben an Bord. Das Rätsel, das über dieser Katastrophe lag, schlug sich in einer Reihe von Büchern, Zeitschriftenartikeln und

Der Superlativ

*Mit 350 000 Pfund
eine der aufwendigsten Film-
kulissen der Bond-Serie:
Blofelds unterirdischer Raketen-
stützpunkt. Die Abschuß-
rampe war über 40 Meter hoch,
die Rakete 22 Meter.
Drehbuchautor Roald Dahl
ließ sich für seine Story von dem
Gemini-Programm
der NASA inspirieren.
Zum ersten Mal verließen hier
Menschen ihr Raumschiff
zu einem Spaziergang im All.*

Fernsehsendungen nieder und gab dem neuaufgelegten „Feuerball" so viel Publicity, daß weltweit ein Gewinn von 50 Millionen Dollar zusammenkam. Der Fall bewies daneben den noch immer zweifelnden Kritikern, daß Bond-Filme vielleicht zwar bisweilen komisch erschienen, doch der Humor entsprang durchaus einem scharfsinnigen Realismus. Dahls fertiges Drehbuch beinhaltete einige der spektakulärsten Action-Szenen der Bond-Serie, darunter drei Auto-Verfolgungsjagden, großartige Kulissen, wie sie nur Ken Adam bauen konnte, und höchst erfinderische Vor-

richtungen, mit deren Hilfe die Gegner noch schneller als gewöhnlich zu erledigen waren. Wie verlangt, beschrieb Dahl drei Frauen in Bonds Leben: Aki und Helga, die geopfert werden, und die süße Kissy, die in Bonds Armen endet. Bedauerlicherweise ist nicht viel von James Bond in diesem Film zu spüren. Die Produzenten begnügten sich damit, daß Dahl ihr Produkt größer und spektakulärer gestaltete. Es erschien nicht mehr so wichtig, wer James Bond war, Hauptsache, er brachte die gewünschten Tricks unter die Leute.

Diesesmal paßten die Tricks nicht so sonderlich gut zu Sean Connery, der gegenüber der Bond-Rolle auch zunehmende Ermüdungserscheinungen zeigte. Sein ursprünglicher Vertrag, der 1961 unterschrieben worden war, verlangte von ihm bis 1967 einen Bond-Film pro Jahr. Als „Feuerball" beendet wurde, war Connery ziemlich am Ende seiner Kräfte. Ersten Ärger gab es im Oktober 1965, als er darum bat, die Produzenten möchten den Drehplan für den nächsten Film auf 12 Wochen begrenzen. Neun Monate später löste Eon Productions den alten Vertrag mit Connery. Für „Man lebt nur zweimal" unterschrieb man einen Einzelvertrag in der Hoffnung, daß man Connery schon zu einem weiteren Bond-Film überreden könne, vorausgesetzt das Geld stimmte.

In einem Interview mit der „Los Angeles Times" machte der Star jedoch klar, daß er nicht bereit sei, einen sechsten Bond zu drehen und daß es ihn „zu Tränen langweilt, über das James Bond-Image zu reden". In einem anderen Interview beklagte er sich darüber, daß ihn Saltzman und Broccoli nicht als Geschäftspartner aufgenommen hatten.

Broccoli konterte, Connery sei durch die Bond Filme immerhin ein wohlhabender Mann geworden; er habe den Erfolg allerdings in erster Linie sich selbst und niemand anderem zugeschrieben und daraufhin unerfüllbare Forderungen gestellt.

Lewis Gilbert war der Regisseur, der mit dem müdewerdenden Connery in „Man lebt nur zweimal" arbeiten mußte. Gilbert hatte das Angebot zunächst abgelehnt, ließ sich jedoch durch den Gedanken gewinnen, daß er hier einen Film für ein garantiert großes Publikum machen ▶

konnte. Zuvor hatte er „Alfie" gedreht, mit Michael Caine in der Hauptrolle, einem Schauspieler, den Harry Saltzman persönlich unter Vertrag hatte. Gilbert durfte ihn für seinen Film ausborgen. Zum neuen Personal bei „Man lebt nur zweimal" gehörte auch Kameramann Freddie Young, der gerade einen „Oscar" für „Dr. Schiwago" bekommen hatte. Er hatte mit Gilbert schon bei „The Seventh Dawn" zusammengearbeitet. Schließlich kam Thelma Connell hinzu, die Peter Hunt als ersten Cutter ersetzte.

Nach „Feuerball" hatte Peter Hunt ängstlich gehofft, beim nächsten Bond-Film selbst Regie zu führen. Nachdem man ihn abgelehnt hatte, wollte er eigentlich gehen, doch man überredete ihn, das zweite Filmteam zu leiten. Gleichzeitig versprach man ihm, er würde beim nächsten Mal die Regie bekommen.

In London wurde die Besetzung endgültig vervollständigt, indem man den tschechischen Schauspieler Jan Werich für die Rolle des Ernst Stavro Blofeld engagierte, der damit zum ersten Mal vor einer Filmkamera stand. Die anderen beiden wichtigen europäischen Rollen erhielten Karin Dor als Helga Brandt, auch eine der leidenschaftlichen Blofeld-Mörderinnen, und Charles Gray. Er führt als Dikki Henderson Bond in Japan ein. Alle anderen größeren Rollen des Films waren mit Japanern besetzt, die man während des zweiten Japan-Besuchs im Mai 1966 gefunden hatte.

Abgesehen von Kissy Suzuki, die 007 bei der Vorbereitung seines Überfalls auf Blofelds Burg unterstützt, waren alle Mädchen in Flemings Original-Roman blasse Gestalten. Um Bonds kräftigen Appetit zu stillen, mußte Roald Dahl andere, blutvollere Wesen erfinden. Eines davon ist Tanakas bildhübsche Assistentin Aki, deren Wagemut 007 einige Male das Leben rettet. Wie sie sich mit ihrem rasanten Toyota 2000-Sportwagen durch den Verkehr von Tokio schlängelt, war sie Dahls Beitrag zur Situation der Frauen in Japan in den 60er Jahren, die sich gerade von den traditionellen Unterdrückungen zu lösen begannen.

Die Probleme, vor denen Ken Adam stand, als er Blofelds geheime Raketenbasis konstruieren sollte, waren kaum geringer, als hätte er auf dem Pinewoodgelände ein neues Hotel errichten müssen. Der Aufwand für die Kulisse war groß. Für „Man lebt nur zweimal" galt es nicht nur, das Innere einer riesigen versteckten Raketenstation zu errichten, hinzukamen ein funktionsfähiger Hubschrauberlandeplatz, ein sich schließendes Stahlgitter, das den gesamten Vulkankegel abdeckte, eine Einschienenbahn, die Menschen und Material innerhalb des Komplexes transportierte, zahlreiche Lastenaufzüge und Kräne sowie ein Labyrinth von Treppen und Laufplanken, das die Festung umgab.

Mit einem Budget von 1 Million Dollar baute Adam seine gigantische Konstruktion komplett auf dem hinteren Filmgelände auf. Es war die größte Kulisse, die er je hatte errichten lassen. Adam erzählt: „Eines der Probleme bei den Bond-Filmen war, daß diese großen Kulissen oft nicht im Original-Drehbuch standen. Sonst hätten wir vielleicht nur einen Teil davon bauen müssen und hätten uns für den Rest mit Modellen begnügen können. Da wir jedoch häufig in der Phase des Bauens nur wissen, daß in der Kulisse das große Finale oder der große Endkampf stattfindet, nichts sonst, bin ich einfach gezwungen, alles

Der Bösewicht

Der englische Schauspieler Donald Pleasence als Bonds Widersacher Ernst Stavro Blofeld. Er wurde im Nachhinein von vielen als Fehlbesetzung empfunden.

naturgetreu zu bauen. Die Action wird dann erst im Laufe unserer Arbeit entwickelt. Ich mache die Entwürfe, dann kommen der Regisseur und der Drehbuchautor dazu, und gemeinsam planen wir, wie die Handlung innerhalb der Szenerie ablaufen soll. Zur Zeit, als wir „Man lebt nur zweimal" machten, hatten wir ein großzügiges Budget, deshalb waren unsere Hauptprobleme in erster Linie logistischer Natur. Man kann es sich nicht erlauben, bei einer Szenerie dieser Größenordnung Fehler zu machen. Insbesondere dann nicht, wenn man viel mit Stahlbauteilen arbeitet. Man muß sich mit Statikern beraten, die die Belastbarkeit ausrechnen, und man kann nicht einfach mal eben umdisponieren, wie man es häufig bei einer Innenkulisse macht. Wir mußten ganz exakte Modelle erstellen, und an die mußte man sich bis aufs „I"-Tüpfelchen halten. Außerdem: Wenn man mit Stahl arbeiten will, muß man ihn drei Monate im voraus bestellen."

Im Januar 1967 veröffentlichte die „Los Angeles Times" noch ein paar weitere statistische Zahlen, die Adam zur Verfügung gestellt hatte. Um die Vulkan-Basis zu bauen, hatte sein Team 200 Meilen an Stahlröhren verwendet; dazukamen mehr als 700 Tonnen Baustahl, 200 Tonnen Gips, 8.000 Bahnschwellen für die tatsächlich funktionierende Einschienenbahn und mehr als 250.000 Quadratmeter Segeltuch.

250 Leute arbeiteten an dem Projekt, und am 11. Mai 1966 war das erste der Stahl-Fundamente fertig. Die fertige Kulisse war von der drei Kilometer entfernten Autobahn London/Oxford aus zu sehen. Während der Bauzeit wurde Adam zwar klar, daß diese Art von Szenerie der Traum eines jeden Film-Architekten sein mußte. Doch er litt an Schlaflosigkeit, wenn er daran dachte, ob seine Konstruktionen auch in der Praxis funktionieren würden. Schließlich gab es — ganz anders als bei Alltagsbauten — für diese gigantische Kulisse keine vergleichbaren Vorläufer.

Zusätzlich zu der Vulkan-Gestaltung beschäftigten sich Adam und sein Assistent Harry Pottle auch noch verantwortlich mit anderen wichtigen Szenerien; dazu zählten Blofelds unterirdische Wohnung, komplett mit Piranha-gefülltem Teich, das supermoderne Hauptquartier des japanischen Geheimdienstes und die Büros des Mr. Osato, eines millionenschweren Industriebosses, dessen Operationen für Blofeld das geeignete Publikum schaffen.

Während Adam seine Vorstellungen in Lebensgröße verwirklichen mußte, probierte Special Effects-Zauberer John Stears die seinen im Kleinen aus. Stears war gerade aus Hollywood zurückgekehrt — im Gepäck einen „Oscar" für seine Leistungen in „Feuerball". Ebenso wie Stuntman Bob Simmons, Schnittmeister Peter Hunt und Komponist John Barry zählt auch Stears zu den Mitgliedern des Bond-Teams, die in den ersten Jahren der Öffentlichkeit wenig bekannt waren. Dennoch war auch er in hohem Maße mitverantwortlich für die Langlebigkeit der Serie.

Geschwader-Kommandeur Ken Wallis stieß ebenfalls zum Special Effects-Team des Films. Er steuerte eine eigene Erfindung bei, das Modell des Fluggerätes, das Harry Saltzman in einer Zeitschrift über Fliegerei aufgefallen war. Der tragbare Hubschrauber „Little Nellie" wurde gleich mit den bekannten 007-Verteidigungs-Mechanismen ausgerüstet, darunter Luftraketen auf ther- ▸

Das Traumpaar

Tarnung für James Bond. Um unerkannt unter den Fischern von Kube agieren zu können, erhält Bond eine perfekte Maske und wird außerdem verheiratet.

mischer Basis, Luftminen, Maschinengewehre und Flammenwerfer. Wallis selbst flog „Little Nellie" für die Aufnahmen.

Mittlerweile bot in Japan Toyota an, eine Spezialversion seines neuen GT-Sportwagens zu bauen, komplett mit versenkbarem Dach, das erste Cabrio, das in Japan zu sehen war. In diesen Traumwagen baute Stears noch ein Fernsehgerät ein, mit dessen Hilfe Bond und Aki mit Tiger Tanakas Hauptquartier in Tokio Kontakt halten konnten.

Bevor sie nach Japan aufbrachen, drehten Lewis Gilbert und das erste Kamerateam in Pinewood einige Innenaufnahmen, darunter 007s „Ermordung" in Hong-

feierliches Seemanns-Begräbnis. Sein Körper wird in den Hafen versenkt, wo Froschmänner ihn bergen und zu einem wartenden U-Boot bringen. Dank einem Spezial-Tauchgerät lebt Bond natürlich; er erstattet „M" seinen Bericht an Bord des U-Boots. Um seine Entdeckung zu verhindern, wird er in einer der Torpedoröhren untergebracht und an die Küste Hongkongs rübergeschossen.

Der ungewöhnliche Trick wurde in drei Stationen gefilmt. Bonds „Tod" in dem Hotelzimmer war bereits nach dem ersten Drehtag in Pinewood (4. Juli 1966) im Kasten. Dabei waren Connery, die chinesische Schauspielerin Tsai Chin, sechs

Fotografie beauftragt. Das echte Innenleben des englischen U-Bootes war in Pinewood nachgebaut und Mitte Oktober 1966 fertig.

Nach 17 Tagen im Studio flogen Gilbert und 62 Mitarbeiter mit einem Charter-Jet nach Tokio. Sean Connery traf am 27. Juli 1966 ein und wurde von den Fans fast erdrückt. Bond war schon recht bekannt in Japan, doch seine Popularität wuchs, als man erfuhr, daß der jüngste Film der Reihe zu grossen Teilen im eigenen Land gedreht wurde. Zerzaust und triefäugig erschien Connery zur Pressekonferenz; er trug kein Toupet, eine ausgebeulte, arg mitgenommene Hose, Badesandalen und ein blaues Hemd, das am Hals offenstand, um seine behaarte Brust zu enthüllen. Die Enttäuschung der Reporter wurde auch dadurch nicht gerade besänftigt, daß er erklärte, wie wenig sexy er japanische Frauen finde. Das Ergebnis war: während der sechswöchigen Dreharbeiten in Japan eine alles andere als freundlich gesonnene Presse.

Dennoch wurde permanent berichtet: „Man lebt nur zweimal" tauchte wochenlang auf den Titelseiten auf. Bisweilen wurde die Eon-Crew wie unter einem Mikroskop betrachtet. Jede Bewegung wurde von hunderten von Reportern forschend beobachtet, und wenn einem Stuntman einmal ein Wurf mißglückte und er einen Stahlpfeil in die Wand des „Hymeji"-Schlosses bohrte, dann schien jedes Blatt in Japan von diesem aufregenden Ereignis Wind bekommen zu haben. Offizielle Proteste wurden eingereicht, die Eon-Crew mußte das Schloß verlassen und durfte erst wieder nach einer Menge Entschuldigungen und Garantien, daß man für Schäden aufkommen würde, auf dem Gelände der historischen Festung weiterarbeiten. Bisweilen war es unmöglich, in den Straßen von Tokio zu drehen. Gilberts versteckte Kamera lief gerade, um Connery aufzunehmen, da fielen die Fans über den Schauspieler her. Nur Peter Hunt und sein über Kyushu kreisendes Hubschrauber-Team schienen vor den Presseschwärmen sicher. Ein Glück, denn Hunt und seine Leute hatten die gefährliche Aufgabe, mit Geschwaderkommandeur Wallis und seinem „Autogyro" zu arbeiten, eine Flugmaschine, ge-

Die Verräterin

Blofelds Rache für den Verrat: Seine Assistentin landet im Pirhanha-Pool. In der Szene schaut Karin Dor (links hinten) ihrem Double, dem Stuntgirl Jenny Le Free, bei der Arbeit zu.

kong. Blofeld sollte überlistet werden mit dem Hintergedanken, daß er die Aktivitäten des englischen Geheimdienstes in Japan vielleicht weniger intensiv verfolgte. Deshalb hatte Drehbuchautor Roald Dahl Bonds Tod in einem Hotelzimmer in Hongkong vorgetäuscht. Zwei Japaner mit Maschienengewehren stürmen in Bonds Zimmer und pumpen sein Ruhelager mit Kugeln voll. Unter den Augen der SPEC-TRE-Agenten erhält Bond an Bord eines Zerstörers in Hongkong ein

chinesische Statisten, Patrick Jordan und Anthony Ainly als englische Polizei-Offiziere und Stuntman Bob Simmons als Bond.

Fünf Monate später drehte Peter Hunt mit seiner zweiten Kamera-Crew das Begräbnis auf See an Bord des englischen Zerstörers HMS Tenby, der im Hafen von Gibraltar vor Anker lag. Bonds Bergung aus dem Hafen von Hongkong wurde in Wirklichkeit auf den Bahamas gefilmt; Kameramann Lamar Boren wurde erneut mit der Unterwasser-

gen die das Flugzeug der Gebrüder Wright wie ein technisches Kabinettstück gewirkt hätte.

Das erste Kamerateam fuhr durch Japan und filmte unter anderem in einem Ama-Dorf, in welchem Bond Kissy Suzuki kennenlernt. Anschließend reiste man zu den Docks von Kobe, wo 007 von SPECTRE-Banditen gefangengenommen wird. Hunt bereitete inzwischen die Hubschrauber-Jagd über der Vulkan-Landschaft vor.

Im Original-Drehbuch hatte es drei Auto-Jagden gegeben, die kaum zu bewerkstelligen gewesen wären, daß die Aufmerksamkeit des Publikums erhalten blieb. Es schien nahezu unmöglich, irgendetwas Neues zu bringen — doch da kam die Idee mit der Verfolgungsjagd der Hubschrauber über dem Gebirge auf.

Johnny Jordan, ein Spezialist für Luftfotografie, drehte beim zweiten Team die Hubschrauber-Sequenzen. Er filmte aus einem der schnellen französischen „Alouette"-Helikopter heraus, eine Spezial-Kamera von Panavision war an der Gleitkufe des Hubschraubers befestigt. Vier japanische Stunt-Piloten flogen die vier SPECTRE-Helikopter, Geschwaderkommandeur Wallis, der einzige Mensch, der den „Autogyro" mit ein bißchen Erfahrung fliegen konnte, doubelte Connery.

Am Nachmittag des 22. September 1966 filmte Jordan über der kleinen Stadt Ebino, als die vier gegnerischen Hubschrauber ihre Jagd auf Bond begannen. Hunt befand sich am Boden und beobachtete die Aktion von einem Jeep aus. Das Hauptproblem war, daß die vier Hubschrauber immer zu weit auseinandergezogen waren, weil die japanischen Piloten unter Nervosität litten und nicht daran gewöhnt waren, in enger Formation zu fliegen. Es war schwer für die Kamera, sie im Bild zu behalten.

Genau an diesem Nachmittag flog Jordans „Alouette" neben zwei schwarzen „Hillers", als einer der Action-Helicopter von einem Aufwind erfaßt und gegen den hilflosen Kamera-Hubschrauber geschleudert wurde. Bevor der Pilot reagieren konnte, wurde Jordans Maschine von den Rotorblättern der „Hiller" gestreift, die Außenhaut der „Alouette" wurde aufgeschlitzt, der

Der Mini-Hubschrauber

Der Autogyro mit dem Kosenamen „Little Nellie" ist eine der Lieblingskonstruktionen des Techniktüftlers „Q". Mit diesem Flugzwerg schaltet Bond die SPECTRE-Flugstaffel aus.

Propeller traf Johnny Jordans ausgestrecktes Bein. Hunt erinnert sich, daß Jordan — durch und durch Kameramann — mitdrehte, wie sein eigener Fuß verletzt wurde. „Vielleicht ist es eine Hilfe für die Ärzte", kommentiert er launig. Die japanischen Chirurgen vermochten zwar den Blutverlust zu stoppen und das Bein zu retten. Doch als Jordan nach England zurückkehrte, mußte es drei Monate später noch amputiert werden.

Der Verlust dieses Mannes de-moralisierte das zweite Kamerateam. Peter Hunt bat dann bald darum daß seine Leute die Helikopter-Stunts nicht mehr drehen mußten und gleich nach London zurückkehren durften.

Zum Zeitpunkt des Unfalls war noch nicht sonderlich viel von den Hubschrauber-Sequenzen im Kasten. Nur ein Dutzend der Anfangsbilder, in denen die Helikopter über der Vulkanlandschaft schweben, war fertig. Der Rest des Kampfes wurde später gefilmt, irgendwann vor Weih- ▶

nachten, an der spanischen Costa del Sol, über Torremolinos. Hunt wechselte seine gesamte Crew aus; er beschäftigte diesmal französische Stunt-Piloten, unter ihnen Chomat, der als Bester seines Fachs in ganz Europa galt. Tony Brown vertrat Jordan als Kameramann.

Zurück in London, in der fertiggestellten Vulkan-Kulisse in Pinewood, brachte Stunt-Koordinator Bob Simmons seine Gruppe von kämpfenden Ninjas in Form. Es dauerte nur ein paar Tage, dann mußte dieses Spezial-Team mit englischen Muskeln und englischer

Tauen herumturnten. Die Geschichte war äußerst trickreich. Einige der Männer mußten mit einer Hand nach unten rutschen und mit der anderen ein Maschinengewehr abfeuern. Ihre Höhe an den Tauen wurde durch eine besondere Vorrichtung kontrolliert, ein Stück Gummischlauch, das ihren Fall bremsen sollte.

Wenn ein Stuntman erst einmal den Boden berührte, dann mußte er schnell verschwinden, denn direkt hinter ihm kam ein Kamerad. Die 40 prächtigen Burschen wurden übrigens auch für Trampolin-Stunts

50er Jahren, als die beiden in US-finanzierten Kostümdramen wie „Quentin Durward" oder „Yvanhoe" Kriegspferde ritten. Simmons hatte schon vor den Bond-Streifen mit Brocoolis Gesellschaft Warwick Films bei Filmen wie „Paratrooper" und „Zarak" zusammengearbeitet. Als „Dr. No" in Produktion ging, wurde er als Sean Connerys Double verpflichtet. Leech kam in „Dr. No" dazu, als er Joseph Wiseman in dem atemberaubenden Kampf im Reaktorraum doubelte. In „Liebesgrüße aus Moskau" wurde das Duo von Peter Perkins abgelöst, doch in

Ordnung sich seinen Weg durch das Trägergewirr 36 Meter über dem Drehort suchen, sich an Tauen festhalten und sich dann hineinschwingen in den unten tobenden Kampf, während die Maschinengewehre ratterten.

Für die Kampf-Sequenzen war wirklich jeder Stuntman in ganz England nach Pinewood gerufen worden. Später wurde eine Gruppe von 120 Männern für die ganz wichtigen Passagen bestellt. Simmons hatte seine Gruppe auf 40 „Tarzans" verringert, die an den

Japanische Badefreuden

Japanisches Badevergnügen genießt James Bond bei seinem Besuch im Badehaus.

eingesetzt, die zwischen Stears Explosionen geschnitten werden sollten.

Einer von Simmons Spezialisten war George Leech, einer der besten Stuntmänner in England und Mitarbeiter von Simmons seit den frühen

„Goldfinger" war es wieder mit von der Partie. Es war Leech, der den Aston Martin gegen die Mauer der Auric Enterprises (in Wirklichkeit Pinewood) setzte; und Simmons doubelte Schauspieler Michael Mellinger, der als Kisch von Oddjob vom Dach des Fort Knox gestoßen wird.

Für Leech war „Man lebt nur zweimal" eine seiner schwierigsten Aufgaben. Für die Kampfszenen wurden eine Reihe neuer Techniken benutzt, um die Action-Szenen möglichst spektakulär erschei-▶

Ab in die Lüfte

Der „japanische Abschleppdienst" hilft Bond bei der Verfolgungsjagd aus der Klemme und zieht die Gangster magnetisch aus dem Verkehr.

nen zu lassen. Etwa 12 der besten Leute wurden auf dem Trampolin benötigt. „Eine interessante Form des Trampolinspringens", kommentiert Leech. „Es kam nicht auf deine Fertigkeit beim sich Überschlagen an oder auf perfekte Figuren, du mußtest nur so wirken, als seist du eben vom Boden abgefeuert worden. Keine gestreckten Zehen oder klassische Haltungen – man flog schreiend durch die Luft, Arme und Beine irgendwie und irgendwo, und landete etwa acht Meter weiter auf Schaumstoff-Polstern. Das Special Effects-Team richtete

funktionierte wie auf einem gigantischen Kinderspielplatz. Der stolze Ken Adam ging wenigstens 20 mal am Tag zum Drehort, um die handwerkliche Qualität seines Kunstwerks zu bewundern und darauf achtzugeben, daß nichts in unzulässiger Weise überbelastet wurde.

Am ersten Tag des Drehens wurde der „Brantley"-Hubschrauber gekonnt durch den Vulkankrater geflogen, er ging auf dem eigens gebauten Landeplatz nieder, der auf verstärktem Beton über den Felsen errichtet war.

Am 11. November wurde der

auch von einem entsprechenden Schauspieler dargestellt werden. Gert Fröbe etwa, der Goldfinger spielte, ist ein ausgezeichnetes Beispiel. Schließlich war Blofeld, so wie ihn Fleming beschreibt, ein großer Mann mit über zwei Zentner Gewicht, als er zum ersten Mal in „Feuerball" auftauchte. Brosnan berichtet, daß im Schminkraum in Pinewood allerlei Anstrengungen unternommen wurden, um Pleasance ungewöhnlicher aussehen zu lassen: Man versuchte es mit einem Buckel, dann ließ man ihn hinken, klebte ihm einen Bart an, schließlich sollte er eine steife Hand haben. Endgültig entschied man sich dann für eine Narbe. Doch die Umbesetzung in letzter Minute blieb ein Nachteil.

In der letzten November-Woche versammelte Peter Hunt erneut seine Helikopter-Crew; man fuhr nach Finmere in Schottland, um zu filmen, wie das leichte Flugzeug von Helgas Luftwaffen-Kommandant notlandet. Von Finmere flog Hunt nach Gibraltar zu Bonds See-Begräbnis und dann hoch nach Torremolinos zur letzten Schlacht mit den SPECTRE-Helikoptern. Die gesamte Kameraarbeit auf Ken Adams Raketen-Basis war in der letzten Woche des Dezember 1966 beendet. Im Januar begann John Stears, sich mit den erlesenen Spezialeffekten des Films zu beschäftigen, zu denen auch kreisende amerikanische und russische Raumschiffe zählten.

An „Man lebt nur zweimal" wurde noch bis März 1967 gedreht. Lewis Gilbert schnitt den Film auf 133 Minuten Länge, bevor er sich wieder anderen Projekten zuwandte. Doch so war der Film zu lang, und es schien, als käme Thelma Connell in der Sache auch nicht weiter.

Mitte Dezember kehrte Hunt aus Torremolinos zurück; Broccoli und Saltzman beknieten ihn, doch den Schnitt des Streifens zu übernehmen. Hunts erster Eindruck von „Man lebt nur zweimal" war nicht gerade positiv. Genau wie in „Feuerball" gab es Sprünge in der Handlung, der Film war einfach zu lang. Seiner Meinung nach hatten die besten Filme aus der Bond-Reihe alle nicht mehr als zwei Stunden Spielzeit. Hunt nahm dann doch zögernd den Auftrag an und kürzte den Streifen. Schließlich hatte man ihm für den nächsten Bond die Regie versprochen...

Drehpause

Während einer Drehpause erklärt Tanaka-Darsteller Tetsuro Tamba Sean Connery den Umgang mit einem Samurai-Schwert. Produzent Albert R. Broccoli (rechts neben Connery) ist aufmerksamer Zuschauer.

sich mit den Explosionen genau nach unseren Sprüngen. Die Kamera fing einfach die Leute ein, wie sie durch die Luft segelten, und unter ihnen donnerten die Explosionen."

Die Arbeit in der Vulkan-Kulisse begann in der ersten Novemberwoche des Jahres 1966. Lewis Gilbert und Peter Hunt hatten ihre Teams kombiniert und verwendeten jetzt drei separate Kamera-Crews. Die fertige Szenerie wirkte großartig mit all dem polierten Metall und den vielen Quadratmetern von in Form gegossenem Beton. Alles

tschechische Schauspieler Jan Werich krank. Nach einer hastig abgehaltenen Konferenz entschied man sich, für den Blofeld nach einem anderen Darsteller zu suchen. Die Zeit drängte, drum nahmen die Produzenten Donald Pleasance unter Vertrag, einen populären Engländer, der gerade eine Hauptrolle in dem 20th Century Fox-Film „Fantastic Voyage" gespielt hatte. Pleasance erwies sich jedoch als Enttäuschung. John Brosnan in seinem Bond-Buch: „Blofeld ist, wie alle Bösewichter aus Flemings Küche, eine Überfigur und sollte deshalb

Der neue Mann

Ex-Dressman George Lazenby als Nachfolger des Bond-müden Connery. Es wurde leider kein Start in eine große Karriere. Lazenby spielte 007 nur ein einziges Mal.

1969

Im Geheim- dienst Ihrer Majestät

Originaltitel:
On Her Majesty's Secret Service

STAB

Regie	Peter Hunt
Produktion	Harry Saltzman und Albert R. Broccoli
Coproduktion	Stanley Sopel
Drehbuch	Richard Maibaum, Simon Raden nach einem Roman von Ian Fleming
Kamera	Michael Reed
Bauten	Syd Cain
Musik	John Barry
Schnitt	John Glen
Ton	John Mitchell, Gordon McCullum
Luftaufnahmen	John Jordan
Skiaufnahmen	Willy Bogner Jr.

BESETZUNG

James Bond	George Lazenby
Tracy	Diana Rigg
Ernst Stavro Blofeld	Telly Savalas
Irma Bunt	Ilse Steppat
Marc Ange Draco	Gabriele Ferzetti
„M"	Bernard Lee
Miss Moneypenny	Lois Maxwell
„Q"	Desmond Llewelyn
Sir Hilary Bray	George Baker
Che Che	Irvin Allen
Campbell	Bernard Horsfall
Grunther	Yuri Borienko
Ruby	Angela Scoular
Nancy	Catherina von Schell

George Lazenby, ein australisches Fotomodell ohne schauspielerische Erfahrung, wurde 1968 James Bond Nummer zwei. Er unterschrieb für die Rolle des 007 im sechsten Bond-Film „Im Geheimdienst Ihrer Majestät". Viele Fans waren enttäuscht, als Sean Connery 1967 aus der Serie ausstieg, um andere Pläne zu verwirklichen. Connery wußte nichts davon, daß die Produzenten sich darüber im klaren waren: Sie hatten ihr Produkt billiger gemacht, indem sie es ▶

Die Favoritin

Neben George Lazenby spielte Ex-Emma-Peel Diana Rigg
die weibliche Hauptrolle der Comtessa Teresa di Vincenco oder
auch schlicht Tracy genannt.

mit zuviel Gags und Krimskrams überluden. Jetzt wollten sie zu der Ernsthaftigkeit der frühen Bond-Filme zurückkehren, in denen die Charaktere im Vordergrund standen. Es war ein mutiger, erfrischender Schritt, zum Teil ausgelöst durch die Flut von Spionagefilm-Imitaten sowohl im Kino als auch auf dem Bildschirm, die alle James Bond noch zu übertreffen suchten an Satire und tödlicher Dramatik.

Charlie Feldmans lange fälliger Einstieg ins Bond-Geschäft mit „Casino Royale" machte „Man lebt nur zweimal" an der Kinokasse Konkurrenz. Trotz der Mitwirkung mehrerer Bonds, unter ihnen David Niven und Peter Sellers, mangelte es dem Konkurrenzprodukt an Qualität.

Das Einspielergebnis war in jenem Sommer 1967 jedoch gar nicht mal die größte Sorge bei Eon Productions. Sean Connerys Drohungen, aus der Serie auszusteigen, leicht abgetan als „das sagt er doch

nach jedem Film", wurde im Juni Wirklichkeit. Unnachgiebig weigerte sich der Star, den nächsten Film zu drehen, das so häufig verschobene „Im Geheimdienst Ihrer Majestät". Die Verhandlungen zogen sich Monate hin, Broccoli und Saltzman machten eine Reihe von „letzten Angeboten", schließlich war offensichtlich, daß wohl doch die Suche nach einem neuen James Bond zu beginnen hatte.

Während Connery nach Spanien fuhr, um dort für die Hälfte seiner normalen Gage „Shalako" zu drehen, verbreiteten einige Journalisten das Gerücht, Eon Productions werde ohne seine Mitwirkung bald pleite gehen. Sie unterschätzten eines: Der Bond-Mythos erwies sich als weit lebendiger und wichtiger als jede Person, die den Helden verkörperte.

George Lazenby, der zweite Darsteller, der James Bond für Cubby Broccoli und Harry Saltzman spiel-

te, war 25 Jahre alt, als er Fotomodell wurde. Er stammte aus Australien und war 1964, nach einigen erfolgreichen Jahren als Autoverkäufer in seiner Heimat, nach England gekommen. Mode-Fotograf Chad Jenkins hatte ihm den Tip gegeben, daß er als Modell mehr Geld verdienen könnte als mit dem Autoverkauf. Und so tauschte Lazenby bald den Job; statt für 30 Pfund die Woche Mercedes-Sportwagen zu verkaufen, verdiente er 500 als Modell für Orlon-Fabrikate. In Anzeigen warb er für British Petroleum. Auf Vorschlag seines Agenten, der von der Suche nach einem neuen Bond wußte, bewarb sich Lazenby bei Harry Saltzman für die Rolle, der auf Anhieb vom Aussehen des Australiers beeindruckt war.

Im April hatten Broccoli und Saltzman die Bewerber soweit sortiert, daß noch fünf übrigblieben. Neben Lazanby waren das John Richardson, der gerade neben Raquel Welch in „Eine Million Jahre vor unserer Zeit" gespielt hatte, und drei junge englische Schauspieler: Anthony Rogers, Robert Campbell und Hans de Vries.

Sorgfältige Kameratests begannen im April 1968 in Anwesenheit des ganzen Teams. Beide Produzenten waren sich darüber im klaren, daß United Artists mit Sicherheit ein paar Kampfszenen von den Aspiranten sehen wollte. Der typische Bond-Kampf ist spektakulär, zwar in Sekunden vorüber, doch von der Choreographie eines Balletts, Einstellungen der Stuntmen wechseln ab mit Schnitten auf die Stars, das ganze temporeich, knapp. Es war die Vorstellung, die er bei dem Testkampf bot, die Lazenby die Bond-Rolle einbrachte. Als Choreographen für die wichtige Szene nahm sich Peter Hunt George Leech; diesesmal war er der Chef der Stunt-Truppe. Das Paar wählte aus dem Drehbuch eine Szene aus, in der Bond in einem Hotelzimmer an der portugiesischen Küste von einem Mörder bedroht wird. Leech bat den früheren Ringer Yuri Borienko, für diesen Test den Bösewicht zu spielen.

Yuri Borienko hatte wenig Erfahrung mit Film-Schlägereien, und Lazenby noch weit weniger. Leech unterrichtete beide in den grundsätzlichen Dingen. Leech erinnert sich, daß Lazenby physisch in guter Verfassung war, so konnte er die

Schläge leicht lernen. Sein Hauptproblem war jedoch: Er mußte lernen, nicht zu weit zurückzuweichen, wenn ein Schlag in seine Richtung kam.

Beide Produzenten waren schließlich der Meinung, Lazenby sei der perfekte Ersatz. United Artists in New York stimmte zu, und man beschloß, George Lazenby für die Dreharbeiten im Herbst unter Vertrag zu nehmen.

„Im Geheimdienst Ihrer Majestät", der beste von den späteren Fleming-Romanen (veröffentlicht 1963), war als Filmprojekt schon diverse Male zurückgestellt worden. Ursprünglich sollte dieses der nächste Film nach „Goldfinger" sein, doch als 1964 Kevin McClory mit seinem „Feuerball"-Projekt kam, wurde „Im Geheimdienst..."prompt zu den Akten gelegt. Als „Feuerball" fertig war, meinte man, „Im Geheimdienst.." könne zu ähnlich sein (ein „Feuerball" auf Skiern), da die Handlung in erster Linie in der Schweiz im Schnee spielte.

Doch „Im Geheimdienst..." war in Wirklichkeit weit mehr als das. Es war eine gefühlvolle Geschichte, die viel von der Welt des James Bond verriet. Sie beginnt damit, daß Bond lieber seinen Dienst beim Geheimdienst quittieren will, als die frustrierende Suche nach dem nicht greifbaren Blofeld fortzusetzen. Mit Hilfe eines „höheren Tieres" von der Korsen-Gewerkschaft mit Namen Marc-Ange Draco findet Bond jedoch das SPECTRE-Hauptquartier in den Alpen, wo ein Bakterienkrieg gegen England geplant wird. Aber es ist vor allem Dracos Tochter, die bezaubernde Tracy, die dieses Buch weit über den Durchschnitt des üblichen Fleming-Abenteuers heraushebt. Bond möchte Tracy heiraten, wenn Blofeld endlich zerstört ist. Anders als Bonds übliche eindimensionale Freundinnen ist Tracy ein voll entwickelter Charakter. Als sie am Schluß des Buches von Blofeld ermordet wird, bleibt der Leser bekümmert zurück.

Richard Maibaum wurde wieder einmal engagiert, die Geschichte für die Leinwand aufzuarbeiten. Der Film sollte ursprünglich in einem englischen Krankenhaus beginnen, wo Bond sich einer kosmetischen Operation unterzieht, um sein Gesicht verändern zu lassen; ein strategischer Schachzug, der gleichzeitig seinen zahlreichen Feinden ein

Der Gegner
Auf dem Hubschrauberlandeplatz der Alpenfestung bekommt 007 Schwierigkeiten mit Irma Bunts „rechter Hand" Grunther.

Schnippchen schlagen und George Lazenby einführen sollte. Es war jedoch eine Idee, die auf Anhieb jeder haßte, und Maibaum war froh darüber, sie 'rauswerfen zu können. Die Idee einer plastischen Operation sollte jedoch zu Beginn des nächsten Bond-Films („Diamantenfieber") wieder auftauchen; Blofeld schafft Duplikate von sich, um die Engländer in Verwirrung zu stürzen.

Maibaum entschied sich schließlich dazu, Lazenby ganz normal einzuführen. Im „Teaser" des neuen Films rettet er an der Küste von Portugal Tracy (Diana Rigg) aus den Fluten. Zum Abschluß dieser Szene verwandte Maibaum ein bißchen Humor, um den Übergang zu erleichtern. Nachdem sich Lazenby an der Küste der Gangster entledigt hat, sieht er nur noch, wie Tracy in ihrem Wagen davonfährt. Er hebt einen Schuh auf, den sie verloren hat und sagt todernst:

„Das wär' dem anderen nie passiert".

Nach dieser Einleitung erwies Maibaum dem anderen James Bond noch einmal seine Reverenz im 007-Büro, wo Lazenby die Kündigung schreibt und seinen Schreibtisch aufräumt. Während John Barrys Musik im Hintergrund läuft, wirft Lazenby einen Blick über die Erinnerungsstücke, darunter Honeys Messergurt aus „Dr. No" und die Würge-Uhr aus „Liebesgrüße aus Moskau". Szenen wie diese, in Verbindung mit dem Vorspann, der Bilder aus all den vorangegangenen Bond-Filmen zeigte, verstärkten den Gedanken, daß dieser neue Bond ein Mitglied des gleichen Teams war; ein Mann, der „M" dem mürrischen, alten Admiral, antwortete und mit einer Sekretärin namens „Moneypenny" nach wie vor amouröse Scherze machte.

Obwohl Eon Productions die Reihenfolge der Fleming-Romane ▶

Der Hausherr

Telly Savalas, Amerikas berühmtester Glatzkopf, war als Blofeld Hausherr der Alpenfestung „Piz Gloria". George Lazenbys, Europas bekanntester Dressman, war sein Gegenspieler

verdreht hatte, indem „Man lebt nur zweimal" vor „Im Geheimdienst" verfilmt wurde, hatte dieser Wechsel wenig Einfluß auf den neuen Film. James Bond befindet sich nach wie vor auf Blofelds Spuren, welcher der Zerstörung seiner japanischen Raketenbasis entkommen ist und nun sein Versteck in einer Schweizer Bergfeste hat, die „Piz Gloria" heißt.

Hier in den Alpen schmiedet Blofeld neue finstere Pläne: Er will gegen die Agrarstaaten der Welt einen Bakterienkrieg führen.

Seine Agenten sind zehn hübsche Mädchen, die ehrlich glauben, daß Blofeld ein berühmter Allergie-Spezialist ist. Nach entsprechender Gehirnwäsche tragen sie in ihrer Make-up-Ausrüstung einen Zerstäuber mit tödlichen Bakterien. Die Mädchen werden von ihren Allergien geheilt, und der weitere Plan sieht vor, sie in ihr jeweiliges Land zurückzuschicken, wo sie von Blofeld über Ra-Funk die Nachricht erhalten sollen, ihre Krankheit bringende Fracht über die ganze Welt zu

versprühen. Der Plan steht bereits kurz vor der Vollendung, als Bond ein weiteres Mal auftaucht, um ihn zu durchkreuzen.

Harry Saltzman hatte 1964 eine halbherzige Motivsuche organisiert, als „Im Geheimdienst..." in Vorbereitung war. Ernsthaft wurde damit jedoch erst im Winter 1967/68 begonnen. Die erste Station war Frankreich, wo Saltzman und Produktions-Ausstatter Syd Cain, der nach einer mehrjährigen Abwesenheit zu Eon Productions zurückgekehrt war, sich ein Teilstück der berühmten „Maginot Linie" ansahen, jener bekannten Verteidigungslinie, die vor dem II. Weltkrieg als Abwehrwall gebaut worden war, gegen Hitlers vorrückende Armeen ihre Wirkung jedoch völlig verfehlt hatte. Saltzman wollte einfach sehen, ob Blofeld eventuell seine Basis in einer alten Feste an der Westfront errichten konnte. Syd Cain entschied jedoch, daß man das alles im Studio nachbauen könne. Cain und Saltzman fuhren weiter nach Straßburg und flogen von dort

kurz nach St. Moritz, wo sie Peter Hunt und Produktionsleiter David Middlemas trafen.

Broccoli und Saltzman hofften, daß Fleming diesmal seine Vorstellung von Blofelds Festung auf eine reale Vorlage gestützt hatte. Sie suchten nach einem Versteck in den Bergen, das nur mit einer Kabinenbahn zu erreichen war und oberhalb einer kleinen Ortschaft lag. Sie fanden zwar eine Bahn, die auf den Pilatus-Berg hochfuhr, doch am Gipfel war keinerlei Versteck zu entdecken. Es gab in der Nähe auch eine große Basis der Schweizer Armee, und Hunt bezweifelte, daß die Crew die Genehmigung erhalten würde, in einem militärischen Sperrgebiet Ski zu fahren. Am Ende erfuhren sie, daß ein neues Drehrestaurant oberhalb von Mürren auf dem Gipfel des Schilthorns gebaut wurde und seiner Fertigstellung entgegenging. Hunt war begeistert, daß sie hier genau das fanden, wonach sie gesucht hatten.

Der Bau des Restaurants war 1961 begonnen worden. Hubschrau-

und sein Domizil

007. Das Drehrestaurant „Piz Gloria"
in 2970 Meter Höhe auf dem
Schilthorn im Berner Oberland
war das ideale Gebäude für diesen
Bond-Film.

ber mußten die Materialien auf den Gipfel transportieren. Weihnachten 1967 war der Bau fertig, ebenso die Kabinenbahn zum tiefer gelegenen Mürren. Alles war brandneu, und man überlegte sich gerade, wie das Innere des Restaurants ausgestattet werden sollte, als die Bond-Crew ankam.

Im folgenden Frühjahr begannen die Verhandlungen, um sich diesen Platz für die Dreharbeiten zu sichern. Die Vereinbarungen verpflichteten Eon Productions, das Innere des Restaurants zu möblieren und neben dem Hauptgebäude einen Hubschrauber-Landesplatz anzulegen, der für Bergungsfälle benutzt werden konnte. Als Gegenleistung durften die Filmleute nach Belieben in dem fünfstöckigen Gebäudekomplex auf dem Berggipfel drehen.

Syd Cain war die Aufgabe anvertraut, das kahle Restaurant in Blofelds exotisches Versteck zu verwandeln. Das Ganze war keine sehr kostspielige Angelegenheit, nur 6.000 Pfund; eine Lapalie im Ver-

gleich zu den 300.000, die Ken Adam für Blofelds vorherigen Wohnsitz ausgegeben hatte. Das meiste Geld verschlang der Bau des Helikopter-Landesplatzes, der nach Cains Entwürfen von der Schweizer Regierung vollendet wurde.

In der Nähe von Mürren gab es nicht nur drei ausgezeichnete Skipisten, das Gebiet erwies sich auch als vorzüglich geeignet für eine Bobrennbahn. Sie wurde auf dem gleichen Gelände gebaut, einer alten, seit 1937 stillgelegten Rennstrecke.

Syd Cain überwachte die Bauarbeiten für „Piz Gloria" vom Frühjahr 1968 an. Richard Maibaum schrieb mittlerweile in London sein Drehbuch fertig. Da die tatsächlichen Drehorte Flemings Beschreibung sehr nahekamen, hielt sich auch der endgültige Entwurf eng an den Roman — abgesehen von ein paar wichtigen Änderungen. Eine davon war die ausgedehnte Party-Sequenz anläßlich Dracos Geburtstags, in deren Verlauf Bond seine Freundschaft mit Tracy erneuert. Maibaum schrieb Draco, dem sym-

pathischen Mafioso, ein Interesse an Tierzucht in die Rolle: In der Vergangenheit hatte er Bullen gezüchtet. Dieser Hintergrund gibt Dracos Entscheidung, Bonds Kampf gegen Blofeld zu unterstützen, ein gewisses Gewicht. Der pompöse „Da Vinho"-Besitz in Portugal, zu dem eine private Stierkampf-Arena gehörte, war der Rahmen für die Geburtstags-Sequenz.

Maibaum schuf auch die dichte Szene, in deren Verlauf Bond in Bern ankommt und im Büro von Blofelds Anwalt Dokumente fotografiert. Sie enthüllen, daß der Chef von SPECTRE einen Adelstitel annehmen möchte. In dieser Szene knackt Bond den Safe des Maitre Gumbold mit Hilfe eines tragbaren Computers, den ein Schweizer Agent ihm durchs Kanzlei-Fenster hereinreicht, indem er mit einem schweren Industriekran über die Straße fährt. Das computergesteuerte Safe-Knackgerät, Bonds einzige technische Spielerei in dem ganzen Film, besitzt auch einen eingebauten Kopierer, der automatisch Blofelds Ge- ▶

heimdokumente kopiert, während Bond es sich auf einem Stuhl bequemgemacht hat und den Playboy liest. Im weiteren Verlauf folgt Maibaums Drehbuch dann der Generallinie des Romans, in dem Bond einen englischen Abstammungs-Forscher verkörpert, um Zugang zum „Piz Gloria" zu bekommen. Er erfährt dort von Blofelds üblen Plänen und entkommt mit den wichtigen Informationen nach Mürren.

Bond erhält bald Hilfe von Tracy, die unerwartet in ihrem Red Cougar eintrifft (erneut ein Kom-

Schauspielerin Catherine Deneuve, die gerade mit Terence Young „Mayerling" abgedreht hatte. Sie war jedoch nicht interessiert. Hunt gab den Gedanken an eine Bondine schließlich auf und wandte sich an Diana Rigg, die zu der Zeit in der englischen Fernseh-Serie „The Avangers" die akrobatische englische Agentin Emma Peel spielte. Sie hatte Honor Blackman, die stets lederbekleidete Mrs. Gale, abgelöst. Diana Rigg gefiel die Rolle, sie unterschrieb den Vertrag.

Ihren Partner in dem Film als

Aus Versicherungsgründen durfte keiner der Hauptdarsteller, George Lazenby eingeschlossen, skifahren. Alle ihre Szenen mußten im Studio gedreht werden, mit Hilfe einer Rückprojektion oder eines Spezialschlittens, auf dem die Schauspieler ihre rasenden Abfahrten mit Geschwindigkeiten von 70 Stundenkilometern simulierten.

Das Team der Ski-Experten wurde von Willy Bogner jr., praktisch einem Schlangenmenschen auf Skiern, geleitet. Er bekam später höchstes Lob für seine unkonventionelle Kameratechnik. Bogner hielt seine Kamera, eine verbesserte Arriflex mit einem vorgesetzten Hasselblad-Sucher, in Händen, während er rückwärts fuhr und die pfeilschnellen Olympia-Aktiven einfing, wie sie die Hänge nach Mürren hinunterschossen. Bisweilen drehte er sogar mit dem Rücken zum Geschehen — mit der Kamera durch die eigenen Beine. Seine Skier waren mit Spitzen an beiden Enden ausgestattet, um ihm möglichst große Beweglichkeit zu verleihen.

Mit Bogner arbeitete auch Johnny Jordan, der Luft-Spezialist, der bei „Man lebt nur zweimal" schwer verletzt worden war und nun mit einer Prothese in seinen Beruf zurückgekehrt schon wieder auf Skiern stehend die waghalsigsten Szenen filmte. Jordan entwarf seine eigene Kameraausrüstung; sie hing vom Fahrwerk eines Hubschraubers herab wie das Gurtzeug eines Fallschirms. Mit dieser Hilfskonstruktion glitt Jordan über die Baumkronen und hatte absolute Bewegungsfreiheit. Er war verantwortlich für einige der schönsten Luftaufnahmen in dem Film, darunter die Passagen in denen Dracos verrückte Rotkreuz-Hubschrauber die Schweiz überfliegen, um „Piz Gloria" anzugreifen sowie die Aufnahmen aus der Luft von der haarsträubenden Jagd in der Bobbahn, eine der letzten Chancen für Bond, Blofeld zu vernichten.

Zum Rest der Hunt-Crew zählten John Glen, der für die Hälfte der Außenaufnahmen zuständig war, sodann Alex Barbey, ein Ski-Kameramann, der aus Basel gekommen war; Ken Higgins arbeitete vorwiegend mit Spezialfiltern an Nachtaufnahmen; schließlich war da Michael Reed, der erste Kameramann des Films, der gemeinsam mit Hunt die Innenaufnahmen in Mürren und

Gejagt

Als Fluchtweg diente Bond die Seilbahn. Er hangelte sich an den Drähten entlang und springt dann auf eine ankommende Gondel, mit der er zum „Piz Gloria" zurückfährt.

pliment an die Ford Motoren-Werke) und 007 vor seinen Feinden verschwinden läßt. Es war schwierig, Tracy, das wichtigste aller Bond-Mädchen, zu besetzen. Zum ersten Mal hatte man das Gefühl, die Gesellschaft sollte lieber auf eine bekannte Schauspielerin zurückgreifen, eine Frau, die mit dem unerfahrenen Lazenby gut zurechtkommen konnte und den Liebesszenen in diesem romantischsten aller Bond-Filme möglichst viel Intensität verlieh.

Fleming hatte im Buch Tracy als blond beschrieben, darum fiel Hunts erste Wahl auf Brigitte Bardot. Die Bardot hatte jedoch witzigerweise gerade als Partnerin von Sean Connery für „Shalako" unterschrieben. Hunts zweiter Gedanke: die hervorragende französische

„Blofeld" kannte sie aus der gemeinsamen Arbeit zu „The Assasination Bureau": Telly Savalas. Als Blofelds Assistentin Irma Bunt schlug Harry Saltzman die griechische Schauspielerin Irene Pappas vor, doch Hunt meinte, sie wirke zu sympathisch für die Rolle und engagierte an ihrer Stelle die populäre deutsche Ilse Steppat. Saltzman wünschte dann den Italiener Gabriele Ferzetti für die Rolle des Draco. Der sprach zwar recht gut Englisch, dennoch wurde er synchronisiert, weil Saltzman Bedenken hatte, das Publikum könne seinen italienischen Akzent nicht richtig verstehen. Viele der Action-Szenen wurden in jenem Herbst in Mürren gedreht; ein einzigartiges Team olympischer Rennläufer und Kamera-Spezialisten stand zur Verfügung.

der Festung „Piz Gloria" drehte.

Der längste Drehplan der gesamten Bond-Serie begann am Morgen des 21. Oktober 1968 um 7.45 Uhr. Mit einem schottischen Kilt bekleidet, betrat George Lazenby den Empfangsbereich von „Piz Gloria" und wurde von einer Schar sinnlicher Blofeld-Patientinnen begrüßt. Zu ihnen zählte auch Joanna Lumley, die in der „New Avengers"-Serie Patrick McNees neue Partnerin war, und Catherine von Schell, später die Maya in „Space 1999".

Ursprünglich war geplant, die gesamten Außenaufnahmen hintereinander abzudrehen und dann für die Innenaufnahmen ins Studio zurückzukehren. Mitte November fand Hunt jedoch nicht nur das Wetter ungünstig — es war zu bewölkt für die Ski-Verfolgungsjagden — auch der Schnee in Mürren war zu gefährlich zusammengeschmolzen. Man stellte auch die Dreharbeiten zum Weihnachtsfest in Grindelwald zurück, ebenso die Autoverfolgungsjagd und beschloß, bis zum Februar 1969 in die Studios zurückzukehren. Hunt hing plötzlich 16 Tage hinter dem Drehplan her.

Glücklicherweise hatten die 54 Tage im Schnee einiges an gutem Material erbracht: waghalsige Abfahrts-Szenen, eine atemberaubende Stunt-Sequenz auf der Kabinenbahn und die kompletten Innenaufnahmen im „Piz Gloria". Blofeld durchschaut im Film Bonds Verkleidung und sperrt den Agenten im Motorhaus der Kabinenbahn ein, einem Labyrinth von Kabeln und Triebwerken mit einer kleinen Öffnung nach unten. Bond reißt die Taschen aus seinen Hosen, benutzt sie als Handschuhe, schlängelt sich durch das Antriebssystem, erwischt das nach unten laufende Kabel und wird aus seinem Gefängnis herausgezogen. Als er sich wieder im Freien befindet, hält sich Bond an dem Kabel fest, springt dann auf eine gerade ankommende Kabine, fährt damit zurück zum „Piz Gloria", nimmt ein Paar Skier und fährt nach Grindelwald.

Das Innere des Motorhauses wurde in Pinewood gefilmt, Syd Cain hatte die Kulisse entworfen. Stuntman Chris Webb hatte die gefährlichen Außenaufnahmen übernommen, bei denen er sich gekonnt an den vereisten Kabeln festhielt. George Leech, der die Sequenz leitete, sollte eigentlich Lazenbys

Double sein. Doch als er mit der Kletterpartie begann, stürzte er ab und verrenkte sich den Arm. Das Ganze war ein gefährliches Kunststück, bei Eiseskälte, auf über 3.000 Meter Höhe, mit glitschigen, von Eis überzogenen Kabeln, einen Abgrund von 30 Metern unter sich.

Da Leech verletzt war, beschäftigte er zwei Stuntmen, um Lazenby zu doubeln: Chris Webb und Dicky Greydon. Zu ihrem Schutz befestigte Leech in ihren Ärmeln eine Fangleine aus Metall. Sollten sie mit den Händen abgleiten, dann

Die Jäger

Kaum ist Bonds Flucht aus „Piz Gloria" bemerkt, machen sich etliche Verfolger auf Skiern zur Jagd bereit. Willi Bogner drehte die waghalsigen Szenen.

würde das Metallseil einen Absturz verhindern. Als Zweite Sicherheitsmaßnahme wurde unter den Kabeln eine Auffangvorrichtung installiert, in die die Stuntmänner fielen, wenn der Draht sie nicht halten sollte. Peter Hunt wollte nicht, daß Leech das Metallseil verwendete, doch die Zeit drängte, es wurde auch immer kälter, und Leech wollte die gefährliche Szene auf gar keinen Fall ohne seine Vorsichtsmaßnahmen drehen lassen.

Um ein Haar hätte es Dicky Greydon dennoch erwischt! Es war so kalt, daß er das sich bewegende Kabel der Bahn nicht festhalten konnte und auf der Kabine talwärts glitt. Glücklicherweise hatte Leech beim ersten Masten einen Mann postiert, der rechtzeitig seinen Fuß ausstreckte und verhinderte, daß

er weiterfuhr. Greydon wäre sonst vielleicht an dem Tau bis nach Mürren gerutscht.

Es war für Hunts Stuntmänner auch nicht leicht, mit den Sauerstoff-Verhältnissen auf dem 3.000 Meter hohen Gipfel des Schilthorns fertigzuwerden. Normalerweise ist ja Atmen kein Problem, doch wenn die Männer Schlägereien simulierten und über die vereisten Böden rutschten, dann wurde es schwierig.

Ein anderes Problem bestand darin, um „Piz Gloria" herum im Schnee zu gehen. Männer mit Skistöcken prüften immer die Tiefe des Schnees, um zu verhindern, daß die Mannschaft in eine plötzlich aufbrechende Spalte stürzt.

Eon Productions bot George Lazenby für die Bond-Rolle exakt die gleiche Gage, die man Sean Connery vor „Dr. No" angeboten hatte: 22.000 Pfund. Zusätzlich stellte man ihm eine Limousine mit Chauffeur zur Verfügung und ein möbliertes Appartement in London. Lazenby arbeitete hart, um sich auf Bond vorzubereiten. Vier Monate lang unterzog er sich in den Pinewood-Studios Tests, bekam Sprech- und Schauspielunterricht. Doch in ihm setzte sich dann das Gefühl fest, er täte Broccoli und Saltzman einen Gefallen. Die Weltpresse begann sich auf ihn zu konzentrieren, und schon wurde Lazenby eine Art Pri- ▶

madonna. Eines irritierte ihn ganz besonders: Peter Hunts Zurückhaltung. Da er sowohl für die Innen-, als auch für die Außenaufnahmen verantwortlich war, fand Hunt wenig Zeit, Lazenby groß in den Bond-Charakter einzuführen. Zu seiner Verwunderung war Lazenby die meiste Zeit am Drehort sich selbst überlassen; er übte seinen Dialog und seine Gänge, während der Regisseur irgendwo sonst zu tun hatte. Der erste Teil der in der Schweiz gedrehten Szenen überforderte sicher nicht seine schauspielerischen Fähigkeiten, doch Lazenby begann zu spüren, daß er nicht mit Glacehandschuhen angefaßt werden würde.

Als Modell war er daran gewöhnt, ständig dirigiert zu werden. Es war schwer für ihn zu akzeptieren, daß er die schauspielerischen Regeln nun allein lernen sollte. Hunt erklärte später, sein Verhalten sei Teil einer bestimmten Strategie gewesen. Er habe sich so von einem Nicht-Profi mehr Leistung erhofft — insbesondere in den gefühlvolleren Augenblicken des Films, etwa wenn Bond sich in Tracy verliebt.

Einstieg

Strahlend präsentieren sich Diana Rigg, Regisseur Peter Hunt, George Lazenby und Produzent Broccoli den Fotografen. Die Stimmung war nicht immer so gut.

„Ich wollte dieses Gefühl der Einsamkeit", sagt Hunt. ‚Das genau ist Bond. Er ist ein Einzelgänger. George war nicht erfahren genug, um das Gefühl vollkommener Leere zu interpretieren, besonders den Verlust, den er spürte, als Tracy von Blofeld ermordet wurde. Ich wollte ihn in dieser Sequenz nicht aufgeweckt und strahlend haben. Er sollte niedergeschlagen und wütend sein. Darum ließ ich ihn an diesem Tag völlig allein, in der Hoffnung, daß er auf mich wütend werden und dann auch in der Szene dieses Gefühl ausdrücken würde."

Das gespannte Verhältnis zwischen Hauptdarsteller und Regisseur griff bald auf andere Teile der Produktion über. Es entstanden lange, heftige Kontroversen, die von der englischen Presse begierig aufge-

griffen und geschürt wurden. Eines ihrer Lieblingsthemen war der angebliche Streit zwischen Lazenby und Diana Rigg. Da gab es das „Knoblauch-Ereignis", das angeblich in der Pinewood-Kantine an einem Donnerstagmittag vor der ersten Liebesszene stattgefunden haben soll. Lazenby erzählt die Geschichte so, daß mitten beim Essen Diana Rigg scherzhaft zu ihm herüberrief: „Hey, George, ich hab' Knoblauch an meinem Essen — ich hoffe, du auch!" Lazenby lachte nur und aß weiter. Am nächsten Tag las man folgende Schlagzeilen: „Diana Rigg ißt vor dem Kuß mit George Lazenby Knoblauch". Abweichend von den Zeitungsgerüchten behauptet Lazenby, daß es zwischen ihm und Diana Rigg keinerlei Haßgefühle gab. Er gestand jedoch ein, daß das schlechte Verhältnis zum Regisseur und zu den Produzenten auf sein Verhalten zurückzuführen war.

Anfang 1969 plante man, ein zweites Kcamerateam in die Schweiz zu entsenden, um die Außenaufnahmen fortzusetzen. John Glen

traf am 3. Januar in Mürren ein, um die rasenden Skiszenen wieder aufzunehmen. Während seine Flotte von „Alouette"-Helikoptern Ausrüstung und Leute zu den Loipen transportierte, begann eine zweite Mannschaft von Bühnenarbeitern mit den Vorbereitungen zum Querfeldein-Rennen in Lauterbrunnen, eine der lustigsten Sequenzen im Film.

Im Roman entkommen Bond und Tracy einem SPECTRE-Mercedes, indem Bond ein Warnschild herumdreht, und das Auto stürzt über einen Felsabhang. Im Film ließ Maibaum in Grindelwald eine Monte-Carlo-Rallye stattfinden, die jäh unterbrochen wird, als Tracys Cougar und der große SPECTRE-Mercedes in den Rennkurs einbrechen. Das erstaunte Publikum sieht zu, wie die beiden Autos ihr Katz- und Maus-Spiel fortsetzen. Die Rallye-Fahrer, deren kleinere Fahrzeuge wie Spielzeuge zerbrechen, sind total verwirrt.

Die Rallye fand auf einem eisglatten Kurs in Lauterbrunnen statt, nur zwei Meilen von Mürren ent-

Ausstieg

In letzter Sekunde retten sich die Verfolger Bonds aus ihren brennenden Fahrzeugen, nachdem sie bei der Autoverfolgungsjagd zusammengeprallt sind.

fernt. John Glen verpflichtete den Racing-Spezialisten Anthony Squires für den Ablauf des Rennens, bei dem es eine Reihe spektakulärer Zusammenstöße geben sollte – darunter einen, der den SPECTRE-Mercedes sich überschlagen und explodieren läßt.

Die Dreharbeiten in Lauterbrunnen begannen am 2. Februar; sie dauerten den ganzen Tag, bis es abends um 10 Uhr heftig zu schneien begann. Am 7. trotzten George Lazenby und Diana Rigg tapfer einem Schneesturm auf dem Londoner Flughafen und flogen zu ihren Nahaufnahmen nach Lauterbrunnen. Glens Kameras waren zu diesem Zweck auf dem Verdeck von Tracys Cougar montiert. Peter Hunt leitete die Aufnahmen. Als sie beendet waren, fuhr er nach

Grindelwald, wo ein zerzauster, dreckiger Bond auf der Eisbahn endlich seiner Tracy in die Arme läuft.

Hunt war jetzt schon 29 Tage im Verzug. Er erinnert sich, daß die Eislaufbahn dahinschmolz, während sie drehten. „Manche Nächte mußten wir abwarten, ob die Temperatur unter Null fiel. Wir warteten bis Mitternacht oder 1.00 Uhr früh und fragten dann: ‚Friert es endlich?' Die gleichbleibende Antwort: ‚Kein Stück!' Am Schluß mußte ich an bestimmten Stellen Markierungen anbringen um zu verhindern, daß die Eiskunstläufer vom Eis abkamen". Um die Eiskunstlauf-Sequenzen aufzuwerten, hatte man Rudi und Gerda Johner engagiert, ein Paar, das an dem festlichen Abend im Mittelpunkt stand.

Da Diana Rigg nicht professionell genug Eislaufen konnte, wurde diese Schlüssel-Szene des Films, in der Tracy zu dem total verschmutzten Bond läuft, mit einem Double gedreht. Hunt hielt die Kamera auf die Beine des Doubles, während es auf Bond zugleitet, und schnitt dann in einer Nahaufnahme das ▶

Gesicht von Diana Rigg ein.

Indem Broccoli und Saltzman Peter Hunt als Regisseur wählten, akzeptierten sie bei ihrem sechsten Film gleichzeitig einen anderen Stil. Bei „Man lebt nur zweimal" hatten sich Lewis Gilbert und Roald Dahl mehr mit Phantasie-Elementen in Bonds Welt beschäftigt; sie hatten riesige, funktionierende Kulissen geschaffen und nahezu unglaubliche Stunts. Hunt hingegen legte Wert darauf, zu den Grundelementen von Flemings Romanen zurückzukehren. Offenkundig wird dies in diversen Szenen, die direkt vom Roman auf die Leinwand übertragen wurden. Ein Beispiel: der Besuch in ‚M"'s Haus. Hunt hatte schon immer das Zuhause des Admirals zeigen wollen, die Kanonse aus dem 17. Jahrhundert bei der Auffahrt, den Blick aufs Meer hinaus und den Diener namens Hammond. In „Im Geheimdienst..." bekam er die Gelegenheit, und so schrieb Richard Maibaum eine Szene, in der Bond seinen Chef besucht und ihm berichtet, daß Blofeld in der Schweiz gefunden worden ist.

Hunt sucht ein passendes Haus für „M" in der Nähe des Studios in Buckinghamshire und fand „Thames Lawn", einen am Fluß gelegenen Landsitz, der dem im Buch beschriebenen Haus verblüffend ähnlich war. Am 9. April drehte er die Szene ab, in der Bond mit seinem Aston Martin vor dem Haus vorfährt.

Im Mai nahm Hunt sein Team mit nach Portugal, um dort mehrere wichtige Sequenzen aufzunehmen, zum Beispiel des „Teaser", in dem der neue Bond zum ersten Mal zu sehen ist. Während eine Reihe von Kritikern und sogar viele Mitglieder der Crew Lazenby später herunterputzten, war Stunt-Experte George Leech von der körperlichen Verfassung des Darstellers durchaus angetan. Leech selbst hatte in diesem Mai an der Guincho-Küste zu tun, wo er die Kampf-Szene vorzubereiten hatte, in der Bond es mit zwei von Dracos Gefolgsleuten aufnimmt. Leech war sich nicht ganz darüber klar, wie er an einer flachen Küste ohne irgendwelche Requisiten einen spannenden Kampf inszenieren sollte. Er ließ ein paar Fischerboote an den Strand legen, dazu Ruder und Netze. Auf der endlosen Suche nach etwas Attraktivem entschloß er sich, den Kampf kurz vor Son-

nenuntergang im Wasser stattfinden zu lassen, damit die Sache wenigstens optisch etwas hergab. Peter Hunt drehte inzwischen Dracos Geburtstags-Party auf dem herrlichen „De Vinho"-Besitz in Zamuljal. Am 23. Juni 1969 war „Im Geheimdienst Ihrer Majestät" offiziell abgedreht; der Drehplan war um 58 Tage überzogen worden. Ein

Star-Gala

Diana Rigg und George Lazenby bei der Premiere von „Im Geheimdienst Ihrer Majestät" im Londoner Odeon-Theater am 18.12.1969. Der Erlös floß dem Pressehilfsfond zu.

Großteil der Verzögerungen war dem Schweizer Wetter zuzuschreiben. Trotzdem: Hunts Hauptproblem bestand in einem sehr langen und verwickelten Drehbuch. Gleich nach Abschluß der Dreharbeiten verließ John Glen seinen Job als Leiter des zweiten Kamera-Teams und zog in Pinewood in den Schneideraum ein. Vor dem ersten Feinschnitt war „Im Geheimdienst" nur 10 Minuten kürzer als drei Stunden, also über eine Stunde länger als alle bisherigen Bond-Filme. Glen kürzte den Film auf 2 Stunden und 20 Minuten, eine Tatsache, die Hunt vor Broccoli und Saltzman geheimhielt. Die hatten nämlich United Artists informiert, daß die Endfassung keine 2 Stunden lang sein würde.

Komponist John Barry schrieb für „Im Geheimdienst" die wohl beste Musik in der ganzen Serie. Dazu gehörte auch Barrys Lieblings-Song „We Have All The Time In The World", den Louis Armstrong sang. Armstrong hatte ein Jahr lang in einem New Yorker Krankenhaus gelegen, als Barry und Texter Hal David auf den Gedanken kamen, daß er dieses Lied wohl am besten interpretieren könnte. Sie brauchten eine ältere Person, die mit echtem Gefühl hinter der Zeile „We've Got All The Time In The World" stehen konnte. Der Satz selbst stammte aus dem letzten Kapitel in Flemings Roman.

„Louis Armstrong war der liebenswürdigste Mensch", erinnert sich Barry, „doch nachdem er ein Jahr lang gelegen hatte, besaß er einfach keine Kraft mehr. Er konnte nicht einmal mehr Trompete spielen. Dennoch nahm er alle Energie zusammen, um unseren Song zu singen. Am Ende der Aufnahme in New York kam er zu mir und sagte: ‚Danke für diesen Job'. Er war ein wunderbarer Mann. Bald darauf starb er. Der Song wurde nicht besonders populär, als der Film herauskam. Er war zu schwer, und deshalb konnten wir ihn nicht als Titelthe-

Star-Action

Mit diesem Riesengangster hat George Lazenby offensichtlich seine liebe Mühe. Die Rolle des Angreifers spielte übrigens Yuri Borienko, ein guter Freund von Produzent Albert R. Broccoli.

ma verwenden, sondern irgendwo mittendrin. Wahrscheinlich hat das seine Erfolgsaussichten geschmälert. Aber interessanterweise wurde er zwei Jahre später plötzlich die Nr. 1 in Italien.

Das Lied selbst war für einen sehr gefühlsbetonten Augenblick gedacht. Ich hatte Sean Connery als Bond geschildert, als Hal und ich zuerst den Text schrieben. Wenn es Sean gewesen wäre, der Diana Rigg heiratet und sie dann an Blofeld verliert, dann wäre der Song sehr schön und passend gewesen. Sean Connery und Diana Rigg zusammen in der letzten Szene zu haben, das wäre eine Bombe gewesen. Bei aller Rücksichtnahme auf seine Unerfahrenheit — in dieser Szene konnte George Lazenby keinen Hahn hinter dem Ofen hervorlocken..." ●

Diamantenfieber

Originaltitel: **Diamonds Are Forever**

STAB

Regie	Guy Hamilton
Produktion	Harry Saltzman und Albert R. Broccoli
Coproduktion	Stanley Sopel
Drehbuch	Richard Maibaum und Tom Mankiewicz
Kamera	Ted Moore
Musik	John Barry
Bauten	Ken Adam
Schnitt	Tom Holmes, Bert Bates
Produktionsleitung	Claude Hudson

BESETZUNG

James Bond	Sean Connery
Tiffany Case	Jill St. John
Blofeld	Charles Gray
Plenty O'Toole	Lana Wood
Willard Whyte	Jimmy Dean
Saxby	Bruce Cabot
Wint	Bruce Glover
Kidd	Putter Smith
Felix Leiter	Norman Burton
Metz	Joseph Furst
„M"	Bernard Lee
„Q"	Desmond Llewelyn
Sir Donald Munger	Laurence Naismith
Shady Tree	Leonard Barr
Mrs. Whistler	Margaret Lacey
Miss Moneypenny	Lois Maxwell
Peter Franks	Joe Robinson
Bambi	Donna Garratt
Klopfer	Trina Parks

Die Einspielergebnisse von „Im Geheimdienst Ihrer Majestät" zeigten: Ein neuer James Bond und eine Rückkehr zum Stil der ersten Filme — das war keine erfolgversprechende Kombination. Der Film war kein Mißerfolg — der Film spielte 1970 und 1971 immerhin 25 Millionen Dollar ein. Trotz dieses augenblicklichen Erfolgs trug er jedoch wenig dazu bei, die Bond-Serie neu zu beleben. Viele glaubten, sie sei ohne Sean Connery zum Sterben verurteilt. George Lazenbys Darstellungskünste wurden von den englischen und amerikanischen Kritikern einmütig verrissen; der Film selbst bekam

Comeback

Nachdem George Lazenby mit „Im Geheimdienst Ihrer Majestät" enttäuschte, gelang es den Produzenten, Sean Connery zur Rückkehr in die 007-Serie zu überreden.

höfliche Zustimmung für Peter Hunts kraftvolle Regie und die spektakuläre Leistung der Stuntmen.

Im Frühjahr 1970 befand sich bereits ein neuer Bond-Film im Planungsstadium: „Diamantenfieber". Peter Hunt hatte sich verabschiedet. Er wollte sich als Regisseur auch außerhalb der Firma Eon durchsetzen. An seine Stelle trat wieder Guy Hamilton, der Regisseur von „Goldfinger". Er hatte sich in der Zwischenzeit im Auftrag Harry Saltzmans mit einem Lieblingsprojekt dieses Produzenten beschäftigt: „Luftschlacht um England". Mit Hamilton wurde erneut Ausstatter Ken Adam kombiniert; er erhielt wieder den Auftrag, das Publikum mit seinen gigantischen Bauten zu überwältigen. Mit diesen beiden Veteranen an der Spitze wollte man noch einmal zu der Pracht und Phantasie zurückkehren, die in „Im Geheimdienst Ihrer Majestät" zu kurz gekommen waren.

Als James Bond in die 70er Jahre eintrat, wurde zunehmend klarer, daß Ian Flemings Romane nicht mehr zeitgemäß wirkten. Was 1956 frisch und überraschend gewesen war, erschien nun alltäglich und wenig sensationell. Dies traf besonders auf „Diamantenfieber" zu, eine relativ geradlinige, nicht sonderlich spannende Geschichte, in der Bond sich in einen Diamantenschmuggler-Ring einschleicht und zwischen England, Las Vegas und Südafrika kämpft. Wie alle Fleming-Romane weist das Buch wenig Humor auf.

Diamanten waren sicher ein gutes Thema für einen neuen Bond-Film. Das Schmuggeln allein jedoch schien ein viel zu lahmes Thema, um SPECTRE damit zu beschäftigen. Wenn Ernst Stavro Blofeld und seine Organisation sich mit Diamanten befassen sollten, dann mußten weit finsterere Gründe dahinterstecken. Die Autoren kamen auf die Idee, SPECTRE solle eine ganz zurückgezogen lebende Figur im Stile eines Howard Hughes kidnappen. Dessen weltweite industrielle Inter- ▶

essen schließen Geschäfte mit dem US-Raumfahrt-Programm ein, und einer seiner Satelliten wird das Pfand in SPECTRES neuem Plan, die Welt zu beherrschen. Blofeld will die geschmuggelten Diamanten nicht als Juwelen auf dem schwarzen Markt verkaufen, er will sein Versteck aus Juwelen bauen und einen riesigen Kristall-Fächer konstruieren. Mit einem normalen Nachrichten-Satelliten kombiniert, soll die Kraft der Sonne genutzt werden, um einen überdimensionierten Laser zu speisen, dessen Kraft beliebige Ziele auf der Erdoberfläche zerstören kann.

Der Glanz in „Diamantenfieber" schien in den Drehplätzen selbst

Nancy Sinatra, für das er sieben „Emmys" bekommen hatte. 1967 schrieb er seinen ersten Film mit dem Titel „Sweet Ride" mit der jungen Jacqueline Bisset in der Hauptrolle; gleichzeitig stellte er eine katastrophale Musical-Version von „Georgy Girl" fertig, die am Broadway anlief und nach drei Abenden wieder abgesetzt wurde.

Als Mankiewicz erfuhr, daß man ihn für die Bond-Filme einsetzen wollte, war er hocherfreut. Broccoli und Saltzman war es wichtig, einen jungen amerikanischen Autoren zu haben, da der Film größtenteils in den Vereinigten Staaten spielte. David Picker von United Artists, der „Georgy Girl" gesehen

der 42jährige John Gavin zu sein. Gavin hatte einst in Stanley Kubricks „Spartacus" den jungen Julius Cäsar gespielt; in jüngerer Zeit spielte er in zwei kurzlebigen amerikanischen Fernseh-Serien: in dem Western „Destry" und in „Convoy", einer dramatischen Studie über die Ereignisse auf See im Nord-Atlantik zur Zeit des II. Weltkrieges.

Gavin hatte bei den Tests gut abgeschnitten, war athletisch genug, um die zahlreichen Stunts durchzustehen und war kein so bekannter Schauspieler, eine Überlegung, die die Produzenten davon abhielt eine Reihe anderer amerikanischer Darsteller auszuwählen. Es liefen schon die Vorbereitungen, Gavin einen Vertrag für mehrere Filme zu geben, da liebäugelte David Picker, Präsident von United Artists, noch immer mit dem Gedanken, ob man nicht doch Sean Connery zurücklocken könne. Nach „Im Geheimdienst Ihrer Majestät" schien Picker klar, daß Connery und nicht Bond der Verkäufer für die Filme war. United Artists hatte dem Star bereits 1 Million Dollar für seine Rückkehr angeboten. Picker war klar, daß sie den Köder noch versüßen mußten, um Connerys Aufmerksamkeit zu erregen.

Seit „Man lebt nur zweimal" angelaufen war, hatte sich Connery mit der Politik in seiner Heimat Schottland auseinandergesetzt und war der Schottischen Nationalen Partei beigetreten. 1971 nutzte er seinen Einfluß, um die europäische Premiere von „Der Anderson-Clan" nach Glasgow zu holen. Der Erlös daraus floß in Connerys eigenen „Scotish International Educational Trust". Erziehung lag Connery sehr am Herzen; er glaubte, mit der Gründung eines Trusts für bedürftige Schotten könne er dazu beitragen, daß bessere Ausbildungsmöglichkeiten geboten wurden als zu seiner Jugendzeit in Edinburgh.

Im Februar flog Picker mit einem gewaltigen, noch nie dagewesenen Angebot nach London. Connery sollte nicht nur eine Gage von 1,25 Millionen Dollar bekommen und eine Beteiligung am Einspielergebnis von „Diamantenfieber", United Artists erklärte sich auch bereit, Connery zwei Filme seiner Wahl zu finanzieren. Er konnte die Hauptrolle spielen oder Regie führen — ganz egal.

Connery sagte Picker, wenn er

Gefährliche Flucht

Als Bond auf dem Gelände des amerikanischen Raumfahrt-versuchsprogramms entlarvt wird, bleibt ihm nur eine rasche Flucht übrig. Er rettet sich in eines der Experimentierfahrzeuge.

wider, insbesondere in einem Ort wie Las Vegas, einem Land voller hübscher Mädchen, abstoßender Gangster-Typen und Glücksspiel rund um die Uhr. Obwohl Drehbuchautor Richard Maibaum eine erste Fassung des Drehbuchs erstellte, war es Tom Mankiewicz, der Sohn von Joseph Mankiewicz, der das endgültige Buch für den siebten Bond-Film ablieferte. Wie Maibaum verfügte auch Mankiewicz über einen wachen Witz, der ihm die Mitarbeit an den nächsten vier Filmen der Reihe sicherte. Vorher zwischen 1964 und 1966, hatte er an einer Reihe von Projekten gearbeitet, darunter auch ein Fernseh-Special über

und trotz des Mißerfolgs gemocht hatte, empfahl Mankiewicz für diese Aufgabe.

Die große Frage war nun, wer James Bond spielen sollte. George Lazenby auf gar keinen Fall! Sicher, er hatte in „Im Geheimdienst Ihrer Majestät" nicht versagt, doch das getrübte Verhältnis zu den Produzenten schloß schon allein ein zweites Angebot aus. Eine ganze Reihe von Namen kam ins Gespräch, darunter auch einige amerikanische. Burt Reynolds wurde etliche Male erwähnt (damals noch kein Super-Star, da „Beim Sterben ist jeder der erste" noch in Produktion war), der geheime Favorit schien jedoch eher

das Angebot annähme, dann müsse eine Klausel in den Vertrag eingebaut werden; sollten die Dreharbeiten über die anfangs geplanten 18 Wochen hinausgehen, dann verlangte er 10.000 Dollar pro Woche zusätzlich. Es war immer die Länge der Bond-Produktionspläne gewesen, die Connery besonders gestört hatte; er mochte einfach nicht soviel Zeit für ein einzelnes Projekt verwenden. David Pickers Angebot war ansonsten natürlich zu verlockend, um es abzulehnen. Und siehe da: „Diamantenfieber" wurde pünktlich innerhalb von 18 Wochen abgedreht, United Artists sparte die Extra-Kosten für seinen Star.

Schon ein paar Monate nachdem „Im Geheimdienst Ihrer Majestät" in die Kinos gekommen war, wurde Richard Maibaum wieder gerufen, um sich eine Geschichte für den neuen Bond einfallen zu lassen. Die Produzenten dachten immer wieder zurück an „Goldfinger", der Film war ihr ganzer Stolz. Maibaum berücksichtigte das und bastelte eine neue Story zusammen. Goldfingers Zwillingsbruder tauchte darin auf, ein machtbesessener schwedischer Schiffs-Magnat, der im Rumpf eines Super-Tankers seiner Flotte eine Laser-Kanone besitzt. Man wollte sogar Gert Fröbe gewinnen, damit er den Zwilling spielte.

Nachdem Maibaum mit einem Laser, der Bond fast killte, in „Goldfinger" solchen Erfolg verzeichnet hatte, meinte er, es sei eine gute Idee, die Waffe wieder einzusetzen; diesmal als technologisch hochentwickelte Bedrohung für die Welt. Das Ganze bot sich noch eindeutiger an, als Maibaum entdeckte, daß der erste Laser tatsächlich durch einen Diamanten projiziert wurde. Um nun den Super-Laser zu bauen, war es am einfachsten, man ließ Goldfinger einen Diamantenschmuggler-Ring benutzen, um sich die richtige Menge an Edelsteinen zu besorgen.

Ausgehend von diesem phantastischen Anfang entwickelte sich Maibaums Buch in alle möglichen Richtungen. Harry Saltzman schlug spontan Drehorte in Thailand und Indien vor; dort konnte die Crew preiswert drehen. Maibaums Buch nahm gleich den Fernen Osten als Kulisse auf: lange, mühsame Fahrten durch den Dschungel und Tigerjagd in Indien. Broccoli beschwerte sich, der Bond-Film verwandele sich

in ein Tarzan-Epos von vorgestern.

Eines Nachts hatte Broccoli einen Traum, der das Drehbuch völlig auf den Kopf stellen sollte. Der Produzent hatte stets eine enge Freundschaft mit dem Billionär Howard Hughes gepflegt. In seinem Traum besuchte Broccoli nun den alternden Hughes in seiner Luxus-Suite in Las Vegas. Es war früher Nachmittag, Broccoli schaute durch ein Fenster in die Suite hinein und sah dort eine ihm vertraute Person hinter einem großen Eichentisch sitzen. Der Mann drehte sich um, und Broccoli stutzte. Das war nicht Hughes, sondern ein Hochstapler! Broccoli erzählte Maibaum diesen Traum, und der verwandte ihn auf der Stelle

Schluß: eine temporeiche Motorboot-Jagd auf dem nahegelegenen Mead-See.

Maibaum hatte herausgefunden, daß jedes Hotel in Las Vegas seine eigene Yacht auf dem See unterhielt, zu Vergnügungs- und zu Werbezwecken. ‚Caesars's Palace' besaß eine römische Galeere, das ‚Riviera' eine eigene Piraten-Fregatte, die anderen Hotels die verschiedensten Typen von ausgefallenen Schiffen. Am Schluß des Films lockt Bond den fliehenden Blofeld zu dem See und beobachtet, wie der SPECTRE-Chef mit einem schnellen Boot startet.

Bond springt selbst in ein Motorboot, doch bevor er die Jagd auf-

Tödlicher Irrtum

Auf der Suche nach Blofeld entdeckt Bond, daß dieser sich einige Doubles zugelegt hat. Es gelingt ihm einen „Blofeld" zu töten — aber es ist der Falsche.

als Inspiration für sein Drehbuch.

Er beschrieb eine SPECTRE-Operation, die in und um Las Vegas herum stattfindet. Der Super-Tanker fiel unter den Tisch und wurde durch eine geheime Einrichtung außerhalb der Stadt ersetzt; Blofeld bereitet dort seinen Laser-abfeuernden Satelliten zum Versand an die US-Luftwaffe vor, ein Regierungskontakt im Stile eines Hughes. Im Anfangsstadium des Drehbuchs wurde aus Howard Hughes Willard Whyte, dessen Operationsbasis ein großes Hotel in Las Vegas mit Namen „Whyte House" ist.

Ein weiterer interessanter Aspekt in Maibaums Buch war der

nimmt, ruft er über Lautsprecher die Kapitäne all der farbenfrohen Yachten auf, für Las Vegas ihre Pflicht zu tun und Blofelds Fluchtweg zu blockieren. Dann gibt die ganze Flotte Gas und treibt Blofeld über den Hoover-Damm.

Im Herbst 1970, nach acht Monaten ununterbrochener Arbeit, brachte Maibaum seinen endgültigen Entwurf und wandte sich neuen Projekten zu. Es war Danny Reisner, Vizepräsident bei United Artists, der vorschlug, Broccoli solle doch noch einen anderen Drehbuchautoren Maibaums Buch überarbeiten lassen.

Mankiewicz schrieb eine Reihe ▶

von Maibaum-Szenen neu und brachte auch eigene Elemente ein. Von ihm stammte die interessante Passage, in der Blofeld Experimente macht, um Duplikate von sich selbst herzustellen – eine notwendige Sicherheitsmaßnahme gegen einen rachedurstigen Bond, der ihm dicht auf den Fersen ist. „Diamantenfieber" beginnt dort, wo „Im Geheimdienst Ihrer Majestät" endete: 007 sucht Blofeld, der Bonds Frau in der letzten Szene von dem Film ermordet hat.

Maibaums Entwurf begann mit einem „Teaser", in dem Bond ein Segelflugzeug zu einem Haus an einer Felswand steuert, er trifft dort ein Mädchen, das ihm verraten will, wo Blofeld zu finden ist. Die Szene wurde dann im nächsten Film „Leben und sterben lassen" verwendet. Mankiewicz schickt Bond zu verschiedenen Plätzen, wo er drei einzelne feindliche Agenten zusammenschlägt, um die entsprechenden Informationen zu erhalten. In der Schlußsequenz trifft Bond ein hübsches Mädchen am Strand, das einen reichlich enthüllenden Bikini trägt. Er stellt sich vor, reißt ihr dann das Oberteil herunter, knotet

Katz und Maus

Mit einem Mini-U-Boot will Blofeld seine letzte Bastion, die Ölbohrinsel, verlassen. Aber er hat seine Rechnung ohne 007 gemacht: Bond läßt das am Kran hängende Boot pendeln.

es ihr um den Hals und zieht zu. Kurz vor dem Ersticken verrät sie ihm Blofelds Aufenthaltsort.
Bond findet die SPECTRE-Festung in Südamerika. Blofeld ist dabei, seine Doppelgänger-Experimente in Riesen-Bottichen mit dampfendem Lehm zu Ende zu bringen. Bond ertränkt ein nahezu fertiges Blofeld-Duplikat, entledigt sich der Blofeld-Leibwächter, schlägt den Typen, den er für den richtigen Blofeld hält nieder, legt ihn auf einen Operationswagen und läßt diesen in einen Bottich voll kochendem Schlamm rollen. Ist Blofeld nun endlich tot? Man kann nur daran zweifeln, wenn die Kamera auf eine weiße Katze überblendet, die höchst sorgenvoll blickt und deren diamantenes Halsband zum ersten Mal ins Blickfeld kommt, als die Titel

ablaufen und wir die schon vertraute Stimme von Shirley Bassey hören.

Mankiewicz änderte auch Maibaums Schluß. Die gesamte Motorboot-Jagd auf dem Mead-See wurde ersetzt durch einen Hubschrauber-Angriff auf Blofelds letzte Verteidigungs-Linie: eine Öl-Anlage, ein Stück von der Pazifik-Küste entfernt, deren Computer das Führungssystem des Laser-Satelliten kontrollieren. Bond legt ein falsches Computer-Band ein, das den Satelliten zerstört. Bevor Blofeld in seinem Mini-U-Boot entkommen kann, entreißt Bond einem Leibwächter die Steuerung des Hebekrans und läßt Blofelds Untersee-Boot in den Kontrollraum stürzen und zerschellen. Manchen Zuschauern war das ein zu schnelles Ende für einen Ober-Gangster wie Blofeld. Und in der Tat endete das Original-Drehbuch von Mankiewicz auch nicht auf der Öl-Anlage.

In der ursprünglichen Schluß-Version entkam Blofeld in seinem U-Boot, das Bond in dreieinhalb Meter Wassertiefe liegen sieht. Er taucht ins Wasser ein, in der Hand die lange Leine eines Wetterballons, die er am Kommandoturm des U-

Boots befestigt. Wenn das U-Boot nun unter Wasser fährt, gleitet Bond über die Wasseroberfläche, indem er sich an dem Wetterballon festhält.

Blofeld erreicht die Küste irgendwo in Mexiko und denkt, er ist in Sicherheit. Doch als er sich umdreht, sieht er Bond an dem Riesen-Ballon hängen. Blofeld sollte irgendetwas murmeln wie „Mary Poppins, nehme ich an" und dann den Wetterballon abschießen. Bond mußte nun ins Wasser fallen, beide sollten ein Wettschwimmen zur Küste veranstalten. In einer gigantischen Salzmine war das Finale vorgesehen. Doch die Mine wurde nach dem langen und komplizierten Kampf um die Öl-Anlage gestrichen.

In „Diamantenfieber" richtet sich Bonds hauptsächliches Interesse an Frauen auf Tiffany Case, eine unabhängige, junge Dame, die nach Flemings Beschreibung „eigentlich eine gute Frau war, nur wuchs sie leider auf der falschen Seite auf". Tiffany zeigt sich zunächst unbeeindruckt von Bonds Charme, doch als die Sitten rauher werden, gibt sie nach und leistet ihm auf einem großdimensionierten kreisförmigen

James und Tiffany

In Holland lernt Bond Tiffany Case kennen, die für Blofeld Diamanten-Schmuggler anheuern soll. Aber Tiffany erliegt seinem Charme und wechselt die Fronten.

Wasserbett, in dem tropische Fische schwimmen, Gesellschaft.

Die wichtigste Voraussetzung für die Besetzung der Tiffany war eine gewisse „Keckheit". Guy Hamilton wünschte sich jemanden wie Jane Fonda oder Faye Dunaway, doch beide Produzenten waren dagegen, für die Rolle nach einem großen Namen zu suchen. Nachdem Connery zurückgekehrt war, verfolgten sie die Absicht, zu der bewährten Formel ‚Unbekannte Mädchen für die weiblichen Hauptrollen' zurückzukehren. Broccoli erwähnte Raquel Welch als eine Möglichkeit, doch das gefiel Hamilton nicht, und so wurde der Gedanke fallengelassen.

In Los Angeles erkundigte sich der Anwalt Sidney Korshak, der den Produzenten behilflich war,

um in Las Vegas über geeignete Drehorte zu verhandeln, ob es möglich sei, seiner engen Freundin Jill St. John zu einer kleinen Rolle zu verhelfen. Broccoli schlug sie für die Plenty O'Toole vor, ein bezauberndes Mädchen aus der Gesellschaft, das dem wild setzenden Bond an einem Spieltisch in Las Vegas begegnet. Die Rolle war übrigens für den Film eigens erfunden worden. Hamilton kam jedoch auf die Idee, daß Jill St. John vielleicht die ideale Tiffany sein könnte. Auf sein Betreiben hin nahm Broccoli sie denn auch unter Vertrag. Und sie erwies sich als durchaus vielseitig genug, um sich den verschiedenen Stimmungen und Gefühlen, welche die Rolle verlangte, anzupassen.

In dem Drehbuch besitzt der Billionär Willard Whyte (hervorragend gespielt von dem Sänger Jimmy Dean) ein wunderschönes Haus in der Wüste, das von zwei Karate-Expertinnen mit den Spitznamen „Bambi" und „Springer" bewacht wird. Die akrobatischen Stuntgirls Trina Parks und Donna Garratt wurden unter Vertrag genommen, um diese todbringenden Leibwächterinnen zu spielen, die Bond das ▶

101

Kampf-Szene

Bei dem Versuch, den von Blofeld gekidnappten Millionär Willard Whyte zu befreien, gerät Bond an Blofelds weibliche „Leibgarde", Bambi und Springer, die ihm seine ganze Karate-Kunst abverlangen.

Leben ziemlich schwermachen, bis er sie im Swimmingpool in die Enge treibt und sie ihm verraten, wo der verschwundene Mr. Whyte eingesperrt ist. Charles Gray, ein Saltzman-Favorit, der in „Man lebt nur zweimal" einen kurzen Auftritt als Henderson gehabt hatte, spielte das Ungeheuer Blofeld.

Blofelds homosexuelle Killer Mr. Wint und Mr. Kidd stammen aus dem Original-Buch und waren sowohl bei Fleming als auch in Maibaums Drehbuch ziemlich brutale Gangster. Hamilton und Mankiewicz entschlossen sich später, sie lustig und komisch auftreten zu lassen. Der Film sollte ursprünglich in Tiffanys Kabine enden, wo sie aufs Bett gebunden lag, ein Topf mit heißem Fondue drohte auf sie zu fallen; Bond sollte Kidd durch ein Fenster werfen. In letzter Minute entschieden Saltzman und Broccoli, daß diese Umgebung für Action zu eng war, die Personen mußten stattdessen an Deck gebracht werden.

Obwohl sie dem endgültigen Drehbuch von Mankiewicz zustimmten, waren beide Produzenten ein wenig verwirrt von den teilweise etwas hochgestochenen Dialogen.

In einer Szene auf der Öl-Insel sagt Bond zu Blofeld, daß er gewonnen hat. Blofelds Antwort: „Wie schon La Rochefaucault einst so richtig bemerkte, Mr. Bond, – Bescheidenheit". Mankiewicz erinnert sich an Broccolis Reaktion, als er diesen Satz las: „Was soll das da mit dem Roquefortkäse? Raus damit, das gehört nicht hierher!"

Trotz dieser Beschwerde drehte Hamilton die Sequenz mit dem Satz. Broccoli beanstandete die Stelle erneut, als er die Muster sah, doch Hamilton bestand darauf, der Satz mußte bleiben, er habe die ganze Szene nur mit einem Objektiv gedreht. Eine weitere Diskussion entstand über das Lieblings-Wortspiel von Mankiewicz in „Diamantenfieber". CIA-Agent Felix Leiter sagt zu Bond: „Ich weiß, die Diamanten befinden sich im Körper, aber wo?" Bonds Antwort in Anlehnung an Sherlock Holmes: „Ganz einfach, Dr. Leiter". Wiederum blieb der Satz, obwohl Broccoli protestierte.

„Diamantenfieber" war der erste Bond-Film, der sich amerikanischer Interieurs und der Möglichkeiten eines Hollywood-Studios bediente. Als David Picker Broccoli mitteilte, wieviel Sean Connery United Artists kosten sollte, schlug Broccoli vor, sie sollten versuchen, vom Eady-Fonds eine finanzielle Unterstützung zu bekommen und nicht den ganzen Film in Amerika zu drehen. Die Unterstützung wurde gewährt. Alle Las-Vegas-Außenaufnahmen wurden in der Nevada-Stadt gedreht, mit Ausnahme der Auto-Jagd auf dem Parkplatz. Sie wurde auf dem Filmgelände der Universal Studios in Nord-Hollywood aufgenommen. Guy Hamilton filmte auch außerhalb von Palm Springs in Kalifornien, in einem luxuriösen Split-Level-Haus in der Wüste, das als Winter-Residenz für Willard Whyte diente. Sodann in

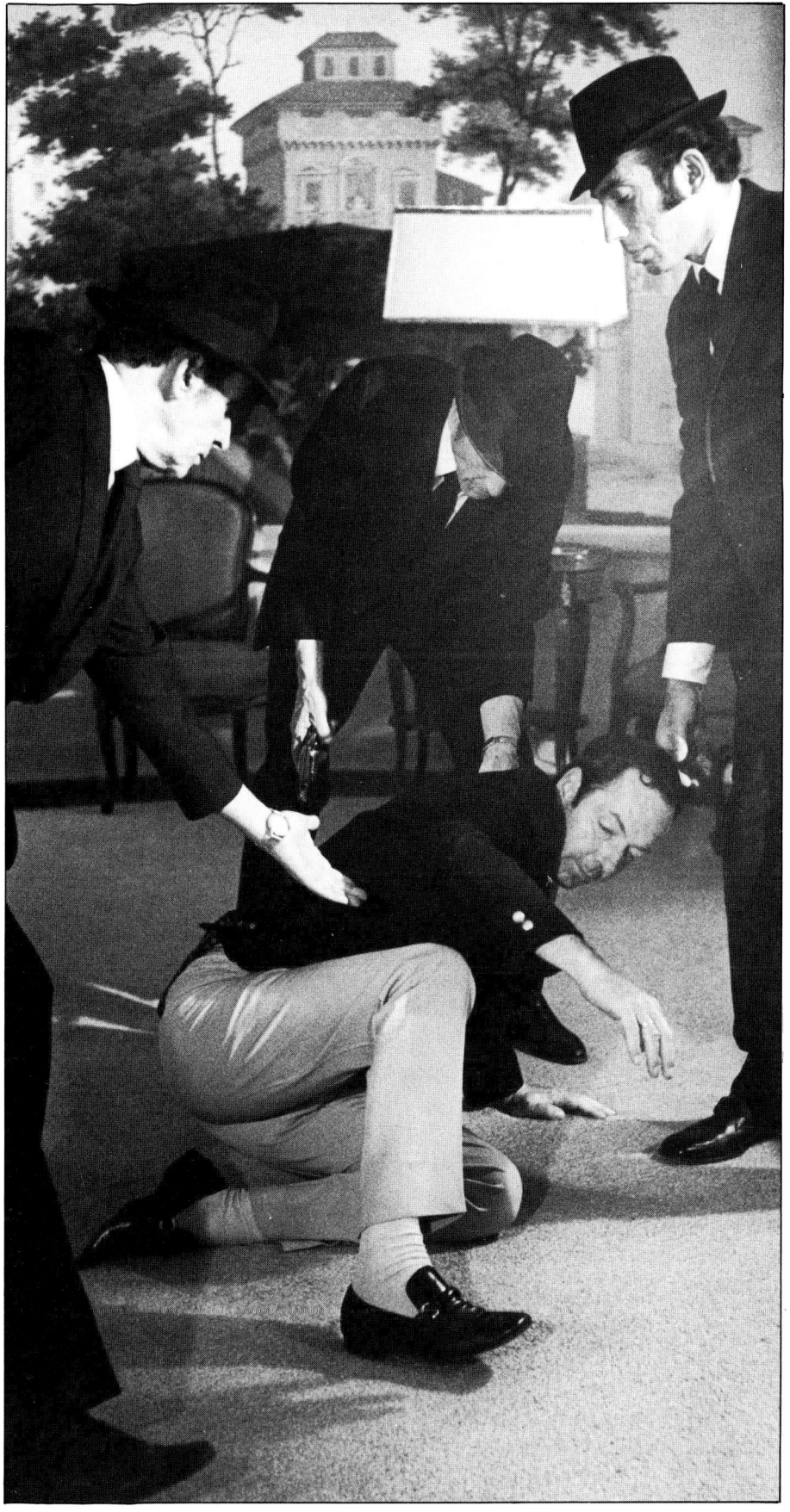

Szenen-Probe

*Regisseur Guy Hamilton erklärt drei Killern die Szene,
in der James Bond in seinem Hotelzimmer überrascht wird und einen
der drei Angreifer mit einem Leberhaken zu Boden schlägt.*

den Außenbezirken von Las Vegas, wo das „John Manville Gypsum"-Werk in die Whyte-Raketen-Laboratorien verwandelt wurde; das „Las Vegas Visitors"-Bürogebäude am Highway 10 wurde umfunktioniert in das Hauptquartier der Firma „Slumber Mortuary"; schließlich wurde vor der Küste Süd-Kaliforniens vorübergehend eine Öl-Anlage eingerichtet, die mit einer Batterie von Waffen zur Luftabwehr ausgestattet war.

James Bonds Hotelsuite in Las Vegas fand sich nach sorgfältiger Suche im „Caesar's Palace". Ken Adam war jedoch der Meinung, er könne das besser machen, und so wurde also eine Hotelsuite in Pinewood gebaut. Nachdem sie mit „Im Geheimdienst Ihrer Majestät" ihren Schwung verloren hatten, blühten Broccoli und Saltzman bei „Diamantenfieber" wieder auf. Reporter kamen in Scharen nach Nevada, um Connery wieder als Bond in Aktion zu sehen. Er wirkte rund 20 Pfund schwerer, sein Gesicht war voller, die Augenbrauen buschiger, das Toupet saß nicht so ganz. Viele seiner Fans fanden, er sähe schlimm aus, doch Mankiewicz meinte: „Es war das einzige Mal in einem seiner Filme, daß er erwachsen wirkte, außerdem hatte er die Ausstrahlung eines alten Profis."

Die winterliche Motivsuche in Las Vegas erlaubte es Tom Mankiewicz, in seinem endgültigen Drehbuch viel von der Atmosphäre dieser Stadt unterzubringen. Das neueste Hotel, das „International", wurde zum „Whyte House". Das „Circus Circus"-Hotel und Casino, unter einem riesigen Beton-Zelt errichtet und von Hochspannungs-Experten bewacht, die zwischen den Spielautomaten und Spieltischen herumwanderten, wurde ebenfalls in Bonds Dienste gestellt: Tiffany und 007 haben dort ein Rendezvous. Die Fremont Street, vielleicht der breiteste Boulevard der Welt, war ideal für eine Verfolgungsjagd im Rennfahrer-Stil. Ford war erneut zu Hilfe gekommen: mit einem brandneuen Mustang 1971, den Bond gekonnt durch den Verkehr des Casino-Centers steuert, während die gesamte Polizei von Las Vegas ihn verfolgt. Drei Abende hintereinander war der berühmteste Boulevard von Las Vegas abgesperrt, damit Hamiltons Team amerikanischer Auto-Stuntmen sein einmaliges Katz- und Maus-▶

spiel vorführen konnten. Im Film führt Bond die Polizei bei einer wilden Jagd durch den Fremont-Verkehr, verläßt die Hauptstraße und sucht nach einem Parkplatz. Mit akrobatischen Kunststücken gelingt es ihm, ein halbes Dutzend der Verfolgerfahrzeuge zu demolieren.

Nachdem diese Szene komplett war, kehrte Hamilton zum „Riviera Hotel" zurück und filmte James Bonds obligatorischen Raubzug in einem der typischen Casinos von Las Vegas, wo er auf die Schnelle 50.000 Dollar und Miß Plenty O' Toole für sich gewinnt. Aus der Ferne hört Bond den Programmschluß von Shady Tree, einem Nachtclub-Komiker, der in Wirklichkeit Mitglied der Schmuggler-Organisation ist. Der witzige Komiker Leonard Barr spielte Tree, einen vertrockneten alten Mann, der Bond davor bewahrt, bei der Slumber Inc. geröstet zu werden, später jedoch von Wint und Kidd gekillt wird. Ursprünglich sah das Drehbuch in der Casino-Szene eine Berühmtheit vor, die sich bei Casino-Boss Burt Saxby (Bruce Cabot)

Entkommen

Bei einer wilden Verfolgungsjagd durch die Straßen von Las Vegas entkommt 007 nur mit knapper Not seinen Verfolgern, indem er auf zwei Rädern fahrend durch eine für Autos viel zu schmale Gasse rast.

über den Vertrag beschweren sollte. Die Produzenten engagierten auch Sammy Davis jr., doch die kurze Szene endete später irgendwo auf dem Fußboden des Schneideraums.

In Hamiltons „Diamantenfieber" wurden zwei Stuntman-Crews beschäftigt; eine in den USA, die für die Auto-Szenen zuständig war, und ein weiteres englisches Team, geleitet von den Veteranen Bob Simmons und George Leech. Simmons erste Aufgabe war es, eine Kampfszene zwischen Bond und Peter Franks (Joe Robinson), einem Diamantenschmuggler, dessen Platz Bond im Schmugglerring einnimmt, zu leiten. Der Kampf sollte in dem

alten Lift aus Eisen und Glas in Tiffany Cases Appartementhaus in Amsterdam stattfinden, auf einem nur 4 Quadratmeter großen Raum also.

Die Schreinerei entwarf zunächst ein Holzmodell des Aufzugs, bevor die endgültige Kulisse gebaut wurde. Leech und Simmons ließen sich einen Anfang und ein Ende einfallen; dazu bestimmte Bewegungen, zum Beispiel, daß ein Ellenbogen einen Knopf berührt und den Lift in Bewegung setzt. Anfangs glaubten sie nicht, daß es möglich sein würde, einen Kampf auf 4 Quadratmetern stattfinden zu lassen, der auch noch interessant wirkt. Drei Wochen lang arbeiteten sie an einer Reihe von Bewegungen, verließen den Probeort und tranken einen Tee zusammen, kamen schließlich zurück und begannen erneut mit ihrer Choreographie. Leech erinnert sich: „Wir sagten Sätze wie ‚Was würde geschehen, wenn ich dich mit meinem Ellenbogen träfe, dann könntest du mit der Hand mein Ohr packen und mich in jene Ecke dort ziehen, wo ich wiederum mit mei-

nem Knie...'." All diese Ideen mußten ausprobiert werden, denn die
zwei wußten nicht, ob sie funktionieren würden. Joe Robinson, ein
Judo- und Ringerlehrer, spielte in
der Szene den Franks. Dennoch
mußte ein Double verwendet werden, weil Robinsons Vertrag ihm
jegliche Art von Stunts untersagte.
Das Ergebnis: Ein Judo-Experte
mußte engagiert werden, um einen
Judo-Experten zu doubeln!

Nachdem Bond Blofeld erledigt
hat, werden er und Tiffany auf der
„Queen Elizabeth II" nach England
in Urlaub geschickt. Zur Dinnerzeit
nehmen sie Platz zu einem lukulli-
schen Mahl, das von Mr. Wint und
Mr. Kidd serviert wird, die als Kell-
ner verkleidet, das Paar mit flam-
menschlagendem Shish Kebab an-
greifen. Bei dem bösen Kampf über-
gießt Bond Wint mit Brandy, die
Flammen springen von dem Shish
Kebab auf seinen Körper über und
lassen ihn zu einer menschlichen
Fackel werden. Von Kopf bis Fuß
in Flammen stehend, rennt er zur
Reling und hechtet in den Atlantik.
Der innen spielende Teil dieser Sze-

Verbrannt

*Fast umgekommen
wäre bei dieser Szene der
Stuntman George Leech. Er wurde
von Connery zum Film-
finale mit Brandy in Brand
gesteckt, als er versuchte,
Bond mit flambierten Kebab-
spießen umzubringen.*

ne wurde in Pinewood gefilmt, der
Sprung ins Meer später außen.

George Leech doubelte Putter
Smith. Ähnlich wie Wint von einem
furchtbaren Tod bedroht ist, hätte
fast auch Leech dran glauben müssen.

Die Szene wurde mit Hilfe eines
Makeup-Spezialisten vorbereitet. Er
entwarf für Leech eine Maske aus
feuerfestem Gummi, die genau das
Gesicht des Stuntmans bedeckte
und von außen die Gesichtszüge des
brillentragenden Putter Smith trug.
Die Maske besaß zwei Teile aus
Kupferdraht-Geflecht, die über die
Augen gelegt wurden, damit Leech
hindurchblicken konnte. Ein ähn-

liches Teil schützte den Mund, damit Leech auch atmen konnte. Den
übrigen Körper bedeckte ein Renn-
Anzug aus Asbest. Wenn irgendetwas schiefgelaufen wäre in der Einstellung, hätte sich Leech nicht aus
dem Anzug befreien können. Er
hätte warten müssen, bis ihm jemand mit einem Feuerlöscher ge-
holfen hätte. Als es schließlich zu
der Szene kam, mußte Leech vor
der Kamera zunächst taumeln, dann
zu einer Ecke der Bootskulisse laufen und „Über Bord" springen. Hinter der Kulisse stand ein Feuerwehr-
mann mit Feuerlöscher bereit. Er
erhielt die Anweisung, das Feuer sofort zu löschen, wenn Leech vor
ihm auftauchte, doch als der ent-
sprechende Augenblick kam, da tat
er gar nichts, sondern wartete auf
den Regisseur und seine Anweisung
„Aus!" In diesem Augenblick hatten die Flammen bereits auf die
Hände von Leech übergegriffen; ein
Teil der leicht entflammbaren Flüs-
sigkeit war in einen seiner feuerfe-
sten Handschuhe gedrungen, und
die waren durch die extreme Hitze
beschädigt worden. ●

STAB

Regie	Guy Hamilton
Produktion	Harry Saltzman und Albert R. Broccoli
Drehbuch	Tom Mankiewicz
Musik	George Martin
Titelsong	Paul und Linda McCartney
Kamera	Ted Moore

BESETZUNG

James Bond	Roger Moore
Kananga/Mr. Big	Yaphet Kotto
Solitaire	Jane Seymour
Sheriff Pepper	Clifton James
Tee Hee	Julius W. Harris
Baron Samedi	Geoffrey Holder
Leiter	David Hedison
Rosie	Gloria Hendry
„M"	Bernard Lee
Miss Moneypenny	Lois Maxwell
Adam	Tommy Lane
Whisper	Earl Jolly Brown

1973

Leben und sterben lassen

Originaltitel: **Live And Let Die**

„Diamantenfieber" war Sean Connerys Abschiedsvorstellung als James Bond — für lange Zeit jedenfalls. Mit dem nächsten Film „ Leben und sterben lassen" leitete Roger Moore in eine völlig neue Ära von Bond-Filmen über, in denen er seine Pflichten als der begehrteste Geheimagent der Welt verrichtete. Es lag schon mehr als 10 Jahre zurück, daß Cubby Broccoli und Harry Saltzman schon

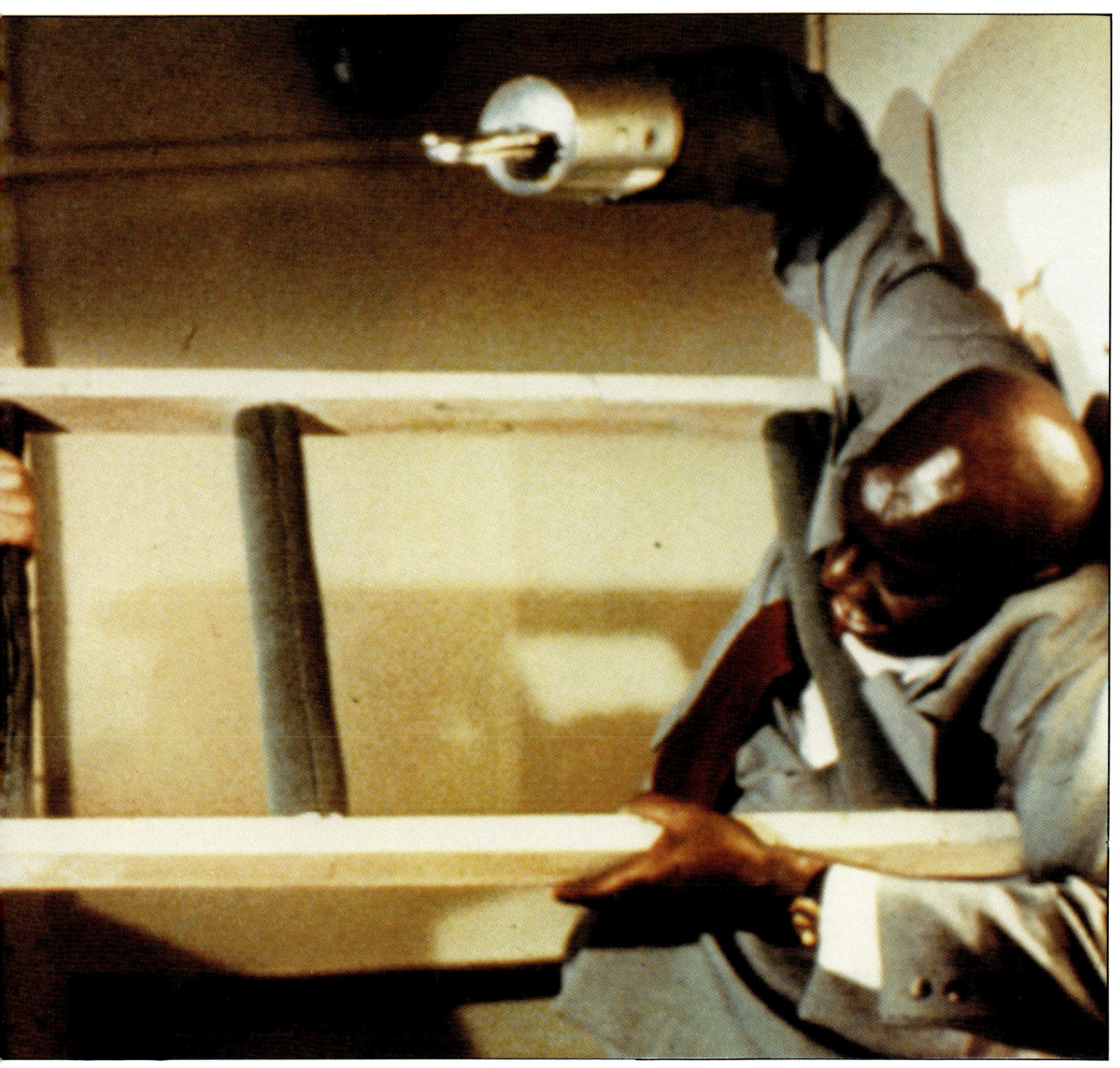

Ein neuer Star

*„Leben und sterben lassen"
war Roger Moores
Einstand als Sean Connerys
Nachfolger in der Rolle
des Superagenten. Einer seiner
gefährlichsten Gegner
in diesem Streifen:
Der Mann mit der
Stahlklaue.*

einmal Moore als möglichen James Bond ins Auge gefaßt hatten. Moore hatte die Jahre mit einer Reihe von amerikanischen und englischen Fernsehsendungen verbracht und sich als Komödiant etabliert. Seine Stärke war der schwungvolle Held, der viel Zeit mit den Damen verbringt, Champagner trinkt, bevor er mit der Gegenseite aufräumt und sein Hirn einsetzt, um selbst die listigsten feindlichen Agenten zu verwirren. Kurz gesagt: Roger Moore benutzte mehr seinen Witz als seine Fäuste, um bei den Fernseh-Abenteuern zu überleben, Beispiel die populäre „Simon Templar"-Serie, in der er den Titelhelden spielte.

Nach einer Reihe von Filmrollen nahm Moore ein wenig an Gewicht zu, ließ sein Haar länger wachsen und drehte an der Seite von Tony Curtis eine weitere gaggeladene Fernseh-Serie: „Die Zwei". Das be-schäftigte ihn den Sommer 1971 über. Es lag sicher daran, daß der Name Moore den Amerikanern nicht so sehr vertraut war, daß Harry Saltzman sich überlegte, Moore die Bond-Rolle im Frühjahr 1972 anzubieten. Moore war sicher näher an Ian Flemings ursprünglicher Vorstellung von einem wohlgekleideten Agenten, der mit seiner Kleidung äußerst wählerisch war, ebenso mit dem, was er aß, sowie mit den Damen im Bett, als Connery.

Viel von Flemings snobistischer Neigung zum Detail, etwa die Weine, das Essen, das exotische Drumherum — all das wurde fallengelassen, als man die ersten Filmdreh-▶

Wasserkampf

*Auf trickreiche Weise besiegt James Bond
beim Wasserkampf Mr. Big, indem er ihm eine Preßluftpatrone
in den Mund steckt, die den Gangster aufbläst.*

bücher für den neuen Bond schrieb.

Es war zwar gelegentlich möglich, bestimmte Dinge mit Bond in Verbindung zu bringen: „Dom Perignon"-Champagner und Anzüge aus der Savile Row. Die Connery-Bonds waren trotzdem in erster Linie Action-Filme.

Mit der Verpflichtung von Roger Moore im Jahre 1972 machten die Bond-Filme einen dramaturgischen Wandel durch. Moore sollte von Anfang an eine andere Art von Bond sein. Im Gegensatz zu dem robusten, handfesten Connery war Moore der typische „nette Kerl"; er besaß weit mehr von der Ausstrahlung eines Eton-Absolventen, wie es sich Fleming auch vorstellte, als der Vorgänger. Seine Persönlichkeit

beeinflußte unvermeidbar die Bond-Filme, in denen er spielte, und er brachte einen etwas hochgestochenen Sinn für Humor in die Rolle ein, ganz im Gegensatz zu Connerys Stil. Selbst in den gagüberladenen Tagen Mitte der 60er Jahre, als Bond fast unterging vor immer noch sensationelleren Stunts und noch mehr technischem Schnickschnack, selbst da gab es noch eine gewisse Besessenheit für rauhe Kampfszenen, gelegentliches Blutvergießen, Augenblicke nicht für Überempfindliche, doch Situationen, die Verbrecher zögern und Damen in Ohnmacht fallen ließen.

Von jetzt an lag die Betonung auf Komödie; eine Betonung, die Moore entgegenkam, die jedoch die

gesamte Bond-Aura radikal veränderte. Eon Produktions hatten mit „Diamantenfieber" gut verdient: mehr als 35 Millionen Dollar weltweit. Insbesondere das amerikanische Publikum freute sich über Sean Connerys Rückkehr und die vertrauten Bilder von Las Vegas. Die Produzenten überlegten sich, für ihr nächstes Projekt erneut in die USA zu gehen; Außenaufnahmen sollten in Louisiana, einige Straßenszenen in New Orleans und New York gedreht werden.

„Leben und sterben lassen", Flemings zweiter Roman, war einer seiner besten. Da im Mittelpunkt der Handlung jedoch ein mächtiges Verbrecher-Syndikat mit einem Farbigen an der Spitze stand, hatte man bis in die frühen 70er Jahre die Finger von der Geschichte gelassen. Erst dann erhielt Tom Mankiewicz den Auftrag, ein Drehbuch zu schreiben.

Im Roman ist Bonds Gegenspieler ein erbarmungsloser, von Moskau unterstützter Gangster namens Mr. Big; er stammt aus Haiti und bedient sich des Voodoo-Aberglaubens, um seine Anhänger bei der Stange zu halten und Furcht in die Herzen seiner Feinde zu säen. Bigs Basis ist Harlem, doch seine kriminellen Machenschaften reichen bis in die Karibik, wo geschmuggelte heimliche Schätze dazu verwendet werden, um russische Spionage-Operationen in den Vereinigten Staaten zu finanzieren. Flemings interessanteste Figuren waren eine hübsche Wahrsagerin aus Hawaii mit Namen Solitaire, zwei mitleidslose Ganoven (Whisper und Tee Hee) sowie der legendäre Baron Samedi, die am meisten gefürchtete Voodoo-Person; er ist der König der „Legion der Toten", der Wärter aller Friedhöfe, den alle fürchten — dank Mr. Big.

Als mit „Diamantenfieber" 1970 begonnen wurde, meinte ein United Artists-Angestellter spöttisch: „Für den jährlichen Betrag von 100.000 Dollar gaben uns die Fleming-Erben ein paar nette Rollen, 10 Prozent einer brauchbaren Handlung und einen großen Fleming-Titel."

Das gleiche Beispiel tauchte bei „Leben und sterben lassen" wieder auf — ebenso bei allen folgenden Bonds. Die Drehbuchautoren schufen nun völlig neue Geschichten, die nur noch wenig Ähnlichkeit mit den Fleming-Romanen aufwiesen.

Im Drehbuch zu „Leben und sterben lassen" wurde der verborgene Schatz des Piraten Morgan ersetzt durch eine Rakete, mit der von einem finsteren isländischen Diplomaten namens Dr. Kananga Heroin geschmuggelt wird. Er verkleidet sich in Harlem als der infame Mr. Big. Auf Kanangas Insel San Monique in der Karibik werden die Mohnstauden massenhaft geerntet und zum Verschiffen in die USA vorbereitet, wo die Drogen über eine Kette von Seezungenfilet-Restaurants verteilt werden. San Monique taucht auf keiner Seekarte auf. Flemings Anspielung auf die Russen war ebenfalls verschwunden. Kananga hat keine politischen Hintergründe, er ist schlicht ein Gauner.

Schon früh entschied sich Mankiewicz dafür, daß Solitaire die Schlüsselfigur in der Geschichte sein sollte, insbesondere auch wegen seiner Neigung für das Okkulte. Er hatte auch vor, ein bißchen auf der Welle schwarzer Ausbeutungs-Filme wie „Shaft" mitzuschwimmen und wollte Flemings hübsche weiße Wahrsagerin in eine Farbige umwandeln. In letzter Minute jedoch legte United Artists ein Veto ein. Man war nervös genug angesichts der Aussicht, einen neuen Bond präsentieren zu müssen und konnte ja über Moores Starqualitäten nur Vermutungen anstellen. Zu Mankiewicz' Kummer wurde der englischen Schauspielerin Jane Seymour die Rolle der Solitaire übertragen. Die Produzenten hatten sie in der BBC-Fernsehserie „Onedine Line" entdeckt. Sie selbst hatte jedoch Schwierigkeiten, sich auf die eindimensionale Rolle als Sex-Objekt einzustellen, wie das Buch von Mankiewicz es vorsah. Da war die Solitaire schlicht eine junge Wahrsagerin, die Tarot-Karten benutzt, um ihrem Boss, dem Drogen-Schmuggler Dr. Kananga, die Zukunft vorauszusagen.

Ein junger Schotte namens Fergus Hall schuf ein feststellbares Tarot-Spiel, dessen surreale Figuren später die ungewöhnliche Anzeigen-Kampagne für den Film beeinflußten: Roger Moore als Bild auf den Karten, die Tod, Glück, Teufel und Liebe bedeuteten.

Im Drehbuch von Mankiewicz hatte jede Rolle ihr Gegenstück in den Tarot-Karten. Solitaire wurde durch die „Hohepriesterin" symbolisiert, eine Karte, deren Bild vor-

sätzlich eine starke Ähnlichkeit mit Jane Seymour aufwies. James Bond kam auf vielen Karten vor, darunter natürlich die männlichen Liebhaber, die auf der Karte ihre Geliebte leidenschaftlich umarmen. Im Film trägt Bond ein gezinktes Päckchen Tarot-Karten bei sich, das ausschließlich aus Karten mit dem Liebespaar besteht. Mit diesem Trick macht er Solitaire klar, daß sie beide dazu bestimmt sind, sich zu lieben.

Die Tarot-Karten helfen Bond auch anderweitig. Solitaire signali-

nie mit einer Jungfrau ins Bett gehen durfte. So erschien der Fall nun annehmbar.

Broccoli und Saltzman waren des Karussells um die Bond-Rolle müde, doch bei ihren Film-Architekten wechselten sie gern mal wieder. Ken Adam war gegangen, an seiner Stelle kam Syd Cain zurück, der Veteran aus „Im Geheimdienst Ihrer Majestät" und „Liebesgrüße aus Moskau". Im März 1972 begleitete Cain Regisseur Guy Hamilton nach Jamaika, um Motive zu suchen, die zu Mankiewicz' erstem Dreh-

Kartenkunst

Bei der schönen Wahrsagerin Solitaire läßt sich James Bond die Zukunft aus den Karten vorhersagen. Als sie sich in Bond verliebt, verliert sie ihre medialen Fähigkeiten.

siert Bond den Verrat der CIA-Mitarbeiterin Rosie Carver, indem sie 007 eine Karte schickt, die Pik-Dame auf den Kopf gestellt. Diese Karte hat die Bedeutung, daß Bond es mit einer unaufrichtigen Frau zu tun hat. Als Solitaire gefangen und nach San Monique zur Exekution gebracht wird, da sind es drei Tarot-Karten, die Hohepriesterin, Tod und Mond, die Bond veranlassen, zu ihrer Rettung auf die Insel zurückzukehren. Jedesmal wenn Solitaire Bond sieht, erscheint die Karte mit den Liebenden, ein klarer Hinweis auf die Unvermeidbarkeit ihrer Liebesaffaire. Auf diesem Umweg über eine Art „schicksalhafter Bestimmung" kam Mankiewicz um das unantastbare Tabu herum, daß Bond

buch-Entwurf paßten. In dieser ersten Fassung sollte Dr. Kananga Bond in eine riesige Zuckermühle stoßen, ein Verarbeitungs-Gerät, wie es auf Jamaika gängig war. Als Cain und Hamilton sich die Sache jedoch an Ort und Stelle ansahen, fanden sie auf Anhieb, eine solche Mühle sei zu sperrig und selbst für einen Bond zu gefährlich. Mankiewicz stieß zu dem Team, und die drei Männer begaben sich in den Dschungel, um dort nach alternativen Ideen zu suchen.

Außerhalb von Montego Bay fanden sie auf einem Dschungelpfad ein Hinweisschild mit der Aufschrift: „Vorsicht! Krokodile kreuzen!" Ein Stück weiter erneut ein Schild: „Rechtsverletzer werden ge- ▶

fressen!" Sie befanden sich auf einer Krokodil-Farm, eine Entdeckung, die das endgültige Drehbuch beeinflußte. In diesem wird Bond in New Orleans von Dr. Kananga entführt und zu seiner eigenen Hinrichtung zu der Krokodil-Zucht geschickt. Tee Hee begleitet Bond zu einem riesigen Weiher mit stehendem Wasser, das vor Reptilien wimmelt, und läßt ihn hilflos auf einer kleinen Beton-Insel zurück.

Um in Erfahrung zu bringen, wie Bond aus dieser tödlichen Falle wohl wieder herauskommen könnte, befragte Mankiewicz den Krokodil-Züchter selbst, der ausgerechnet

zu springen. Ein Kunststück, daß er auch noch nie zuvor ausprobiert hatte.

Der gesamte Teich wurde danach von den überflüssigen Krokodilen freigemacht, sodaß Hamilton sein kleines Team hineinwaten lassen konnte, begleitet von ein paar Londoner Handwerkern. Sie mußten eine provisorische Brücke zimmern, auf der Bond zu der Insel gelangte. Der Züchter mußte für sein wagemutiges Unternehmen eine Hose und Schuhe tragen, die Moores Kleidung ähnelten. Der selbst sah sich seine gefährliche Flucht aus sicherer Entfernung an.

schwieriger, denn die Krokodile erwarteten ihn schon. Im fünften Anlauf jedoch gelang es: Kananga behielt das Gleichgewicht und lief über die Krokodil-Rücken zum rettenden Ufer.

Es war eine der schwierigsten Aufgaben für Mankiewicz bei seinem Drehbuch, sich von Flemings Snobismus freizumachen und die schwarzen Figuren glaubwürdig anzulegen, ohne gönnerhaft zu werden. Was endlich in „Leben und sterben lassen" auftaucht, ist eine typisch Bond-gemäße Terror-Organisation, die ebenso mächtig wie Smersh oder SPECTRE ist, nur weit interessanter. Während ein SPECTRE-Agent dem anderen ähnelt, sind Mr. Bigs' Verbrecher jeder für sich ein Individuum. Der Schauspieler Yaphet Kotto spielte die Doppelrolle des Mr. Big, das unverschämte hohe Tier aus Harlem mit der streitbaren Einstellung gegen jeden Eindringling in sein Revier, und den Dr. Kananga, den einschmeichelnden isländischen Diplomaten, der sich in einer Versammlung der Vereinten Nationen behaupten und auch CIA-Schnüffler ablenken kann, die sich für seine Aktivitäten auf San Monique interessieren.

Julius Harris spielt mit einer durch ein Gelenk angebrachten Metall-Klaue einen hinreißenden Tee Hee, einen lachenden Ganoven, der Bond insbesondere auf der Zugfahrt von New Orleans nach Hause terrorisiert. Whisper, gespielt von dem korpulenten Earl Jolly Brown, verleiht dem Film eine subtilere Note; wie er in die Szenen hereinflattert und wieder heraushuscht wie ein gewinnender Geist und in wichtigen Augenblicken komische Erleichterung bringt, etwa in der Höhlen-Szene, das ist eine gekonnte Leistung. Der 1,90 Meter große Tänzer Geoffrey Holder stiehlt jedoch allen die Show als die sterbliche Verkörperung des Baron Samedi. Als „langer Arm" für Kanangas Macht im Voodoo-Land spielt Holder die Rolle auf zwei einfallsreichen Ebenen. Zeitweise ist er einfach nur einer von Mr. Bigs Angestellten, zwar eine höchst auffällige Erscheinung, doch sterblich. Dann wieder wird Holder zum Baron Samedi, dem „König der Toten", der auf San Monique einen sakralen Ritus leitet, in dessen Verlauf Solitaire beinahe von schlangentragenden Fanatikern ermordet wird.

Todeskralle

*Im Schlafwagen versucht Mr. Bigs
Chefkiller „Tee Hee" James Bond mit seiner Kampfprothese
aus dem Zugfenster zu stoßen.*

Kananga hieß. Seine Antwort: Er würde versuchen, über den Rücken der Krokodile zu balancieren. Das war nun eine waghalsige Angelegenheit, die nur realisiert werden konnte, wenn man die Krokodile bewegungsunfähig machte. Der Züchter beschwerte die Füße eines halben Dutzends von Krokodilen mit Gewichten, so daß sie sich fast nicht bewegen konnten. Ihre Mäuler und Schwänze jedoch blieben frei. Als die Krokodile an ihren Platz gebracht wurden und so eine Reptilien-Brücke mit schnappenden Zähnen und schlagenden Schwänzen bildeten, bereitete sich der Züchter darauf vor, von Rücken zu Rücken

Bei seinen ersten vier Versuchen rutschte Kananga ab und fiel in den Weiher. Beim dritten Mal hatte eines der Krokodile tatsächlich nach seinem Schuh geschnappt. Er bemerkte, daß es die Straßenschuhe waren, die ihn daran hinderten, auf der glitschigen Oberfläche voranzukommen. Doch selbst mit extra präparierten Sohlen, die ihm mehr Halt geben sollten, glitt er weiter aus und landete im Wasser. Jedesmal mußte er zur Garderoben-Hütte zurückkehren, ein neues Paar Schuhe anziehen und dann wieder zu der kleinen Beton-Insel zurückkehren. Jedesmal wenn er scheiterte, wurde das recht gefährliche Unternehmen

Holder mit seinem kräftigen, lauten Lachen und den Bewegungen eines Tänzers hinterläßt den bleibendsten Eindruck von allen Figuren des Films. So ist es nur passend, daß er der letzte ist, den wir sehen, wie er auf dem Schienenräumer von Bonds gen Heimat dampfendem Zug fährt; er lacht wie üblich und warnt uns, daß dem Übernatürlichen nicht so leicht zu entkommen ist.

Holders Erscheinen in der letzten Szene des Films war eine nachträgliche Überlegung. Man hatte den Eindruck, daß nach dem Tod all der schwarzen Bösewichter der Film besser ohne einen klaren Sieg für Bond enden sollte. 007 weiß von nichts, als er vorne in seinem Zug sitzt. Mit Samedi, der die Schlußtitel ablaufen ließ, wollten die Produzenten dem schwarzen Publikum ein Trostpflaster verpassen. Solch sorgfältige Rücksichtnahme gegenüber den schwarzen Figuren richtete sich vor allem auch an diejenigen Kritiker, die diesen Bond-Film als ein Ausnützen der neuen Welle schwarzer Filme anklagen könnten.

Die Dreharbeiten zu Roger Moores erstem Bond begannen im Oktober 1972 im Sumpfgebiet von Louisiana. Regisseur Guy Hamilton hatte eine ganze Armada von schnellen Motorbooten und eine wagemutige Truppe gestandener Stuntmänner versammelt, unter ihnen Fahrer-As Joey Chitwood und seine „Größte Show auf Rädern"-Truppe von Auto-Teufelskerlen; weiterhin ein Kontingent schwarzer Boots-Stuntmen aus Hollywood, schließlich die eigene Truppe der Pinewood-Profis.

Derek Cracknell, Hamiltons rechte Hand im Sumpfgebiet, und Ausstatter Peter Lamont waren über einen Monat lang in Louisiana gewesen, um sich eine glänzende Motorbootjagd auszudenken, bei der Bond Dr. Kanangas Helfershelfern auf den engen Wasserstraßen entkommt. Im Drehbuch von Mankiewicz bekommt die Jagd einen komischen Aspekt, als Mitglieder der Louisiana State Police, angeführt von dem dickbäuchigen Sherriff J. W. Pepper, versuchen, die mit vollem Tempo Fliehenden zu überholen.

Hamilton hatte anfangs Bedenken, ob überhaupt Ideen von Mankiewicz für diese Seqzenz zu drehen

waren, ohne daß dabei seine mühsam zusammengesuchte Stunt-Crew ihr Leben ließ. Im Drehbuch fliegen Motorboote über Autobahnen, schlittern über Rasenflächen, landen in Swimmingpools, schleudern gegen Baumstämme, donnern in ein verlassenes Landungsboot hinein und sausen mit 70 Meilen über enge Kanäle. Das Problem, wie ein schnelles Motorboot eine Straße überspringen sollte, wurde gelöst, indem die Crew eine riesige Wasserski-Rampe herbeischleppte, über die die Boote entsprechend in die Höhe geschleudert wurden. Eine dieser Spezial-Plattformen wurde am 16. Oktober

plötzlich der Motor ausfiel und ihn ohne die geringste Möglichkeit zu steuern bei 45 Meilen in der Stunde zurückließ. Moore verlor die Kontrolle, das Boot krachte in ein Dock; der unglückliche Unfall ließ den neuen Bond die Bekanntschaft des örtlichen Arztes machen. Der stellte eine Quetschung am Bein fest, einen herausgebrochenen Schneidezahn und eine Menge blauer Flecken. An diesem Nachmittag nun ruinierte Comeaux sein eigens Boot beim Versuch über die „Crawdad Bridge" zu springen; er selbst kam mit kleineren Prellungen davon.

In einer lustigen Szene wird

Giftschlange

Mit Voodookult und Schlangengift
.nimmt Big-Kananga an der abtrünnigen Solitaire grausame Rache.
Aber Bond kann sie in letzter Sekunde retten.

1972 in Position gebracht; Jerry Comeaux bereitete sich darauf vor, eine Straße zu überspringen, die außerhalb von Phoenix/Louisiana die „Crawdad-Bridge" kreuzte.

Comeaux arbeitete mit einem Typ Motorboot, der als Antrieb einen Wasser-Jetstream verwendet. Die Maschine saugt Wasser an und pumpt es in einem schnellen Strahl wieder 'raus. Auf diese Weise wird das Boot vorangetrieben und das Steuerruder kontrolliert. Ohne den Jetstream war das Boot nicht zu lenken — eine Tatsache, die Roger Moore bereits schmerzlich erfahren mußte. Am Mittwoch vorher hatte er einige enge Kurven geübt, als

Bond von zwei Verfolgern einen Wasserarm heruntergejagt; plötzlich kommt das Trio zu einer Halbinsel, die zwischen zwei sich teilenden Wasserwegen liegt. Genau dort findet gerade eine Hochzeitsfeier statt. Im Drehbuch kann Adam, der eine von Kanangas Agenten, in den danebenliegenden Kanal abdrehen, indem er einen unfreiwilligen Abstecher über den Rasen macht. Doch der andere Ganove donnert mitten durch die Hochzeitstorte und das Zelt mit den Erfrischungen.

Murray Cleveland begann diesen Tag, indem er vormittags um 11 Uhr den einen feindlichen Bootsführer ▶

Zu Lande, zu Wasser und in der Luft

Eine der actionreichsten
und aufwendigsten Szenen spielt
in den Sümpfen von Louisiana.
Bond wird von Kanangas
Schnellbooten verfolgt.
Er rast mit seinem CV-19-Rennboot
durch eine Hochzeitsgesellschaft,
fliegt über eine 31 Meter
lange Landzunge und überquert
sogar eine verkehrsreiche
Straße. Teuer machte
diese Sequenz vor allem
eine riesige Wasserski-Rampe,
von der die Boote
in die Höhe geschleudert wurden.
Nicht ganz billig waren
auch die diversen Fahrzeuge
die während der Dreharbeiten
zu Bruch gingen: 27 Motorboote,
20 Autos und 8 Flugzeuge.

doubelte. Er brachte sein CV-19-Rennboot auf Touren und fuhr gegenüber dem „Treadway Estate", einem ehemaligen Indianer-Reservat, wo jetzt die Hochzeits-Zeremonie stattfand, die Wasserstraße herunter. Cleveland, der jetzt die Ramm-Geschwindigkeit erreicht hatte, schmeckte nichts von dem Eis auf der anvisierten Hochzeitstorte; sein Boot geriet außer Kontrolle und rammte eine nahestehende Eiche. Der Fahrer blieb unverletzt, doch sein Boot war an diesem Tag nicht mehr zu gebrauchen.

Während Cracknells Assistenten das zerstörte Boot abschleppten, kam Jerry Comeaux an die Reihe. Nachdem die Trümmer beseitigt waren, beschleunigte er sein eigenes CV-19-Modell auf genau 65 Meilen pro Stunde, verlor ebenfalls die Kontrolle und krachte gegen eine andere Eiche. Eddie Smith war der nächste, auch er am Steuer eines der starken CV-19. Er drosselte die Geschwindigkeit um fünf Meilen auf 60, und steuerte sein Boot sicher mitten durch die Hochzeitstorte. Nach Boots-Stunts kamen in der folgenden Woche Auto-Stunts und Flugzeug-Stunts.

Joey Chitwoods tollkühne Männer rasten über den „Lakefront Airport" außerhalb von New Orleans, wo Bond ein Trainings-Flugzeug kommandiert und in Begleitung einer älteren Dame (Ruth Kempf, keine Profi-Schauspielerin) von ganzen Wagenladungen waffenstarrender Feind-Agenten über das Flugplatz-Gelände gejagt wird. Chitwood schien über eine nahezu unerschöpfliche Vielfalt von Möglichkeiten zu verfügen, um die Autos der Gesellschaft zu demolieren. Er stieß mit Flugzeugen zusammen, zwischen Flugzeugen – überall. Er ließ sogar ein Flugzeug durch ein teilweise geschlossenes Hangar-Tor donnern, wobei die Flügel abbrachen.

In dem Fleming-Roman „Live and Let Die" trifft James Bond auf Jamaika ein, um Mr. Bigs Yacht, die „Secatur" zu zerstören und so den illegalen Zufluß spanischer Goldstücke zu verhindern, mit denen die Smersh-Operationen in Amerika finanziert werden.

007 schließt sich zusammen mit Strangways und Quarrel (seine beiden jamaikanischen Kontaktleute, die mit ihm in „Dr. No" weitere Abenteuer erleben sollten), durch- ▶

taucht einen monderleuchteten Kanal, befestigt eine Haftmine am Rumpf der feindlichen Yacht, wird nach dieser Aktion geschnappt, und dann wird ihm fast bei lebendigem Leibe auf den jamaikanischen Felsen die Haut abgezogen, als die „Secatur" im letzten Augenblick von einer gewaltigen Explosion zerrissen wird, durch die Bond und Solitaire freikommen.

All diese Handlungselemente wurden in dem neuen „Leben und sterben lassen" über Bord geworfen. Im Drehbuch von Mankiewicz kehrt Bond nach Jamaika zurück, um Kanangas Mohn-Pflanzen in die Luft zu jagen und um Solitaire zu retten, die von den Voodoo-Fanatikern fast umgebracht wird. Auf einem Friedhof, auf dem die sakralen Riten abgehalten werden, zerstört Bond ein Standbild von Baron Samedi, das von Dr. Kanangas Technikern unter der Erde mechanisch hochgefahren wird. Er besiegt dann den wirklichen Baron Samedi in einem

Materialschlacht

Die wohl material-intensivste Szene entstand auf dem Lakefront-Airport bei New Orleans, als Bond ein Trainingsflugzeug kapert und damit die Autos der Verfolger demoliert.

Schwerter-Kampf und flieht zusammen mit Solitaire in Kanangas Festung unter der Erde. Hier wird er erneut von Kananga und Whisper gefangen. Doch 007 greift in seine Trickkiste: Dieses Mal ist es eine Spezialuhr, mit der er seine Fesseln zerschneidet; ferner verfügt er über eine Preßluft-Kugel mit einem magnetischen Griff. Es gelingt Bond, Kananga zu überwältigen, der getötet wird, als Bond ihm die Gas-Kugel in den Mund schiebt. Die Wirkung: Kananga wird bombastisch aufgeblasen, steigt bis zum Dach nach oben und explodiert dann.

Wie Bond feststellt: „Kananga hatte schon immer eine viel zu aufgeblasene Meinung von sich selbst."

Am 25. November setzte Geoffrey Holder seinen weißen Zylinder auf und begann, als Baron Samedi herumzumarschieren. Für diese Szene fand im Hotel des Teams, dem „Sans Souci" (in „Dr. No" übrigens Miss Taros Haus in den Bergen) eine Nachtclub-Show statt. Die Regie-Assistenten und 95 Touristen nahmen im „Sans Souci" teil, wo Holder eine verulkende Voodoo-Zeremonie mit jamaikanischen Feuerschluckern und einem merkwürdigen Schlangenmenschen namens Don Topping veranstaltete. Als der „Krabben-Mensch" führte er mit seinem hypergelenkigen Körper das Publikum an der Nase herum. Holder zeigte seine Vielseitigkeit am nächsten Tag, als er den Zylinder mit einer Lumpenkutte vertauschte; derart gewandet begrüßt er Bond und Solitaire auf einem Dschungel-Friedhof. Holder ragt unheilverkün-▶

dend über einem Grabstein auf, spielt auf einer geisterhaften Flöte und wünscht den zwei Entkommenen einen guten Tag. In einem Film der eine superrasante Verfolgungsjagd an die andere reihte, stach das Friedhofszwischenspiel heraus. Mankiewicz demonstrierte, daß er eine Forderung der vorherigen Bond-Autoren nicht vergessen hatte: Bond konnte ruhig in komische Situationen geraten, solange man das Publikum nur in dem Glauben ließ, daß sein Geheimagent sich dennoch in Gefahr befand. Der herumschleichende Samedi warnt Kananga, daß Bond angekommen sei, und damit war die Voraussetzung für eine sorgfältig geplante Verfolgungsjagd durch die jamaikanische Landschaft geschaffen. Seine lumpengeschmückte Erscheinung diente dazu, dem Publikum noch mehr Rätsel über Samedis wahre Identität aufzugeben. War er einfach nur einer von Kanangas Banditen oder vielleicht tatsächlich

Rutschpartie

Eine Landstraße auf Jamaika. Bond und Solitaire werden von zwei Kananga-Leuten auf Motorrädern gejagt. Eine riesige Wasserfläche bringt die beiden Verfolger zu Fall. Den Bus steuerte ein Busfahrer aus London.

ein übernatürliches Phantom?

Am 29. November verließ Hamiltons Crew Ochos Rios und fuhr nach Montego Bay, wo Schauspieler Roy Stewart eingetroffen war, um Quarrel Junior zu spielen, Bond's jamaikanischen Assistenten. Auf der Straße außerhalb von Montego Bay bereitete sich eine große Gruppe von Stuntmen auf die langerwartete Doppeldecker-Bus-Jagd vor.

Maurice Patchett, der Londoner Bus-Fahrer, der auf die Chance gewartet hatte, einige extravagante Fertigkeiten vorzuführen, traf am 30. November in Montego Bay ein

und brachte einen Leyland R. T. Doppeldecker frisch von der Londoner Linie 19 mit. Der Bus wurde von Syd Cains Künstlern gräulichgrün gespritzt und umgetauft in ein Mitglied der San-Monique-Transport-Gesellschaft. Es war auch bei näherer Betrachtung nicht festzustellen, daß ein Team von Metall-Arbeitern einfach die obere Hälfte der Bus-Karosserie abgesägt, auf Metallrollen gesetzt und dann wieder mit der unteren Hälfte verbunden hatte. Wenn Patchett also gegen das niedrige Brückengerüst prallte, konnte die obere Hälfte leicht abbrechen — er und Jane Seymour fuhren in einem einstöckigen Bus weiter. Bevor es mit dem wilden Stunt losging, verdiente Patchett schon mal sein Geld, indem er den Bus durch eine Wasserpfütze schleudern ließ, ein Manöver, das drei verfolgende Motorradfahrer derart überraschte, daß sie ins nahe Gebüsch segeln. Er ließ auch den Bus in Schlangenlinien über die Straße von Montego Bay nach Lucea fahren und zwang damit zwei feindliche Spähwagen in den Straßengraben. Bei dieser Sequenz stand Roger Moore für Nahaufnahmen und bestimmte Fahr-Szenen bereit. Doch aus Versicherungsgründen übernahm Patchett die gesamte wagemutige Passage. Er hatte den Stunt sogar mit einem Mathematiker durchgerechnet, der versicherte, eine Geschwindigkeit von 30 Meilen in der Stunde würde ausreichen, um den eigens präparierten oberen Teil des Busses abknicken zu lassen.

Während Patchett den Bus ein letztes Mal kontrollierte, mußten Regie-Assistent Richard Jenkins und 20 jamaikanische Polizisten eine Menge von rund 200 Einheimischen zurückhalten; sie hatten von dem Spektakel gehört und bauten sich interessiert neben der Landstraße auf. Wichtig war es nun, all diese Leute außerhalb des Kamerabereiches zu halten. Am Morgen des 7. Dezember 1972 stieg Patchett endlich in seinen Leyland, stellte die Spiegel ein, wartete, bis Jane Seymour in der unteren Etage Platz genommen hatte und warf dann seine Maschine an. Hamilton gab sein Signal, Patchett fuhr auf die Brücke zu. Der Bus wurde schneller, Patchett schaute noch auf seinen Tacho — plötzlich gab es einen fürchterlichen Krach, und der ganze Zauber war vorüber. ●

Duell der Meisterschützen

Auf Scaramangas Insel im chinesischen Meer sind Bond und "Der Mann mit dem goldenen Colt" zum Duell angetreten.

1974

Der Mann mit dem goldenen Colt

Originaltitel: The Man With The Golden Gun

STAB

Regie . . . . Guy Hamilton
Produktion. . Harry Saltzman und Albert R. Broccoli
Drehbuch. . . Richard Maibaum und Tom Mankiewicz nach Ian Flemings Roman "Der Mann mit dem goldenen Colt"
Musik . . . . John Barry
Titelsong gesungen von . . . . Lulu
Kamera . . . . Ted Moore und Ossie Morris
Schnitt . . . . Ray Poulton

BESETZUNG

James Bond . . . . Roger Moore
Scaramanga . . . . Christopher Lee
Mary Goodnight . . . . Britt Ekland
Andrea . . . . Maud Adams
Schnickschnack. . . . . Herve Villechaize
J.W. Pepper . . . . Clifton James
Hai Fat . . . . Richard Loo
Hip. . . . . Soon Taik Oh
Rodney . . . . Marc Lawrence
"M" . . . . Bernard Lee
Miss Moneypenny . . . . . . Lois Maxwell
Lazar . . . . Marne Maitland
"Q" . . . . Desmond Llewelyn
Colthorpe . . . . James Cossins
Chula . . . . Chan Yiu Lam

Leben und sterben lassen" war Harry Saltzmans Schwanengesang als Bond-Film-Produzent und Partner von Broccoli. Seine anderweitigen Geschäftsinteressen hinderten ihn daran, seine gesamte Zeit dem nächsten Film der Serie zu widmen: "Der Mann mit dem goldenen Colt". Hinzukam das sich verschlechternde Verhältnis zu Cubby Broccoli; der baldige Bruch

der bemerkenswerten Partnerschaft war abzusehen.

Seit ihrem ersten Zusammentreffen in Broccolis Büro in den frühen 60er Jahren war es eine stürmische Partnerschaft gewesen. Es gab kaum zwei Leute, die sich im Charakter mehr unterschieden. Saltzman war der beweglichere, Broccoli der phlegmatischere Teil, ein Mann, der seinen Standpunkt mit Argumenten ▶

117

darlegte und dann ruhig abwartete, bis die Dinge in seiner Richtung liefen. Zeitweise kam die Produktion zum Stillstand, da die Produzenten miteinander stritten. Drehbuchautor Richard Maibaum stellte fest, Saltzman sei ein phantasievoller Partner bei den ersten Filmen der Serie gewesen, in späteren Jahren jedoch habe er den Bruch forciert. Wie Broccoli war er schwer beleidigt, wenn es zu Streitereien kam.

„Der Mann mit dem goldenen Colt war Flemings letzter Roman. Er war als Serie im „Playboy" gelau-

mal ist sein Ziel ein freiberuflicher Killer: Francisco „Pistols" Scaramanga, „der Mann mit dem goldenen Revolver", ein gefährlicher KGB-Mörder, verantwortlich für den Tod einiger englischer Geheim-Agenten. Der Auftrag führt Bond zurück zu einer von Flemings alten Wirkungsstätten: Jamaika. Hier verfolgt er Scaramanga durch den unwegsamsten Dschungel und bringt den Revolverhelden schließlich für immer zum Schweigen.

Im Vergleich zu „Man lebt nur zweimal" und „Im Geheimdienst Ihrer Majestät" war der neue Ro-

ansonsten wurde eine völlig neue Geschichte erfunden.

Noch bevor „Leben und sterben lassen" in Amerikas Kinos anlief, zermarterte sich Drehbuchautor Tom Mankiewicz das Hirn nach einer neuen Bond-Story. Seine einzige feststehende Zutat war „Scaramanga", der teuerste Killer der Welt, der pro Schuß eine Million verlangt. Mankiewicz schrieb schließlich die Geschichte eines Duells zwischen dem besten Mörder der Welt und James Bond. „M" erhält mit der Post eine goldene Kugel, auf der 007s Nummer eingraviert ist. Dieses ist Scaramangas Vorankündigung, daß Bond sein nächstes Opfer sein soll. „M" kennt Scaramanga und seine Vorgehensweise, ebenso die 35 oder 40 bekannten Morde, die er begangen hat. Doch niemand hat den geringsten Hinweis auf Scaramangas Identität. „M" schlägt vor, Bond solle diesen Fall am besten selbst in Ordnung bringen, und der beschließt, dem Killer die Kugel zurückzubringen. Gegen Ende des Drehbuchs stellt sich heraus, daß Scaramanga die goldene Kugel gar nicht an „M" geschickt hat. Es war vielmehr dessen Freundin, in der Hoffnung, daß Bond Scaramanga töten und sie damit aus sexueller Sklaverei befreien würde. Sie weiß von Bond, da Scaramanga immer bewundernd von ihm gesprochen hat. Nachdem sie es satt hat, nur sexuell gebraucht zu werden, läßt sie für Bond Hinweise zurück, eine Kette von Informationen, die 007 tatsächlich zu seinem Wild führt.

Mankiewicz erinnert daran, daß der Film ursprünglich ein Remake des Revolver-Duells zwischen Jack Palance und Alan Ladd in „Shane" sein sollte — der größte schwere Junge gegen den größten Helden der Welt. Der gesamte Film war auf das unvermeidliche Zusammentreffen dieser beiden Männer angelegt.

Zu Beginn wird das Publikum fast schon aus Spaß in dem Glauben gelassen, Scaramanga habe sich James Bond als sein nächstes Opfer ausgesucht. Bond weiß nicht, was geschieht. Er stöbert in seiner Vergangenheit, um jemanden zu entdecken, der ihm Scaramanga auf den Hals gehetzt haben könnte. Er verfolgt Scaramanga tatsächlich zu einem Glücksspiel-Schiff, wo er als bezahlter Killer für zwei chinesische Geschäftsleute arbeitet: Hai Fat und Lo Fat. Mankiewicz hatte den

Mädchen-Magnet

Wo immer Roger Moore während der Dreharbeiten in Thailand auftauchte, war er von hübschen Thai-Mädchen umringt. Hier präsentiert er sich in einem Bond-gemäßen Kampfanzug.

fen und bereits wenige Wochen nach Veröffentlichung ein Bestseller. Dennoch war es ein schlechter Beitrag zur Bond-Serie und wiederholte viele Ereignisse aus den vorangegangenen zwölf Abenteuern.

James Bond erhält in diesem Buch eine Gehirnwäsche durch den russischen Geheimdienst und soll „M" in London ermorden. Der Plan schlägt fehl, „M" schickt Bond in eine psychiatrische Klinik, wo er sich dank der Fürsorge des kampferprobten Chefs Sir James Maloney prächtig erholt. Als er wieder fit ist für neue Aufträge, erhält Bond einen anderen Mord-Auftrag. Dieses-

man uninteressant; ein Großteil der Handlung ereignet sich im Verlaufe einer im Goldfinger-Stil abgehaltenen Ganoven-Versammlung in Scaramangas Hotel auf der Insel.

Da „Leben und sterben lassen" auf Jamaika gedreht war, hatte man vor, viele von Flemings Original-Plätzen in dem Film „Der Mann mit dem goldenen Colt" auszusparen. Das kleine Insel-Abenteuer mußte erneut in einen weltweiten Machtkampf umgewandelt werden. Wie gewöhnlich entschlossen sich die Produzenten, Flemings Titel zu verwenden, ebenso ein paar interessante Charaktere aus seinem Buch, und

ersten Entwurf fast fertig, da gab es Ärger mit Regisseur Guy Hamilton, der erneut engagiert worden war, um seinen nunmehr vierten James Bond-Film zu leiten. Die zwei stritten sich über die Richtung, in die das Drehbuch gehen sollte, schließlich ersuchte Mankiewicz im Spätsommer 1973, ihn aus dem Vertrag zu entlassen.

Obwohl er für Saltzman nicht gerade dicke Freundschaft empfand, kam Richard Maibaum zurück und bearbeitete das Script von Mankiewicz. Er behielt die Idee bei, daß Scaramangas Freundin Bond die goldene Kugel mit der Bitte um schnelle Hilfe schickt; das Duell Mann gegen Mann ließ Maibaum jedoch fallen. Stattdessen verwandte er die Energiekrise als zeitgemäßen Hintergrund für das Jahr 1974. Schlüssel zur Geschichte wurde „Solex", eine solare Energie-Anlage, die der chinesische Industrielle Hai Fat in Besitz hat. Er stellt Scaramanga ein, um das wertvolle Gerät vor feindlichen Agenten zu schützen. Scaramanga ermordet zunächst den Wissenschaftler, der die Anlage entwickelt hat. Das Ganze geschieht, als Bond in Hongkong ist, um dort ersten Kontakt mit Andrea, Scaramangas widerstrebender Geliebter, aufzunehmen.

Ian Flemings Originalschauplatz Jamaika war bereits abgelehnt worden. So begann nun eine verzweifelte Suche nach neuen und interessanten Motiven. Mankiewicz hatte auf den Fernen Osten abgezielt, als er Hai Fats Macao-Spielschiff erwähnte. Im Herbst 1973 verließ also ein Erkundungs-Team London in Richtung Fernost. Stück für Stück wurden passende Kulissen entdeckt. Im Hafen von Hongkong fand das Team das verrostete Wrack der „Queen Elizabeth I", die unter mysteriösen Umständen in Brand geraten und dann am Rand des Hafens halb gesunken war. Das war ein bemerkenswerter Hintergrund. Später, in Pinewood, wurde das Innere zum fernöstlichen Hauptquartier für „M" und den englischen Geheimdienst. Die dreiwöchige Motivsuche erbrachte eine Reihe von interessanten Hintergründen: In Hongkong, Macao, Bangkok (der Hauptstadt Thailands) und entlang der Thai-„Klongs", ein Netz von engen Kanälen, das ganz Bangkok durchzog. Befahren wurden diese Kanäle mit Motor-Kanus. Den wah-

ren Fund machte man jedoch im Oktober, als Broccoli, Hamilton und Ausstatter Peter Murton Bangkok in südwestlicher Richtung verließen und nach Phuket kamen, einem kleinen Dörfchen am Ende der Malayischen Halbinsel.

In der Nähe von Phuket fand das Team eine Kette kleiner Inseln, die so außerordentlich wirkten, daß Murton meinte, sie hätten die Zeit zurückgedreht und befänden sich in einem prähistorischen Zeitalter. Bedeckt mit Dschungellaub, wie umgestürzte Felsen wirkend, aus der Luft gar wie eine Reihe giganti-

Publikum sich je hätten vorstellen können.

Im Drehbuch ist Khow-Ping-Kan Scaramangas Operations-Basis, eine supermoderne Festung, mit Energie versorgt durch die phantastische Solarenergie-Quelle und geschützt von rotchinesischen Soldaten, die auf einer Nachbarinsel wohnen. Um Mary Goodnight zu retten und für England das „Solex"-Geheimnis zu lüften, begibt sich Bond in den von Rotchinesen bewachten Luftraum, zu einem Besuch bei Scaramanga und seiner herrlichen Insel. Er killt vorsichts-

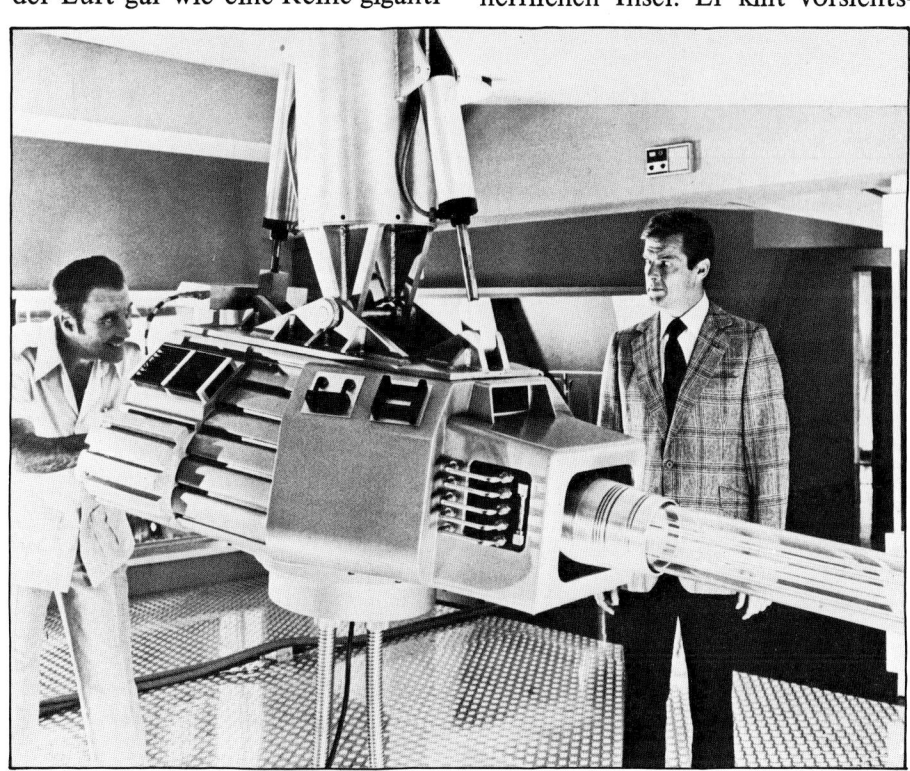

Laser-Kanone

Francisco Scaramangas faszinierendste Waffe ist sein goldener Colt. Gefährlicher jedoch ist die von ihm entwickelte Laserkanone, mit der er die Welt beherrschen will.

scher Trittplatten, war jede Insel ein wahres Fest für Fotografen. Eines dieser unwirklichen Teile asiatischer Geographie wurde Scaramangas Insel. Im Thai-Geographiebuch hieß die Insel Khow-Ping-Kan, sie hatte einen herrlichen Sandstrand, der einer Höhle vorgelagert war, die später James Bonds See-Flugzeug aufnehmen sollte. Auch das Strand-Duell zwischen Bond und Scaramanga fand hier statt. Im Hintergrund sah man kleinere, fremd wirkende Inseln, die der Szene eine geheimnisvolle Exotik gaben, weit entfernt von allem, was die Film-Crew und erst recht das

halber den gefürchteten Mörder und rettet Mary Goodnight genau in dem Augenblick, in dem die Solaranlage sich überhitzt und in ihre Bestandteile zerfällt.

Das Erkundungs-Team kehrte nach London zurück, um sich mit den Transport-Problemen auseinanderzusetzen, ein haariges Problem auf Khow-Ping-Kan, wo man totaler Selbstversorger sein mußte. Der Beginn der Dreharbeiten war für April 1974 angesetzt.

Tom Mankiewicz hatte ursprünglich Jack Palance als optimale Besetzung für Francisco Scaramanga, den „Mann mit dem goldenen Colt" ▶

Kleiner Mann

Mit nur einem Meter Körpergröße war Herve Villechaize als Scaramanga-Diener „Schnickschnack" Bonds kleinster Gegner. Hier auf einem Standfoto mit Britt Ekland und Maud Adams.

anvisiert. Eine zeitlang standen die Chancen, Palance zu verpflichten, auch gut. Guy Hamilton war jedoch scharf auf den großen, finster wirkenden Christopher Lee, der nur zu gern bereit war, aus seiner langen Reihe von Horrorfilmen auszubrechen, in denen er als Englands Antwort auf Bela Lugosi festgelegt worden war. Interessanterweise war er ein entfernter Cousin von Ian Fleming und war gelegentlich Golfpartner des Autoren gewesen. Fleming hatte Lee tatsächlich mal erzählt, daß er an ihn dachte, als er 1957 die Figur „Dr. No" schuf; er habe die Hoffnung geäußert, daß Lee eines Tages einen der Bond-Bösewichter spielen werde.

Abweichend von Flemings Beschreibung des Super-Killers sah Hamilton den Scaramanga als einen elegant gekleideten Mann, der wie James Bond die schönen Dinge des Lebens schätzte. Er killte zwar für

eine Million Dollar, dennoch war er nicht der typische brutaldumme Mörder. Scaramanga war mehr als irgendein bezahlter Killertyp — er war der teuerste Revolvermann der Welt.

Zur Vervollständigung dieses Bildes wurde Christopher Lee mit einer einzigartigen Waffe ausgestattet: ein Revolver, der auseinanderzunehmen war und dann wie normale Zierstücke wirkte — ein Zigarettenetui, ein Kugelschreiber, ein Manschettenknopf, ein Feuerzeug und eine Kugel, die in einer Gürtel-

schnalle verborgen war. Für sich genommen, waren diese goldenen Einzelteile völlig unverdächtig und erlaubten es Scaramanga, unbehelligt durch Strahlen-Kontrollen zu gehen und sich sogar abtasten zu lassen. Gerade das ermöglichte es dem Killer, mit überraschender Leichtigkeit zu morden. Man sieht das bereits früh im Film, als er sich Hai Fats in dessen Speisezimmer entledigt. Der Industrielle denkt, Scaranmanga wolle eine Zigarette genießen, als er Feuerzeug und Zigaretten-Etui auf den Tisch legt. Es erscheint ihm auch ganz normal, daß jemand nach einem Kugelschreiber greift und einen Manschettenknopf löst. Er hat keinerlei Ahnung, was sich da vor seinen Augen tut und daß bald eine goldene Kugel durch den Raum fliegen wird.

Richard Maibaum stellte sich Lee mit einem Schnauzbart und spanischem Akzent vor. Lee erklärte Maibaum jedoch, daß er weder das eine, noch das andere wollte. Er sah stattdessen Scaramanga als einen ehemaligen Abwehr-Offizier. Lee meinte, daß auch Bösewichter sympathische Züge haben sollten.

Anstatt Sacaramanga als einen Mann ohne jeden Charme zu spielen, wollte er ihn als gebildet und wortgewandt zeigen; jemand, der tötet, weil er das Geld liebt und die macht. Guy Hamilton ermutigte machte. Guy Hamilton ermutigte Lee zu dieser Einstellung, und die Kostümbildner in Pinewood statteten ihn mit der schicksten Garderobe aus, die je ein Bond-Bösewicht getragen hatte. Lee bekam farbenfrohe Jogging-Anzüge, Tennisschuhe und Sporthemden. So wirkte es natürlich, wenn er mit Überzeugungskraft den großen Mann von Welt spielte.

Lee war von einer Gruppe sehr ungewöhnlicher Kollegen umgeben. Die Show stahl allen der nur einen Meter große Herve Villechaize, ein hervorragender Schauspieler, der Scaramangas Diener „Schnickschnack" spielte, eine Miniaturausgabe von „Odd-Job". Villechaize sprach mit schriller Stimme und hatte eine Reihe hübscher Angewohnheiten, die hervorragend in die Bond-Tradition hineinpaßten. Schnickschnack war der kleinste Bond-Widersacher, dennoch hervorragend. Auf Scaramangas Insel steht das „Haus der Lustbarkeiten" unter seiner Kontrolle, ein äußerst raffinierter Vergnügungspark, in dem Scaramanga geistige Fähigkeiten und Schießkünste mit den besten Revolvermännern der Welt mißt.

Covergirl Maud Adams, groß, schlank und von exotischem Aussehen, spielte Scaramangas gewinnende, doch treulose Freundin. Die schwedische Sex-Bombe Britt Ekland war die Mary Goodnight, Bonds fernöstliche Freundin. Für Richard Maibaum war die Verpflichtung von Britt Ekland ein Rätsel. In Flemings Roman wird Mary Goodnight

Milligan, ein bekannter Auto-Spezialist, hatte monatelang an seinem „Spiral-Sprung" gearbeitet. Ein Auto fährt dabei eine Rampe hoch, macht in der Luft eine ganze Drehung und landet wieder auf den Rädern auf einer anderen Rampe.

Er zeichnete einen Plan auf, ging damit zur Cornell Universität und ließ sich vom Computer die mathematischen Daten des Stunts errechnen. Geschwindigkeit, technische Daten des Wagens, die Länge

vorzuführen. Eon Productions hatte sich eine zweijährige Option geben lassen, die es Milligan oder einem anderen Fahrer untersagte, die Sensation öffentlich vorzuführen. Die Sache mußte möglichst geheim bleiben. Die Produzenten waren besonders nervös, daß schnelle TV-Produktionen ihr Material stehlen und den Bond-Film beim Publikum ausstechen könnten.

In Bangkok hatte Peter Murton den Bau der eigens entworfenen

als ein geistreiches Mädchen geschildert, das Bond aus mancher Verlegenheit hilft. Maibaums Sätze waren mit einem hochintelligenten Mädchen im Sinn geschrieben, jemand, der Bond eine gewisse Hilfe sein konnte. Aus Maibaums Sicht spielte Britt Ekland die Rolle jedoch als „weiblicher Possenreißer".

Einer der Gründe, warum Mankiewicz bei seinem dritten Bond passen mußte, war: Er konnte nicht einsehen, daß noch eine Reihe von neuen Stunt-Ideen nötig waren. Diverse Crew-Mitglieder halfen diesesmal Maibaum und kamen mit verschiedenen Vorschlägen. Bei „Leben und sterben lassen" hatte sich Derek Cracknell mit Stunt-Fahrer Joey Chitwood angefreundet. Als der Film fertig war, erhielt er eine Einladung, einen Freund von Chitwood, Jay Milligan, zu treffen, der eine Stunt-Idee zu verkaufen hatte.

Großer Stunt

Nur 15 Sekunden Film, aber eine ganz große Stuntleistung, war Bonds Brückensprung in Bangkok. Ausgedacht und durchgeführt Wurde diese erstklassige Actionszene von Stuntman Jay Milligan.

des Sprungs und Luftwiderstand wurden in den Computer einprogrammiert, und das ausgedruckte Ergebnis wies Milligan die erforderlichen Bedingungen aus. Erforderlich waren ein speziell entworfener Wagen, sowie die Start- und Landerampen, um dem Auto den richtigen Dreh zu geben, damit es wieder auf allen vier Rädern landet.

Als „Der Mann mit dem goldenen Colt" in die Vorbereitungsphase eintrat, wurde Milligan von den Produzenten angeheuert, um sein waghalsiges Kunststück in Bangkok

Start- und Landerampen über einen „Klong" überwacht. Die Rampen wurden listig als eine eingestürzte Brücke getarnt. In der Geschichte muß Bond, der Scaramangas Wagen einholen will, möglichst schnell einen der zahlreichen Kanäle überqueren. Keine Brücke weit und breit; doch 007 erspäht die Überreste der eingestürzten Brücke, fährt mit seinem Wagen zurück, läßt ihn über die heruntergefallenen Bohlen vorwärtsschießen, schlägt den Salto und landet gekonnt auf der anderen Seite des Wassers.

Der Stunt dauerte im Film nur 15 Sekunden, doch die Produzenten knauserten nicht; Sie ließen die eingestürzte Brücke extra bauen.

Die Autos selbst wurden massenweise von der American Motors Corporation zur Verfügung gestellt. Man hatte begriffen, welchen Werbeeffekt das Erscheinen in einem Bond-Film mit sich brachte. 1964 ▶

war's der Mustang in „Goldfinger", 1969 der Cougar in „Im Geheimdienst Ihrer Majestät", 1971 der Mustang in „Diamantenfieber".

Obwohl ein AMC „Hornet" schon vom Styling her nicht mit einem Aston Martin konkurrieren konnte, war er für Milligans Zweck der ideale Wagen. Der Stunt-Fahrer und ein Team von Ingenieuren bauten das Chassis um, sie brachten die Steuersäule im Zentrum des Wagens an, verkleinerten die Karosserie an manchen Stellen, vergrößerten sie an anderen und stimmten Gewichtsfaktoren, die den Sprung eventuell beeinträchtigen konnten, aufeinander ab.

Im Juni 1974 war der „Hornet" so weit, den Sprung über den „Klong" zu wagen. Bumps Willard führte den Stunt aus, einer von Milligans Fahrern. Kräne und Krankenwagen standen bereit für den Fall, daß Willard ins Wasser stürzen sollte; Hamilton hatte eine Reihe von Kameras aufgebaut, um den Sprung aus verschiedenen Perspektiven aufzunehmen. Der „Hornet" wirbelte kleine Staubwolken auf, die Maschine kam auf Touren, dann raste er die Absprung-Rampe hoch. „Bevor man überhaupt richtig hingeschaut hatte", erinnert sich Christopher Lee, „war der Wagen über den Kanal geflogen, hatte sich fehlerfrei gedreht. Es sah aus wie ein Kinderspiel." Der Sprung war so perfekt abgelaufen, daß man sogar darüber diskutierte, ob man ihn nicht noch einmal drehen sollte. Einige Leute hatten Bedenken: Wenn alles zu einfach aussähe, könnten Zuschauer es vielleicht für einen Trick halten. Doch solcherlei Einwände wurden zurückgewiesen. Weder wollte man die Ausgaben künstlich erhöhen, noch Willards Leben riskieren.

Im Original-Drehbuch hatte allerdings Maibaum vorgesehen, daß Bond zweimal über den Kanal springen sollte. Nach dem ersten Sprung sollte er feststellen, daß Scaramanga doch noch auf der anderen Seite fuhr — und gleich zurückfliegen. Doch im Film schließlich zeigte Hamilton die Szene in Zeitlupe, und das Ganze klappt ausgezeichnet; besonders in dem Moment, in dem Sheriff J. W. Pepper (Clifton James in einer kurzen, aber lustigen Nebenrolle) Bond anschaut und erkennt, was er vor hat. Die Dramatik der Passage wurde schließlich noch verstärkt durch das Pfeifen der Schwä-

Geschlagen

Für die Kampfszenen in einer chinesischen Karateschule mußte Roger Moore eigens den grünen Gürtel erringen, um die Karateszenen echt wirken zu lassen.

ne, mit dem Komponist John Barry die Filmmusik angereichert hatte.

Auf dem Papier gab es keinerlei Anlaß anzunehmen, daß „Der Mann mit dem goldenen Colt" nicht ebenso gut laufen sollte, wie seine acht Vorgänger aus der Bond-Serie. Es gab ein gesundes Budget (zwischen 7,5 und 8 Millionen Dollar), gute Drehorte, einige ungewöhnliche Rollen und das für 007 typische halsbrecherische Tempo. Unglücklicherweise war jedoch das Ganze dennoch nicht so beeindruckend. Es bleibt die Tatsache, daß es in „Der Mann mit dem goldenen Colt" keine rechte Herausforderung gibt. Bonds einzige Gefahr ist Scaramanga, und auch er wurde ja nicht als allesbedrohende Figur gespielt. Jedoch ohne Supergefahr verlor der Bond-Film seinen Biß. Er zerfiel stattdessen in eine Reihe von Einzelteilen. Teil 1: das Vergnügungshaus; Teil 2: Karate-Schlacht; Teil 3: Auto-Sprung; Teil 4: Kampf mit Schnickschnack. Wie Peter Murton meinte: „Es wirkte so, als sei der Film stückweise um seine Motive zusammengesetzt." Die richtigen Zutaten waren schon vorhanden, doch Guy Hamilton mußte kämpfen, um aus dem schlechten Drehbuch einen mittelmäßigen Film zu machen. Am Ende scheiterte er dennoch. Der neunte Bond-Film wurde, genauso wie Flemings neunter Roman, eine große Enttäu-

schung. Da Harry Saltzman die meiste Zeit abwesend war, fanden Diskussionen von seiten der Produktion über Drehbuch und Einzelheiten nicht statt.

Eines, was James-Bond-Fans bei „Der Mann mit dem goldenen Colt" besonders verwirrte, war, daß vieles ausgelassen worden war. An der Küste von Scaramangas Insel findet eine wichtige Szene statt: Schnickschnack beaufsichtigt ein klassisches Revolver-Duell zwischen Bond und Scaramanga, „Walther" gegen „Golden Gun". Jeder der Duell-Partner soll sich 20 Schritte entfernen, sich umdrehen und dann schießen. Als Bond sich umdreht ist Scaramanga verschwunden. Fans beklagten sich, daß Szenen aus der Werbeankündigung im wirklichen Film gar nicht vorkamen. Darunter zum Beispiel eine, in der Bond und Scaramanga sich über die Felsen der Insel verfolgen. Im endgültig geschnittenen Film gehen sie vom Duell jedoch direkt in das Finale im Vergnügungshaus über.

Aus der Duell-Szene wurde Material herausgeschnitten, das sonst das allgemeine Tempo des Films verlangsamt hätte. In der fertigen Filmfassung sieht man, nachdem Bond sich umdreht und Scaramanga verschwunden ist, wie der Ober-Killer um die Ecke des Vergnügungs-Hauses biegt. Wie Christopher Lee erzählt, kann man die ursprüngliche Fassung des Films aus seinem Gesichtsausdruck ableiten: Er würde bei den Regeln des Duells nicht mitspielen. Als Bond sich von ihm entfernt, verschwindet er aus dem Gesichtskreis. Bond bemerkt, daß Scaramanga sich in den Felsen verbirgt, und die beiden haben ein langes Ge-

sprach miteinander. Während sie sich gegenseitig Bemerkungen zurufen, versteckt auch Bond sich hinter den Felsen. Bond versucht Scaramanga auszutricksen, indem er eine Thermosflasche mit Petroleum in die Luft wirft und sie über Scaramangas Kopf explodieren läßt. Diese Szene wurde auch gedreht und im Trailer (Werbe-Film) gezeigt. Scaramanga weicht der Flasche aus, er und Bond treffen zum Finale in dem Vergnügungs-Haus aufeinander. Im Schneideraum fiel die Entscheidung, daß der lange Dialog die Handlung aufhielt.

Major Boothroyd, alias „Q" kehrt in „Der Mann mit dem goldenen Colt" zurück und erfindet sein amüsantestes technisches Spielzeug. Laut Drehbuch sollte Bond als Scaramanga auftreten, als er Hai Fats Haus besucht. Um als Scaramanga durchzugehen — Hai Fat hat ihn nie gesehen — muß Bond seine Brust entblößen und eine dritte Warze vorweisen — Scaramangas offensichtliches körperliches Kennzeichen. Um Bonds Verkleidung zu vervollständigen, entwirft „Q" eine hautfarbene Plastikwarze, die an Bonds Brust befestigt wird.

Die Hauptdreharbeiten für „Der Mann mit dem goldenen Colt" begannen in Hongkong am 6. November 1973. Mit einer Schatten-Kamera filmte Hamilton die Dämmerstunde auf der „Queen Elizabeth". Das ging nur zu einer ganz bestimmten Stunde, noch vor Tagesanbruch, wenn das Licht gerade ausreicht, um schon etwas auf den Film zu bringen, und es gleichzeitig doch noch dunkel genug ist, um das Hereinbrechen der Nacht oder Dämmerung zu simulieren. Eine

Gelandet

Wieder einmal hat Bond die schöne Mary Goodnight vor bösen Killern gerettet. Sie dankt es ihm — wie man sieht — auf nette Art. Britt Ekland spielt die Mary.

Motor-Barkasse bringt Bond quer durch den Hafen zur „Queen Elizabeth", die, wie Bond feststellt, „M"s fernöstliches Hauptquartier ist. Bei dieser frühen Szene doubelte Schauspieler Mike Lovatt Roger Moore, der erst im nächsten April in Hongkong sein mußte. Die Szene klappte gut und wurde zu einem der lebendigsten Augenblicke im ganzen Film. Später wurde im Entwicklungs-Labor in Pinewood noch ein Bild der erleuchteten Hongkong-Silhouette unterlegt.

Fünf Monate später, Mitte April 1974, versammelte sich eine große Eon-Crew in Phuket und fuhr rüber nach Khow-Ping-Kan. Die erste Szene zeigt, wie Bond mit seinem Wasserflugzeug in Scaramangas Grotte landet. Ein Unfall hätte fast das Flugzeug zerstört und seinen Piloten, Colonel Claire, der Moore doubelte, das Leben gekostet. John Stears ging ans Werk und zerstörte das Flugzeug völlig mit Sprengstoff. Im Film führt Scaramanga seine Sonnen-Kanone vor und verbrennt das Wasserflugzeug.

Nachdem die Amphibien-Stunts im Kasten waren, begann Hamilton mit seinen Hauptdarstellern, darunter Maud Adams und der amerikanische Charakter-Darsteller Marc Lawrence (der unglückliche, wie ein Mafia-Angehöriger wirkende Ganove, der von Scaramanga im „Teaser"

und im Fun-House überlistet wird.

Derek Cracknell, Leiter des zweiten Teams, filmte inzwischen von außen einen rotchinesischen Horchposten, der über alles, was auf Scaramangas Insel ankommt, wacht. Anschließend fuhr das Team nach Hongkong und kehrte schließlich nach London zurück, wo Peter Murtons Kulissen warteten.

Murton war der dritte Ausstatter eines Bond-Films. Er hatte 1963 bei „Dr. Seltsam, oder wie ich lernte die Bombe zu lieben" mit Ken Adam zusammengearbeitet, und Adam bat Murton, ihm bei „Goldfinger" zu helfen. Von 1965–1968 stattete Murton Filme aus wie „Feuerball", „Ipcress — Streng geheim", „Finale in Berlin", bis er 1968 bei „Der Löwe im Winter" zum ersten Mal in eigener Verantwortung arbeitete.

Eine der Hauptkritiken an „Der Mann mit dem goldenen Colt" war, daß das Drehbuch nicht in der Lage war, aus Murtons Kulissen Kapital zu schlagen. Der ehrgeizigste von allen Drehorten, der Sonnenenergie-Raum, wurde im Film kaum benutzt und nur von einem einzigen Schauspieler aufgesucht. In diesem Sonnenenergie-Raum gab es riesige Generatoren, im Hintergrund sah man blendende Farben und Computer-Schaltpulte, die den großen, fächerartigen Spiegel kontrollierten, der das Sonnenlicht einfing und die gesamte Apparatur speiste.

Mehr Zeit wurde in Murtons Vergnügungs-Haus verbracht, das im Finale des Films ermüdend oft auftauchte, im „Teaser" des Films jedoch faszinierend wirkte. Auf Murtons Reißbrett kombinierte das Vergnügungs-Haus eine Menge Attraktionen aus Vergnügungsparks, darunter ein Labyrinth, ein Spiegelkabinett und einen Schießstand.

Zu Murtons weiteren Kulissen zählten Scaramangas Schlafzimmer auf einer chinesischen Dschunke, Bonds Hotelsuite, in der er zunächst Mary Goodnight und dann Andrea ins Bett bekommt, sowie das schrägliegende Hauptquartier des englischen Geheimdienstes, das an Bord der sinkenden „Queen Elizabeth I" versteckt ist. Murtons Ausstattung war durchaus auf dem Standard, den man von einem Bond-Film erwartet. Die Verantwortlichkeit für den Mißerfolg von „Der Mann mit dem goldenen Colt" war anderswo zu suchen. ●

Der Spion, der mich liebte

Originaltitel: **The Spy Who Loved Me**

STAB

Regie	Lewis Gilbert
Produzent	Albert R. Broccoli
Drehbuch	Christopher Wood/ Richard Maibaum
Produktion-Designer	Ken Adam
Kamera	Claude Renoir
Musik	Marvin Hamlish
Schnitt	John Glen

BESETZUNG

James Bond	Roger Moore
Major Anya Amasova	Barbara Bach
Karl Stromberg	Curd Jürgens
Jaws = Beißer	Richard Kiel
Naomi	Caroline Munro
„M"	Bernard Lee
Miss Moneypenny	Lois Maxwell
„Q"	Desmond Llewelyn
General Gogol	Walter Gotell
Captain Carter	Shane Rimmer
Liparus Captain	Sydney Tafler
Felicca	Olga Bisera

In „Der Spion, der mich liebte" gab es den wagemutigsten Stunt der ganzen Bond-Serie. Broccoli war durch die Anzeige einer kanadischen Whisky-Marke darauf gekommen. Man sah dort Ski-Springer-As Rick Sylvester von Grönlands „Asgard" springen. Broccoli stellte Nachforschungen an und erfuhr, daß der arktische Stunt ein Trick war und in Wirklichkeit vom Gipfel des „El Capitan" im kalifornischen Yosemite Valley stattgefunden hatte. Sylvester hatte eigentlich wirklich vom Asgard springen wollen, doch die Wetterbedingungen waren zu schlecht gewesen.

Broccoli nahm mit Sylvester Kontakt auf und machte ihm ein

Kampf mit dem Beißer

Roger Moores dritter Bondfilm und endlich der Durchbruch: Das 007-Publikum hat den neuen Star akzeptiert. Zu den Höhepunkten des Films gehören unzweifelhaft die Kampfszenen mit „Beißer" R. Kiel.

Bond-gemäßes Angebot, wenn er den Stunt für „Der Spion, der mich liebte" wagen würde. Im Drehbuch war vorgesehen, daß Bond aus seiner Skihütte in Berngarten gejagt wird. Vier russische Skitrupps mit Maschinengewehren verfolgen ihn. Es gelingt Bond, ihnen zu entkommen, doch bei seiner Flucht gerät er auf einen Steilhang, der 1 000 Meter steil abfällt. Ohne mit der Wimper zu zucken, fährt er über die Felswand und fällt und fällt und fällt... Er verliert Skier und Stöcke – dann öffnet sich sein Fallschirm mit den Farben des Union Jack. Sanft gleitet Bond in den kühlen, arktischen Schnee.

Der Stunt war so tollkühn, daß Broccoli kaum an seine Realisierbarkeit glauben wollte. Der Spiralsprung in „Der Mann mit dem goldenen Colt" war von einem Computer berechnet worden. Hier war es Glücksache. Der Stuntman fuhr über die Felswand, und man wußte nicht, ob man ihn je wiedersehen würde. Drehbuchautor Christopher Wood hatte die Geschichte sogar noch weitergetrieben: Bei ihm sollte der am Fallschirm schwebende Bond auf einem See hinter einem Motorboot niedergehen, einen Enterhaken auf das Boot 'rüberwerfen und so zum Wasserski-Fahrer werden.

Doch diese Idee wurde als lächerlich zurückgewiesen. John Glen, der das zweite Aufnahme-Team leitete, sollte den Stunt drehen, bevor es im August 1976 mit den allgemeinen Dreharbeiten losging. Sylvester fand den Asgard ideal.

Der Asgard ist eine 1 000 Meter hohe, vorspringende Felswand im „Aquittuq National Park" auf der kanadischen Baffin-Insel, 1 500 Meilen nördlich von Montreal. Sein Gipfel ist so lang wie ein Fußballfeld, mit einem Schneeteppisch bedeckt und nur per Hubschrauber zu ▶

erreichen. Alles, was Sylvester brauchte, um seinen wagemutigen Sprung zu unternehmen, war gegeben.

Die erste Voraussetzung war eine senkrechte Felswand, die im 90-Gradwinkel abfällt; die zweite: Gelände, das mit Skiern befahrbar ist. Die Felswand mußte hoch sein. Je höher, desto besser, denn so würde die Sache nicht nur spektakulärer wirken, sondern auch sicherer sein. So war Zeit da, um sich von den Skiern zu befreien und den Fallschirm zu benutzen – gar nicht zu sprechen von dem Zeitgewinn, falls irgendetwas schiefgehen sollte. Ein passendes Landegebiet und die richtigen Windverhältnisse waren einleuchtende Voraussetzungen.

Sylvester stand sein Freund Bob Richardson, ein erfahrener Bergsteiger, zur Seite, der für die Sicherheitsmaßnahmen am Asgard verantwortlich war. Er arbeitete mit Kameraausrüstungen und hielt besonderes Augenmerk auf die weniger erfahrenen Kletterer. Hinzukam noch Jim Buckley, ein Fallschirmexperte, der Sylvesters Fallschirm wieder zusammenfalten sollte, falls die Notwendigkeit gegeben war, und die Windbedingungen im Auge behalten sollte. Monsieur Claude, Besitzer einer Filmproduktion in Montreal, diente als örtlicher Kontaktmann. Zur weiteren Besetzung gehörte noch ein Arzt, Rene Dupont, der kanadische Produktionsleiter des Films, Alan Hume, ein 1. Kameramann, zwei weitere Kameraleute, ein Kamera-Assistent, zwei Hubschrauber-Piloten und ein Helikopter-Mechaniker.

Anfang Juli 1976 traf Glens Mannschaft in dem kleinen Dorf Padgnirtung ein und quartierte sich in einer komfortablen ehemaligen Hudson-Bay-Jagdhütte ein, um auf günstiges Wetter zu warten. Der Asgard lag 50 Meilen entfernt. In der Wartezeit drehte Glen etwas Testmaterial, aber auch die Szene, in der man Sylvester auf Skiern zu dem Punkt fahren sieht, von dem

Skistunts mit Willy Bogner

Die gesamten Skistunts (mit Ausnahme des Asgard-Sprunges) standen unter der Leitung des Bond-routinierten Kameramannes Willy Bogner. Rechts bei den Verfolgungsaufnahmen.

aus sein Flug beginnt. Stunden wurden mit der Bestimmung des Standorts für die Kameras und die Vergabe der Verantwortlichkeiten zugebracht. Nachdem 10 Tage ins Land gegangen waren, trafen die ersten ungeduldigen Anrufe aus London ein. Trotzdem konnte ohne die passenden Bedingungen nichts unternommen werden. Selbst wenn die Bedingungen zum Filmen vielleicht als zufriedenstellend erachtet wurden, gab es beachtlichen Druck auf die Crew, den Versuch eilig zu vollenden, weil die Wolken sich schon wieder zusammenzuziehen schienen, um den Asgard zu verhüllen.

Ganz in der Nähe schwebte der „Jet Ranger" Kamera-Hubschrauber, allerdings außerhalb der Reichweite des Felsrandes, damit der Luftstrom des Propellers Sylvesters Fallschirm nicht störte. Alan Hume saß hinter der Helikopter-Kamera, welche die Sequenz vorwiegend aufnehmen sollte. Die anderen beiden Kameras waren von zweitrangiger Bedeutung.

Genau drei Minuten bevor eine große Wolke die Sonne verdüsterte und den Asgard in Schatten hüllte, bekam Sylvester von Glen das Startzeichen und begann mit seiner Abfahrt. Er stieß gegen einen Eiswulst, behielt das Gleichgewicht und schoß über die Felskante, zum Teil noch über den Kopf eines dort plazierten Kameramannes.

Oben auf dem Asgard war Glen zu sehr damit beschäftigt, seinem Kameramann Anweisungen zu geben, als daß er Sylvesters waghalsiges Manöver hätte beobachten können. Er erfuhr dann, daß trotz der Tests und der gewissenhaften Sicherheitsmaßnahmen Hume im Helikopter Sylvester, bald nachdem er über die Kante geschossen war, verloren hatte. Jetzt lag es bei dem Kameramann an der Felskante, den Tag zu retten.

Zu aller Erleichterung stellte sich später heraus, daß der Film brauchbar war. Zwar hatte der Hubschrauber Sylvester nicht aufnehmen können, einem der Kameraleute an der Felskante war es jedoch gelungen, den ganzen Stunt mitzudrehen. Der Fallschirm hatte sich, wenn auch nicht ganz perfekt, aber doch geöffnet, die englische Nationalflagge wirkte ausgezeichnet.

Ebenso wie „Liebesgrüße aus Moskau", Ian Flemings 10. Roman, ▶

war auch „Der Spion, der mich liebte" nur ein teilweise gelungenes Experiment. Diesesmal ließ Fleming die Geschichte aus dem Blickwinkel einer Frau erzählen, einer jungen Engländerin mit Namen Vivian Michael, die auf Abenteuersuche nach Amerika fährt. Vivian mietet einen kleinen Motorroller und bereist die Ostküste der Vereinigten Staaten, bis sie schließlich in einem verlassenen Motel ankommt. Hier, in dieser „Psycho"-ähnlichen Umgebung, wird das Mädchen von zwei amerikanischen Gangstern gequält, die das Motel niederbrennen und die Versicherung kassieren wollen.

Erst gegen Ende des Buches, als Vivian vergewaltigt und getötet werden soll, braust Bond wie die US-Kavallerie herbei und klärt die hinterwäldlerische Situation. Bond sieht durch Zufall das Schild des Motels, nachdem sein Wagen eine Reifenpanne hat, und da die Nacht hereinzubrechen droht und es noch

Der Spion und die Spionin

Als verliebte Todfeinde üben Barbara Bach und Roger Moore westöstliche Koexistenz. Barbaras Rolle war die erste ernstzunehmende Frauenrolle in einem Bond-Film.

---

ein langer Weg bis zur nächsten Stadt ist, beschließt er, Hilfe zu suchen.

Vivian kommt Bonds englischer Akzent wie ein göttliches Zeichen vor. Dieser erledigt denn auch auf die Schnelle die abscheulichen Ganoven, stellt Vivians Vertrauen in die Männer wieder her, geht mit ihr ins Bett und enteilt schließlich, bevor die Geschichte allzu rührselig wird. Es war dieses Flemings ungewöhnlichster Roman, kein großer Publikumserfolg. Jahrelang hielten sich Gerüchte, er sei gar nicht von

Fleming selbst geschrieben worden, sondern von einer Frau.

Als sein Leben dem Ende zuging, ordnete Fleming bei seinem Literatur-Agenten Bob Fenn an, dieses Buch solle niemals als Filmstoff verkauft werden. 15 Jahre später, als die Stoffe für die Bond-Film-Serie ausgingen, bat Cubby Broccoli Flemings Erben, sie möchten ihm nur den Titel überlassen; an der Geschichte hatte er sowieso kein Interesse.

Broccoli war jetzt allein. Saltzman, der dringend Geld brauchte, hatte seinen Anteil an den Bond-Filmen weiterverkauft an United Artists — angeblich für 30 Millionen Dollar. Jetzt war also United Artists Partner in der verjüngten Bond-Serie, Broccoli blieb als alleiniger Produzent zurück. Und kaum war „Der Mann mit dem goldenen Colt" in den Kinos, da nahm Broccoli die Entwicklung einer völlig neuen Story in Angriff, die zu Flemings Titel

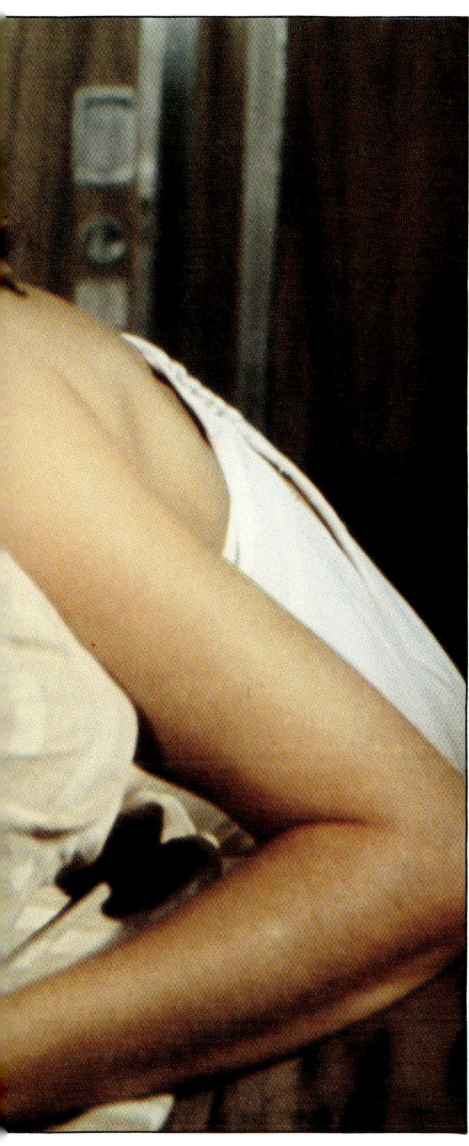

„Der Spion, der mich liebte" paßte.

Die Entwicklung des Drehbuchs erwies sich allerdings als ein Alptraum. Nicht weniger als 12 Autoren versuchten sich daran; am Ende gab es schließlich auf Broccolis Schreibtisch insgesamt 15 verschiedene Entwürfe. Die Frage war: Wer konnte der große Erneuerer sein und dennoch in den Grenzen der Glaubwürdigkeit bleiben?

Die Autoren sollten ohne große Vorgabe an dem neuen Projekt arbeiten. Nur eine Generallinie hatte Broccoli ausgegeben: Der besagte Spion sollte eine russische Agentin sein, die sich in Bond verliebt. Broccolis Stiefsohn Michael Wilson, jetzt Rechtsanwalt, teilte sich mit Geschäftsführer William Cartlidge die Produktionsarbeit, die zuvor Saltzman übernommen hatte. Wilson kümmerte sich nun intensiv um die Verhandlungen mit den Drehbuchautoren.

Er erinnert sich an die zahlrei-

chen Rechtsprobleme, die sie mit den Fleming-Erben klären mußten, bevor das Projekt starten konnte. Durch eine frühere Abmachung hatten sie das Recht, über Flemings Geschichten hinaus neue Bond-Storys zu erfinden. Daher konnten sie über den Titel „Der Spion, der mich liebte" verhandeln, durften diesen jedoch nur benutzen, wenn sie eine völlig neue Geschichte schreiben ließen.

Ein Comic-Buchautor aus New York, Cary Bates, wurde von Roald Dahl empfohlen und reichte ein Buch ein. Es handelte sich um eine Bearbeitung von Flemings „Moonraker"-Roman, der ebenfalls als ein möglicher Titel für die Serie in Frage kam. Bates hatte die Figur des Hugo Drax verwendet und ihm eine Organisation wie SPECTRE beigegeben, mit einer riesenhaften Basis im schottischen Loch Ness. Die Geschichte bezog sich auf den SPECTRE-Plan, ein Atom-U-Boot zu entführen, sowie Bonds Anstrengungen, das Verbrechen mit Hilfe der russischen Agentin Tatjana Romanowa (das Mädchen aus „Liebesgrüße aus Moskau") zu verhindern. Es war ein interessantes Buch, doch Broccoli zögerte. Stattdessen engagierte er den Schriftsteller Roald Hardy für einen völlig neuen Versuch. Witzigerweise entwickelte Hardy ebenfalls eine Story über Atom-U-Boote; bei ihm gab es ein ausgefallenes elektronisches Gerät, das es dem Bösewicht ermöglicht, feindliche U-Boote zu orten und einzufangen. Das Buch selbst beeindruckte Broccoli nicht so sehr, doch die Idee des Spürgerätes ermutigte ihn, dieses Feld weiter zu erforschen. Ein weiterer Autor kam ins Spiel: Anthony Barwick.

Barwick verwandte das Spürgerät für einen Bösewicht namens „Zodiac", zu dessen Truppe die bösen Drillinge Tic, Tac und Toe gehören. Wenn die Westmächte nicht ihre gesamten Kunstschätze ausliefern, beabsichtigt Zodiac, mit seinen weit reichenden Torpedos ganze Flotten von Atom-U-Booten zu zerstören. Barwick verließ dann das Projekt. Seine Nachfolger: Derek Marlowe, Sterlin Silliphant, John Landis und Anthony Burgess (Autor von „Uhrwerk Orange"). Burgess entwickelte das ungewöhnlichste aller Bücher, eine eindeutige Parodie auf die Welt des James Bond. Michael Wilson merkte, daß die

Schreiber bei ihren Bond-Drehbüchern alle in die gleiche Falle gingen: Sie dachten in erster Linie an Drehorte und Kulissen und vergaßen dabei einen starken roten Faden durch die Geschichte. Richard Maibaum wurde vorsichtshalber gebeten, ein Buch zu schreiben. Guy Hamilton wurde erneut als Regisseur verpflichtet – sein fünfter Bond-Film.

Anfang 1976 entschied sich Maibaum, die SPECTRE-Einflüsse beizubehalten, jedoch wegzukommen von dem Blofeld-ähnlichen alten Verbrechertypus. Er führte eine junge Truppe internationaler Terroristen ein, Mitglieder der Roten Brigaden, der Baader-Meinhof-Bande, der Organisation Schwarzer September und der Japanischen Roten Armee, die sich zusammengefunden hatten, um ein neues SPECTRE zu bilden.

Sie sind nicht interessiert an Raub oder Erpressung, sie wollen die Welt zerstören; sie wollen ein Atom-U-Boot kapern und die Ölfelder der Welt zerstören. In den Anfangsszenen des Drehbuchs dringen sie gewaltsam ins SPECTRE-Hauptquartier ein und ermorden den alten Stamm. Anschließend setzen sie ihren Plan in die Tat um.

Maibaum sah sich in Budapest um, um die letzten Szenen für sein Drehbuch schreiben zu können, da ließ Guy Hamilton das Projekt plötzlich im Stich, um bei „Superman" mitzumachen, jenem gigantischen Warner-Brothers-Film, der sich damals in den Pinewood-Studios im Vorbereitungsstadium befand. Hamilton wurde übrigens später von Richard Donner abgelöst.

Broccoli nahm sofort eine intensive Suche nach einem neuen Bond-Regisseur auf; zeitweise zeigte er ernsthaftes Interesse für Peter Hunt. Nach „Im Geheimdienst Ihrer Majestät" hatte sich Hunt mit Filmen wie „Gold" und „Rivalen gegen Tod und Teufel / Brüll den Teufel an" auf eigene Beine gestellt, zwei temporeiche Abenteuer-Streifen mit Roger Moore in der Hauptrolle. Hunt war jetzt jedoch bei dem italienischen Produzenten Carlo Ponti gebunden und somit nicht zu haben. Vorsichtshalber nahm Broccoli dann Lewis Gilbert unter Vertrag, der vor 10 Jahren bei „Man lebt nur zweimal" Regie geführt hatte. Gilbert brachte einen eigenen Drehbuchautoren seiner ▶

Schlägerei...

Die für die neueren Bondstreifen relativ harte Prügelszene im Schlafwagen-Abteil erinnert an die Kampfsequenz im Orientexpreß in „Liebesgrüße aus Moskau". Auslöser des Kampfes ist der Angriff des Beißers auf die russische Agentin. Bond kommt zur rechten Zeit um Anya Amasova zu retten.

Wahl mit, Christopher Wood, der den Maibaum-Entwurf erneut überarbeitete.

Broccoli hatte Maibaums Script gefallen. Er hatte nur das Gefühl, daß die junge SPECTRE-Gruppe von Terroristen viel zu politisch war. Wood ließ denn auch die Terroristen wieder fallen und führte an ihrer Stelle erneut eine Blofeld-Figur ein. Ihr Name ist Stavros, ein Schiffsmagnat, der einen riesenhaften Supertanker besitzt. Der Tanker ist mit einem Spezial-Bug ausgestattet, der geöffnet werden und Atom-U-Boote aufnehmen kann. Die Tanker-Idee stammte von Maibaum und ging zurück auf das „Diamantenfieber"-Drehbuch von 1970, in dem Blofeld einen riesigen Tanker als Abschuß-Rampe für seine Laser-Kanone kommandiert.

Im endgültigen Wood-Entwurf benutzt SPECTRE das Spürgerät, um ein russisches und ein englisches U-Boot zu kapern. Bond und die russische Agentin Anya Amasova (Maibaums Schöpfung) werden nach Kairo geschickt, um einen SPECTRE-Verräter zu suchen, der das System auf dem freien Markt anbietet. Jeder der beiden Agenten denkt, der andere stecke hinter der Entführung. Sie spielen in Kairo das Spielchen ‚ein Spion gegen den anderen', bis enthüllt wird, daß eine dritte Partei sie gegeneinander ausgespielt hat (in typischer SPECTRE-Manier). Bond und Anya tun sich nun zusammen und verfolgen das Aufspürgerät bis zu Stavros' Basis vor der Küste Sardiniens.

Stavros' Ober-Ganove wurde schließlich die „Beißer"-Figur, die frühere provisorische Ideen von sich ähnlich sehenden Leibwächtern in den Entwürfen von Bates und Barwick ersetzte. „Beißer", ein Über-Killer mit blauschimmernden Stahlzähnen, wurde zu einer unbesiegbaren Ein-Mann-Armee und lebte sogar im nächsten Bond-Film „Moonraker" weiter. Er ist damit der einzige Helfeshelfer, dem das je gelang. Broccoli wollte die Rolle zunächst mit Will Sampson besetzen, jenem hühnenhaften Indianer aus „Einer flog über das Kuckucksnest", entschied sich dann jedoch für den 2.13 großen Richard Kiel.

Kiel wurde praktisch über Nacht eine Kultfigur und konnte sich in der Industrie einen Namen machen, die ihn in zahlreichen Fernsehspielen fast immer auf den Platz des kleinen Gauners verbannt hatte. Broccoli hatte ihn als Patrick McGoohans Assistenten in „The Silver Streak" gesehen, wo er in

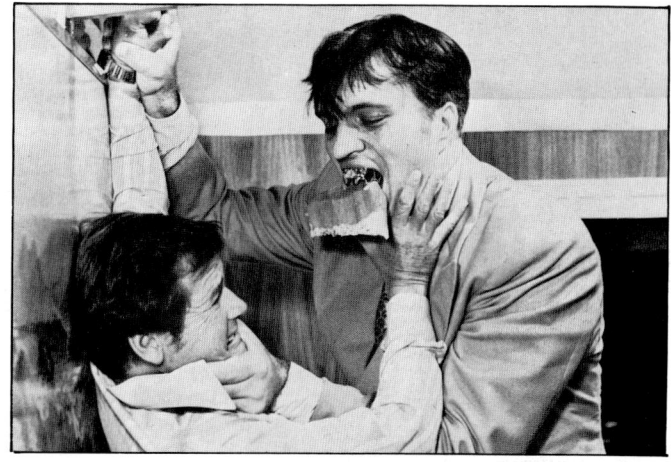

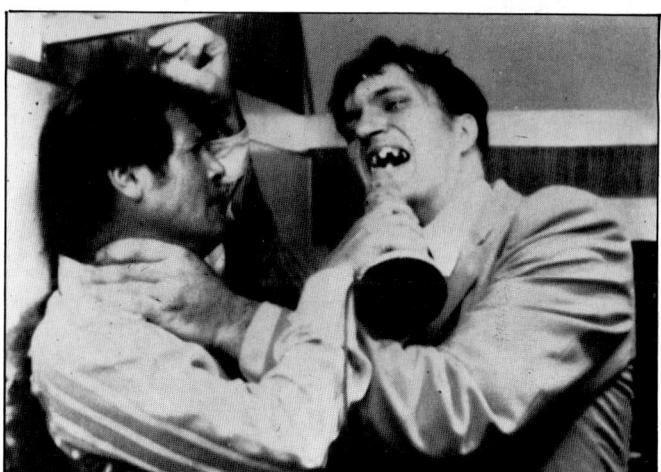

...im Schlafwagen

Da Bonds physische Kräfte denen des 2,13 Meter großen Riesengegners bei weitem nicht gewachsen sind, greift er zu einer List. Er drückt dem Beißer die Stromkontakte einer kaputten Lampe ans Stahlgebiß und setzt ihn damit schachmatt. Anschließend schleudert er den Riesen aus dem Abteil.

einem Zug imponierend fürchterlich aussah: Seine Schultern waren oft unter der Decke eingezwängt. Die Wirkung dieser Szene mag vielleicht die Autoren beeinflußt haben, ihn bei „Der Spion, der mich liebte" in der Zug-Szene zu verwenden, in der Bond und Anya auf der Fahrt von Kairo nach Sardinien in ihrem Abteil von einem riesigen Mörder angegriffen werden, dessen Klosettdeckel-große Hände Roger Moore arge Schwierigkeiten bereiten.

Nachdem mit SPECTRE, Stavros und der Beißer die Bösewichter des Films feststanden, beschäftigten sich die Autoren mit Bond und seiner Ausrüstung. Roger Moore wuchs in „Der Spion, der mich liebte" endgültig in die Bond-Rolle hinein. Es gab nach wie vor die technischen Spielereien und die Kulissen,

doch diesesmal war es ein dreidimensionaler Moore, der 007 zum Leben erweckte. In dem Maibaum/ Wood-Drehbuch gab es für Moore einige wesentliche dramatische Momente, die in den zwei vorherigen Versuchen gänzlich gefehlt hatten. Ein Beispiel war das Zusammentreffen mit der amerikanischen Schauspielerin Barbara Bach, die als Anya eine sehr gute russische Agentin abgab.

Die Szene spielt in ihrer Hotelsuite in Sardinien, nach einer haarsträubenden Jagd, bei der Bond einem kombinierten Attentat gegnerischer Motorradfahrer, Autos und Hubschrauber entkommt, indem er seinen mit Spezialausrüstung versehen Lotus „Esprit" ins Mittelmeer lenkt, wo das Auto zum U-Boot wird. Bond zündet sich mit einem besonderen Feuerzeug eine

Zigarre an, das Anya bewundert. Als sie ihn fragt, woher das Feuerzeug stammt, erzählt er ihr, es sei aus Berngarten in Österreich, wo er zum Skifahren gewesen sei. Das macht nun Anya äußerst stutzig: Ihr Geliebter, ein russischer Agent, wurde kürzlich in Berngarten bei einem Auftrag gekillt (es war der Auftrag, James Bond zu töten).

Sie zeigt Bond ein Bild ihres Geliebten und dieser antwortet, daß er das Gesicht kennt. Als Anya dann erzählt, er sei bei einem Auftrag umgekommen, gesteht Bond, daß er ihn eventuell bei der Ski-Verfolgungsjagd getötet haben könnte. Anya wird eiskalt; sie informiert Bond, daß sie ihn ermorden wird, sobald ihre gemeinsame Mission beendet ist. Dann geht sie.

„Der Spion, der mich liebte" ist kein ernsthafter Film in der Bond- ▶

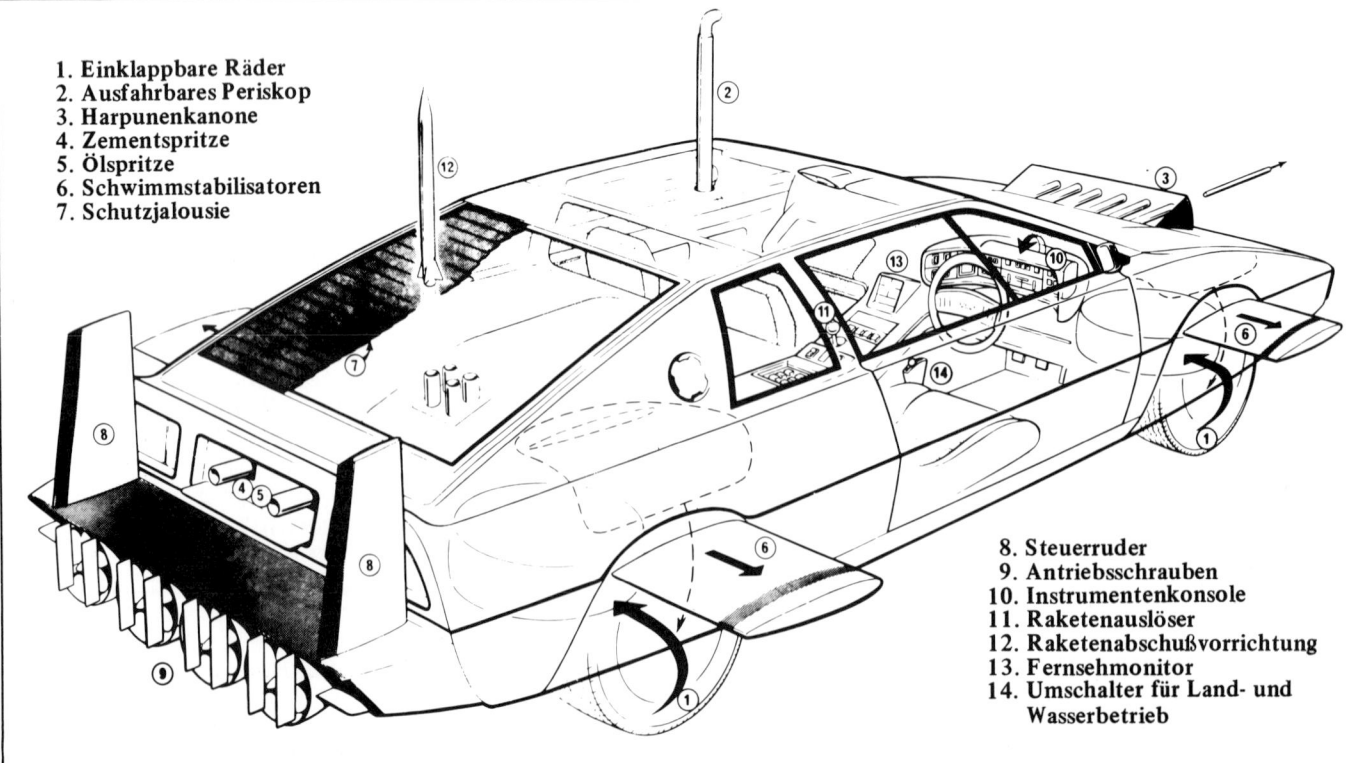

Bonds Unterwasser-Auto

Der Requisiten-Star des zehnten 007-Abenteuers war ganz ohne Zweifel Bonds tauchfähiger Lotus Esprit.

1. Einklappbare Räder
2. Ausfahrbares Periskop
3. Harpunenkanone
4. Zementspritze
5. Ölspritze
6. Schwimmstabilisatoren
7. Schutzjalousie

8. Steuerruder
9. Antriebsschrauben
10. Instrumentenkonsole
11. Raketenauslöser
12. Raketenabschußvorrichtung
13. Fernsehmonitor
14. Umschalter für Land- und Wasserbetrieb

Serie. Wie gewöhnlich sind weite Passagen auf die Slapstick-Ebene gebracht, mit Dialogen voller Wortspiele. Dennoch hilft diese gefühlsgeladene Szene (gar nicht mal länger als fünf Minuten), den Film über den üblichen Klamauk hinauszuheben. Was Roger Moore betrifft, so war es seine beste Szene in Jahren, die nostalgisch an die frühen Connery-Bonds erinnerte. Der Blick auf Moores Gesicht in dieser Szene, die ganze Stimmung des Augenblicks — das alles scheint eher aus früheren Zeiten zu stammen.

Das Budget für „Der Spion, der mich liebte" betrug 14 Millionen Dollar; damit war angezeigt, daß United Artists bereit war, für die teuersten und eindrucksvollsten Effekte, die je in der Serie Verwendung gefunden hatten, entsprechend zu investieren. Nachdem die Einspielergebnisse der vorherigen Roger Moore-Bonds recht enttäuschend gewesen waren, schien man jetzt bereit, alles auf eine Karte zu setzen. „Der Spion, der mich liebte" war wieder ein Globetrotter-Film, mit teuren Drehorten auf den Bahamas, in der Schweiz, auf Sardinien, in Ägypten, Schottland und auf der Baffin-Insel. Das Budget für Special Effects wurde verdreifacht, man entwarf Pläne für einen kaum noch zu übertreffenden Bond-Knüller: ein Untersee-Auto.

In den verschiedenen Drehbuch-Entwürfen hatte das Untersee-Auto zahlreiche Abänderungen erfahren. Es war schon im Cary Bates-Script aufgetaucht und hieß dort „Esther Williams". In späteren Versionen wurde es zu „Wet Nellie", eine Reverenz an den Auto-Gyro „Little Nellie", der in „Man lebt nur zweimal" so ein Erfolg gewesen war. Das Untersee-Auto war schließlich das Erzeugnis zweier kreativer Geister: Ausstatter Ken Adam und Derek Meddings, Spezialist für Special Effects, der vor fünf Jahren John Stears als Broccolis Zauberer für Spezial-Effekte abgelöst hatte.

Meddings, der für seine Arbeit bei „Der Spion, der mich liebte" einen „Oscar" verdient hätte, doch in dem Jahr bedauerlicherweise gegen „Krieg der Sterne" und „Unheimliche Begegnung der dritten Art" konkurrieren mußte, erinnert sich: Als entschieden war, daß man den Sportwagen in ein U-Boot verwandeln wollte, schlug Ken Adam vor, man solle die Karosserie des neuen Lotus „Esprit" verwenden. Keiner verstand irgendetwas von der Aerodynamik unter Wasser, dennoch entschieden sie sich für den Lotus, weil sie ihn für das schönste Auto in England hielten. Sie bekamen die Karosserie von der Lotus-Fabrik gleich in einem halben Dutzend Exemplaren und bauten in jede unterschiedliche Funktionen ein.

Um dem Wagen unter Wasser die richtige Stromlinien-Form zu geben, mußten Räder konstruiert werden, die in der Karosserie verschwinden konnten, und Radkästen, die entsprechend dicht abschlossen, um den Zwischenraum auszugleichen. Jalousien wurden über die Windschutzscheibe gebaut, um den Eindruck zu erwecken, als sei das

Tauchfahrt *Binnen kürzester Zeit ließ sich aus dem Lotus ein U-Boot machen. Gut erkennbar: die Antriebsaggregate.*

Glas gegen den Unterwasser-Druck verstärkt.

Nur ein Wagen wurde so ausgerüstet, daß er tatsächlich unter Wasser funktionierte. Er hatte einen Motor und konnte wie ein Flugzeug unter Wasser betrieben werden. Wenn der Wagen drehte, legte er sich in die Kurve, außerdem konnte er sinken und steigen. Zwei Männer wurden ausgesucht, um ihn zu fahren. Die Spezialausstattung wie die Raketen-Abschußrampe mit Richtung Luftraum, die Unterwasser-Raketen und das Armaturenbrett zum Minenlegen — all das wurde in den Spezialwerkstätten von Pinewood gebaut und fertiggestellt.

Als die Spezial-Truppe in Pinewood fertig war, brachte Meddings die Karosserie des Lotus zu „Perry Unterseeboote" in Miami, eine einzigartige Firma für U-Boote, die für die US-Marine tätig ist. Ihnen blieb die letzte Beurteilung der Funktionsfähigkeit von „Wet Nellie"

überlassen. Geplant war, daß zwei Taucher, ausgerüstet mit Atemgeräten, das Vehikel steuern sollten. Sie wollten kein trockenes Tauchfahrzeug. Ken Adam: „Wenn man etwas mit einer Luft-Kabine baut, gibt es Probleme mit dem Ballast. Man ist gezwungen, andauernd Ballast rein- und rauszupumpen. Das war etwas, was wir vermeiden wollten."

Perrys Spezialisten sahen sich die Konstruktion an und meinten, sie könnten das Fahrzeug motorisieren. Sie gaben Adam auch die Idee, die Fahrer sollten „Rebreather"-Tauchgeräte benutzen, die nicht so eine verräterische Spur von Luftblasen zurückließen. Am Ende wurden dennoch normale Taucherlungen verwendet; nicht nur, weil sie sicherer waren, sondern auch weil Adam und Meddings erkannt hatten, daß ohne die Luftblasen, die aus dem Auto aufstiegen, einiges an Überzeugungskraft geopfert worden wäre. Mit den Luftblasen, die das Gefährt von den Taucherlungen hinter sich herzog, war das Bild eines Unterwasser-Autos viel überzeugender. Das letzte, was Adam wollte, war der Eindruck, daß man nur mit einem Modell im Studio-Becken gearbeitet hätte. Die Unterwasser-Szenen mit dem motorisierten Lotus wurden in den klaren Gewässern bei den Bahamas gedreht. Nach langer Abwesenheit kehrte Lamar Boren, der Veteran der Unterwasser-Photographie, zu den Bond-Filmen zurück. Michael Wilson war für die Drehorte bei den Bahamas zuständig; zu seinem Team gehörte Derek Meddings, dessen Mannschaft auch all die Modelle baute, darunter den 21 Meter langen Super-Tanker, bei ▶

Ateliergigant
für 007

*Ausschließlich für Bond-Dreharbeiten
wurde die Riesenhalle auf dem
Gelände der Pinewood-Studios bei
London errichtet. Konstruiert von
Ken Adam 1976. In dem 114 Meter
langen, 49 Meter breiten und 16 Meter
hohen Filmstudio entstanden für
„Der Spion, der mich liebte" die
größten und teuersten Kulissen der
Filmgeschichte. Die rechts oben zu
sehende Inneneinrichtung des
Riesentankers „Liparus" kostete
1,25 Millionen Pfund Sterling,
damals fast 5 Millionen DM.
In diesem Ateliergiganten entstanden
später Innenaufnahmen zu „Moonraker" und „In tödlicher Mission".*

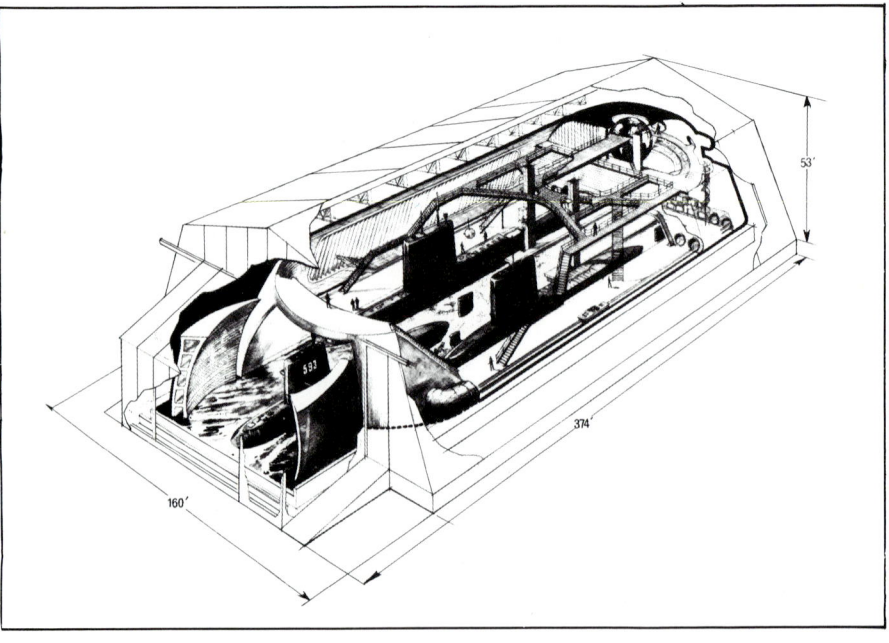

dem man kaum von einer Miniatur sprechen konnte. Im endgültigen Drehbuch von Maibaum und Wood öffnet der Super-Tanker „Liparus" seine Spezialtüren am Bug und verschluckt drei Atom-U-Boote. Während Meddings mit seinen Leuten bei den Bahamas alles erledigte, was mit Ozean zu tun hatte, wurde in Pinewood das Innere des Tankers, in dem die entführten U-Boote im Dock liegen, nachgebaut — eine der gewaltigsten Kulissen, die es dort je gab.

Das Drehbuch verlangte, daß Ken Adam das Innere der „Liparus" mit den drei erbeuteten U-Booten im Rumpf im Original nachbaute. Zu der Kulisse zählte erneut eine funktionsfähige Einschienen-Bahn, Meilen von Stahlträger-Aufbauten,

ein ganzes Dock, ein großer Arrestraum, ein Arsenal und ein eindrucksvoller Kontrollraum mit Computerpulten, um die atomaren Sprengköpfe der U-Boote zu kontrollieren.

Ursprünglich war vorgesehen, daß Ken Adam seine Kulisse in einer normalen Halle aufbauen sollte. Wenn nicht Pinewood, dann sollte er eine andere Einrichtung benutzen, zum Beispiel einen alten Luftschiff-Hangar wie den in Cardigan.

Adam fand seinen Luftschiff-Hangar; doch die Kosten, ihn in einen Drehort zu verwandeln mit großem Wassertank, um die Atom-U-Boote einzuquartieren, die waren genau so hoch, wie wenn man in Pinewood alles neu gebaut hätte. Dann noch die Transportkosten für die Crews hin und her zwischen

Hangar und Studios, schließlich der Hangar und die Hotels — all das war unerschwinglich. Adam überlegte sich, daß es die einzig richtige Lösung war, dem Beispiel von „Man lebt nur zweimal" zu folgen und das Ganze auf dem Filmgelände zu bauen.

Auf diese Weise stiegen Eon Productions ins Immobiliengeschäft ein. Man investierte 1 Million Dollar in eine brandneue Halle, die in der Nähe der alten „Fort Knox"-Kulisse entstehen sollte. Diese war schon bald nach ihrem Aufbau wieder abgerissen worden. Die Entscheidung, alles zu bauen, basierte auf Adams Erfahrung mit dem Vulkan-Drehort in „Man lebt nur zweimal"; dauernd behinderte damals das Wetter die Dreharbeiten. Diesesmal schützten ▶

vier Wände und ein Dach den Tanker-Komplex.

Gebaut wurden nun drei U-Boote in einer Größe von fünf Achteln des Originals. Ein echtes Atom-U-Boot ist zwar über 140 Meter lang, doch diese Schiffs-Länge würde eine 200 Meter lange Halle erfordern. Adam konnte auch schon deshalb nicht in dieser Ausdehnung bauen, weil dann die Menschen im Verhältnis zu den Booten peinlich klein gewirkt hätten.

Zunächst einmal konstruierte er ein Modell der ganzen Szenerie, das argwöhnisch vom Regisseur und den Drehbuchautoren beäugt wurde. Laut Drehbuch sollte in dem Tanker ein großer Kampf stattfinden, wenn Bond die gekaperten U-Boot-Mannschaften befreit, die sich dann anschicken, den Tanker zu übernehmen, bevor die Feinde ihre Atom-Raketen Richtung Moskau und New York abfeuern können. Der Kampf sollte sich über den gesamten Dock-Bereich ausdehnen, auf die Laufplanken, auf Treppen und Korridore, wo die Gefangenen ausbrechen und im Arsenal des Tankers Waffen erbeuten. Wenn das Special-Effects-Team fertig war, sollte das Innere der „Liparus" durch Dutzende von Feuern und Explosionen in Brand gesetzt werden.

In einem der frühen Drehbücher wird der Super-Tanker von der Kommandobrücke aus kontrolliert, die oben an Deck des Tankers liegt. In dieser Fassung kämpfen sich Bond und seine Leute nach oben durch und greifen dann an Deck des Schiffs die Brücke an. Als Adam jedoch an die Gestaltung des Inneren ging, da entschloß man sich, den Kontrollraum ins Innere des Tankers zu verlegen (er ähnelte dort

Der reichste Irre der Welt

Curd Jürgens als Karl Stromberg, der „reichste Irre der Welt". Von seinem Supertanker aus — der in der Bildfolge oben in die Luft gesprengt wird —, versucht er den 3. Weltkrieg auszulösen.

sehr Blofelds Kommando-Zentrale bei Adams Vulkan-Kulisse für „Man lebt nur zweimal".

Adam gibt viel Lob für die Akuratesse und Schnelligkeit, mit der die Kulisse gebaut wurde, weiter an die Bau-Crews von Pinewood; sie waren inzwischen an die Mammut-Bauten der Bond-Filme gewöhnt. Nach Fertigstellung war die 007-Halle fast 114 Meter lang, 49 Meter breit und fast 16 Meter hoch. Dazu gehörte ein Wassertank, in denen Adam seine Modelle von den Atom-U-Booten schwimmen ließ. Die Halle wurde mit einer Feier am 5. Dezember 1976 offiziell „Nummer 007" getauft. Selbst der damalige

Letzte Zuflucht

Letzte Zuflucht für den geschlagenen Stromberg ist seine Unterwasserstadt „Atlantis". Hier wird er von 007 endgültig besiegt und versinkt im Ozean.

englische Premierminister Harold Wilson war anwesend.

In Konkurrenz treten mit Adams Tanker-Innenleben konnte nur noch sein außergewöhnlicher Entwurf für „Atlantis", das spinnenartige Marine-Laboratorium von Stavros, gleichzeitig das Nervenzentrum seines Plans zur Zerstörung der Welt.

Wie das wirkliche Atlantis befindet sich Adams Konstruktion auf dem Grund des Ozeans und verfügt über die Fähigkeit, auf riesigen Metallbeinen zur Wasseroberfläche aufzusteigen. Es wird zum Zentrum einer beabsichtigten Unterwasserstadt, in die sich Stavros zurückziehen will, sobald die Welt erst einmal zerstört ist.

Die Atlantis-Idee fand sich nicht im Original-Drehbuch. Broccoli, Lewis Gilbert und Ken Adam waren früher schon einmal nach Okinawa gereist, weil sie von einem japanischen Bauwerk gehört hatten, das aus dem Wasser aufsteigen konnte. Als sie ankamen, stellte sich das ▶

137

Ganze als weißer Elephant heraus — Adam konnte es nicht verwenden. Er entschloß sich, etwas völlig Neues zu entwerfen; für die Innenräume ging er ganz ab von seinem gewöhnlichen Konzept der geraden Linien; stattdessen verwendete er Kreise und Ellipsen, ein Stil, der teilweise beeinflußt wurde von der Motivsuche auf Sardinien. Ein Großteil der Architektur entlang der Costa Smeralda ist in diesem Stil gehalten. Die Fischbecken in Atlantis waren elliptisch, die Fluchtkorridore hatten ellipsenförmige Ausgänge, und das große Haibecken von Stavros war rund.

Ganz kurz bevor die Dreharbeiten auf Sardinien beginnen sollten, erfuhr Broccoli, daß Kevin McClory eine Einstweilige Verfügung gegen „Der Spion, der mich liebte" anstrengen wollte, um die Produktion sofort zu stoppen. Es sollte einen neuen, endlosen Rechtsstreit geben. McClory klagte, daß das Broccoli-Script seinem eigenen Bond-Projekt, das er gemeinsam mit Thriller-Autor Len Deighton und Sean Connery geschrieben hatte, ungewöhnlich ähnlich sei. Das McClory-Script war 1975 geschrieben worden, genau 10 Jahre nachdem McClory eine Übereinkunft mit Broccoli und Saltzman unterzeichnet hatte, daß er nach „Feuerball" volle 10 Jahre mit der Produktion eines weiteren Bond-Films warten würde. Ob McClory nun das Recht hatte, über ein Remake seines Original-„Feuerball" hinaus ein weiteres Projekt in Angriff zu nehmen oder nicht — er war äußerst interessiert an Broccolis „Der Spion, der mich liebte"-Drehbuch. Sein eigenes Buch, einmal als „James Bond of the Secret Service" vorgestellt, dann wieder als „Warhead", beinhaltete ebenfalls ein Spinnennetz-ähnliches Hauptquartier unter Wasser, ein Hai-Becken und befaßte sich mit einem SPECTRE-Plan zur Zerstörung der Welt.

Vielleicht aus Angst vor einem Rechtsstreit mit McClory, der nach der glücklichen Entscheidung von

Bond in Action

Typische Bond-Pose: 007 muß seine hilfreiche KGB-Agentin häufig aus Gefahren retten. Im Foto: Roger Moore und Barbara Bach bei Dreharbeiten in Ägypten.

1963 in der Auseinandersetzung mit Ian Fleming allein über die Filmrechte an der SPECTRE-Organisation verfügte, hatte Broccoli Christopher Wood schon gebeten, aus dem Drehbuch „Der Spion, der mich liebte" alle Spuren von SPECTRE sorgfältig zu tilgen.

Aus Stavros wurde Karl Stromberg, ein millionenschwerer Schiffs-Magnat, der allein die Zerstörung der Welt plant. Jeder Hinweis auf seine SPECTRE-Kontakte wurde entfernt, die Sicherheits-Truppen seines Super-Tankers tragen sogar rote Uniformen anstelle der schwarzen bei SPECTRE. Solche Änderungen im endgültigen Drehbuch überzeugten McClory, daß Broccoli tatsächlich in seinem Revier wilderte. Doch es gab kaum eine Chance, daß McClory Broccoli und „Der Spion, der mich liebte" in diesem Moment stoppen konnte. Statt Broccolis Gerichtsgebühren in einer langen, fruchtlosen juristischen Auseinandersetzung zu tragen, entschied sich McClory, seine einstweilige Verfügung fallenzulassen und eine eigene Produktion zu planen: „Warhead". Die Aussicht, daß Sean Connery tatsächlich zurückkehren und die Bond-Rolle übernehmen könnte, war für Broccoli und United Artists ein permanenter Stachel im Fleisch. Obwohl zufrieden mit der Publikums-Reaktion auf Roger Moore, waren sie natürlich von der Rückkehr Connerys im Lager eines Rivalen stark betroffen.

Eine wichtige Rolle in den Anfangs-Szenen von „Der Spion der mich liebte" spielen Ägypten und der Nil. In Kairo sucht Bond nach dem Verräter, der dem britischen Geheimdienst Kopien von dem einzigartigen Aufspür-System übersandt hat; dort begegnet er seiner russischen Widersacherin, Agent Triple X, Anya Amasova.

Im Drehbuch trifft Bond seinen alten Schulfreund Scheich Hossein mitten in der Wüste und erfährt, daß das System von einem ägyptischen Nachtclub-Besitzer mit Namen Max Kalba verkauft werden soll. Um Kalba zu treffen, soll Bond mit einem Mann namens Fekkesh Kontakt aufnehmen.

Bond sucht die Wohnung von Fekkesh in Kairo auf, flirtet mit seiner süßen Sekretärin Felicia und wird fast von Sandor getötet, einem Mörder in Strombergs Diensten. Bond erledigt Sandor, doch bevor ▶

Im Lieferwagen

In dem Augenblick, als Bond und Anya mit Beißers Lieferwagen flüchten wollen, kommt der Hüne angerannt und versucht den Wagen zu stoppen. Zum Schluß entkommen die beiden knapp in einem schrottreifen Wagen.

der riesige Muskelmann stirbt, verrät er Bond, daß Fekkesh bei den Pyramiden zu finden ist.

Bond besucht die Pyramiden in Gizeh, kann jedoch bei dieser Gelegenheit nur noch feststellen, daß Fekkesh vom Beißer ermordet worden ist. In der Nähe eines der Gräber begegnet Bond Anya und ihren zwei Agentenkollegen die Bond in einem gefährlichen Kampf prächtig aufmischt. „Ich hoffe, die Show hat Ihnen gefallen", sagt Bond lächelnd, als er geht. Anya starrt ihm ungläubig nach; sie ist beeindruckt. Bond und Anya nehmen ihre Bekanntschaft später in Kalbas Club wieder auf. Sie fragen gerade nach dem geheimnisvollen System, als Kalba zu einem Scheintelefonat gerufen und von Beißer ins Jenseits befördert wird. Sie verfolgen Jaws in einem Telefon-Reparatur-Wagen, und dieser Ausflug führt sie zu einer Ruinenstadt in der Wüste, wo sie

die Pläne zu dem Aufspür-System finden und nach Kairo zurückeilen.

Einige Details aus dem Drehbuch wurden in der Endfassung des Films weggelassen. Fekkesh wird zunächst identifiziert als Kurator des Kairoer Museums für Antike Kunst, und Bond geht zu seinem ersten Rendezvous ins Museum, nicht zu den Pyramiden. In dem Museum entdeckt er die beiden russischen Agenten, ein heftiger Kampf entspinnt sich in dem stillen Raum. Glaskästen zerbrechen, Mumien lösen sich in ihre Bestandteile auf, und sinnlose Sprüche gewinnen die Oberhand. (In einer Szene antwortet Bond, als einer der Russen eine Büste von Tut Ench Amun nach ihm schleudert, mit „Tut Tut!")

Bond wird überwältigt und k.o. geschlagen. In einem anderen Stadtteil von Kairo kommt er wieder zu sich — dank einem starken Elektroschock. Er schaut an seinem Körper

herunter und sieht, daß überall Elektroden angebracht sind. Ohne zu ahnen, daß eine dritte Macht im Spiel ist, wollen die Russen nun den Aufenthaltsort ihres vermißten U-Bootes erfahren. Bond schweigt. Gerade soll er einen weiteren Stromstoß erhalten, da trifft Anya ein. Sie kommt herein, überblickt die Situation und schreit ihre russischen Untergebenen an.

Dann greift sie zu den Elektroden, entfernt sie und sagt: „Damit werde ich selber fertig!" Bond lächelt, schlägt die beiden Wächter schnell k.o. und springt aus dem Fenster.

In dem frühen Entwurf gehörte zu dem Treffen mit Kalba im Nightclub ein spannendes Backgammon-Spiel mit hohem Einsatz. Bond gewinnt 50 000 Pfund von Kalba, doch dieser stirbt, bevor er bezahlt hat. Bond und Anya verfolgen zwar Beißer, diesesmal jedoch in einem Sportwagen. Die Wüsten-Sequenz war viel ausführlicher; die beiden Agenten vertreiben plündernde Banden von Tuareg-Banditen, wobei Anyas Perlenkette sie mit Mini-Handgranaten versorgt.

Im Drehbuch tut sich das Paar in dem Augenblick zusammen, da seine Vorgesetzten „M" und General Gogol (Kopf des KGB) die Information weitergeben, daß eine

Über den Dächern von Kairo

Hoch über den Dächern der ägyptischen Hauptstadt kämpft Bond um sein Leben. Strombergs

Im Harem

In Kairo sucht James Bond einen guten Freund auf, der ihm gewisse Informationen beschaffen kann. Im Harem genießt Bond arabische Gastfreundschaft, der er durch das Anlegen eines Burnus Rechnung trägt.

dritte Macht für die verschwundenen U-Boote verantwortlich ist. Beide erhalten die Weisung, von der Abteilung „Q", ihre Ausrüstung abzuholen. In einer früheren Version hat Anya ihren eigenen Ausrüstungs-Offizier, einen bärtigen Russen namens „P".

Die Rolle der Anya Amasova war der wichtigste weibliche Part in einem Bond-Film seit der Tracy in „Im Geheimdienst Ihrer Majestät". Lewis Gilbert war erfreut über die Verpflichtung der Amerikanerin Barbara Bach; er meinte, daß das Verhältnis zwischen Bond und Anya ein neues Element in die Bond-Filme brachte. Mit dem Beginn von „Womans Lib." war es nicht länger möglich, eine Frau nur als Schaufenster-Dekoration zu zeigen, auch nicht in einem Bond-Film.

Anya ist unabhängig, Major beim KGB und Russlands bester Agent. Sie ist in der Lage, Bond den Rang abzulaufen — und das tut sie auch. In „Der Spion, der mich liebte" ist Bond nicht immer der Gewinner, das macht ihn menschlicher. Eine gewisse Verwundbarkeit bewirkt, daß Bonds übrige Leistungen nur desto eindrucksvoller erscheinen. Barbara Bach wurde sicherlich wegen ihrer Sicherheit und Reife ausgewählt. Man spürte, daß ein junges Mädchen recht unpassend in dieser Rolle gewesen wäre.

Da die große 007-Halle erst Weihnachten erst fertig werden sollte, entschied man sich, in einem Studio mit den kleineren Szenerien zu beginnen. Die sommerliche Hitze in Ägypten und Touristen-Probleme auf Sardinien hatten zur Folge, daß die Außenaufnahmen zurückgestellt werden mußten.

Broccoli hatte Ägypten für die Außenaufnahmen gewählt, weil er der Meinung war, daß der Mittlere Osten unverändert geheimnisvoll war, jedoch noch nie zuvor zugunsten der Bond-Serie Verwendung gefunden hatte. Lewis Gilbert, der mit dem französischen Kameramann Claude Renoir zusammenarbeitete (ein Enkel des berühmten impressionistischen Malers und Neffe des Regisseurs) erzielte einige unverfälschte Momente voller Atmosphäre in der Wüste nahe Kairo; insbesondere in den Ruinen eines

ägyptischen Tempels, in dem Bond und Anya sich an Beißer heranpirschen. Als ihre Rückfahrt sie richtig in die Wüste führt, verbinden sich Renoirs Fotografie und die gefällige Filmmusik von Marvin Hamlish einen kurzen Augenblick lang und geben dem Film eine nostalgische Stimmung — Erinnerung an einfachere Zeiten, als Kamele durch die Wüste zogen. Die Atmosphäre war wohltuend in einem Film, der dazu neigte, viel von schönem Schein und von Oberflächlichkeit beherrscht zu werden. Während die frühen Bond-Filme stets Phantasie mit der Realität des Sean Connery mischten, bauten die Roger-Moore-Bonds häufig auf clevere Stunts und naheliegende Sprüche, um Szenen zu tragen. Selten bekommt das Publikum mehr als einen kurzen Blick auf die Szenerie oder eine Andeutung der musikalischen Stimmung ●

Killer, der glatzköpfige Sandor, versucht ihn in den Abgrund zu stoßen. Aber Bond ist schneller. Er drängt den schwergewichtigen Gangster an den Rand des Vordaches, erfährt von ihm noch eine Adresse und läßt los.

Die Arche Noah des Superkillers

*In seiner gigantischen Raumstation hat
Hugo Drax eine Anzahl von „Übermenschen" versammelt, die
nach seiner Meinung geeignet sind, ein neues Menschengeschlecht zu
zeugen. Sie sollen die Welt neu bevölkern, wenn
Drax alle Erdbewohner vernichtet hat.*

1979

Moonraker-
Streng geheim

Originaltitel: Moonraker

In eine völlig neue Welt begibt sich James Bond — sehr zum Leidwesen
vieler seiner Anhänger — im elften Abenteuer. 007 im Weltraum. Sein
Auftrag ist jedoch — wie es sich für den Superagenten ziehmt — höchst-
karätig: Es gilt wieder einmal die Menschheit vor dem Untergang zu retten.
Bond-Fans kritisierten besonders das Fehlen von Tempo und Spannung,
wie es die Anfangsszene des Films versprach, die ganz allgemein als die
gelungenste Sequenz dieses gesamten Bondabenteuers bezeichnet wurde.

Kampf um die Raumstation

Gemeinsam mit der amerikanischen Agentin Holly Goodhead schleicht sich Bond in die außerirdische Station von Hugo Drax, um dessen Wahnsinnspläne in letzter Sekunde zu vereiteln. Drax will mit einem fürchterlichen Nervengift die gesamte Menschheit ausrotten

Gefährliche Gondeltour

Als Holly und Bond mit der Seilbahn vom Zuckerhut zu Tal fahren, steht plötzlich der Beißer auf der Gondel. Es kommt zu einer Schlägerei in schwindelnder Höhe, in deren Verlauf der Beißer in die Kabine stürzt. Holly und Bond gleiten mit Hilfe einer Stahlkette an der Trosse nach unten.

Netter Empfang für 007

Irka Bochenko ist nur eine der vielen weiblichen Augenweiden, die für Bond häufig gefährlicher sind, als sie aussehen. Irka zum Beispiel spielt die Rolle der Empfangsdame bei Venini-Glass, einer weiteren Tarnfirma des Hugo Drax.

Karneval in Rio

Einige der schönsten und gelungensten Filmaufnahmen des weltberühmten Karnevals von Rio gelangen mit diesen Sequenzen dem französischen Kameramann Jean Tournier. James Bond ist natürlich nicht wegen des Karnevals in Rio. Er trifft sich hier mit seiner Kollegin Manuela (rechts im Bild), um sich Informationen über eine Firma zu beschaffen, die seinem Widersacher Drax gehört. Das während der Karnevalzeit berüchtigt turbulente Rio (Polizeistatistik: täglich 70 Tote) gibt eine ideale Kulisse für Beißers Mordanschlag auf Manuela.

Die Bond-Girls von der Copacabana

Wo James Bond ist, sind auch schöne Mädchen. Rio de Janeiro war da keine Ausnahme. Am Strand von Copacabana tummelten sie sich während der Dreharbeiten zu Dutzenden. Das Foto unten zeigt die Manuela-Darstellerin Emily Bolton. Um sie herum einige Fotomodelle.

Kiel
in Kiel

*Im September 1979
besuchte „Beißer"
Richard Kiel die Stadt,
die den gleichen Namen
trägt wie er. Zusammen
mit seiner Frau,
den drei Kindern und
seiner Mutter ließ
er sich vor
dem Ortsschild
fotografieren*

154

STAB

Produzent	Albert R. Broccoli
Regie	Lewis Gilbert
Drehbuch	Christopher Wood
Musik	John Barry
Titelsong	Shirley Bassey
Ausstattung	Ken Adam
Kamera	Jean Tournier
Schnitt	John Glen

BESETZUNG

James Bond	Roger Moore
Holly Goodhead	Lois Chiles
Drax	Michael Lonsdale
Jaws = Beißer	Richard Kiel
Corinne Dufour	Corinne Clery
„M"	Bernard Lee
Frederick Gray	Geoffrey Keen
„Q"	Desmond Llewelyn
Miss Moneypenny	Lois Maxwell
Chang	Toshiro Suga
Manuela	Emily Bolton

D er Spion, der mich liebte" war ein internationaler Renner. Und so schloß man gleich Überlegungen an, „Moonraker – Streng geheim" zu produzieren, der mit einem Gesamt-Budget von 30 Millionen Dollar fast genau so viel kostete, wie die ersten acht Bond-Filme zusammen. Das Ganze war eine immense Investition, doch nach den Ergenissen von „Der Spion, der mich liebte" kaum ein Risiko für Broccoli und United Artists. 16 Jahre nach „James Bond – 007 jagt Dr. No" war Bond noch immer der sicherste Wetteinsatz im Filmgeschäft. „Der Spion, der mich liebte" war für Broccoli eine Art Test gewesen. Sein Erfolg bewies, daß er und das neue Produktionsteam mit Michael Wilson, William Cartlidge, Regisseur Lewis Gilbert und Drehbuchautor Christopher Wood das Ausscheiden von Harry Saltzman verschmerzen konnten.

„Krieg der Sterne" und „Unheimliche Begegnung der dritten Art" wiesen den Weg: Es war klar, daß James Bond nun ins All vorstoßen mußte; allerdings dauerte es ein paar Monate, bis die Produzenten mit ihrem Titel einig waren. Am Schluß von „Der Spion, der mich liebte" war angekündigt worden, daß James Bond in „For Your Eyes Only" wiederkommen würde. Diesen Titel hatte Fleming 1961 einer Sammlung von Kurzgeschichten gegeben. Ein paar Monate später erklärte Broccoli jedoch, daß der neue Bond-Film „Moonraker" heißen sollte. Dieses war der letzte verfügbare Fleming-Roman, die Rechte hatten zuvor die Rank-Organisation

und der amerikanische Schauspieler John Payne besessen.

Um finanzielle Unterstützung für den Film zu erhalten, verband sich Broccoli mit einer französischen Produktionsgesellschaft. Der 11. Film sollte die erste französisch-englische Co-Produktion in der Bond-Serie werden. Die Innenaufnahmen zu „Moonraker" fanden zum Teil in Frankreich, zum Teil in England statt. Derek Meddings, der erneut für die Spezial-Effekte zuständig war, benutzte die 007-Halle in Pinewood als seine Operationsbasis.

Broccolis erster Schritt war, daß er den Bond-Veteranen Tom Mankiewicz wieder einsetzte, um gemeinsam mit Lewis Gilbert eine Story auszuarbeiten. Mankiewicz freute sich, wünschte jedoch nicht namentlich genannt zu werden. Er war dabei, als Autor und Produzent neue Wege zu beschreiten und wünschte, daß seine Verbindung zu Bond nicht mehr an die Öffentlichkeit drang. Nachdem also eine neue Geschichte entwickelt worden war, wurde die Verantwortung für das endgültige Drehbuch Christopher

Wood übertragen. Mankiewicz hatte eine ähnliche, der Öffentlichkeit nicht weiter bekannte Rolle, bei „Der Spion, der mich liebte" gespielt, als er in letzter Minute angeheuert wurde, um noch einmal über das Drehbuch von Richard Maibaum und Christopher Wood zu gehen.

Im Herbst 1977 einigten sich Broccoli und Mankiewicz darauf, daß Bond mit Hilfe der neuen amerikanischen Raumfähre ins All geschickt werden sollte; es handelte sich hier um ein bemanntes Raketen-Flugzeug, das die Erde umkreisen und schließlich wie ein konventionelles Flugzeug wieder in die Atmosphäre zurücktauchen konnte. Broccoli hatte sich richtig in das Raumschiff verliebt, war es doch weit hochentwickelter als Flemings Original, eine V-2-Rakete aus dem Jahr 1954, die ein Ex-Nazi namens Hugo Drax Richtung London abschießen wollte. Außer Bond war Drax allerdings die einzige Figur aus Flemings Roman, die in dem neuen Film auftauchte – wenngleich auch er ziemlich verändert wurde. Er ist kein Ex-Nazi mehr, und den Namen ▶

Drax in seinem Hauptquartier

Michael Lonsdale in der Rolle des Superschurken Hugo Drax. Diese Innenaufnahmen entstanden in drei großen Pariser Studios.

155

„Moonraker" erhält nun seine Raketen-Staffel.

Die Arbeit an dem Film begann ernsthaft mit der Reise zum „National Aeronautics und Space Administration's testing complex" in Nord-Kalifornien, wo Mankiewicz schnell die Schwerkraft-Testkammer der NASA in die Filmhandlung einbaute. Er warf nur einen Blick auf das G-Kraft-Trainingsgerät, um Bond dann zu schildern, wie er dort festgeschnallt ist und irgendjemand sich an den Kontrollen zu schaffen macht.

Mankiewicz war daran gewöhnt, zu einem vorhandenen Fleming-Titel eine völlig neue Geschichte zu erfinden. Zu Beginn beflügelten ihn Ideen wie die der Zentrifuge, doch seine Arbeitsmethode war, solche Einzelheiten in den Hinterkopf zu verbannen und lieber an dem roten Faden seiner Geschichte zu basteln, bis er passende Plätze fand, die er einstreuen konnte. Sein Vorgehen ähnelte dem von Roald Dahl in „Man lebt nur zweimal". Seit 1970 und der Fertigstellung von „Im Geheimdienst Ihrer Majestät" war klar, daß Broccoli und Eon Productions die besten Bücher aus dem Fleming-Nachlaß schon verwertet hatten. Folglich war man nun gezwungen, einfach Titel zu übernehmen und sich dazu mit Genehmigung der Erben zeitgemäße Geschichten einfallen zu lassen. Broccoli bemühte sich immer, seine Anstrengungen noch weiter zu forcieren, um die stets mehr erwartenden Zuschauer zufriedenzustellen; man war dauernd auf der Suche nach noch tolleren Stunts, Drehorten und Handlungs-Elementen. So entstand eine Art Houdini-Syndrom: Befriedige das Publikum, egal was es kostet!

Kommentar von Mankiewicz: „Es gibt eindeutig gewisse Dinge, die nur in einem James Bond-Film verwendet werden können. Nehmen wir als Beispiel diesen 360-Grad-Sprung mit dem Auto in „Der Mann mit dem goldenen Colt". Das ist ein Stunt, der hervorragend zu Bond paßt, weil er unglaublich ist und man ihn dennoch direkt vor den eigenen Augen ablaufen sieht."

Allerdings war auf diesem Gebiet in den vorangegangenen Filmen soviel erreicht worden, daß eine Steigerung einfach unmöglich erschien. Die Drehbuchautoren halfen sich, indem sie alte Ideen aus neuer

Dreharbeiten am Zuckerhut

Für volle drei Tage gesperrt wurde Rios berühmtes Wahrzeichen, der Zuckerhut, als die Dreharbeiten für „Moonraker" stattfanden. Die Gondelszene war außerordentlich gefährlich.

Sicht brachten. Bond-Enthusiasten kann die Ähnlichkeit zwischen der Gondel-Jagd durch Venedig in „Moonraker — Streng geheim" mit der Dschunken-Jagd durch die Kanäle von Bangkok in „Der Mann mit dem goldenen Colt" eigentlich nicht entgangen sein. Auch die Motorboot-Jagd in „Moonraker — Streng geheim" war schon sehr verwandt mit der Motorboot-Jagd in „Leben und sterben lassen". Der Kampf in einer Kabinenbahn, ein Ringkampf mit einer großen Schlange, eine Raumzeitalter-Schlacht im weiten Weltraum und der Kampf in einer Glasfabrik — all das waren kaum neue Ideen. Doch mit den 30 Millionen Dollar, die er ausgeben konnte, vermochte Broccoli alle diese Anleihen durch Masse zu verbergen.

Gewisse Ideen in „Moonraker — Streng geheim" stammten aus den vorangegangenen Anstrengungen einer Reihe von Drehbuchautoren, insbesondere von Richard Maibaum. Seine Motorboot-Jagd auf dem Mead-See, die man aus „Diamantenfieber" herausgeschnitten hatte, wurde in „Moonraker — Streng geheim" verwendet. Das taktische Manöver, eine Flotte von Hotel-Yachten zu benutzen, um Blofeld den Fluchtweg abzuschneiden und den SPECTRE-Chef über den Hoover-Damm stürzen zu lassen, wurde von Christopher Wood neu bearbeitet. Bond wird von Beißer über einen brasilianischen Fluß gejagt; in dem Augenblick, wo sie über einen Was-

Erholung nach getaner Arbeit

*Roger Moore
im Kreise seiner Gespielinnen.
Von links nach rechts:
Francoise Gayat, Chichinou
Kaeppler, Irka Bochenko, Catherine
Serre und Anne Lonneberg.*

serfall abzustürzen drohen, entfliegt Bond mit einem umgebauten Gleitfluggerät und läßt Beißer senkrecht ins Verderben stürzen. Das Ganze ist einfach eine Variante zu Bonds Flucht in dem „Teaser" zu „Der Spion, der mich liebte", wo er seinen Ski-Verfolgern entkommt, indem er über eine Felswand hinausfährt und dann per Fallschirm zu Boden schwebt. Bonds bewaffnetes „Glastron"-Motorboot in „Moonraker — Streng geheim" war nichts weiter als eine Abwandlung des Aston Martin in „Goldfinger".

Selbst die Handlung von „Moonraker — Streng geheim" erinnert an „Der Spion, der mich liebte". Hugo Drax, ein billionenschwerer Industrieller und Erfinder der „Moonraker", hat den Plan, seine sechs Weltraum-Fahrzeuge ins All zu schicken wo ihre menschliche Fracht eine große Raumstation bevölkern soll; Zylinder mit todbringenden Orchideen sollen von dort aus die Erdbe-

völkerung töten. Ist die Menschheit erst einmal vernichtet, soll die Super-Rasse von Drax den Planeten neu besiedeln. James Bond kommt ins Spiel, als ein amerikanisches Raumfahrzeug von Draxens Helfershelfern beim Transport nach England aus dem Jumbo Jet der Royal Air Force entführt wird.

Die Erde von todbringenden Orchideen entvölkern zu lassen, war ein Gedanke, der stark erinnerte an die Pflanzen und Lebewesen tötenden Viren, die Blofelds Allergie-Opfer in „Im Geheimdienst Ihrer Ma-

jestät" bei sich trugen. Allerdings rückten die Verbindungen zu Legenden und Aberglauben der Mayas, die vom Verschwinden einer ganzen Rasse berichteten, die Idee durchaus ins Romanhafte und ermöglichten es Regisseur Lewis Gilbert, einige außergewöhnliche Aufnahmen des brasilianischen Dschungels einzubauen. Diese und weitere exotische Bilder von Rio de Janeiro erinnerten an romantische Passagen in den alten Bonds, obwohl 007 wohl kaum der erste war, der von den Geheimnissen des brasilianischen Dschungels profitierte. Eine witzige Action-Komödie, Jean-Paul Belmondos „Abenteuer in Rio", hatte die südamerikanische Kulisse 1964 weit besser zu nutzen gewußt.

Selbst die Tradition, ein paar aktuelle Bezüge einzubauen (das begann bereits früh in „James Bond — 007 jagt Dr. No" mit dem gestohlenen Wellington-Porträt) fiel in „Moonraker — Streng geheim" fast flach. Christopher Wood benutzte zwar in Draxens Laboratorium in Venedig eine computerüberwachte Eingangsfläche, die eine musikalische Folge von fünf Noten ertönen läßt, und diese Sequenz ähnelt der unaufhörlich vom fremden Mutterschiff in „Unheimliche Begegnung mit der dritten Art" ertönenden; doch das erscheint zu ausgeklügelt. Auch, daß das musikalische Thema aus „Die glorreichen Sieben" zu einer Szene erklingt, in der Bond in der Kleidung eines brasilianischen Gauchos zum Geheimdienst-Hauptquartier in Südamerika galoppiert, ist ein falsch verstandener Versuch, witzig zu sein; das erinnert nur an das musikalische Zwischenspiel aus „Lawrence von Arabien", das in „Der Spion, der mich liebte" auftauchte und ebenso kindisch wirkte.

Ein Kampf im Weltraum zwischen Draxens Verteidigungskräften seiner Raumstation und einem Team von Raum-Angriffstruppen der NASA ähnelt im Ablauf einer Szene aus „Krieg der Sterne", wo Sturmtruppen des Imperiums sich mit Rebellen auf einem Blockadebrecher herumschlagen. Auch hier fehlt allerdings jeglicher Realitätsbezug. Solche Versatzstücke brachten „Moonraker — Streng geheim" gar nichts, vielmehr bewirkten sie gerade, daß man den Mangel an Originalität desto deutlicher spürte. ●

In tödlicher Mission

Originaltitel: For Your Eyes Only

Regisseur John Glen kehrte mit diesem zwölften Bond-Abenteuer zum Stil der frühen 007-Thriller zurück. Er arbeitet entschieden sparsamer mit allen komischen Elementen und achtet dafür wieder mehr auf zündende Spannung. Glen nahm buchstäblich jede Gelegenheit wahr, um Bonds Jagd nach dem ominösen Raketenfernlenksystem A.T.A.C. mit geradezu furioser Action in Szene zu setzen. Dabei wurden für einen Stuntman die Dreharbeiten tatsächlich zu einer „tödlichen Mission": Paolo Rigon starb im Eiskanal von Cortina d' Ampezzo, und einige andere wurden verletzt.

Die Todesbahn von Cortina

Mit einer Spitzengeschwindigkeit von fast 100 Stundenkilometern schoß der Viererbob mit dem italienischen Stuntman Paolo Rigon am Steuer durch den gefürchteten Eiskanal von Cortina d' Ampezzo. Dahinter die beiden Doubles Wolfgang Junginger und Pascal Bernard.

In mörderischem Tempo durch die vereiste Bobbahn

Dicht hinter dem Bob raste der Sensationsdarsteller Evans, eins der drei Roger-Moore-Doubles, um für Nahaufnahmen parat zu sein. Kurz vor einer Kurve verlor er das Gleichgewicht, wurde aus der Bahn geschleudert und prallte gegen einen Baum. der Kanadier hatte Glück: Er lag „nur" für eine Woche mit schweren Quetschungen im Krankenhaus.

Gefährlicher Motorrad-Stunt im Eiskanal

Eine der rasantesten Actionszenen bot der Franzose Pascal Bernard, als er mit seinem Motorrad durch den Eiskanal jagte. Kurz nach dem Evans-Unfall wurde auch Bernard aus der Bahn geschleudert und erheblich verletzt.

Der Tod des Stuntman Paolo Rigon

Der Todessturz des italienischen Sensationsdarstellers Paolo Rigon war der Höhepunkt der dramatischen Unfälle während der sechswöchigen Dreharbeiten in Südtirol. Die Verfolgungsjagd wurde Rigons letzte Bobfahrt. Auf den nächsten Seiten: die authentischen Fotos dieses tödlichen Unfalls.

Eine alles entscheidende Sekunde

Der Viererbob mit Paolo Rigon am Steuer wird bei einer Geschwindigkeit von fast 100 km/h aus der Bahn geschleudert und landet krachend zwischen den am Rande der Bobbahn stehenden Bäumen.

Die Stille nach dem Sturz

Der Bob liegt im Schnee, einer der drei überlebenden Bobfahrer kriecht unter dem umgestürzten Rennschlitten hervor. Paolo Rigon ist tot. Ein weiteres Mal hat die berüchtigte Strecke von Cortina ein Todesopfer gefordert.

Das Ende eines Kaskadeurs

Sekunden nach dem Unglück sind die Helfer an der Unfallstelle. Sie können dem 23-jährigen Italiener nicht mehr helfen. Rigon hat sich bei dem Sturz das Genick gebrochen. Es ist der 17. Februar 1981. Zehn Tage zuvor starb auf der Olympia-Strecke der amerikanische Bobfahrer Jim Morgan bei den Viererbob-Weltmeisterschaften.

STAB:

Regie	John Glen
Produktion	Albert R. Broccoli
Drehbuch	Richard Maibaum, Michael Wilson
Kamera	Alan Hume
Schnitt	John Grover
Musik	Bill Conti
Titelsong	Sheena Easton
Bauten	Peter Lamont
Spezialeffekte	Derek Meddings

BESETZUNG:

James Bond	Roger Moore
Melina Havelock	Carole Bouquet
Columbo	Topol
Bibi	Lynn-Holly Johnson
Kristatos	Julian Glover
Lisl	Cassandra Harris
Locque	Michael Gothard
„M"	Bernard Lee
„Q"	Desmond Llewelyn
Moneypenny	Lois Maxwell
Jacoba Brink	Jill Bennett
Kreigler	John Wyman

James Bond 007 – In tödlicher Mission" hatte am 24. Juni 1981 in London Premiere und kam im Juli in die amerikanischen Kinos. Es gab beträchtliche Spekulationen über den Film. Produzent Cubby Broccoli hatte verlauten lassen, daß er mit Roger Moore am Ende sei. Er hatte Sean Connery in der Bond-Rolle vorgezogen und sogar eingestanden, sein idealer Bond wäre sein Freund Lord Lucan gewesen, der Adelige, nach dem die englische Polizei noch immer wegen Mordes am Kindermädchen seiner Kinder forscht. Wie sich herausstellte, gab der neue Film der Serie frischen Wind mit der lang erwarteten Rückkehr zur Ernsthaftigkeit der früheren Bonds.

Für internationale Bond-Fans gab es im Früh-Sommer 1981 Anlaß zum Feiern. James Bond war wieder da und schien besser zu sein als je zuvor. Roger Moore war in der Rolle stets weniger Schauspieler gewesen als Sean Connery und als Charakter auch weniger verwundbar. Die Tatsache, daß er in „In tödlicher Mission" dauernd hereingelegt und in Gefahr gebracht wurde, kündigte den Kritikern und dem Publikum zugleich an, daß die Ära des Automaten-Bond zu Ende ging.

Schon bald nach der Veröffentlichung von „Moonraker – Streng geheim" im Jahre 1979 hatten Cubby Broccoli und seine neue rechte Hand, Stiefsohn Michael Wilson, sich mit dem Gedanken beschäftigt, den neuen Bond überzeugender zu gestalten. Man erkannte grundsätzlich, daß es den Büchern von Christopher Wood an Energie und innerer Logik mangelte; sie hatten keinen Zusammenhalt und waren ziemlich unverständlich. Wenig verwunderlich, daß Bond-Veteran Richard Maibaum wiederholt wurde, um „In tödlicher Mission" zu schreiben.

Die Absicht war, die Abenteuerlust und die Exotik früherer Bond-Filme wie „Liebesgrüße aus Moskau" und „Im Geheimdienst Ihrer Majestät", Maibaums beste Drehbücher, wiederzubeleben. Man hoffte, daß zwei von Flemings besten Kurzgeschichten, „In tödlicher Mission" und „Risiko" mit dem gleichen Eifer und dem gleichen Ein-

Schlittenpartie

Während der Dreharbeiten in Cortina entstand dieser Schnappschuß von Roger Moore und Carole Bouquet bei einer Schlittenpartie.

satz umgesetzt würden. Natürlich war es keine leichte Aufgabe, sie für das Publikum von heute umzuarbeiten.

Fleming hatte „In tödlicher Mission" 1960 als Teil des gescheiterten TV-Projekts geschrieben. Im Verlauf der Handlung kommt eine Gruppe kubanischer Killer unter der Leitung eines Gonzales nach Jamaika, um für den ehemaligen Nazi von Hammerstein eine englische Plantage zu kaufen. Der ehemalige Gestapo-Chef ist nach dem Zusammenbruch des Batista-Regimes aus Kuba geflohen und benötigt eine brauchbare Operations-Basis.

Als die Besitzer der Plantage, ein Mr. Havelock und seine Frau, den Verkauf ihres Besitztums ablehnen, schießt Gonzales sie nieder; später bedroht er ihre bildhübsche Tochter Judy. 007 kommt ins Spiel, als ihn „M", ein Freund der Havelocks, nach Vermont entsendet, wo sich die Kubaner mit von Hammer-▶

stein verstecken. Bonds Auftrag: Mord.

In dem dichten Wald, der das alleinliegende Anwesen umgibt, entdeckt Bond die umherschleichende Judy Havelock, die nur mit Pfeil und Bogen bewaffnet ist. Sie verbünden sich und vernichten tatsächlich das Gangsternest.

Auch „Risiko" war eine der unverwendeten TV-Geschichten; 007 wird nach Rom beordert, um dort einen Schmuggler-Ring zu zerschlagen, der England mit Heroin versorgt. Bond soll sich mit einem CIA-Doppelagenten namens Kristatos in Verbindung setzen, der für entsprechendes Honorar anbieten wird, den Opium-Handel zu unterbinden.

Kristatos verspricht, Bond zu helfen und führt ihn zunächst auf

James Bond als Crash-Puppe

Für eine explosive Szene wurde wegen des zu hohen Risikos kein Stuntman, sondern eine Crash-Puppe, ein sogenannter Dummy, besorgt, Special-Effekt-Spezialisten präparierten den Esprit.

die Spur des mysteriösen italienischen Schmugglers Columbo. Bond reist nach Venedig, um Columbos Freundin Lisl Baum zu verführen, wird jedoch stattdessen von Columbo erwischt. An Bord von Columbos schwimmendem Hauptquartier entdeckt 007, daß der wahre Kopf des Heroin-Schmuggelrings Kristatos ist, der seine Befehle direkt

von den Russen entgegennimmt.

Bond verbündet sich mit Columbo; gemeinsam durchkreuzen sie die Operationen von Kristatos, indem sie einen albanischen Vasallen des Schmugglerrings aus dem Hinterhalt überfallen und Kristatos und seine Leute bei einem erbitterten Gefecht mit Maschinengewehren auf den italienischen Docks erschießen.

In direkter Zusammenarbeit mit Wilson, der die Geschichte mit entworfen hat, begann Maibaum im Frühjahr 1980 damit, die beiden Flemingschen Kurzgeschichten zu einem möglichst typischen Bond-Filmstoff umzuarbeiten. Die Grundlagen waren vorhanden, doch sie mußten zu einem Drehbuch umgeformt werden, das Bond wieder zu der Figur werden ließ, die er ur-

sprünglich in den Filmen war — weg von der mechanischen Puppe, die er jüngst geworden war.

Zu Beginn von „In tödlicher Mission" wird die „St. Georges", ein englisches Fischerboot und Aufklärungsschiff, das sich vor der griechischen Küste im Einsatz befindet, versenkt. Eine Mine aus dem II. Weltkrieg hatte sich in den Fischernetzen verfangen. In dem Wrack befindet sich A.T.A.C. (Automatic Targeting Attack Communicator — automatischer Angriffsziel-Zeichengeber); das geheime Gerät benutzt einen UKW-Sender, um von britischen Polaris-U-Booten ballistische Raketen abfeuern zu lassen.

Der verlorene Sender wird bald zum Mittelpunkt einer typischen englisch-russischen Auseinanderset-

Die Suche nach dem Wrack

In einem Mini-U-Boot tauchen Bond und Melina Havelock nach dem Wrack des britischen Marine-Trawlers, auf dem sich immer noch der Computer des A.T.A.C.-Systems befindet.

zung. Die Russen bedienen sich ihres griechischen Agenten Kristatos, für die Engländer operiert im Geheimen der Marine-Archäologe Havelock mit seiner Frau.

Als er Flemings Kurzgeschichte „For Your Eyes Only" las, war Maibaum besonders beeindruckt von der Person Judy Havelocks, einer hübschen, athletischen Frau, die

von dem Zwang besessen ist, ihre ermordeten Eltern zu rächen. Bonds Charme zeigt keinerlei Wirkung bis zu dem Augenblick, wo sie mit gemeinsamen Kräften die Bösewichter in Vermont zur Strecke bringen. Der Hinweis, daß Judy ihre Feinde mit Pfeil und Bogen jagt, genügte, um eine Nebenhandlung für den Film zu schreiben, eine Rache-Geschichte.

In Maibaums Drehbuch wird aus Judy das Mädchen Melina, eine junge Marine-Archäologin, die mit dem kubanischen Seeflugzeug-Piloten Gonzales zum Forschungsschiff zurückkehrt. Gonzales arbeitet in Wirklichkeit für Kristatos, und dieser weiß durch seine russischen Kontakte, daß Havelock im Geheimen für die Engländer tätig ist; so soll er auch eine Unterwasser-Expedition vorbereiten, um die gesunkene „St. Georges" zu finden. Während Melina unter Deck ist, versenkt Gonzales das Schiff mit einer Bombe, wobei er das Deck mit Maschinengewehrfeuer bestreicht und Melinas Eltern erschießt.

Bewaffnet mit einer Armbrust begibt sich Melina auf die Suche nach Gonzales, und dabei trifft sie auf James Bond, der nach dem verlorengegangenen A.T.A.C.-Gerät forscht. Das Abenteuer spielt zunächst in Griechenland, auf der Insel Korfu und im gebirgigen Hinterland, schließlich dann im verschneiten Cortina d'Ampezzo.

Maibaum und Wilson behielten die Handlung von „Risiko" bei, verlegten jedoch die Rivalität zwischen Kristatos und Columbo von Italien nach Griechenland. So werden aus den beiden italienischen Schmugglern ehemalige griechische Partisanen, die sich befehden. Columbo wird zur Verkörperung von Bonds altem Freund Kerim Bey, einem wunderbaren, Spaß liebenden Mann, der Bond wie seinen eigenen Sohn behandelt; der populäre und vielseitige israelische Schauspieler Chaim Topol, der schon in so unterschiedlichen Rollen wie „Fiddler on the Roof" und „Galileo" brillierte, übernahm den Part.

Den Kristatos spielt Julian Glover, er ist im englischen Fernsehen sehr bekannt und drehte auch schon Filme wie „Hitler: The Last Ten Days" sowie „Nicholas and Alexandra". Er ist der seit Jahren glaubhafteste Bond-Bösewicht und ▶

täuscht das Publikum als sanfter und wohlgesitteter Gönner einer jungen Eisläuferin (Lynn-Holly Johnson).

Es gibt in dem Film viele geheimnisvolle Rollen, eine erdverbundene Rivalität, die an das Verhältnis Kerim Bay/Krilencu in „Liebesgrüße aus Moskau" erinnert, eine wunderschöne, starkmotivierte Heldin (Melina Havelock), die eine Kombination ist aus Tilly Masterson („Goldfinger") und Domino („Feuerball") und – als' scharfe Kehrtwendung zu dem jüngeren Trend – einige für Bond extrem gefährliche Situationen.

Roger Moore als Bond stehen endlich mal die Haare zu Berge. Er hat kaum Zeit, am Kaviar zu schnuppern; stattdessen wird er andauernd niedergeschlagen und von Haien oder auftauchenden Feinden angegriffen. An einem ägäischen Riff schneidet er sich die Haut auf, dann wird er mit einem Hockeyschläger verprügelt. Er wird von speer-tragenden Fischern ebenso belagert wie von waffenstrotzenden Hafenarbeitern. Dazu gibt's eine Menge waghalsiger Szenen auf Skipisten und Autobahnen.

Die ersten Dreharbeiten für „In tödlicher Mission" begannen Anfang September 1980; die Drehorte waren Korfu, Cortina d'Ampezzo und die Bahamas, wo der Film-Veteran und Fotograf Al Giddings die Unterwasser-Szenen drehte, in denen Bond und Melina das A.T.A.C.-Gerät aus dem gesunkenen Schiff bergen.

Einige berichtenswerte Einzelheiten tauchten bei den ersten Vorarbeiten zum Film auf. Da war zum Beispiel Roger Moores augenscheinliches Zögern den Film zu drehen, bevor ihm die Arbeit nicht versüßt wurde. Er bekam dann eine höhere Gage, doch gleichzeitig begann man mit der Suche nach einem neuen Bond. Eine andere Geschichte betrifft die Ankunft eines neuen Regisseurs: John Glen.

Glen war kein unvertrautes Ge- ▶

Enten-Jagd auf Korfu

Mit einem schlichten Citroen 2CV kurvt James Bond durch die engen Gassen Korfus. Die Gorillas werden von der rasanten Ente abgehängt.

Der Schmuggler und der Racheengel

*Der Israeli Topol spielt den Schmuggler Columbo,
Carole Bouquet ist die todbringende Schöne, die den Mord an ihren
Eltern rächen will. Beide sind Bonds wertvolle Verbündete.*

sicht. Er war Bond-Veteran an vielen Fronten; so leitete er das zweite Kamera-Team bei „Im Geheimdienst Ihrer Majestät", wo er für viele der Ski-Szenen zuständig war, und bei „Der Spion, der mich liebte". Damals fiel Rick Sylvesters Ski-Satz vom Asgard (Grönland) in seinen Zuständigkeitsbereich.

Als erstklassiger Schnittmeister war Glen für „In tödlicher Mission" eine einleuchtende Wahl. Lewis Gilbert und Ken Adam, beide für ihre teuren Pinewood-Kulissen bekannt, wurden zu Gunsten exotischer Drehplätze und wilder Action-Szenen fallengelassen. Auf diese Weise sollten ehemalige Bond-Fans, die schon an der Serie verzweifelt hatten, zurückgewonnen und eine neue Generation von Kino-Besuchern angezogen werden. Selbst die Musik stammt von einem neuen Mann: Anstelle von John Barry schrieb sie Bill Conti.

Als Bond die Felsen unterhalb von Kristatos klösterlichem Ver-

steck in Griechenland hochklettert, da ist es wiederum Rick Sylvester, der als Stuntman und Double für ihn einspringt. Sylvester — er ist übrigens der teuerste Sensationsdarsteller der Welt — wurde nach Griechenland geschickt, um die tollkühnen Kletterpassagen zu übernehmen, die zu Bonds Einbruch in den verlassenen Kloster-Komplex gehören.

Während seiner Kletterpartie sollte Sylvester den Halt verlieren, etwa 30 Meter tief abstürzen und dann als Bond, nur durch ein Seil gehalten, hängenbleiben. Die Szene war noch gefährlicher als der Skisprung vom Asgard, denn Sylvester hatte keine Ahnung, wo oder wie er landen würde und ob das Seil seinen Fall aushalten würde. Um die erforderliche Sicherheit zu bekommen, ließ sich die Abteilung für Spezialeffekte einen Sandsack einfallen, der Sylvesters Absturz mildern sollte.

Wie bei jedem Film gab es natürlich auch hier Verzögerungen.

Aufstieg zum Felsenkloster

In einer halsbrecherischen Klettertour versucht Bond das Felsennest von Supergangster Kristatos zu erreichen, der sich in ein schwer zugängliches Bergkloster zurückgezogen hat.

Und leider gab es auch zwei schwere Unglücksfälle, die das Team von „In tödlicher Mission" im Jahr 1981 trafen. In Cortina drehte man eine Szene, wo ein skifahrender Bond verfolgt wird von Männern auf Motorrädern mit Spikes-Reifen. Solche Szenen sind immer gefährlicher, als sie nachher auf der Leinwand aussehen. Ein Rennschlitten überschlug sich und tötete den herunterstürzenden Lenker. Es war das erste Mal seit Jahren, daß ein Stuntman bei einem Bond-Film verunglückte.

Im Januar dann starb in London der Schauspieler Bernard Lee bevor er sämtliche Dreharbeiten als Bonds handfester Chef „M" abschließen konnte. Es war ein demoralisierender Schlag für die Bond-Crew und ein persönlicher Verlust für Broccoli, der Lee in allen Bond-Filmen eingesetzt hatte. Bernard Lee hatte nicht unwesentlich dazu beigetragen, das Image der Bond-Filme zu formen.

Maibaum war gezwungen, das Buch an bestimmten Stellen neuzuschreiben. Er führte in einer Episode Stabschef Tanner als Bonds Boss ein, in anderen Szenen übernahm „Q" die Aufgaben von „M". Das einzige überlebende Wesen aus allen 12 Filmen ist jetzt die stets frustrierte Miss Moneypenny, gespielt von Lois Maxwell. ●

Octopussy

Originaltitel: **Octopussy**

STAB

Regie	John Glen
Produzent	Albert R. Broccoli
Drehbuch	George MacDonald Fraser, Richard Maibaum, Michael G. Wilson
Musik	John Barry
Titelsong	Rita Coolidge (All Time High)
Ausstattung	Peter Lamont
Kamera	Alan Hume
Schnitt	John Grover

BESETZUNG

James Bond	Roger Moore
Octopussy	Maud Adams
Kamal Khan	Louis Jourdan
Magda	Kristina Wayborn
Orlov	Steven Berkoff
Gobinda	Kabir Bedi
Zwilling 1	David Meyer
Zwilling 2	Tony Meyer
„Q"	Desmond Llewelyn
Vijay	Vijay Amritray
„M"	Robert Brown
Miss Moneypenny	Lois Maxwell

Nach dem immensen finanziellen Erfolg von „In tödlicher Mission", der auch bei den Fans auf Zustimmung stieß, beschloß Broccoli John Glen auch die Regie für den nächsten Film „Octopussy" zu geben. Doch bevor die Vorbereitungen beginnen konnten, kam es zu einer abschließenden Entscheidung in dem seit über zehn Jahren währenden Streit um die Wiederverfilmung von „Feuerball". Kevin McClory, der mit Len Deighton und Sean Connery bereits Ende 1975 sein erstes Drehbuch „James Bond of the Secret Service" vorlegte, wollte nun endgültig mit den Dreharbeiten beginnen. Die neue, geänderte Fassung sollte den Titel „Warhead" tragen. Broccoli versuchte dies zu verhindern. McClory hatte sich inzwischen mit dem amerikani-

Nicht lange gefackelt

Die Falten im Gesicht des greisen Agenten (Roger Moore ist 55) sind nicht mehr zu übersehen — doch unverdrossen jettet er als 007 nach Indien, um das Geheimnis der legendären Octopussy zu ergründen.

schen Anwalt Jack Schwartzman zusammengetan. Gemeinsam traten sie gegen Broccoli, den Nachlaßverwaltern von Fleming und United Artists an. Der Court Seven im Royal Courts of Justice on the Strand in London erteilte McClory endgültig das Recht, mit der Wiederverfilmung zu beginnen. Broccoli ärgerte sich sehr darüber, setzte nun seinerseits alles daran, daß sein Bond der bessere Film wird, zumal sich hartnäckig das Gerücht hielt, daß Sean Connery eventuell zurückkehren würde.

George MacDonald Fraser, bekannter Autor der „Flashman"-Bücher, erhielt den Auftrag ein Drehbuch für „Octopussy" zu verfassen. Sein Drehbuch „Royal Flash" war von Richard Lester verfilmt worden. Nach seinem ersten Entwurf waren es Richard Maibaum und Michael G. Wilson, die der Geschichte den letzten Schliff gaben. „Octopussy" enthält Elemente aus Flemings Kurzgeschichten „The Property Of A Lady" und „The Living Daylights". Im Mittelpunkt der Geschichte steht die rätselhafte Zirkuschefin Octopussy, die in ihren Zirkuswagen eine Atombombe transportiert, die beim nächsten Gastspiel des Unternehmens bei der US-Airforce in Deutschland gezündet werden soll. Somit spielte zum 21-jährigen Jubiläum der James-Bond-Serie erstmals eine Frau die Titelrolle. Im Mai 1982 stellte sich Faye Dunaway in London vor, die als erste Wahl für diese Rolle ausersehen war. Kurze Zeit war auch Sybil Danning im Gespräch, die ursprünglich schon in „Moonraker" als Corinne Dufour zur Wahl stand, aufgrund der Co-Produktion mit Frankreich dann jedoch an die Französin Corinne Clery abgeben mußte. Broccoli entschied sich dann jedoch für Maud Adams, die damit ein ungeschriebenes Gesetz der Serie durchbrach: nach „Der Mann mit dem goldenen Colt" schaffte sie es als einzige Hauptdarstellerin neben Bond zum zweiten ▶

Duell in den Wolken

Für Nahaufnahmen und PR-Foto mit dem winzigen Bede-Jet trat Moore vor die Kameras. Als es jedoch um den Zweikampf auf der Außenhaut der zweimotorigen Beechcraft ging, griff man lieber auf das schon in der „Moonraker"-Fallschirmsequenz bewährte Stunt-Team zurück.

Zirkus per Bahn

Das Wettrennen zwischen dem Mercedes und Octopussys Zirkuszug fand auf der privaten Eisenbahn-Strecke im Nene-Tal in England statt.

Mal dabeizusein. Maud Adams begann als Covergirl international bekannter Modemagazine, spricht fünf Sprachen fließend und agierte in „Tattoo" neben Bruce Dern und „Rollerball" mit James Caan. Sie selbst war völlig überrascht von dem Angebot, doch Broccoli betrachtete sich als ihr Förderer, war stolz auf ihre Arbeit, nachdem er sie 1974 für Bond entdeckt hatte. Ursula Andress und Gert Fröbe sollten ursprünglich auch einmal in einer Hauptrolle zurückkehren. Diese Ideen wurden jedoch wieder fallen gelassen. Auch im Mai unterschrieben Louis Jourdan, für seine Rolle als Kamal Khan, und der Inder Kabir Bedi, der bei uns vor allem durch die Fernsehserie „Der Tiger von Malaysia" als Sandokan auf sich aufmerksam machte.

Zwei Monate später begann die britische Presse darüber zu spekulieren, ob eventuell schon neue James-Bond-Darsteller als Nachfolger für Roger Moore im Gespräch seien, da er noch nicht unterschrieben hatte. Namen wie Lewis Collins, Christopher Reeve, James Brolin und auch der Deutsche Oliver Tobias tauchten auf, doch niemand zweifelte ernsthaft an der Rückkehr Moores. Zudem saßen Broccoli und seiner Crew die Macher von dem anderen Bond im Nacken, der nun den Titel „Never Say Never Again" tragen sollte, so daß der Produzent kein Interesse daran zeigte, die Dreharbeiten ohne Roger Moore zu beginnen. Moore unterschrieb im Juli den Vertrag für seinen sechsten James-Bond-Film und erhielt drei Millionen Dollar Gage und eine Gewinnbeteiligung. Suzanne Dando, Chefin des britischen Gymnastik-Teams bei den olympischen Spielen in Moskau, wurde für Octopussys Privatarmee verpflichtet. Ein weiteres Novum der Serie war das Engagement von James Clavells Tochter Michaela, die als Miss Moneypennys Assistentin Penelope Smallbone in Erscheinung trat. Somit war klar, daß Lois Maxwell als letzte Überlebende der Serie, die in allen Filmen dabei war, auch bald ersetzt werden würde.

Am 10. August 1982 begannen mit der Einstellung 2022 die Dreharbeiten am Checkpoint Charlie in Berlin. Kochstraße, Friedrichstraße, das Tempodrom, die Mauer und die Avus dienen vier Tage lang als Kulisse. Etwa 70 Leute sind daran be- ▶

Zweigleisig durch die DDR

Die Nene-Strecke konnte gut als Ersatz für die in der DDR spielende Sequenz dienen, da eine deutsche Lokomotive zur Verfügung stand. Auf den Dächern der Waggons kämpfte Bond gegen die mordlustigen Zwillinge.

Düsenjäger aufgespießt

Zwar kam der originale Bede-Jet in „Octopussy" zum Einsatz, aber durch den Hangar „flog" nur eine Attrappe: Das 1:1-Modell wurde auf eine Stange montiert und auf einem Wagen in aller Ruhe durch die Halle kutschiert. Durch Schnittechnik und optische Tricks sah das Resultat im Film viel glaubwürdiger aus als die offizielle Fotomontage für das Pressefoto unten.

Tödliches Yo-Yo

Oberbösewicht Kamal (Louis Jourdan, ganz rechts) beauftragt einen Killer (William Derrick), Bond mit einer Kreissäge zu liquidieren, die er wie ein Yo-Yo auf- und niedertanzen lassen kann. Bei den Dreharbeiten in der Palastdekoration stürzte Derrick vom Balkon, brach sich beide Arme und stellte so den Drehplan für zwei Wochen auf den Kopf.

Markttag in Udaipur

Nicht so sehr die Stunts bei der spektakulären Verfolgungsjagd, an der Jeeps und ein Taxi auf drei Rädern beteiligt waren, bereiteten Regisseur John Glen Kopfzerbrechen, sondern die Bürokratie der indischen Behörden, die gerade diese Sequenz zu einer der frustrierendsten Szenen für die Filmemacher werden ließ.

teiligt. Argwöhnisch beobachten die Grenzsoldaten der DDR jeden Schritt des Teams, doch zu politischen Verwicklungen, wie von Wilson befürchtet, kommt es nicht. Auf der Avus entsteht die Verfolgungsjagd, in der Bond der Polizei in einem Alfa Romeo entkommt. Michael Heine, ein ortsansässiger Alfa-Romeo-Händler, betreut die Crew und wollte ursprünglich selbst einen Teil der Stunts ausführen, mußte jedoch einsehen, daß Remy Juliennes Kaskadeure ihre Arbeit bestens verstehen. Nach einer Woche Aufenthalt in Pinewood zog die Crew nach Udaipur in Indien um. Hier dient der Palast des Maharana Udai Singh als Kamal Khans Haus, auf dem Pichola See schwimmt Octopussys Barke, die auf Anweisungen von Peter Lamont bei einer Firma in Bombay in dreimonatiger Arbeit aus zwei alten Modellen zusammengebaut wurde. In der Umgebung von Udaipur entstand die Tigerjagd, die fünf Tage in Anspruch

nahm. John Glen beklagte vor allem die Bürokratie, die die Straßenszenen auf dem Markt zu einem Alptraum werden ließen. Ursprünglich plante Glen im Dschungel auch einen Kampf mit einem Löwen als Anspielung darauf, daß United Artists aufgrund des finanziellen Debakels von „Heaven's Gate" von MGM geschluckt worden war. Bond als Zugpferd von United Artists würde dann mit dem Erkennungszeichen von MGM, dem Löwen, ringen und selbstverständlich gewinnen. Diese Idee wurde jedoch wieder verworfen, auch eine Jagd um einen Berg herum, in Anspielung auf das Logo von Paramount, verschwand wieder. Alle weiteren Aufnahmen für „Octopussy" entstanden in Großbritannien. So zum Beispiel die Zugsequenz in Cambridgeshire. Aufnahmeort war die in Privatbesitz befindliche Eisenbahnstrecke Nene Valley Railway, die fünf Meilen lang durch den Nene Park zwischen Wansford und Or- ▶

Wem die Stunde schlägt

Neben Bonds Spezialuhr, mit der er das präparierte Objekt jederzeit orten kann, spielt die Requisitenhauptrolle fraglos das berühmte Faberge-Ei, das einst für den russischen Zaren gefertigt wurde. Die Versteigerung des goldenen Kleinods bringt nicht nur ein Ei, sondern eine internationale Spionageaffäre ins Rollen.

Eiertanz

*Bonds treuester Weggefährte und Spezialwaffenschmied „Q"
(Desmond Llewelyn) öffnet erneut seinen Wunderkoffer und präsentiert 007 eine Kopie des Faberge-Eies, das er mit einem Ortungs-
sender ausgerüstet hat, um das Ostereiersuchen zu verkürzen.*

Northolt, etwa fünfzehn Meilen westlich von London, inszeniert. Star des Anfangs ist die Bede BD-5J, der kleinste Düsenjäger der Welt. Erfinder ist der Amerikaner J. Bede, der das Flugzeug einst als Attraktion für Stunt Shows in den USA erdachte und schon im September 1971 erste Vorführungen damit flog. Ausgestattet mit einem speziellen Motor, einem Micro-turbo TRS-18, und nur 3,66 Meter Länge, schafft der Jet die Höchstgeschwindigkeit von 500 Stundenkilometern. Die Flügelspannweite beträgt nur fünf Meter. Besitzer und Pilot des Einzelstücks ist der Amerikaner Corkey Fornof, der aus Louisiana zusätzlich eine zweimotorige Beechcraft von Houma mitbrachte. Auf ihr findet die abschließende Schlägerei in der Luft statt. Im Film wurde der Bede Jet in Acro Star umgetauft. Fornof erhielt 10 000 Dollar Gage für seine Dienste, obwohl noch zwei identische, nicht flugfähige, Versionen erstellt wurden. In dem Moment, als der Jet durch die Lagerhalle zischt, ist er in Wirklichkeit auf einen alten Jaguar montiert und wird gemütlich, an einer massiven Stange befestigt, gefahren. Verständlicherweise wollte man das Original dafür nicht benutzen. Zunächst sollte Bond mit dem Jet in „Moonraker" von Drax' Hauptquartier flüchten, doch dann entschied man sich für die Prügelei um den Fallschirm als einzige Luftsequenz. Die selbe Truppe, die diesen Einsatz für „Moonraker" absolvierte, ist auch in „Octopussy" wieder mit von der Partie. Broccoli sah die Artisten in einem Film, wie sie auf einem Flugzeug entlang liefen. Dies sah ihm zu einfach aus, aber wenn sie etwas Schwierigeres anbieten könnten, wollte Broccoli sie engagieren. Daraus resultierte dann die Schlägerei auf dem Dach der Beechcraft. Abschließende Aufnahmen für „Octopussy" fanden auf dem Gelände der Pinewood Studios statt. Peter Lamont baute Teile des indischen Marktplatzes nach und teilte die berühmte 007 Halle in zwei Teile auf. Auf der einen Seite entstand die Fassade des indischen Palastes, in der Octopussys Mädchen ihren Großeinsatz haben. Auf der anderen Seite wurde das Innere des Palastes nachgebaut. Durch eine Unachtsamkeit fiel der indische Schauspieler, der Bond mit dem kreissägenden Yo-Yo das Leben ▶

---

ton Mere bis Peterborough führt. Während der Action-Sequenzen auf dem Zug verletzte sich der Stuntman Martin Grace schwer, als er gegen einen Pfeiler stieß und mit gebrochenem Becken ins Krankenhaus eingeliefert werden mußte. Insgesamt waren sechs verschiedene Stuntmen für Roger Moore im Einsatz, die für die relativ bescheidene Gage von 10 000 Dollar ihr Leben riskierten. Das Budget von „Octopussy" betrug 25 Millionen Dollar. Der amerikanische Luftwaffenstützpunkt von Upper Heyford in Ox-

fordshire mit den Soldaten der 20th Tactical Fighter Wing dient im Film als Feldstadt. Das riesige Zelt, in dem am Ende die Zirkusvorführung stattfindet, wurde direkt auf dem Gelände von Pinewood aufgebaut. Ehemals Eigentum von Robert Fossets Circus gehört es nun der Royal Ballet Touring Company. Per Anzeigen wurden Trapezkünstler für die Aufnahmen gesucht. Die spannende, in Kuba spielende Eröffnungssequenz, Markenzeichen jedes James-Bond-Films, wurde auf der englischen Luftwaffenbasis

Schwedenmädel gegen 007

Maud Adams (unten) ist die einzige Schauspielerin, die ein zweites Mal für eine Bond-Hauptrolle engagiert wurde. Sie stammt aus Schweden ebenso wie die Ingmar-Bergman-Entdeckung Kristina Wayborn (rechts), die in „Octopussy" Kamals Assistentin Magda mimt. Wie gewohnt wird auch die nordische Weiblichkeit gefährlich für 007 — und er für sie...

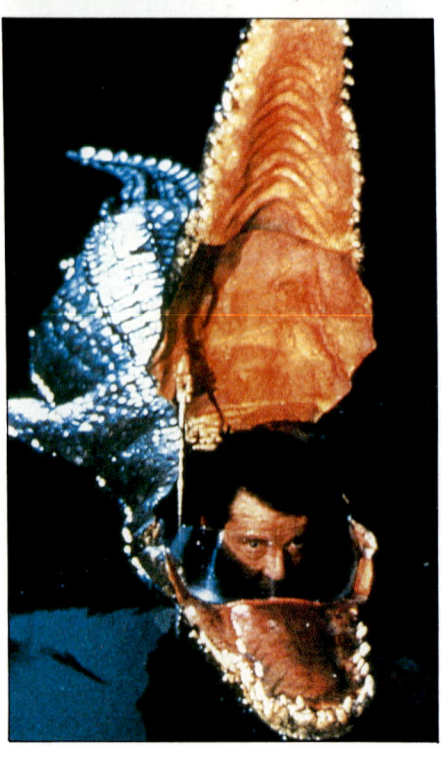

schwermacht, am ersten Drehtag seiner Szene vom Balkon und brach sich beide Arme. Eine Woche später war er mit großen Verbänden wieder am Drehort. Geschickte Kameraeinstellungen verbargen seine Verletzungen.

Außer dem Yo-Yo und dem bereits erwähnten Mini-Jet waren eine Nachbildung des berühmten Faberge Egg, daß Carl Faberge für den Zaren Nicholas kreierte und eine Seiko-Uhr mit Fernseher die technischen Stars von „Octopussy". Das Art Department von Pinewood baute außerdem ein schwimmfähiges Krokodil aus Fiberglas, das Bond zur Tarnung in Indien benutzt — ein schwacher Gag verglichen mit den vielen anderen Einfällen früherer Filme.

Angesichts der bevorstehenden Auseinandersetzung von „Octopussy" und „Never Say Never Again", der dann den deutschen Titel „Sag niemals nie" erhielt, war

die Stimmung während der Dreharbeiten ausgesprochen gut. Jeder glaubte an den Erfolg von „Octopussy" und Roger Moores bekannter Humor sorgte häufig für eine gelöste Atmosphäre. Darunter mußte seine Partnerin Maud Adams gelegentlich leiden. Das Plakat etwa, das Maud als indische Todesgöttin mit acht Armen zeigt, die Moore umschlingen, wurde vom gelernten Trickfilmzeichner Moore um einen neunten Arm erweitert, um ein bestimmtes Körperteil festzuhalten. Viele weitere Scherze sind jedoch nicht druckreif. Die Szene, in der Octopussy Bond den berühmten Martini reicht, mußte zwanzigmal wiederholt werden. Die Tücke des Objekts sorgte jedes Mal für Erheiterung. Die gelöste Atmosphäre nahm den Druck von den Beteiligten, obwohl die Konkurrenz nebenan in den Elstree Studios arbeitete. Roger Moore bekannte in Interviews immer wieder, daß er keine Konkurrenz will, obwohl Schwartzman alles daran setzte, „Sag niemals nie" parallel in die Kinos zu bringen. Mal davon abgesehen, daß Sean Connery und er seit Jahren Freunde sind, beteuerte er immer wieder, daß an der Kinokasse Platz genug sei für zwei Bondfilme in einem Jahr und die Fans sich sowieso beide Filme anschauen würden.

Am 25. Januar 1983 waren die Dreharbeiten abgeschlossen. Roger Moore flog im Mai zu den Filmfestspielen in Cannes, um schon etwas die Werbetrommel zu rühren. Derweil spielte John Barry die Musik ein. Als Sängerin war Rita Coolidge verpflichtet worden, nachdem erst Laura Branigan das Titellied singen sollte. Acht Wochen benötigte Barry für den Soundtrack, ein Orchester mit 87 Instrumenten sorgte für die richtige Instrumentierung. Barry wurde auch von Schwartzman gefragt, ob er nicht den Soundtrack zu „Sag niemals nie" komponieren wolle, sagte jedoch dankend ab. Er meinte, er gehöre eher zur alten Familie des Bond-Clans und möchte ihnen die Treue halten. Aufgrund der bevorstehenden Premiere des anderen Bonds legte er bei der Komposition größeren Wert auf das Bond-Thema, da das Gerichtsurteil besagte, daß „Sag niemals nie" dieses Thema, ebenso wie das 007-Logo und viele andere Dinge nicht verwenden darf.

Am 6. Juni 1983 war die festliche Premiere von „Octopussy" im Odeon Kino am Leicester Square in London. In Deutschland startete der Film am 5. August und entwickelte sich vom Start weg zu einem großen geschäftlichen Erfolg. Michael Wilson hatte zu Anfang der Dreharbeiten die Devise ausgegeben, daß man zurück will zu der Atmosphäre von „Liebesgrüße aus Moskau", der von Fans und Kritikern immer noch als der beste aller Bonds bezeichnet wird, doch davon ist in „Octopussy" nicht viel zu spüren. Ärgerlich waren vor allem die albernen Gags mit dem Krokodil, dem lianeschwingenden Bond im Dschungel und dem Platz machenden Tiger. Zudem war häufig zu erkennen, daß Moore vor einer Leinwand kämpfte und das darf bei einer so teuren Produktion nicht passieren. Gespannt blickte man nun auf Sean Connerys Portrait des Geheimagenten. ●

Persönlichkeitsspaltung

Als Kevin McClory und Jack Schwartzman nach langer Juristen-Rangelei ihr Remake von „Feuerball" gegen Broccoli durchsetzten, war „das Duell" eigentlich zu Ende. Moore und Connery bezeugten sich gegenseitige Sympathie, und trotz des Raschelns im Presseblätterwald tat der Konkurrent „Sag niemals nie" dem ein halbes Jahr früher gestarteten „Octopussy" keinen Abbruch an der Kinokasse.

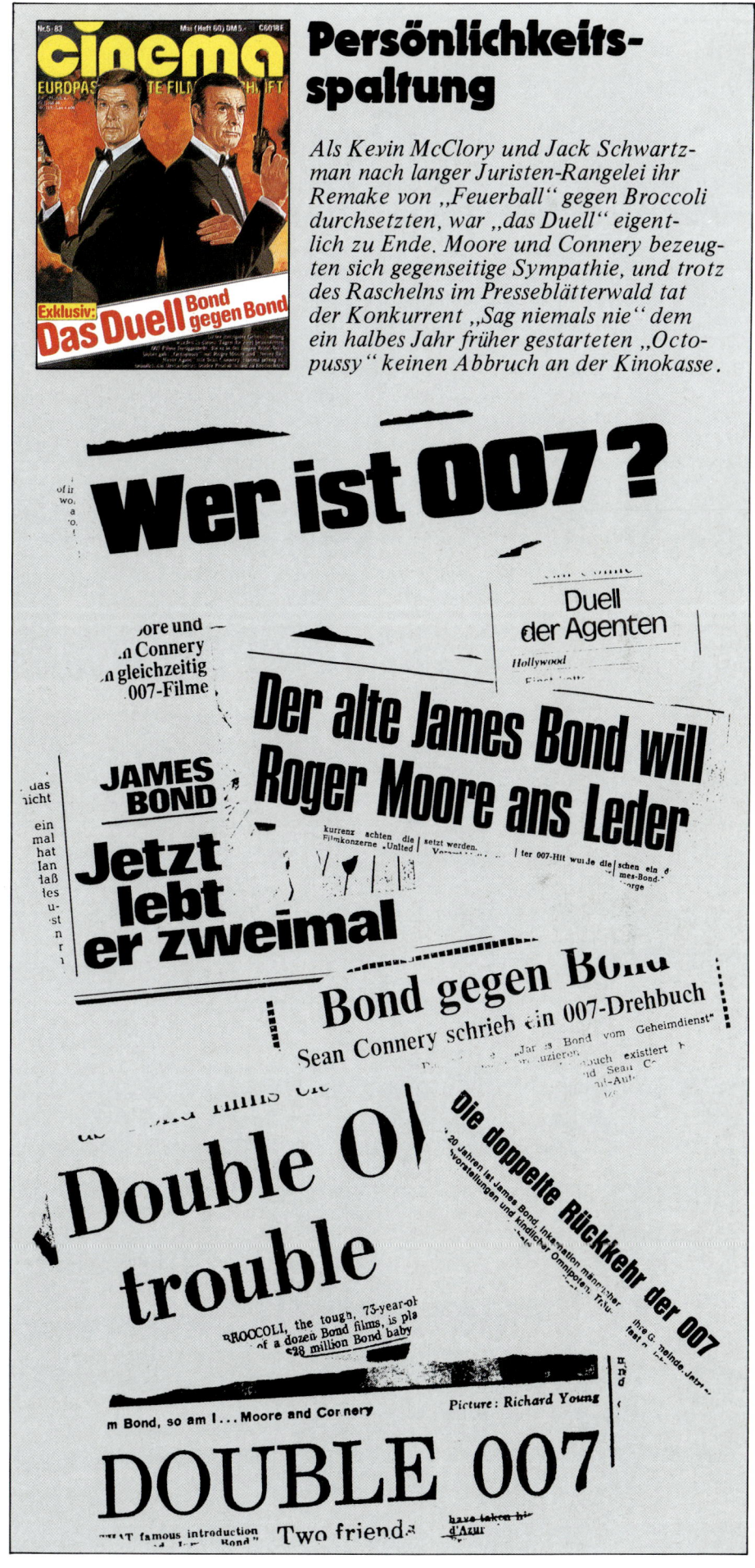

189

Sag niemals nie

Originaltitel: **Never Say Never Again**

Vermummung für die Queen

Nachdem er Bond sechsmal gespielt und dann geschworen hatte, daß die Rolle für ihn gestorben sei, kehrte Connery 1983 in den Geheimdienst Ihrer Majestät zurück. Der Filmtitel kommentiert dies ironisch.

STAB

Regie	Irvin Kershner
Produzent	Jack Schwartzman
Drehbuch	Lorenzo Semple jr.

nach einer Idee von Kevin McClory, Jack Whittingham und Ian Fleming

Ausführender Produzent	Kevin McClory
Co-Produzent	Michael Dryhurst
Produktionsdesign	Stephen Grimes
Kamera	Douglas Slocombe
Musik	Michel Legrand
Schnitt	Bob Lawrence

BESETZUNG

James Bond	Sean Connery
Largo	Klaus Maria Brandauer
Domino	Kim Basinger
Fatima	Barbara Carrera
Felix Leiter	Bernie Casey
Blofeld	Max von Sydow
„M"	Edward Fox
Miss Moneypenny	Palem Salem
Aigy, der Waffenmeister	Alec McCowen

Die Geschichte von ‚Sag niemals nie' ist so aufregend wie jeder einzelne James Bond", charakterisierte Thriller-Autor Len Deighton (Ipcress – Streng geheim) treffend die Vorgeschichte der Wiederverfilmung von „Feuerball". Er muß es wissen, denn auch er war an einem der früheren Entwürfe des Drehbuchs beteiligt. Der Ire Kevin McClory erhielt die Rechte an der Geschichte von „Feuerball" schon Ende 1963. Gemeinsam mit Fleming hatte er die Verfilmung der James-Bond-Romane für das Fernsehen geplant. Aus dieser Zusammenarbeit waren neun Drehbücher entstanden, die sogenannten „Film Scripts". Darunter war auch die Story „58 Longitude West", die Fleming dann zu dem Roman „Feu- ▶

erball" verarbeitete. Zehn Jahre nach der US-Premiere des Films „Feuerball" begann er mit den Vorbereitungen der Wiederverfilmung. Nach den ersten Drehbüchern, „James Bond of the Secret Service" von Deighton, Connery und McClory und „Warhead", wurde Lorenzo Semple jr., der Drehbuchautor von „Papillon", „King Kong", „Flash Gordon" und der „Batman"-Fernsehserie, damit beauftragt, das endgültige Drehbuch von „Sag niemals nie" zu schreiben. Bereits 1974 rühmte sich der amerikanische Filmproduzent Brian Foughs damit, unveröffentlichtes Nachlaßmaterial von Ian Fleming erworben zu haben, das in Kürze unter dem Titel des bereits existierenden Drehbuchs „Love Kills Everybody" verfilmt werden sollte. Ob dieser Kauf je stattgefunden hat, darf jedoch bezweifelt werden. McClory hatte 1980 seine Rechte an den Amerikaner Jack Schwartzman verkauft. Schwartzman war zunächst ausführender Vize-Präsident von Lorimar Pictures gewesen und sollte prüfen, inwiefern McClory wirklich Rechte besitzt und ob Lorimar eventuell den Film mitfinanzieren sollte. Schwartzman stieg dann bei Lorimar aus, wurde unabhängiger Produzent und kaufte die Rechte. Dafür wurde McClory zum ausführenden Produzenten benannt und erhielt eine prozentuale Beteiligung an dem Erlös des Films. Nachdem mit dem ersten Drehbuchentwurf „James Bond of the Secret Service" schon Vorverträge mit den Paramount Studios über eine Finanzierung des Films geschlossen worden waren, erhielt Schwartzman nun Absagen von elf Studios für sein neues Projekt, da noch nicht feststand, ob Connery den Film auch machen würde. Somit sammelte er Geld von unabhängigen Studios und beteiligte 26 Finanziers an dem Projekt. Im Oktober 1981 unterschrieb dann Sean Connery seinen Vertrag, der ihm fünf Millionen Dollar Gage und eine prozentuale Gewinnbeteiligung sicherte. Warner Brothers erklärte sich sofort bereit, den Film zu finanzieren und stellte ein Budget von 20 Millionen Dollar zur Verfügung. Schwartzman stellte später einmal klar, daß er ohne Sean Connery den Film nicht gemacht hätte. Connery wollte auf jeden Fall vor Drehbeginn davon überzeugt sein, daß er sich auf ein

Herr Satan persönlich

Nachdem Klaus Maria Brandauer bei der Oscar-Verleihung für „Mephisto" einen Freudentanz aufgeführt hatte, war sein Name weltbekannt. Sean Connery persönlich engagierte ihn für die Rolle des Bond-Widersachers Maximilian Largo.

interessantes Projekt einstellen kann und erreichte so bei dem Produzenten vielerlei Mitspracherechte. So konnte er auf das endgültige Drehbuch einwirken, den Regisseur und die Schauspieler in den wichtigsten Rollen aussuchen. Connery erstellte eine Liste von zehn Regisseuren, mit denen er gerne arbeiten wollte. Ganz oben stand dabei Richard Donner, der jedoch ablehnte, da er kein Remake machen wollte. Schwartzman tendierte eher zu

Terence Young oder John Guillermin, die Connery jedoch ablehnte, da er den künstlerischsten aller Regisseure für diesen Bond bevorzugte. Schließlich einigte man sich auf Irvin Kershner. Kershner und Connery hatten schon 1966 bei „Simson ist nicht zu schlagen" zusammengearbeitet, zudem empfahl sich Kershner durch die Verfilmung von „Das Imperium schlägt zurück" für ein ähnlich großes Projekt. Die Zusammenarbeit von Kershner und

Wieder fest im Sattel

Connery und Kim Basinger legten Wert darauf, daß sie ihre Reitszenen selbst bestritten. Connery war zu dem Zeitpunkt 52 Jahre alt und akzeptierte die Rolle nur, weil er Bond als in die Jahre gekommenen Agenten spielen durfte.

Semple jr. erwies sich als sehr problematisch. Nach anfänglicher Begeisterung von Kershner über das Drehbuch wollte der dann doch haufenweise Änderungen haben und genau das wollte Schwartzman vermeiden. Connery wartete nun schon knapp zwei Jahre darauf, daß es endlich losgehen würde. Ein Freund von Kershner schrieb einmal 20 Seiten neu, die so schrecklich waren, daß Semple sie sofort wieder verwarf. Nach einer weiteren ▶

193

Änderung wurde der von Semple und Kershner abgezeichnete Entwurf an Connery in Spanien geschickt, der es haßte und aussteigen wollte. Schließlich einigte man sich auf neue Änderungen, an denen insgesamt zehn andere Autoren beteiligt waren. Unter ihnen auch Francis Ford Coppola, da Schwartzman mit dessen Schwester Talia Shire – bekannt aus den „Rocky"-Filmen – verheiratet ist. Connery mochte die endgültige Fassung von Semple jr. und nachdem nun das endgültige Drehbuch von „Sag niemals nie" feststand, begann man damit die Hauptrollen zu besetzen und die Drehorte auszusuchen.

In „James Bond of the Secret Service" sollten die Bahamas, Okinawa und New York die Schauplätze bilden. Jetzt disponierte man um und wählte aufgrund der großzügigen Hilfe einflußreicher Freunde von Connery Südfrankreich aus. McClory hatte früher einmal verlauten lassen, daß wenn man sich einen Film wie „Krieg der Sterne" unter Wasser vorstellen könne, daß man dann ungefähr weiß, wie sein Bond-

Helm auf für den Close-Up

Bei den Stuntsequenzen konnte Connery genauso wenig wie Roger Moore auf die Hilfe von Stuntmen verzichten. Für Großaufnahmen stieg dann der fünf Mio. Dollar teure Star aufs Krad.

film ausschauen würde. Somit war klar, daß die Bahamas eine zentrale Rolle spielen würden. McClory wohnt außerdem vor Ort und kennt sich mit den dortigen Verhältnissen bestens aus.

Orson Welles war als Bösewicht in der ersten Fassung in Betracht gezogen worden. Bei „Warhead" tauchte in Vorverträgen mit der Paramount der Name Larry Hagman, inzwischen als Fiesling J.R. berühmt, als potentieller Kandidat für die Rolle des Felix Leiter auf. Connery wollte Klaus Maria Brandauer als Gegenspieler haben, da er ihn als einen der fünf besten Schauspieler der Welt bezeichnete. Der akzep-

tierte das Angebot sofort. Talia Shire empfahl Kim Basinger für die Rolle der Domino, Barbara Carrera wurde von Kershner ausgesucht. Sie hatte noch nicht einmal das endgültige Drehbuch gelesen, war von den Erzählungen des Regisseurs jedoch so fasziniert, daß sie blind unterschrieb. Der farbige Bernie Casey spielte Felix Leiter. Fleming hat in seinen Büchern niemals etwas über die Hautfarbe des amerikanischen Kollegen ausgesagt, dennoch ist ein Schwarzer in der Rolle von Leiter ein Novum für die Serie, da sie bisher immer von weißen Schauspielern verkörpert wurde. Nachdem alle wichtigen Rollen besetzt waren, fiel am 27. September 1982 auf dem Flughafen von Nizza die erste Klappe für „Sag niemals nie" und damit hatten sich die hartnäckigen Gerüchte, die seit Mitte der 70er Jahre kursierten, bewahrheitet: Sean Connery spielt wieder James Bond! Der hintergründig komische Titel, eine Anspielung darauf, daß Connery seinen Schwur brach, nie wieder James Bond zu spielen, stammt übrigens von Connerys Frau

Micheline Roquebrune. Connery rief Schwartzman an und der mochte den Titel.

Schwartzman teilte Broccoli mit, daß er nun mit der endgültigen Produktion beginnen werde, der wünschte Glück, bemerkte allerdings auch, daß er jede Änderung an der Geschichte, die sich außerhalb der erlaubten Wiederverfilmung bewegen würde, mit einem Prozeß überziehen würde. Zu einer Behinderung der Dreharbeiten seitens Broccoli kam es nicht. Etwa vier Wochen waren zwei Teams in Südfrankreich mit den Außenaufnahmen beschäftigt. In Villefranche-sur-Mer und Monaco wurde parallel gearbeitet. Die Zitadelle von Villefranche diente dabei als Außenfront von Largos Quartier Palmyra, die Villa Rothschild in Saint-Jean-Cap-Ferrat durfte für die Innenaufnahmen genutzt werden. Dort entstanden unter anderem die Reitszenen, die von Sean Connery und Kim Basinger selber ausgeführt wurden. Die berühmte Motorradjagd entstand auf den Straßen zwischen Antibes und Menton. Produktionsdesigner ▶

Tunnelvision

Ein ganzer Tunnel auf der Cote-d'Azur-Küstenstraße wurde gesperrt, um Bond (unter der Leitung von Irving Kershner, unten rechts) den röhrenden Startspurt aus dem Transporter zu ermöglichen.

Fliegende Untertasse

Milliardär Adnan Kashoggi gehört die 87 Meter lange Yacht „Nabila", die als Drehort für „Sag niemals nie" zur Verfügung stand und vorübergehend in „Flying Saucer" umgetauft wurde. Die Grotte, in der die Cruise Missiles versteckt werden (oben), war dagegen aus Pappmache und entstand in den Londoner Elstree-Studios.

Stephen Grimes überarbeitete einen Raum des Spielcasinos in Monaco und stattete ihn mit 108 Atari Videospielen aus. Prunkstück der Dreharbeiten war die Jacht des Ölmilliardärs Adnan Kashoggi, die „Nabila", die für den Film in „Flying Saucer" umgetauft wurde. Connery und Kashoggi sind seit längerem befreundet, deshalb wurde ausnahmsweise eine Drehgenehmigung erteilt. Die „Nabila" ist 87 Meter lang, verfügt über fünf Stockwerke, einen Hubschrauber-Landeplatz, einen Swimmingpool, ein Kino, eine Disco, 2 Saunen, drei separate Aufzüge und elf Suiten. Nach einer Woche Innenaufnahmen in den Londoner Elstree Studios zog das Team nach Nassau auf die Bahamas um. Standort wurde das Sheraton British-Colonial-Hotel. Im Landesinneren von New Providence, dessen Hauptstadt Nassau ist, wurde die Eröffnungsse-

Sag endlich ja

Im Gegensatz zur dunkelhaarigen „Domino" (Claudine Auger) in „Feuerball" lieh diesmal das ehemalige „Playmate" Kim Basinger ihren Blondschopf der 007-Gefährtin — und wurde damit ein internationaler Star.

quenz inszeniert, die Penthouse Suite vom Ambassador Hotel, dem Playboy Club, wurde in die Luft gesprengt, den Ballsaal vom Sheraton ließ Kershner umbauen. Das Unterwasser-Team unter der Leitung von Ricou Browning, der auch schon bei „Feuerball" dabei war, war allein sieben Wochen lang damit beschäftigt, die Szenen der Haijagd aufzunehmen. Dafür wurde ein 100 Fuß langes Boot im seichten Gewäs-

ser der Bahamas verankert, in dem die Aktionen spielen. Dafür wurden lebendige Haie eingesetzt und immerhin 18 Betreuer waren damit beschäftigt, die Tiere zu versorgen. Während sämtlicher Außenaufnahmen auf den Bahamas hatten die drei Drehteams, eine Mannschaft, die mit den Hauptdarstellern arbeitete, eine Action- und eine Unterwasser-Unit, große Schwierigkeiten mit dem Wetter. Ursprünglich hatte Schwartzman vorgehabt, „Sag niemals nie" parallel zu „Octopussy" in die Kinos zu bringen. Verzögerungen während der Dreharbeiten machten jedoch einen Strich durch die Rechnung. Außerdem wurde das Budget überzogen, was weitere Diskussionen mit Warner Brothers nach sich zog. Dadurch, daß der Film schließlich nicht rechtzeitig fertig wurde, wurde den Kinogängern der Kampf an der Kinokasse er- ▶

Kühles Naß in Nassau

Die berühmte Unterwasserschlacht der Froschmänner aus „Feuerball" mußte natürlich eine Entsprechung im Remake bekommen. Obertaucher Ricou Browning bekam wieder die Leitung der Dreharbeiten auf den Bahamas. Barbara Carrera als sinistre Gazelle „Fatima" (rechts) ist die einzige Bond-Darstellerin, die je für den „Golden Globe" nominiert wurde.

spart, den die Presse fast täglich herbeiredete. Auch Connery machte deutlich, daß er keinerlei Konkurrenz mit Moore will. Seiner Meinung nach ist der gleiche Bond wie früher zu sehen, er ist nur etwas älter. Mit 52 sei es noch vertretbar ihn zu spielen, sonst hätte er sich nicht auf das waghalsige Unternehmen eingelassen. Ein Rennen sei nicht beabsichtigt.

Die endgültige Fertigstellung von „Sag niemals nie" geschah schließlich in den Londoner Elstree Studios, wo unter anderem drei Monate Zeit vergingen bis der exotische Tempel, in dem die Cruise Missiles zu Wasser gelassen werden,

fertig war. Bei einer der abschließenden Explosionen wurde Sean Connery ganz schön in Mitleidenschaft gezogen, als er meterhoch durch die Luft schleuderte. John Dykstras Firma „Apogee" („Lautlos im Weltraum", „Projekt Brainstorm") wurde mit den Special Effects betraut. Er schuf die Flugaufnahmen der beiden Cruise Missiles, das Videospiel in Monaco und die Szenen mit den Ein-Mann-Düsen. Nach Drehschluß beklagte sich Kershner darüber, daß für die ganze Produktion viel zu wenig Zeit gewesen sei. Broccoli würde mit seinem fast identischen Team seit zwanzig Jahren zusammenarbeiten und er müß-

te nun mit einem komplett neuen Team das gleiche leisten. Dennoch würdigte er die Arbeit von Connery, denn ohne ihn hätte er diese Herausforderung gar nicht angenommen. Er betrachtete „Sag niemals nie" nicht als eine Wiederverfilmung, sondern als einen komplett eigenständigen Film. Außerdem hätte er „Feuerball" nicht studiert, um seinen Film zu machen.

Nach 19 Wochen Drehzeit war der Film fertig und erlebte seine festliche Premiere in den USA am 6. Oktober. Am 14. Dezember 1983 wurde in Anwesenheit von Prinz Andrew und vielen Künstlern des Showbusiness in London eine festliche Aufführung abgehalten. Davor wurde der Film bereits in Monaco vorgeführt. Am 14. Januar 1984 startete „Sag niemals nie" in der Bundesrepublik.

Die amerikanischen Kritiken waren enthusiastisch – sowohl für alle Hauptdarsteller, als auch für den kompletten Film. Barbara Carrera wurde für die Darstellung der hämisch-perfiden Killerin Fatima sogar für einen Golden Globe nominiert, eine Auszeichnung, die keinem anderen Darsteller in einem James-Bond-Film jemals vorher gelungen war. Ein Kritiker formulierte ironisch, wie unverständlich es sei, daß das Publikum seit Jahren einen Gentleman namens Moore in der Rolle akzeptieren könne. Generell wurde gelobt, daß es den Machern gelungen sei, die Uhr in die Zeit der sechziger Jahre zurückzudrehen, und Bond wieder zu seinen ursprünglichen Einsatzfeldern zurückgekehrt sei. Auch die teilweise sehr sarkastischen Witze, wie etwa die Szene mit dem Urin und der nicht ausgereifte Füller, trafen sowohl Kritiker- als auch Publikumsgeschmack. Außer „Liebesgrüße aus Moskau" ist kein anderer Film jemals so gut aufgenommen worden wie „Sag niemals nie". Trotzdem wirkt der Film an einigen Stellen etwas lang. Viele Szenen, von denen sogar offizielle Pressephotos existieren, fielen irgendwann dem Schneidetisch zum Opfer. Bemerkenswert ist zusätzlich, daß „Sag niemals nie" anfänglich an der Kasse sämtliche Rekorde schlug, im endgültigen Ergebnis jedoch von „Octopussy" geschlagen wurde. Lediglich Italien bildet eine Ausnahme. Hier hatte Connery eindeutig die Nase vorn. ●

Schneegestöber

Für die furiose Action-Sequenz auf einem grönländischen Gletscher engagierte Broccoli einen bewährten Experten, Ski-As Willy Bogner.

1985

Im Angesicht des Todes

Originaltitel: **A View To A Kill**

STAB

Regie	John Glen
Produzenten	Albert R. Broccoli, Michael G. Wilson
Drehbuch . .	Richard Maibaum, Michael G. Wilson
Bauten	Peter Lamont
Kamera	Alan Hume
Musik	John Barry
Schnitt	Peter Davies

BESETZUNG

James Bond	Roger Moore
Max Zorin	Christopher Walken
Stacey Sutton	Tanya Roberts
May Day	Grace Jones
Tibbett	Patrick Macnee
„Q"	Desmond Llewelyn
„M"	Robert Brown
Miss Moneypenny	Lois Maxwell
Scarpine	Patrick Baucheau
Chuck Lee	David Yip

Insgeheim freute sich Broccoli darüber, daß „Sag niemals nie" nicht der große Kassenschlager war, wie es allgemein erwartet worden war. Voller Elan machte er sich mit dem bewährten Team daran, den nächsten Bond-Film ins Kino zu bringen. „From A View To A Kill" ist der Titel einer Kurzgeschichte, die 1959 erstmals im „Daily Express" als „Murder before Breakfast" erschien. Fleming hatte die Titelzeile aus dem dritten Vers eines Jagdsongs aus dem Jahr 1820 entlehnt. Die Zeilen lauteten:

From the drag to the chase
From the chase to the view
From the view to the death in the morning.

Broccoli änderte diesen Titel dann in „A View To A Kill" um, der den nichtssagenden deutschen Titel „Im Angesicht des Todes" erhielt. Richard Maibaum verfaßte gemeinsam mit Michael G. Wilson einen ersten Drehbuchentwurf. Dann stießen Regisseur John Glen und Broccoli dazu. Nach dieser zweimonatigen Zusammenarbeit war das Drehbuch fertig. Broccoli hatte an „Sag niemals nie" festgestellt, daß die überwiegend jungen Darsteller besonders gut beim Publikum angekommen waren. Es war zumindest ungewöhnlich, daß der Oberschurke Largo von einem jungen Schauspieler wie Klaus Maria Brandauer gespielt wurde und auch eine Frau als Böse-▶

Geteiltes Leid, große Freud

Von dem Renault 12, den Bond sich von einem Pariser Taxifahrer „ausleiht", um die per Fallschirm flüchtende May Day zu verfolgen, blieb am Ende des Blechgewitters nicht viel übrig. Die rasante Zerteilung des Fahrzeugs beschäftigte das Drehteam mehrere Tage.

ste Wahl war Ringo Starr, dann Sting von der Gruppe „Police", auch alles Musiker, was ein Rätselraten um das neue Drehbuch entfachte. Sollte Bond mit explodierenden Gitarren von einem Musiker gejagt werden? Schließlich unterschrieb Christopher Walken für die Rolle des Gangsters. Er hatte für „Die durch die Hölle gehen" einen Oscar für die beste männliche Nebenrolle gewonnen und sich in Filmen wie „Dead Zone" profiliert. Außerdem war er, verglichen mit den früheren Schurken, sehr jung. Tanya Roberts, bekannt geworden durch die Fernsehserie „Drei Engel für Charlie", wurde unter der Prämisse verpflichtet, daß sie ihr Haar blond färben würde, der sie umgehend nachkam. Ihr letzter Film „Sheena" war ein großer Flop gewesen, dennoch glaubte Broccoli an sie. Nachdem die Hauptrollen neben Bond vergeben waren, fehlte nur noch die Unterschrift von Roger Moore und er würde mit seinem siebten 007 mit Connery gleichziehen. Doch gerade dieses Mal erwiesen sich die Vertragsverhandlungen als sehr problematisch. Das Kandidatenkarussell drehte sich wie nie zuvor und Namen wie Pierce Brosnan („Remington Steele"), Tom Selleck („Magnum"), Mel Gibson („Mad Max"), Lewis Collins („Die Profis") und Ian Ogilvy („The Return of The Saint") tauchten auf. Seltsamerweise alles Schauspieler, die durch Serien bekannt wurden. Tom Selleck hatte als Amerikaner sowieso keine Chance. Schon früher hatte Broccoli einmal deutlich gemacht, daß James Bond eine britische Figur sei und somit auch von einem Briten portraitiert werden sollte. Bisher konnte er sich damit gegenüber seinem Verleihpartner United Artists, später dann MGM/UA, durchsetzen. Dann unterschrieb Roger tatsächlich für seinen siebten Film und alles war wieder in Ordnung. Der Beginn der Dreharbeiten mußte sich sowieso verzögern. Durch eine Unachtsamkeit von Technikern während der Produktion von Ridley Scotts neuem Film „Legende" brannte die berühmte 007-Halle in Pinewood am 27. Juni 1984 fast vollständig aus. Da die ersten Aufnahmen jedoch außerhalb Pinewoods geplant waren, konnte man dieses Unglück überbrücken. Am 7. Januar des nächsten Jahres wurde sie mit der ▶

wicht sehr überzeugend sein kann. Broccoli hatte sich vor längerer Zeit darüber Gedanken gemacht, ob es nicht an der Zeit wäre, Bond eine starke Frau als Gegnerin gegenüber zu stellen. Octopussy Maud Adams war ein Schritt in diese Richtung. Nun sollte dafür die richtige Schauspielerin gefunden werden. In einer früheren Planung sollte Grace Jones Anja Amasova in „Der Spion, der mich liebte" spielen, woraus jedoch nichts wurde. Nach dem großen Erfolg von „Conan" war nun ihr Zeitpunkt gekommen. Ihr gefiel das Drehbuch auf Anhieb und sie mochte ihre Beteiligung an den

Stunt- und Actionszenen. Außerdem schätzte sie es, sowohl den Bösewicht als auch den Helden zu verführen, was es vorher noch nicht gegeben hatte. Neben der attraktiven Killerin sollte nun auch ein junger Chef stehen. Erste Wahl war David Bowie, der jedoch ablehnte. Er räumte zwar ein, daß die Rolle für einen Schauspieler sicherlich interessant sei, aber für jemanden, der aus dem Rock kommt, erscheint Max Zorin eher als eine Clownsrolle. Zusätzlich merkte er an, er wolle nicht fünf Monate damit verbringen, seine Doubles die Berge herunterfallen zu sehen. Die näch-

Schlittenfahrt

18 Stunt Doubles waren „Im Angesicht des Todes" damit beschäftigt, Roger Moore die sportliche Betätigung abzunehmen. Der Mime selbst trat jeweils nur sekundenweise in Erscheinung, lieh sein Gesicht für „Inserts", für eingefügte Filmschnipsel, und agierte zu diesem Zweck vorwiegend im Studio vor der Rückprojektionswand.

fertiggestellten Dekoration der Silbermine wiedereröffnet, als wenn nie etwas geschehen wäre.

Seitdem Willy Bogner mit der Skiverfolgungsjagd von „Im Geheimdienst Ihrer Majestät" einen so furiosen Einstand gefeiert hatte, beauftragte ihn Broccoli mit weiteren Actionsequenzen. Diesmal war er wieder für den Pre-Title-Film zuständig, der in Sibirien spielt. Zehn Tage wurde dafür in Grönland an der südöstlichen Spitze des riesigen Vatnajokull Gletschers an einem See gefilmt, sowie an einem winzigen Weiler bei Hofn an der Südostküste Grönlands. An der schweizerisch-italienischen Grenze auf dem Gletscher Vadretta di Scersen Interferiore entstanden weitere Auf-

nahmen. Offizieller Drehbeginn für die 25-Millionen-Dollar-Produktion „Im Angesicht des Todes" wurde der 6. August 1984 in Pinewood. Nach einer Woche zog das Team

nach Paris um, wo auch die ersten PR-Fotos mit Roger Moore neben den Hauptdarstellern entstanden. Der Eiffelturm wurde zum Mittelpunkt des atemberaubenden Geschehens. „Moonraker", der von vielen als schlechtester Bondfilm bezeichnet wird, hatte einen Höhepunkt den alle mochten – die Pre-Title-Sequenz, in der sich Bond und Beißer in der Luft um den Fallschirm schlagen. Ein Teil dieser Idee wurde nun verwendet. B.J. Worth und die Weltmeister des US-Fallschirmteams waren dafür verantwortlich und wurden nun dafür engagiert, einen Sprung vom Eiffelturm zu wagen. Autokaskadeur Remy Julienne und seine Truppe besorgten die parallel dazu stattfin-

Bandenwer-
bung in Öl

*Solange „Chevron" ins Bild
kam, war der Konzern gern bereit, seine Tankstelle in San
Francisco demolieren zu
lassen. Die Drehgenehmigung
für den Eiffelturm (unten)
zu erhalten, war erheblich kom-
plizierter – sie kam erst
unmittelbar vor Drehbeginn.*

dende Autojagd mit einem Renault
12, der während der Jagd in zwei
Teile zerbricht und mittels speziell
eingebautem Vorderradantrieb
dennoch weiterfährt. Diese Autojagd wurde in Frankreich so populär, daß Renault sie später für seine
Anzeigenkampagne verwendete.
Chantilly, 41 Kilometer nordöstlich
von Paris, wurde für zwei Wochen
zum nächsten Drehort. Das Schloß
fungiert als Zorins Sitz, auf dem eine große Versteigerung von Pferden
stattfindet. Auch das Pferderennen
und Tibbets Tod in einer nahen
Waschgarage wurden hier aufgenommen. Von Mitte August bis
Mitte September dauerten die Außenaufnahmen in Frankreich, dann
zog das Team nach San Franzisco
um. Bürgermeisterin Dianne Feinstein hatte der Produktion vollste
Unterstützung zugesagt, so daß
Drehmöglichkeiten geschaffen wurden, wonach sich mancher Produzent schon lange sehnt. Broccoli revanchierte sich später dafür, indem
er die Weltpremiere in der Stadt
stattfinden ließ. Insgesamt drei Wochen war man in mehreren Teilen
der Stadt gleichzeitig tätig. Auf der
Market Street war Remy Julienne
mit seinen PS-Akrobaten drei Wochen voll damit beschäftigt, Bond
in einem Feuerwehrlöschzug vor
der Polizei entkommen zu lassen.
Für vier Nächte wurden 6 Buslinien
umgeleitet, um dort freie Fahrt zu
haben. Gleichzeitig diente die City
Hall als Drehort, da Bond dort Stacey aus dem brennenden Gebäude
rettet. Die Chevron Motoroil Company in Richmond, einem Vorort
von San Franzisco, der der Stadt direkt gegenüberliegt, fungiert als Zorins Hauptquartier. Broccoli be-
dankte sich dafür auf seine Weise
und ließ bei der Autojagd eine
Tankstelle von Chevron demolieren,
aber immerhin kam man auch wäh- ▶

Für und wider 007

Mit Schirm, Charme und Melone hilft TV-Veteran Patrick Macnee als Tibett (oben) 007 beim Kampf gegen den größenwahnsinnigen Zorin (Mitte). Im Badebottich planschten sich Moore und Fiona Fullerton durch 20 Szenenwiederholungen (unten).

Spitzensprung

Die in den Martial Arts versierte Zorin-Gehilfin May Day (links) entkommt James Bond, indem sie per Fallschirm vom Eiffelturm zur Seine herabsegelt.

rend der Handlung werbeträchtig ins Bild. Etwa 100 Millionen Dollar hoch war die Versicherungssumme für eventuelle Unfälle während der Autojagd. Die überwiegende Zeit war nur das zweite Aufnahmeteam in San Francisco im Einsatz, das Team um die Hauptdarsteller war nach neun Tagen schon fertig. Rogers Nahaufnahmen wurden sowieso nachträglich im Studio gedreht. Am berühmten Fisherman's Wharf im Hafen von San Francisco war übrigens Maud Adams prominente Besucherin des Stabes und wurde denn auch gleich gebeten, als Statistin mitzumachen. Somit wurde „Im Angesicht des Todes" zu Maud Adams' drittem Bondfilm. Weiterer Schauplatz wurde die Golden Gate Bridge, deren Spitze später im Studio nachgebaut wurde. Dort entstand die Prügelei zwischen Bond und Zorin. Für Tanya Roberts wurde eine Hochseilartistin engagiert,

die 230 Meter über der Bay die gefährlichen Klettereien für sie bewältigte. Ursprünglich war es sogar geplant, eine Puppe von der Brücke zu stürzen, doch die Bürgermeisterin intervenierte in dieser Szene, um die ohnehin schon hohe Selbstmordrate nicht noch zusätzlich zu erhöhen. Wieder zurück in England entstanden kurze Szenen beim Pferderennen in Ascot, in Oakland Mansion, in einem mit Wasser gefüllten Steinbruch in Wraysbury in der Nähe von Staines und in dem in Privatbesitz befindlichen Amberley

Chalk Pits Museum in West Sussex. Innenaufnahmen in Pinewood beendeten die Produktion. Eine Liebesszene zwischen Fiona Fullerton und Roger Moore in einem Wasserbottich barg dabei arge Schwierigkeiten und war erst nach acht Stunden fertiggestellt — Moores bekannter Humor schmiß mehrmals die Aufnahmen.

Am 24. Mai war im Palace of Fine Arts Cinema in San Francisco die feierliche Premiere von „Im Angesicht des Todes" zugunsten des „Mayor's Youth Fund". Am 12. Juni wurde der Film im Odeon Kino am Leicester Square in London erstmals vorgeführt. 3000 kreischende Teenies sorgten für ein großes Chaos, als die fünf Jungs der Pop-Gruppe Duran Duran zur Premiere kamen. Nach anfänglichem Zögern Broccolis sangen sie den Titelsong, der ihm zuerst zu rockig erschien. Lady Diana begrüßte seine Ent-▶

Das Ende einer Ära

Nicht nur für Roger Moore sollte ,,Im Angesicht des Todes" der letzte Bond-Film werden. Er trat ab, nachdem er (wie Sean Connery) den Geheimagenten siebenmal gespielt hatte. Auch für Lois Maxwell als Miss Moneypenny (unten links) war der Abschied gekommen. Seit dem Tod von Bernard Lee verkörperte Robert Brown Bonds Chef ,,M" (unten rechts). Unverwüstlich zwischen Moore und Patrick Macnee erscheint allein Desmond Llewelyn als ,,Q".

Prinzenpremiere

Nicht nur Roger Moore, Grace Jones und Patrick Macnee durften Prinzessin Di und Prinz Charles bei der Royal Performance am 12. Juni 1985 im Londoner Odeon-Kino die adelige Hand drücken, sondern auch die Titelsong-Sänger der Pop-Band „Duran Duran" (oben rechts), zu deren Fans Diana sich seit Jahren zählt.

scheidung, denn sie ist seit Jahren Fan der Band. „Im Angesicht des Todes" entwickelte sich sofort zu einem großen Kassenerfolg und übertraf alle vorherigen Filme. Dennoch wurden die Kritikerstimmen immer lauter. Die Geschichte des bösen Irren, der San Franciscos Silicon Valley überfluten will, stieß auf keine große Gegenliebe. Es wurden Witze über Moores Alter gerissen (0070), denn immerhin war er da schon 57 Jahre alt und häufig genug waren die Aktionen vor der Leinwand wirklich ein Dorn im Auge. Ein Fan fand heraus, daß allein 18 Stunt Doubles für Moore im Einsatz waren, ein Zugeständnis an seine begrenzten sportlichen Fähigkeiten. Zwar hatte man für diesen Film wieder spezielle Drehbuchzeilen für Moore geschrieben, die seiner Persönlichkeit am ehesten entsprachen und die albernen Gags früherer Werke waren glücklicherweise nicht vertreten, doch schien allen Beteiligten nun klar zu sein, daß Moores Ära zu Ende gehen würde.

Kevin Godley und Lol Creme, ehemals „10cc", später dann unter dem Namen „Godley and Creme" als Band in den Hitparaden vertreten, drehten mit Duran Duran vor der Premiere in Paris noch ein sehenswertes Musikvideo. Sie montierten nachgestellte Szenen und Spielhandlung so geschickt zusammen, so daß sich eine eigene kleine Geschichte ergab. Eines der Bandmitglieder, John Taylor, behauptete später einmal, daß Broccoli ihm die Nachfolge von Roger Moore als Bond angeboten habe, er jedoch ablehnte, was vermutlich jedoch eine Zeitungsente war. Ein Gag des französischen Filmverleihs sorgte vor der dortigen Premiere noch für Aufsehen. 200 Journalisten erhielten dort einen Brief mit einer Revolverpatrone und dem Text: „Die nächste kommt nicht mit der Post." Dann kam eine zweite Botschaft mit den Zeilen: „Sie sind in Gefahr. Rufen Sie mich unter der Nummer 390007 an. Ein Freund." Die angegebene Nummer existierte wirklich. Ein Anrufbeantworter informierte die nervösen Journalisten darüber, daß der neue James-Bond-Film bald anläuft. ●

1987

Der Hauch des Todes

Originaltitel: **The Living Daylights**

STAB:

Produzenten	Albert R. Broccoli, Michael G. Wilson
Regie	John Glen
Drehbuch	Richard Maibaum, Michael G. Wilson
Musik	John Barry
Titelsong	a-ha
Ausstattung	Peter Lamont
Kamera	Alec Mills
Schnitt	John Grover, Peter Davies

BESETZUNG:

James Bond	Timothy Dalton
Kara	Maryam d'Abo
Whitaker	Joe Don Baker
Koskov	Jeroen Krabbe
Necros	Andreas Wisniewski
Leonid Pushkin	John Rhys-Davies
Kamran Shah	Art Malik
Miss Moneypenny	Caroline Bliss
„M"	Robert Brown
„Q"	Desmond Llewelyn
Saunders	Thomas Wheatley
Felix Leiter	John Terry

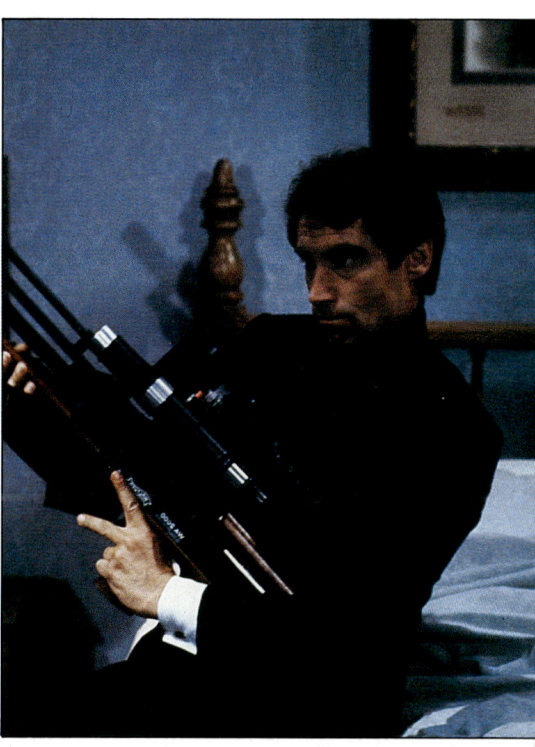

Michael G. Wilson, inzwischen zum Co-Produzenten aufgestiegen und damit Broccolis designierter Nachfolger, machte schon frühzeitig klar, daß die noch verbleibenden Titel von Flemings Kurzgeschichten wie etwa „The Property Of A Lady", „Risico", „The Hildebrand Rarity" und „Quantum Of Solace" ihm zu „dünn" erschienen, um sie für weitere Bondfilme zu benutzen. Auch Flemings Kriminalgeschichte „The Diamond Smugglers", die nichts mit Bond zu tun hat, erschien ihm zu langweilig. Somit verblieb als letzter Fleming-Titel „The Living Daylights". Darin beschreibt er, wie Bond einen Russen aus dem Osten herausschmuggelt, der von einem Scharfschützen verfolgt wird. Dieser

James IV.

„Walther" bleibt sein bester Freund, ob handlich (links) oder als Unterarmflak (oben) — James Bond ist immer schußbereit, auch wenn ihm Timothy Dalton als vierter Darsteller sein Gesicht leiht. Tisch und Bett teilt er mit Maryam d'Abo.

Teil der Handlung sollte dann später auch Eingang in den Film finden. Der Rest des Drehbuchs ist wie immer frei erfunden. Seit der Premiere von „In tödlicher Mission" war für den Fall, daß man irgendwann einmal keinen Fleming-Titel verwenden sollte, eine kleine, aber sehr wichtige Änderung der Schriftzüge jedes Bondfilms vollzogen worden. In „Moonraker" hieß es noch: „Roger Moore as James Bond 007 in Ian Fleming's Moonraker", danach dann „Roger Moore as Ian Fleming's James Bond 007 in For Your Eyes Only", was bedeutet, daß lediglich die Bond-Figur Fleming zugeschrieben wird, aber nicht mehr der Titel. „Der Hauch des Todes" folgt dieser neuen Linie.

Bereits zur österreichischen Premiere von „Im Angesicht des Todes" begann die Vorproduktion des fünfzehnten Broccoli-Bond-Films. Regisseur John Glen und Marketing-Chef Jerry Juroe waren in Wien zu Gast und gingen gleichzeitig auf Motivsuche. Der stets sehr filminteressierte Bürgermeister Dr. Helmut ▶

Zilk hörte davon und schrieb einen Brief an Eon Productions in London, um Broccoli einzuladen, sich Wien einmal genauer anzuschauen. Ab 16. September 1985 waren Broccoli (nebst Frau und Tochter Barbara), Michael G. Wilson, John Glen und Associate Producer Thomas Pevsner in Wien, um potentielle Drehorte zu besichtigen. Burgtheater, Musikvereinssaal, Staatsoper, Stephansdom, Schloß Schönbrunn, der Prater und das berühmte Tor am Josefsplatz, Palais Pallavicini genannt, das in „Der dritte Mann" eine Hauptrolle spielt, wurden in Augenschein genommen. Auch ein Besuch in Salzburg wurde arrangiert. In anschließenden Interviews verkündete Broccoli dann, er sei ziemlich sicher, daß man in Österreich drehen werde. Ein Jahr später machte er sein Versprechen wahr: nach dem Amerika-lastigen Vorgänger sollte nun wieder mal ein europäischer Bond entstehen. Februar 1986 begannen in Pinewood erste Vorbereitungen für den Film. Flemings Geschichte, die erstmals am 4. Februar 1962 in der Londoner Sunday Times und vier Jahre später dann in einem Buch zusammen mit „Octopussy" erschien, wurde von Richard Maibaum und Michael G. Wilson für die Verfilmung erweitert. Im Buch ist der Auftrag erfüllt, nachdem Bond den russischen Agenten erfolgreich vor Attentaten schützen konnte. Im Drehbuch bildet dies den Ausgangspunkt für die Verbindung zwischen Aktivitäten des russischen Geheimdienstes und dem Waffenhändler Whitaker. Schließlich wird auch der Konflikt um Afghanistan zu einem wesentlichen Bestandteil der Handlung. Mitte des Jahres wurden die Hauptrollen besetzt. Jeroen Krabbe wurde als Koskov unter Vertrag genommen. Sein Agent kündigte kurzentschlossen eine bereits bestätigte Rolle in Michael Ciminos neuem Film „The Sicilian", damit Krabbe bei Bond dabeisein konnte. Kurz hintereinander wurden Maryam d'Abo, Joe Don Baker und der Deutsche Andreas Wisniewski verpflichtet, der außer in Ken Russells „Gothic" bisher nur in Pop Videos aufgetreten ist. Fraglich war allerdings immer noch, wer Nachfolger von Roger Moore werden würde. Beinahe täglich tauchten vor allem in der englischen Presse neue Namen von Kandidaten auf, die angeb-

Harter Brocken Gibraltar

In der Pre-Title-Sequenz bekommt James Bond es mit einem KGB-Attentäter zu tun, der ihm auf dem Gibraltar-Felsen per Jeep zu entkommen sucht. Doch 007 läßt nicht locker. Bei der Flucht über die tschechisch-österreichische Grenze (ganz links) kann der KGB Bonds mit Skiern bestückten Aston Martin auch durch Granaten nicht aufhalten.

211

Konferenz der bösen Buben

Das Doppelspiel des KGB-Überläufers General Koskov (rechts) bleibt lange undurchsichtig. Bond findet heraus, daß er mit dem Drogenhändler und Waffenfetischist Whitaker (unten) im Bunde ist. Als Koskovs Killer fungiert der blonde Necros, der seine Opfer mit der Schnur seines Walkmans stranguliert (rechte Seite). Als Nekros reiht sich Andreas Wisniewski in die Tradition der deutschen Bond-Bösewichte ein.

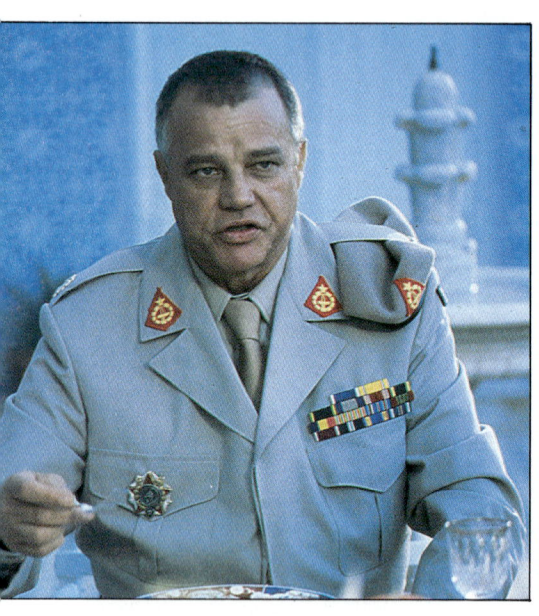

lich als Bond in Betracht kommen. So etwa wieder einmal Tom Selleck, Mel Gibson und Pierce Brosnan, aber auch Jameson Parker („Simon und Simon"), Don Johnson („Miami Vice"), Simon McCorkindale („Falcon Crest"), Bryan Brown („F/X – Tödliche Tricks"), Sam Neill, Anthony Hamilton, John James und Oliver Tobias. Wilson gestand später, daß man Hunderte von Schauspielern testete, die folgende Voraussetzungen zu erfüllen hatten: Sie mußten Briten sein (oder zumindest aus einem Land des British Commonwealth stammen), gut aussehen, eine sportliche Figur haben und langjährige schauspielerische Erfahrung nachweisen. Zudem mußten alle Kandidaten drei Szenen aus James-Bond-Filmen nachspielen, wofür extra Fiona Fullerton und Annie Lambert als Partnerinnen engagiert wurden. Dies waren aus „Liebesgrüße aus

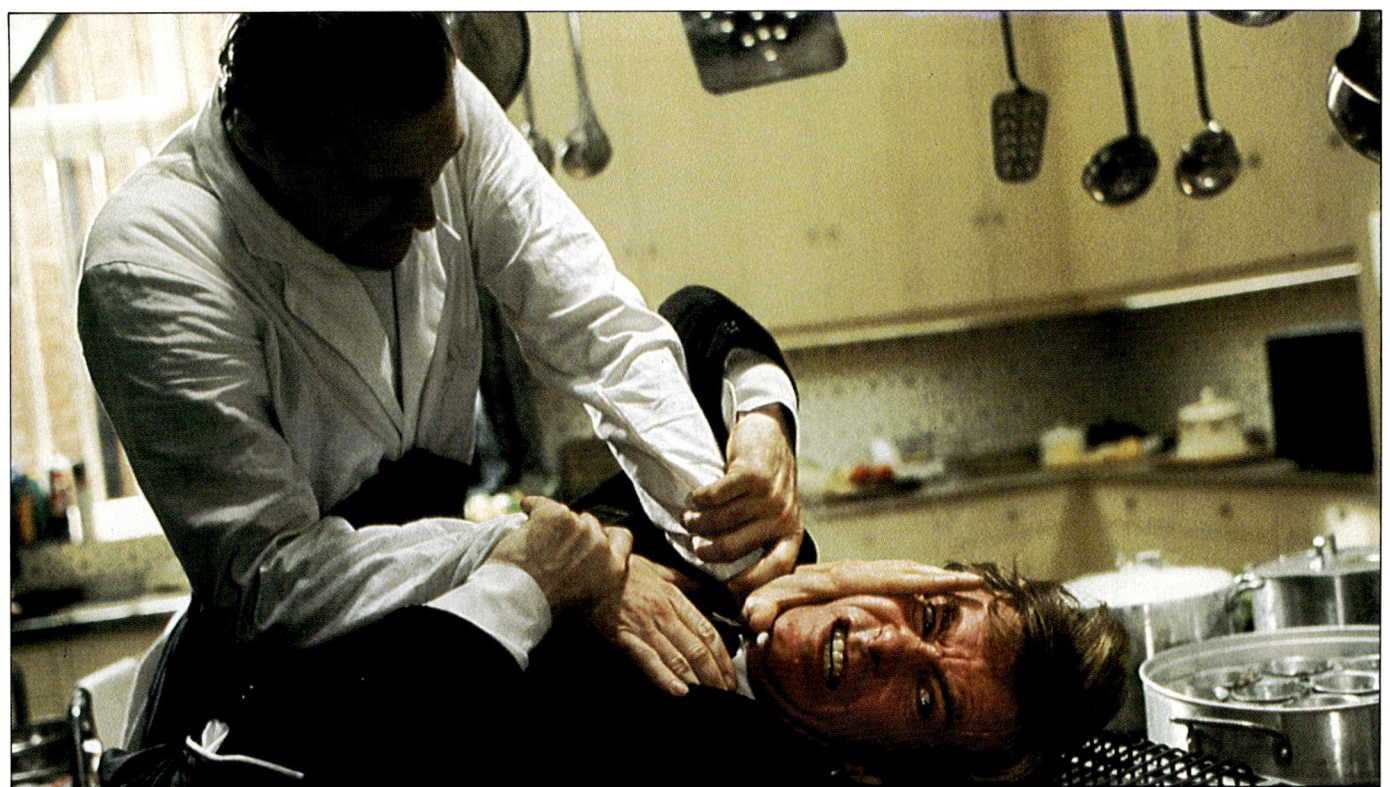

Moskau" die Schlägerei im Zug und die Szene, in der Bond Tatjana im Bett findet sowie die Szene, in der Bond Tracy in seinem Bett entdeckt (aus „Im Geheimdienst Ihrer Majestät"). Schließlich blieben zwei Namen in der engeren Wahl: der Waliser Timothy Dalton, der bereits nach „In tödlicher Mission" von Glen und Broccoli aufgesucht worden war, als noch nicht klar war, ob

Roger Moore weiterspielen würde. Zusätzlich hatte der Ire Pierce Brosnan eine gute Chance, von der Fernsehserie „Remington Steele" auf die große Leinwand überzuwechseln. Als die „Remington Steele"-Produzenten davon Wind bekamen, begannen sie neue Folgen der Serie zu planen, obwohl sie zu dem Zeitpunkt in den USA schon nicht mehr sehr erfolgreich lief, und be-

harrten auf Brosnans Vertragserfüllung. Auch Dalton war zu dieser Zeit noch vertraglich gebunden und spielte neben Dauerfreundin Vanessa Redgrave am Londoner Haymarket Theatre in zwei Shakespeare-Stücken: „Der Widerspenstigen Zähmung" bzw. „Antonius und Cleopatra". Am 6. August 1986 stand die Entscheidung fest: Der vierte James Bond heißt Timothy ▶

Marokkanisch

In Tanger kommt es zu einem denkwürdigen Team-Work zwischen Secret Service und KGB: Beide versuchen, Koskov und Whitaker die schmutzigen Hände zu binden. Doch Koskov ist schlauer. Er bedient sich der schönen Kara, die Bond vorübergehend schachmatt setzt. Übrigens: die Action-Sequenz, in der Bond per „fliegendem" Perser auf Telefondrähten von einem Haus zu anderen segelt (cinema berichtete darüber in der Dreharbeitenstory zu „Der Hauch des Todes") fiel komplett dem Schnitt zum Opfer. Angeblich war das Tempo dieser Szene nicht rasant genug...

„Zurück zu den Wurzeln"
Interview mit Timothy Dalton

cinema: Timothy Dalton, wie fühlen Sie sich nach den bisherigen Dreharbeiten als James Bond?

Timothy Dalton: Nach drei Drehetappen kann ich sagen, daß die Zusammenarbeit mit Kolleginnen und Kollegen und dem technischen Team wundervoll ist. Das alles macht sehr viel Spaß.

cinema: Wie ich hier im Studio hörte, sind viele der Meinung, Sie würden der beste Bond aller Zeiten sein. Ist das übertrieben?

Dalton: Ich fühle mich geschmeichelt über solche Äußerungen. Ich bemühe mich einfach, aufregend und glaubhaft zu wirken in einem Bond-Film, der nichts anderes ist als ein Bonbon. Ich hoffe natürlich, der Beste zu sein... (lächelt schelmisch).

cinema: Stimmt Ihre Arbeit, die Sie da leisten müssen, mit Ihren Erwartungen überein?

Dalton: Ich glaube, es wäre falsch, mit klaren Vorstellungen an so etwas herangehen zu wollen. Man kennt zwar das Drehbuch, aber das ist ja nur ein Gerüst. Ich muß die Rolle mit meiner eigenen Kreativität ausfüllen, und deshalb ist dann das, was daraus resultiert, oft etwas Unerwartetes. Vieles, so hatte ich das Gefühl, ist besser herausgekommen, als andere das erwartet hatten.

cinema: Wenn Sie den neuen Bond-Film „Der Hauch des Todes" mit den anderen vergleichen: Wie schneidet er ab? Und welches sind für Sie die bislang besten Bond-Abenteuer?

Dalton: Ich habe alle bisherigen Bond-Filme gesehen. Mein liebster ist der erste, „Dr. No". Wenn Sie nach dem besten fragen, der ein Klassiker in dieser Sparte bleiben soll, würde ich „Goldfinger" nennen. Und für die spektakulärste Bond-Sequenz halte ich die Kampfszenen über Wasser in „Liebesgrüße aus Moskau". Natürlich haben sich die Bond-Filme im Laufe der 25 Jahre entwickelt, sie sind auf dem neuesten Stand der Technik und der genialsten Spezialeffekte. Aber das ändert nichts an meinen Vorlieben. Ob „Der Hauch des Todes" besser ist als die anderen, wird das Publikum entscheiden.

cinema: Die besten Parodien auf die Bond-Filme waren immer die Bond-Filme selber. Wird der neue Streifen auch parodistische Züge haben?

Dalton: „Der Hauch des Todes" wird auf der Bond-Straße eher drei Schritte zurück als drei Schritte vorwärts gehen. Der Film wird realistischer, reizvoller und packender sein als die letzten. Vor allem viel weniger unglaubhaft, vielleicht auch menschlicher. Wobei es an Humor trotzdem nicht fehlen wird.

cinema: Geht der Humor bis zur Selbstironie?

Dalton: Der Humor hat seinen Ursprung in den Umständen, er wird nicht aufgesetzt. In diesem Sinne suchten wir nicht die Selbstironie.

cinema: Können Sie mir verraten, welches die verrücktesten Szenen sind, die Highlights in „Der Hauch des Todes"?

Dalton: Grundsätzlich ist das, was die Leute für verrückt und aufregend halten, eine subjektive Angelegenheit. Die einen finden Spannung aufregend, andere gut gemachte Action. Ich kann nur sagen, daß wir brillante Szenen haben, die wohl beides vereinen, aber die kann ich hier nicht preisgeben. Sicher ist die Eingangssequenz hochdramatisch und die Schlußszene mit einem Kampf im Flugzeug unglaublich gut. Außerdem drehten wir in den österreichischen Bergen eine Super-Verfolgungsjagd mit Schneefahrzeugen.

cinema: Was halten Sie von Ihren Vorgängern, Sean Connery und Roger Moore?

Dalton: Oh, beide haben die Bond-Filme zu Erfolgen geführt, sie waren in der Hauptsache dafür verantwortlich. Connery war absolut großartig, riesig. Moore spielte den Part unterschiedlich, aber unverwechselbar. Vierzehn Jahre Erfolg sprechen für sich selber. Und da war ja noch George Lazenby. „Im Geheimdienst Ihrer Majestät" war gar kein schlechter Film, aber die Wahl des Hauptdarstellers unglücklich. Es sah so aus, als wüßte er nicht, was er zu tun habe.

cinema: Offensichtlich genügt es nicht,

Afghanisch

Bond und Kara werden — der ost-westlichen Aktualität halber — ins sowjetische besetzte Afghanistan entführt. Antisowjetische Partisanen hauen die Behelfsbeduinen wieder heraus.

Natürlich konnten diese Szenen nicht an afghanischen Originalschauplätzen gedreht werden — Cubby Broccoli bemüht sich seit Jahren vergeblich um eine Drehgenehmigung im Ostblock. Neben den authentischen Schauplätzen von Tanger mußte das marokkanische Hinterland zwischen Atlas-Gebirge und Sahara als Tummelplatz der afghanischen Freischärler herhalten. Für Bond wird sogar die Wüste rot!

ein „Dressman" zu sein?

Dalton: Nun, wenn man die Chance bekommt... Wenn man reüssiert, ist das toll, wenn man durchfällt, hat man Pech gehabt.

cinema: Hatten Sie keine Zweifel, die Rolle anzunehmen?

Dalton: Man ist als Schauspieler glücklich, wenn neue Herausforderungen kommen. In dieser Hinsicht konnte Bond nur das beste Angebot sein.

cinema: Was ist neu an Ihrem Bond?

Dalton: Ich kehre zurück zu den Wurzeln, so, wie Autor Fleming James Bond sah. Ich werde demnach der härtere Bond sein als Roger Moore.

cinema: Sie sind bekannt als Shakespeare-Darsteller, nun werden Sie populär als Bond. Wird sich mit diesem Film Ihr Image ändern?

Dalton: Ich habe nie so richtig über mein Image nachgedacht. Ich spielte in den letzten 29 Jahren viele Filmrollen, hatte diverse Fernsehauftritte und zahllose Bühnenverpflichtungen. Ich habe mich als Schauspieler immer in so verschiedene Rollen wie möglich begeben. Ich bin zu lange in diesem Business, um nicht zu sehen, daß mir ein Bond-Erfolg Vorteile bringen könnte. Aber ich muß auf mich selber vertrauen, an mich selber glauben. Nicht der Bond macht mich, sondern ich mache den Bond!

cinema: Sind Sie privat ein eher ernster, introvertierter oder ein unbeschwert-fröhlicher Typ?

Dalton: All dies zusammen. So wie auch andere Menschen sich aus verschiedenen Komponenten zusammensetzen. Auch wenn ich eine sog. seriöse Person sein sollte, heißt das nicht, daß ich nicht lachen kann und keinen Spaß habe oder mache.

cinema: Welches sind Ihre besten Eigenschaften?

Dalton: Ich weiß das nicht, ich träume von ihnen. Ich kenne meine schlechten besser, aber die will ich hier doch nicht aufzählen.

cinema: Haben Sie Leidenschaften? Hobbies?

Dalton: Ich liebe das Fischen, in Flüssen, Seen oder im Meer, überall auf der Welt.

cinema: Welche Filme lieben Sie als Kinozuschauer?

Dalton: Ach, das sind zuviele. Als Komödie fällt mir „Die Glücksritter" mit Eddie Murphy ein, als Western „Carrasco, der Schänder" mit Newman, als Studiofilm „Mephisto" mit Brandauer. Aber das wechselt. Morgen nenne ich vielleicht andere Titel.

cinema: Sind Sie nervös vor dem Kinostart von „Der Hauch des Todes"?

Dalton: Das einzige, was mich nervös macht, ist die Publicity.

Interview: Rolf Mühlemann

Sprunghaft

Bei dem Satz von der Rampe am verschneiten Weissensee in Oberkärnten flog Stuntman George Cote in Bonds Aston Martin zu weit und verfehlte fast das Pappkartonpolster, das den Aufprall dämpfen sollte. Cote gehört zum Actionteam des renommierten französischen Stuntman Remy Julienne, der auch schon in früheren Bond-Filmen für krachende Karossen sorgte.

007 en famille

Timothy Dalton mit Serien-Patriarch „Cubby" Broccoli und seinem designierten Nachfolger Michael Wilson (links). Der „blonde" Stuntman (Mitte) doubelte Kara bei der Schneejagd.

Dalton. Dalton, der zu dem Zeitpunkt in Miami „Brenda Starr" neben Brooke Shields drehte, erfuhr telefonisch von seiner Beförderung zum Geheimagenten. Bereits am 29. September surrten die Kameras auf dem Felsen von Gibraltar, wo die Pre-Title-Sequenz entstand. Parallel dazu begann man in Pinewood mit Innenaufnahmen. Eine Woche danach wurde Dalton auf einer Pressekonferenz im Wiener Prater der Weltpresse vorgestellt. Bürgermeister Zilk hatte das Rathaus eigens an einem Sonntag geöffnet, um den Journalisten Gelegenheit zu geben, die Hauptdarsteller, Produzenten und den Regisseur zu befragen. Zusätzlich war der neue Aston Martin DBS VB Volante beliebtes Fotomotiv. Wien dient im Film zusätzlich als Kulisse für Bratislava in der CSSR, denn einer Drehgenehmigung im Ostblock läuft Broccoli schon seit Jahren vergeblich hinterher. Zwei Wochen lang war das 250 Personen umfassende Team vor Ort im Einsatz. Das Hotel im Palais Schwarzenberg, Straßenzüge im 18. Bezirk, der Prater, die Steinspornbrücke, die Gasometer in Simmering, Schloß Schönbrunn, die Sofiensäle und die Volksoper wurden als Schauplätze genutzt. Fotomodell und ehemalige Miss Austria „Kim" Andrea Stockinger wurde als österreichisches Bondgirl gefeiert und überall herumgereicht. Im fertigen Film blieb von ihrer Szene allerdings nichts übrig. Da alles reibungslos ablief, exakt zwei Wochen lang die Sonne schien und nur einige Szenen im 18. Bezirk nachgedreht werden mußten, flog das Team termingemäß nach London zurück, um eine Woche später in Marokko weiterzumachen. Dort drehte man fünf Wochen in Tanger und Quazazarte, zwischen dem Atlas-Gebirge und der Sahara. Der millionenschwere Verleger und Militaria-Sammler Malcolm Forbes öffnete für Bond seine Villa. Forbes besitzt der Welt größte Sammlung von Miniatursoldaten und animierte▶

der Frontscheibe. (Alle Tricks wurden vom Special-Effects-Team im Studio nachgefilmt.) Der erste Sprung über die Schanze mißlang — der Stuntman gab zuviel Gas, aber der Wagen landete unversehrt in einem Haufen Kartons. Am 13. Februar wurden die Dreharbeiten in Pinewood abgeschlossen.

Timothy Dalton bringt als vierter James-Bond-Darsteller eine eigene Interpretation von 007 auf die Leinwand, und das ist gut so. Er orientiert sich ausschließlich an Flemings Romanen, hat alle Bücher akribisch studiert, bezeichnet „James Bond 007 jagt Dr. No" als seinen liebsten Bond-Film und schwärmt von Connery. Auch das Drehbuch orientiert sich mehr an den ursprünglichen Einsatzfeldern des Kalten Krieges. Zudem gibt es viele ungewöhnliche Attribute in „Der Hauch des Todes", die die Serie verändern. Da ist zunächst Caroline Bliss als die neue Miss Moneypenny, die wahrhaft peinlich spielt und kaum als Sekretärin zu erkennen ist. Zudem gibt sich Bond sehr romantisch. Kara ist die einzige Frau, die er verführt, und auch die fällt ihm nicht gleich zu Füßen. Viele ursprünglich gedrehte Szenen wurden in der endgültigen Schnittfassung nicht verwendet: es fehlt die Szene, in der Bond „1001 Nacht" parodiert und auf einem Perserteppich über Telefondrähte rutscht. Ein Mord in der Prater-Geisterbahn wurde ebenfalls gestrichen. Zudem wartet der neue Film mit drei Songs auf: einen von a-ha, zwei von den Pretenders — ein Unikum zum 25jährigen Bond-Jubiläum. Erstaunlich dabei: Pal Waaktaar von der Gruppe a-ha zeigte keinerlei Interesse, den Film anzusehen, bevor der Titelsong unter Hilfestellung von John Barry eingespielt wurde. Ein Fototermin zusammen mit Barry für die Presse — das war's. Ganz anders Chrissie Hynde, die Lead-Sängerin der Pretenders. Sie unterbrach extra ihre Welttournee, um zwei Tage nach London zu kommen und mit John Barry anhand der vorgeführten Muster Stimmung und Stil der beiden Pretenders-Beiträge zu „Der Hauch des Todes" abzustimmen. Alles James Bond zuliebe.

Am 29. Juni 1987 fand im Londoner Odeon Kino am Leicester Square in Anwesenheit von Prinzessin Diana und Prince Charles die Weltpremiere von „Der Hauch des

Weiche Landung

Sekunden nach dem Höhenflug (rechte Seite) hat Bond sich wieder gefangen. Er landet auf der Yacht und in den Armen einer Sonnenanbeterin. Der Gibraltar-Felsen ist vergessen, im Augenblick interessiert nur die Lorelei.

Wilson zu der Idee, den Waffenhändler Whitaker Schlachten nachspielen zu lassen. Der Saal mit lebensgroßen Figuren berühmter Feldherren entstand jedoch später in Pinewood unter der Anleitung von Peter Lamont. Etwa sechs Meilen außerhalb von Quazazarte liegt das Finnt-Reservoir, das als jene Oase fungierte, in der Bond und Kara Kamran Shahs Friedenskämpfer treffen. Andere Drehorte waren die ruinierte Stadt von Id Boukhtir und die Kasbah im Bergdorf von Tamdakht, sowie eine örtliche Luftwaffenbasis. Die Innenaufnahmen des Gebäudes, in der die Handelskonferenz von Tanger stattfindet, holte man im Dezember in der Elveden Hall in Thetford/Norfolk nach. Anfang 1987 wurde die Leistungsfähigkeit des zweiten Drehteams in Weissensee an der österreichisch/italienischen Grenze einem Härtetest unterzogen. Bei Temperaturen von 25 Grad unter Null entstand die Verfolgungsjagd, in der der neue Aston Martin seine Qualitäten beweist: Der Wagen verfügt über Laserkanonen, Raketenabfeuerung, einen Skiausleger, ausfahrbare Spikes, Raketenantrieb und ein Zieldisplay auf

Starker Abgang

Todes" statt, und das Publikum spendete bei mehreren Actionszenen langen Beifall — ein Zeichen dafür, daß der Film und Dalton beim Publikum ankommen. Für den Fall, daß sich der Film als profitabel erweist, so kursieren Vermutungen, gibt es ein „Arrangement" zwischen Dalton und Broccoli und drei weitere Bonds mit ihm. Daß die Fans auf Dalton setzen und Bond weiterhin lieben, bewiesen geschäftstüchtige Engländer schon zwei Wochen vor der Premiere: Knapp 45minütige Videoraubkopien ohne Actionszenen tauchten in London auf. Trotz der Kürze und des Preises von etwa 450 Mark pro Stück war die Nachfrage immens. ●

James Bond will Return...

Broccoli besitzt sämtliche Rechte an Flemings James-Bond-Romanen, die bisher noch nicht verfilmt worden sind und er hat die Möglichkeit, alle alten Stoffe wiederzuverfilmen. Zwei Ausnahmen bestehen allerdings. Da ist „Casino Royale", der 1966 in Form einer Bondparodie in die Kinos kam und „Feuerball", deren Wiederverfilmung ja schon stattgefunden hat. Kevin McClory besitzt noch die Rechte an den sogenannten „Film Scripts", die er mit Fleming Ende der 50er Jahre verfaßte, als das Fernsehen eine James-Bond-Serie plante. Aus diesem Vertrag sind noch neun Geschichten offen, wobei Jack Schwartzman eine Option auf eine dieser Geschichten hat. Ob daraus allerdings jemals ein Film werden wird, ist äußerst fraglich, da Connery nun endgültig nicht mehr als Bond zur Verfügung steht und die Wahl eines neuen Darstellers immer mit großen Risiken verbunden ist.

Sollte „Der Hauch des Todes" nicht nur geschäftlich ein Erfolg werden, sondern Dalton auch in der Rolle erfolgreich sein, wird er einen längerfristigen Vertrag erhalten. Broccolis Stiefsohn Michael G. Wilson wird die Produktion vom nun schon 78 Jahre alten Broccoli übernehmen. Seitdem er bei „Der Spion, der mich liebte" als „Special Assistant to the Producer" begann, ist er zum Co-Autor des Drehbuchs und nun auch zum Co-Produzenten aufgestiegen. Seine Nachfolge ist somit prädestiniert.

1980 hat die Erbengemeinschaft, die den Nachlaß Flemings verwaltet, den Kriminalromanautor John Gardner damit beauftragt, im Sinne Flemings die James-Bond-Geschichten fortzuschreiben. Der Buch-Bond der achtziger Jahre fährt seitdem Saab Turbo, raucht weniger und orientiert sich mehr an aktuellen politischen Ereignissen.

Häufig kämpft er gegen radikale politische Superbösewichte. Broccoli hat sich vorsorglich damals eine Option auf alle Titel dieser Bücher zusichern lassen. Ihre Handlung und ihre Charaktere braucht er nicht zu übernehmen. „Solange wir erfolgreich sind, werde ich bis zu dem Zeitpunkt weiter James-Bond-Filme produzieren, bis ich den letzten Atemzug ausgehaucht habe", hatte Broccoli vor einiger Zeit erklärt. Im Frühjahr erhielt er für seinen Tatendrang eine der höchsten Auszeichnungen, die Großbritannien zu vergeben hat: den „Order of the British Empire". Bislang, so wird geschätzt, wurden etwa eineinhalb Billionen (!) Eintrittskarten für James-Bond-Filme verkauft. Flemings Bücher wurden bisher 92 Millionenmal abgesetzt. Sämtliche neuen Romane John Gardners sind in den USA und England Bestseller gewesen, die sich teilweise drei Monate lang auf den Listen der zehn meistverkauften Bücher hielten. Unter diesen Voraussetzungen ist es wohl sicher, daß es James-Bond-Filme auch noch im Jahr 2000 geben wird. ●

Ian Fleming

Biographie

1 an Fleming wurde als Sohn eines schottischen Millionärs am 28.5.1908 in England geboren. Seine Ausbildung begann auf der britischen Eliteschule Eton.

Nach dem Abschluß besuchte er die Militärakademie in Sandhurst, brach das Studium aber bald wieder ab, um es im Ausland fortzusetzen.

In München und Genf eignete er sich gute Kenntnisse der deutschen und französischen Sprache an. Ende der zwanziger Jahre begann seine Journalisten-Karriere. Von 1929-33 war er Korrespondent der Nachrichtenagentur Reuter in London, Berlin und Moskau, versuchte sich dann als Bankangestellter und Börsenmakler. Von 1939 bis 1940 ging er erneut in die sowjetische Hauptstadt, jedoch als Vertreter der Londoner „Times". Zu Beginn des Zweiten Weltkrieges wurde er persönlicher Assistent des damaligen Geheimdienstchefs Konteradmiral John H. Godfrey, dem er später als „M" in seinen Romanen Tribut zollt. Nach dem Krieg war Fleming zunächst Auslandschef von Thompson Newspaper Ltd. und der „Sunday Times". Es folgte eine Tätigkeit als Herausgeber von „The Book Collector".

An einem Urlaubstag im Januar 1952 begann Ian Fleming in seinem Ferienhaus „Goldeneye" auf Jamaika seinen ersten Roman „Casino Royale". Auf Jamaika entstanden später auch alle weiteren Romane. Am Abend des 12. August 1964 starb der Autor in einem Krankenhaus in Kent in England, nachdem er die Ärzte, vom zweiten Infarkt getroffen, um Verzeihung für die späte Störung gebeten hatte.

Flemings Romane wurden einschließlich der türkischen und katalanischen in 18 Sprachen übersetzt. Von den 14 Bond-Abenteuern sind innerhalb von zwölf Jahren 25 Millionen Exemplare verkauft worden. Das entspricht der Gesamtauflage aller Werke Balzacs und aller Bücher Hemingways und bedeutet, daß etwa 50 Millionen Menschen sie gelesen haben.

Bibliographie

Ian Fleming

1. James Bond Romane

1953	Casino Royale
1954	Live And Let Die
1955	Moonraker
1956	Diamonds Are Forever
1957	From Russia With Love
1958	Doctor No
1959	Goldfinger
1960	For Your Eyes Only
	mit fünf Kurzgeschichten:
	From A View To A Kill
	For Your Eyes Only
	Quantum Of Solace
	Risico
	The Hildebrand Rarity
1961	Thunderball
1962	The Spy Who Loved Me
1963	On Her Majesty's Secret Service
1964	You Only Live Twice
1965	The Man With The Golden Gun

1966 Octopussy and The Living Daylights mit drei Kurzgeschichten:
Octopussy
The Property Of A Lady
The Living Daylights

Anmerkung: 1968 erschien unter dem Pseudonym Robert Markham der James-Bond-Roman „Colonel Sun", der von Flemings langjährigem Freund und Kritiker Kingsley Amis verfaßt wurde.

2. Andere Bücher

1957	The Diamond Smugglers
1963	Thrilling Cities Part 1
1963	Thrilling Cities Part 2
1964	Chitty Chitty Bang Bang
	The Magical Car Part 1 + 2
1965	Chitty Chitty Bang Bang
	The Magical Car Part 3
1965	Ian Fleming Introduces Jamaica

John Gardner Bibliographie

James Bond Romane

1981	License Renewed
	Countdown für die Ewigkeit
1982	For Special Services
	Moment Mal, Mr. Bond
1983	Icebreaker
	Operation Eisbrecher
1984	Role Of Honour
	Die Ehre des Mr. Bond
1987	No Deals, Mr. Bond

Bond-Bio

Verfaßt von Ian Fleming

Steckbrief

Größe: 1,83 m
Gewicht: 76 kg
Augen: blau
Haar: schwarz
Kennzeichen: Narben auf der rechten Wange und der linken Schulter, Spuren einer Hautverpflanzung auf dem rechten Handrücken, starker Raucher (Spezialmarke: mit drei goldenen Ringen)
Sprachen: Französisch und Deutsch
Schwächen: Alkohol, doch nicht im Übermaß, und Frauen
Stärken: Guter Sportler, ausgezeichneter Pistolenschütze, Boxer, Messerwerfer. Er tritt nie unter falschem Namen auf. Für Bestechungsgelder nicht empfänglich.
Bewaffnung: Er ist mit einer 25er Beretta Automatic bewaffnet, die er im Halfter unter dem linken Arm trägt. Das Magazin faßt acht Schuß. Mitunter hat er ein an seinen linken Unterarm geschnalltes Messer bei sich. Er trägt Schuhe mit Stahlkappen. Er versteht die Grundbegriffe des Judo. Er kämpft im allgemeinen mit Hartnäckigkeit und Ausdauer und kann große Schmerzen ertragen.
Geheimnummer: 007. Er ist berechtigt in Ausübung seines Dienstes von der Schußwaffe Gebrauch zu machen. Bond ist der älteste der drei Männer im Secret Service mit der 00-Tötungs-Lizenz.
Auszeichnung: 1953 – Verdienstorden für Agenten CMG.

James Bond ist der Sohn des Schotten Andrew Bond aus Glencoe und der Schweizerin Monique Delacroix aus dem Kanton Waadt. Als er elf Jahre alt war, verunglückten seine Eltern bei einer Bergtour in der Nähe von Chamonix tödlich. Er kam unter die Obhut seiner Tante, Miss Charmaine Bond, die in dem kleinen Dorf Pet Bottom bei Canterbury in Kent lebte. Sie unterrichtete ihn zunächst weiter. Im Alter von zwölf Jahren bestand James die Aufnahmeprüfung für Eton, wo ihn noch sein Vater eingeschrieben hatte. Sein kurzes Studium in Eton verlief nicht sehr erfolgreich. Bereits nach zwei Semestern wurde seine Tante gebeten, ihn vom Internat zu nehmen. Er soll angeblich ein Dienstmädchen belästigt haben.

Es gelang ihr, ihn nach „Fettes", der alten Schule seines Vaters, überschreiben zu lassen. Die Atmosphäre dort galt als calvinistisch und die schulischen wie sportlichen Anforderungen als sehr streng. Obwohl er zum Einzelgängertum neigte, schloß er in dem berühmten Sportclub der Schule einige dauerhafte Freundschaften. Als er „Fettes" mit siebzehn Jahren verließ, war er ein recht guter Boxer (Leichtgewicht) und hatte außerdem die erste ernstzunehmende Judoklasse an einer englischen Internatsschule gegründet. Man schrieb das Jahr 1941; Bond gab sich als neunzehn aus und trat mit Hilfe eines alten Kollegen seines Vaters in eine Abteilung des Verteidigungsministeriums ein. Der vertraulichen Natur seiner Aufgaben angemessen, wurde ihm der Rang eines Leutnants in der Sonderabteilung der „Royal Naval Volunteer Reserve" verliehen.

Bei Kriegsschluß hatte er den Rang eines Commanders inne. Damals kam „M" (bei Fleming der Verfasser dieser Zeilen) mit gewissen Funktionen innerhalb des Aufgabenbereichs des Ministeriums in Berührung, und mit großer Freude nahm er Commander Bonds Gesuch an, weiter für die Behörde tätig zu sein, in der Bond mittlerweile zum führenden Beamten aufgestiegen war.

Bonds Arbeit innerhalb des Ministeriums, die 1954 durch die Ernennung zum Ritter des St.-Michaels- und St.-Georgs-Ordens gewürdigt wurde, mußte geheim bleiben. Aber seine Kollegen im Ministerium können bestätigen, daß er sie mit außergewöhnlichem Mut, wenn auch manchmal in tollkühner Weise durchführte, was ihn in Konflikt mit übergeordneten Stellen brachte. Die unvermeidlichen Berichte, vor allem in der ausländischen Presse, über einige seiner Abenteuer ließen ihn – sehr gegen seinen Willen – zu einer bekannten Persönlichkeit werden. Die Folge davon war, daß ein ehemaliger Kollege und persönlicher Freund eine Reihe weit verbreiteter Bücher über James Bond schrieb. Bond war mit Teresa, der einzigen Tochter von Marc-Ange Draco, dem Chef der Union Corse aus Marseille, verheiratet. Diese kurze Ehe endete unter tragischen Umständen und blieb kinderlos.

Fleming (Bond)-Besonderheiten

Ian Fleming ließ in seine Bücher starke autobiographische Züge einfließen und stattete den Helden mit verschiedenen Accessoires aus, die er entweder selbst benutzte oder von denen er dachte, daß ein Geheimagent im Stile eines Bond sie haben müßte.

Fleming rauchte von einer Londoner Firma speziell gefertigte Zigaretten der Marke Morlands. Auch Bond benutzt diese Nobelmarke mit den drei goldenen Ringen. Dazu Fleming in einem Interview: „Die Firma Morlands hat mich im Krieg immer gut mit Zigaretten versorgt. Da wollte ich mich einfach dankbar zeigen."

Bond besucht nur berühmte Restaurants in aller Welt, und auch Fleming war ein Gourmet: Spezialmarke ein 45er Taittinger oder ein Dom Perignon 46. Als Drink einen Wodka Martini, „shaken, not stirred" – geschüttelt, nicht gerührt.

Bond trägt wie Fleming blaue „Sea Island" Baumwollhemden, schwarze Seidenkrawatten und dazu tropenfeste blaue Anzüge. Er haßt verschmutzte Manschetten. Deswegen sind die Hemden alle kurzärmelig.

Fleming und Bond teilen die Vorliebe für das Golfspiel, und beide benutzen bei dem viel zu hohen Zigarettenkonsum ein schwarz eloxiertes Ronson-Feuerzeug.

Bonds Beretta Modell 905 B, Kaliber 6,35 mm wurde gegen eine Walther PPK 7,65 mm ausgetauscht, da man Fleming bescheinigte, daß vielleicht noch eine Dame ein solches Modell in der Handtasche trägt, aber niemals ein Geheimagent.

Fleming läßt seinen Helden in einem Londoner Club essen, denn dort gibt es „das beste Essen der Welt", und auch er selbst begab sich stets zum Lunch in seinen Club.

Sean Connery

Biographie

Sean Connery wurde am 25. August 1930 in Edinburgh, Schottland geboren. Sein jüngster Bruder Neil wurde ebenfalls Schauspieler und machte Sean im Jahre 1966 in der Agentenparodie „Operation kleiner Bruder" Konkurrenz. Als neunjähriger Junge begann Sean Milch auszufahren, mit dreizehn verließ er die Schule, und zwei Jahre später trat er in die Royal Navy ein. Nach vier Jahren mußte er aus gesundheitlichen Gründen die Armee verlassen und arbeitete u.a. als Lastkraftfahrer, Zementmischer, Maurer, Druckergehilfe, Leibwächter und Sargpolierer. Seine Teilnahme an der Wahl zum „Mr. Universum" in London brachte ihm indirekt eine erste Bühnenrolle. Ein Freund verschaffte ihm das Engagement im Chor des Musicals „South Pacific". Damit war er zwei Jahre auf England-Tournee. Danach trat er in eine kleine Vorstadttheatergruppe ein, hauptsächlich deswegen, um auch größere Rollen zu spielen. 1956 spielte er in der BBC Fernsehproduktion „Requiem For A Heavyweight" den ausgelaugten Kämpfer Mountain McLintock. Jetzt wurden viele auf Connery aufmerksam. Als erste verpflichtete ihn 20th Century Fox und setzte Connery in einer Reihe von B-Pictures ein, bis die Bond-Produzenten ihn schließlich entdeckten.

Connery wollte es immer vermeiden, auf eine Rolle festgelegt zu werden und ließ sich vertraglich absichern, daß er neben den Bond-Filmen immer wieder andere Filme spielen durfte, die jedoch leider nie zu großen Erfolgen wurden. Nachdem die Bondzeit endgültig vorbei war, etablierte sich Connery in diversen Abenteuerfilmen wie „Der Wind und der Löwe", „Robin und Marian" etc. und festigte so sein neu geschaffenes Image vom wandlungsfähigen Charakterdarsteller. Jüngster Kinoerfolg Connerys war der Film „Der Name der Rose", der ihm auch den Bundesfilmpreis für außergewöhnliche schauspielerische Leistungen einbrachte. 1986 erhielt Connery einen Bambi der Zeitschriften „Bunte" und „Bild+Funk". In Frankreich wurde er mit dem Orden „Commandeur des arts et lettres" ausgezeichnet. Die „cinema"-Leser wählten ihn 1986 zum beliebtesten Schauspieler des Jahres. Im Herbst 1987 erscheint sein neuer Film „The Untouchables", eine Gangstergeschichte unter der Regie von Brian de Palma.

Filmographie

GB	1956	No Road Back (Die blinde Spinne) R: Montgomery Tully
GB	1957	Hell Drivers (Duell am Steuer) R: Cy Baker Endfield
GB	1957	Time Lock (Zwölf Sekunden bis zur Ewigkeit) R: Gerald Thomas
GB	1957	Action Of The Tiger (Operation Tiger) R: Terence Young
GB	1958	Another Time, Another Place (Herz ohne Hoffnung) R: Lewis Allen
USA	1959	Darby O'Gill And The Little People R: Robert Stevenson
GB	1959	Tarzan's Greatest Adventure (Tarzans größtes Abenteuer) R: John Guillermin
GB	1961	The Frightened City (Die Peitsche) R: John Lemont
GB	1961	On The Fiddle (US-Titel: Operation Snafu) R: Cyril Frankel
USA	1962	The Longest Day (Der längste Tag) R: Ken Annakin, Andrew Marton, Bernhard Wicki, Darryl F. Zanuck
GB	1962	Dr. No (James Bond – 007 jagt Dr. No) R: Terence Young
GB	1963	From Russia With Love (Liebesgrüße aus Moskau) R: Terence Young
GB	1964	Woman Of Straw (Die Strohpuppe) R: Basil Dearden
USA	1964	Marnie (Marnie) R: Alfred Hitchcock
GB	1964	Goldfinger (Goldfinger) R: Guy Hamilton
GB	1965	The Hill (Ein Haufen toller Hunde) R: Sidney Lumet
GB	1965	Thunderball (Feuerball) R: Terence Young
USA	1966	A Fine Madness (Simson ist nicht zu schlagen) R: Irvin Kershner
GB	1967	You Only Live Twice (Man lebt nur zweimal) R: Lewis Gilbert
GB	1968	Shalako (Shalako) R: Edward Dmytryk
USA	1969	The Molly Maguires (Verflucht bis zum jüngsten Tag) R: Martin Ritt
I/UDSSR	1969	Krasnaya Palatka / The Red Tent (Das rote Zelt) R: Mikhail K. Kalatozov
USA	1971	The Anderson Tapes (Der Anderson-Clan) R: Sidney Lumet
GB	1971	Diamonds Are Forever (Diamantenfieber) R: Guy Hamilton
GB	1972	The Offence (Sein Leben in meiner Gewalt) R: Sidney Lumet
GB	1974	Zardoz (Zardoz) R: John Boorman
GB	1974	Ransom (US-Titel: The Terrorists) (Die Uhr läuft ab) R: Caspar Wrede
GB	1974	Murder On The Orient Express (Mord im Orient Express) R: Sidney Lumet
USA	1975	The Wind And The Lion (Der Wind und der Löwe) R: John Milius
GB	1975	The Man Who Would Be King (Der Mann, der König sein wollte) R: John Huston
USA	1976	Robin And Marian (Robin und Marian) R: Richard Lester
USA	1976	The Next Man (Öl) R: Richard Sarafian
USA	1977	A Bridge Too Far (Die Brücke von Arnheim) R: Richard Attenborough
GB	1978	The First Great Train Robbery (US-Titel: The Great Train Robbery) (Der große Eisenbahnraub) R: Michael Crichton
USA	1979	Meteor (Meteor) R: Ronald Neame
USA	1979	Cuba (Explosion in Cuba) R: Richard Lester
GB	1981	Outland (Outland) R: Peter Hyams
GB	1981	Time Bandits (Time Bandits) R: Terry Gilliam
USA	1982	The Man With The Deadly Lens (US-Titel: Wrong Is Right) (Flammen am Horizont) R: Richard Brooks
GB	1982	Five Days One Summer (Am Rande des Abgrunds) R: Fred Zinnemann
USA	1983	Never Say Never Again (Sag niemals nie) R: Irvin Kershner
USA	1984	Sword Of The Valiant (Camelot – Der Fluch des goldenen Schwertes) R: Stephen Weeks
USA	1985	Highlander (Highlander) R: Russell Mulcahy
D/I/F	1985	The Name Of The Rose (Der Name der Rose) R: Jean-Jacques Annaud
USA	1986	The Untouchables R: Brian De Palma

Filme über Sean Connery:

USA	1965	The Incredible World Of James Bond (US TV Produktion)
GB	1980	Sean Connery Profile (BBC TV Produktion)

Roger Moore

Biographie

Roger Moore ist der Sohn eines Polizisten und wurde am 14. Oktober 1927 in London geboren. Mit fünfzehn Jahren schloß er die ersten Kontakte zum Film und zwar als Teeholer und Hilfszeichner bei einer Trickfilmgesellschaft. Er erhielt eine Statistenrolle in „Caesar und Cleopatra" und schaffte es schließlich, in die königliche Schauspielschule aufgenommen zu werden. Hier lernte er seine erste Frau Dorah van Steyn kennen. Nach der Armeezeit kam er wiederum zu einem kurzen Job beim Film, wurde aber schnell wieder arbeitslos. Er ließ sich von seiner ersten Frau scheiden und kam durch Aufträge als Dressman wieder ins Scheinwerferlicht. Weiterhin übernahm er kleinere Rollen in Bühnenstücken und lernte bei dieser Gelegenheit seine zweite Frau Dorothy Squires kennen. Ein Angebot einer amerikanischen Filmgesellschaft führte ihn sieben Jahre in die Staaten, aus denen er erst 1961 zurückkehrte. Bei Dreharbeiten zu dem Film „Der Raub der Sabinerinnen" lernte er Louisa Mattioli kennen, verliebte sich in sie und lebte fortan mit ihr in Rom. Erst 1968 willigte Dorothy Squires in die Scheidung ein. Mit der Fernsehserie „The Saint" (Simon Templar) erfolgte dann der endgültige Durchbruch. Es folgten zahlreiche Filme, vor allem Abenteuerstreifen, sowie eine weitere sehr erfolgreiche Fernsehserie „The Persuaders" (Die 2). Neben den Bond-Filmen wirkte Moore in relativ erfolgreichen Abenteuerstreifen wie „Die Wildgänse kommen", „Sprengkommando Atlantik" und „Die Seewölfe kommen" mit und produzierte eine englische Fernsehserie mit dem Titel „The Return of The Saint". Seit „Im Angesicht des Todes" machte er Pause von der Schauspielerei.

Filmographie

GB	1945	Caesar And Cleopatra (Cäsar und Cleopatra) R: Gabriel Pascal / Brian Desmond Hurst
GB	1945	Perfect Strangers R: Alexander Korda
GB	1946	Gaiety George R: George King
GB	1946	Piccadilly Incident (Schicksal von gestern) R: Herbert Wilcox
GB	1949	Trottie True R: Brian Desmond Hurst
GB	1949	Paper Orchid R: Roy Baker
USA	1954	The Last Time I Saw Paris (Damals in Paris) R: Richard Brooks
USA	1955	Interrupted Melody (Unterbrochene Melodie) R: Curtis Bernhardt
USA	1955	The King's Thief (Des Königs Dieb) R: Robert Z. Leonard
USA	1955	Diane (Diane – Kurtisane von Frankreich) R: David Miller
USA	1959	The Miracle (Madonna mit den zwei Gesichtern) R: Irving Rapper
USA	1961	Gold Of The Seven Saints (Das Gold der sieben Berge) R: Gordon Douglas
USA	1961	The Sins Of Rachel Cade (Jenseits des Ruwenzori) R: Gordon Douglas
I/F	1961	Il Ratto Delle Sabine / The Rape Of The Sabine Women R: Richard Pottier
I/F	1962	Un Branco di Vigliacchi / No Man's Land R: Fabrizio Taglioni
GB	1969	Crossplot (Tödlicher Salut) R: Alvin Rakoff
GB	1969	Fictionsmaker (Hermetico, die unsichtbare Region) R: Roy Ward Baker (Film aus der Serie „Simon Templar", der auch im Kino lief)
GB	1970	The Man Who Haunted Himself (Der Mann, der sich selbst jagte) R: Basil Dearden
GB	1973	Live And Let Die (Leben und sterben lassen) R: Guy Hamilton
GB	1974	Gold (Gold) R: Peter Hunt
GB	1974	The Man With The Golden Gun (Der Mann mit dem goldenen Colt) R: Guy Hamilton
GB	1975	That Lucky Touch (Bleib mir ja vom Leib !) R: Christopher Miles
GB	1976	Shout At The Devil (Brüll den Teufel an / Rivalen gegen Tod und Teufel) R: Peter Hunt
I/USA 1976		Gli Esecutori / The Sicilian Cross (US-Titel: Street People) (Abrechnung in San Franzisko) R: Maurizio Lucidi
GB	1977	The Spy Who Loved Me (Der Spion, der mich liebte) R: Lewis Gilbert
GB	1978	The Wild Geese (Die Wildgänse kommen) R: Andrew V. Mc Laglen
GB	1979	Escape To Athena (Flucht nach Athena) R: George Cosmatos
GB	1979	Moonraker (Moonraker — Streng geheim) R: Lewis Gilbert
GB	1980	North Sea Hijack (US-Titel: ffolkes) (Sprengkommando Atlantik) R: Andrew V. Mc Laglen
GB/USA/ CH 1980		The Sea Wolves (Die Seewölfe kommen) R: Andrew V. Mc Laglen
GB/USA/ I/F 1980		Sunday Lovers (Sunday Lovers) R: Bryan Forbes
USA 1980		The Cannonball Run (Auf dem Highway ist die Hölle los) R: Hal Needham
GB	1981	For Your Eyes Only (In tödlicher Mission) R: John Glen
GB	1983	Octopussy (Octopussy) R: John Glen
GB	1984	Curse Of The Pink Panther (Der Fluch des rosaroten Panthers) R: Blake Edwards
USA 1984		The Naked Face (Das nackte Gesicht) R: Bryan Forbes
GB	1985	A View To A Kill (Im Angesicht des Todes) R: John Glen

Fernsehen

GB	1957-1958	Ivanhoe	39 Folgen
USA	1959	The Alaskans	36 Folgen
GB	1957-1961	Maverick (wirkte nur zeitweise mit)	138 Folgen
GB	1962-1968	The Saint (Simon Templar)	114 Folgen
USA	1971-1972	The Persuaders (Die 2) (20 Folgen wurden nur in der BRD gezeigt)	24 Folgen
USA	1976	Sherlock Holmes in New York R: Boris Sagal	

Roger Moore inszenierte acht Folgen von „Simon Templar" und zwei Folgen von „Die 2" selbst.

George Lazenby

Biographie G

eorge Lazenby, geboren am 5. September 1939 im australischen Goulburn, begann zunächst eine Lehre als Auto-mechaniker, wurde aber bald danach Autoverkäufer. Sein Job führte ihn durch ganz Australien und später dann auch nach London. Hier bekam er von einem Fotographen das Angebot, als Dressman zu arbeiten, wozu er sich ohne zu zögern entschloß. Die Werbeaufnahmen brachten ihm Geld und eine gewisse Popularität ein. 1969 erreichte ihn die Aufforderung, zu einem Bond-Test nach London zu kommen...

Nach dem Mißerfolg von „Im Geheimdienst Ihrer Majestät" wurde George Lazenby von vielen Produzenten gemieden. Einziger Kassenerfolg blieb bisher das Actionspektakel „Der Mann von Hongkong" neben Jimmy Wang Yu als Bösewicht. In letzter Zeit verdingt sich Lazenby mit Kurzauftritten in Werbespots.

Filmographie

GB	1969	On Her Majesty's Secret Service (Im Geheimdienst Ihrer Majestät) R: Peter Hunt
GB	1971	Universal Soldier R: Cy Endfield
I/BRD	1972	Chi l'ha vista morire? (The Child — Die Stadt wird zum Alptraum) R: Aldo Lado
Hongkong	1973	Stoner R: Huang Feng
Hongkong	1974	A Queen's Ransom (Todeskommando Queensway) R: Ting Shan-Si
Hongkong/ Austr	1975	The Man From Hongkong (US-Titel: The Dragon Flies) (Der Mann aus Hongkong) R: Brian Trenchard-Smith

USA	1977	Kentucky Fried Movie (Kentucky Fried Movie) R: John Landis
USA	1978	Death Dimension (Der Einzelkämpfer) R: Al Adamson
USA	1979	Saint Jack (Saint Jack) R: Peter Bogdanovich
USA	1986	Never Too Young To Die (Lance — Stirb niemals jung) R: Gil Bettman

Fernsehfilme (Auswahl)

USA	1977	Cover Girls R: Jerry London
USA	1978	Evening in Byzantium R: Jerry London
USA	1979	Hawaii Five 0
USA	1980	General Hospital
USA	1983	The Return Of The Man From U.N.C.L.E. R: Ray Austin
USA	1985	Hotel R: Philip Leacock

Fan-Clubs

James Bond British Fan Club
Graham Rye
14 The Ridings
Hare Hill
Addlestone
Weybridge
Surrey KT 15 1DR
England

Through The Barrel
Tim Greaves
118, High Street
Eastleigh
Hampshire
S05 5LR
England

James Bond German Fan Society
Stefan Lindner
Cannabichstr. 16
6800 Mannheim 1

The James Bond 007 Fan Club
Richard Schenkman
P.O. Box 414
Bronxville, New York
10708
U.S.A.

Timothy Dalton

Biographie

Dalton wurde am 21. März 1946 als Sohn eines Werbefachmanns in Colwyn Bay, North Wales, geboren. Nach dem Schulbesuch in Manchester trat er einem Schülertheater bei und spielte in einem fahrenden Ensemble. 1964 wurde er ins National Youth Theatre aufgenommen, mit dem er kurze Zeit später sein Londoner Debüt in einer Shakespeare-Inszenierung gab. Es folgten ein zweijähriges Studium an der Royal Academy of Dramatic Art und zahlreiche Auftritte in Shakespeare-Stücken auf englischen Bühnen. Parallel zu diesen Theaterverpflichtungen wirkte er immer wieder in Filmen mit. So war er in Nebenrollen in „Der Löwe im Winter", „Cromwell" und „Flash Gordon" zu sehen. In Deutschland noch nicht erschienen sind zwei Filme mit Dalton in der Hauptrolle. In „The Doctor And The Devils" spielt er einen verrückten Arzt, in „Brenda Starr" agiert er neben Brooke Shields in der Filmversion des berühmten Comicstrips. „Der Hauch des Todes" ist sein erster Bond-Film.

Filmographie

GB	1968	The Lion In Winter (Der Löwe im Winter) R: Anthony Harvey
GB	1970	Cromwell (Cromwell) R: Ken Hughes
FRA/ITA	1970	Il voyeur R: Franco Indovina
GB	1970	Wuthering Heights R: Robert Fuest
GB	1971	Mary, Queen Of Scots (Maria Stuart, Königin von Schottland) R: Charles Jarrott
GB/Ö	1975	Permission To Kill (Vollmacht zum Mord) R: Cyril Frankel
SPA	1976	El hombre que supo amar R: Miguel Picazo
USA	1978	Sextette R: Ken Hughes
USA	1979	Agatha (Das Geheimnis der Agatha Christie) R: Michael Apted
USA	1980	Flash Gordon (Flash Gordon) R: Michael Hodges
FRA/GB	1981	Chanel Solitaire R: George Kaczender
GB	1985	The Doctor And The Devils R: Freddie Francis
USA	1986	Brenda Starr R: Robert Ellis Miller
GB	1987	The Living Daylights (Der Hauch des Todes) R: John Glen

Fernsehfilme (Auswahl)

USA	1980	Centennial R: Harry Falk, Paul Krasny, Bernard McEveety, Virgil Vogel
GB	1983	Jane Eyre
GB/USA	1984	The Master Of Ballantrae R: Douglas Hickox
USA	1984	Mistral's Daughter (Erben der Liebe) R: Douglas Hickox (Fernsehfilm in 4 Teilen)
USA	1985	Florence Nightingale R: Daryl Duke
USA	1985	Sins (Sünden) R: Douglas Hickox

James Bond 007 Bibliographie

ADLER, BILL: Dear 007: Notes, Mash And Otherwise, To The Supersleuth. New York 1966

ALEXANDER, JUDY: The James Bond Storybook Of The Movie A View To A Kill. New York 1985

AMIS, KINGSLEY: Geheimakte 007 James Bond. Frankfurt am Main 1966, Berlin 1986

AMIS, KINGSLEY: The James Bond Dossier, New York 1965

ANDREWS, EMMA: Heroes Of The Movies Sean Connery. Godalming 1982

ANDREWS, EMMA: The Films Of Sean Connery. London 1974 / Isle Of Wight 1977

ANTONY, PAUL / FRIEDMAN, JACQUELYN: Ian Flemings Incredible Creation. Chicago 1965

ARGUS COMMUNICATIONS (Hrsg.): James Bond Diary 1966

BAZELON, IRWIN: Knowing The Score. Notes on Film Music. New York 1975

BECKER, JENS-PETER: Sherlock Holmes & Co. Essays zur englischen und amerikanischen Detektivliteratur. München 1975

BENSON, RAYMOND: James Bond Bedside Companion. New York 1984

BLAKE, STEVE: Sex And The Starlet. Chicago 1965

BOND, JAMES: Birds Of The West Indies. London 1979

BOND, MRS. JAMES (Mary Wickham): How 007 Got His Name. London 1966

BOND, MARY WICKHAM: To James Bond With Love. Lititz 1966

BOYD, ANN S.: The Devil with James Bond. London and Glasgow 1967

BROSNAN, JOHN: James Bond In The Cinema. London 1972 / San Diego 1981

CAMPBELL, IAIN: Ian Fleming: A Catalogue Of A Collection. Liverpool 1978

CASTELLI / TACCONI: Gentleman GmbH James Bond backt kleine Brötchen. Berlin / Hamburg o.J.

DEL BUONO, ORESTE / ECO, UMBERTO: Der Fall James Bond 007 — ein Phänomen unserer Zeit. München 1966

DEWES, KLAUS / OERTEL, RUDI: Paul McCartney und The Wings. Bergisch Gladbach 1980

DONOVAN, PAUL: Roger Moore. London 1983

DUPUIS, JEAN JACQUES: Sean Connery. Paris 1986

DURANT, PHILIPPE: Sean Connery. Paris 1985

EKLAND, BRITT: True Britt. London 1982

FEENEY CALLAN, MICHAEL: Sean Connery His Life And Films. London 1983

FEENEY CALLAN, MICHAEL: Sean Connery Seine Filme — Sein Leben. München 1984

FLAMING, I.M.: Snakefinger. Hollywood 1966

FLEMING, IAN / CONNERY, SEAN / SIMENON, GEORGES / DULLES, ALLEN / FISHMAN, JACK / CHANDLER, RAYMOND / DEIGHTON, LEN u.a.: Nur für Bond Freunde. München 1966

FLEMING, IAN u.a.: For Bond Lovers Only. London 1965

FLEMING, IAN: Alligator. Boston 1963

FLEMING, PETER: News From Tartary. London 1984

GANT, RICHARD: Ian Fleming: The Fantastic 007 Man. New York 1966

GANT, RICHARD: Ian Fleming: The Man With The Golden Pen. London 1966

GANT, RICHARD: Sean Connery gilt-edged Bond. London 1967

GERSHON, DUDLEY: Aston Martin 1963-1972. Oxford 1975

GURIN, PHILIP: The James Bond Trivia Quiz Book. New York 1984

HAINING, PETER: James Bond: A Celebration. 1987

HIBBIN, SALLY: The Official James Bond Movie Book. Twickenham 1987

HUGHES, FIELDEN: Roger Moore and the Crimefighters in Crook Ahoy! 1977

INDIANA UNIVERSITY OFFICE OF PUBLICATIONS: The Ian Fleming Collection Of 19th — 20th Century Source Material Concerning Western Civilization. Lilly Library Publication o.J.

KOCIAN, ERICH: Die James Bond Filme. München 1982/München 1984

LEE, CHRISTOPHER: Tall, Dark and Gruesome. The Autobiography of Christopher Lee. London 1977

LEE, STAN: 007 James Bond For Your Eyes Only The Marvel Comics Illustrated Version. New York 1981

MALMS, JOCHEN: Paul McCartney & Wings. München 1981

MARVEL / GRANDREAMS: James Bond Octopussy 007 Special. 1983

MARVEL / GRENDREAMS: James Bond For Your Eyes Only 007 Special. 1981

MASCOTT, R.D.: 003 1/2 The Adventures Of James Bond Junior. London 1967

MASCOTT, R.D.: 003 1/2 James Bond Junior. München 1967

MC CORMICK, DONALD: Who's Who In Spy Fiction. London 1979

MOORE, CHRIS: James Bond 007 A View To Kill. Amsterdam 1985

MOORE, ROGER: Roger Moore As James Bond. London 1973

MOORE, ROGER: James Bond 007 Le Film D'Un Film Vivre Et Laisser Mourir. 1973

MOORE, ROGER: Roger Moore's James Bond Diary. Greenwich 1973

MOSELEY, ROGER: Roger Moore A Biography. London 1985

NEWQUIST, ROY: Counterpoint. New York 1965

o.V.: Sean Connery. Japanischer Bildband Nr. 43 o.J.

o.V.: Roger Moore. Japanischer Bildband Nr. 58. o.J.

o.V.: James Bond's Moonraker To Color, Cut Out And Fly ! Los Angeles

PARISH, JAMES ROBERT / PITTS, MICHAEL R.: The Great Spy Pictures. Ma'tuchen 1974

PASSINGHAM, KENNETH: Sean Connery. London 1983 / London 1984

PATE, JANET: The book of Spies and Secret Agents. Exeter 1978

PEARSON, JOHN: Agent 007 Das Leben von James Bond. Zug 1973

PEARSON, JOHN: de geautoriseerde biografie van 007 James Bond. Antwerpen 1977

PEARSON, JOHN: James Bond The Authorised Biography Of 007. New York 1973

PEARSON, JOHN: Life Of Ian Fleming. New York 1966

PELRINE, ELEANOR AND DENNIS: Ian Fleming: Man With The Golden Pen. Wilmington 1966

PERRY, GEORGE: Movies From The Mansion. A History Of Pinewood Studios. London 1976

PLOMER, WILLIAM: Address Given At The Memorial Service For Ian Fleming. 15.09.1964

POHLE, ROBERT W. / HART, DOUGLAS C.: The Films Of Christopher Lee. New York London 1983

RISSIK, ANDREW: The James Bond Man. The Films Of Sean Connery. London 1983

RUBIN, STEVEN JAY: Hinter den Kulissen von James Bond 007. Hamburg 1981

RUBIN, STEVEN JAY: The James Bond Films. A Behind The Scenes History. New York 1983

RUBINSTEIN, LEONARD: The Great Spy Films. A Pictorial History. New Jersey 1979

SCHEINGRABER, MICHAEL: Die James-Bond-Filme. München 1979/München 1981

SIEGEL, BARBARA & SCOTT: James Bond in Strike It Deadly. New York 1985

SNELLING, O.F.: 007 James Bond. A Report. London 1964

SPAHLINGER, LOTHAR: Käsefieber. Vergleichende Analyse der James-Bond-Filme von „James Bond jagt Dr. No" (1962) bis „James Bond 007 — In tödlicher Mission" (1981) Schwieberdingen 1983

STANLEY, DONALD: Holmes Meet 007. San Francisco 1967

STARKEY JR., LYCURGUS M.: James Bond's World Of Values. Nashville — New York 1966

STINE, R.L.: James Bond in Win, Place, Or Die. New York 1985

TANNER, WILLIAM: The Book Of Bond Or Every Man His Own 007. London 1965

TODOS AG (Hrsg.): James Bond 007 Moonraker Special. 1979

VOGT, JOCHEN: Der Kriminalroman. Bd. I + II. München 1971

WALTON, JEREMY: Lotus Esprit. London 1982

WEINSTEIN, SOL: Loxfinger. A Thrilling Adventure of Hebrew Secret Agent 0Y-0Y-7. New York 1965

WEINSTEIN, SOL: Matzoball. New York 1966

WEINSTEIN, SOL: On The Secret Service Of His Majesty, The Queen. New York 1966

WHARTON, BILL: The Real 007. New York 1969

WILLIAMS, JOHN: The Films Of Roger Moore. London 1974 / Isle Of Wight 1977

WOOD, CHRISTOPHER: James Bond 007 et le Moonraker. 1979

WOOD, CHRISTOPHER: James Bond And Moonraker. New York 1979

WOOD, CHRISTOPHER: James Bond, The Spy Who Loved Me. 1977

WOOD, CHRISTOPHER: James Bond und sein größter Fall. München 1977

WOOD, CHRISTOPHER: James Bond: Moonraker Streng geheim. München 1979

WORLD DISTRIBUTORS (Hrsg.): The James Bond 007 Annual 1965

WORLD DISTRIBUTORS (Hrsg.): The James Bond 007 Annual 1966

WORLD DISTRIBUTORS (Hrsg.): The James Bond 007 Annual 1967

WORLD DISTRIBUTORS LIMITED: The James Bond 007 Moonraker Special. 1979

ZEIGER, HENRY A.: Ian Fleming The Spy Who Came In with the Gold. New York 1965

ZINMAN, DAVID: Saturday Afternoon At The Bijou. New Jersey 1973

IMPRESSUM: Herausgeber: Dirk Manthey; Chefredaktion: Jörg Altendorf, Willi Bär; Autoren: Steve Rubin, Siegfried Tesche; Mitarbeiter: Willy Loderhose, Andreas Kern, Hans Werner Asmus; Dokumentation: Siegfried Tesche; Fotos: action press, Camera Press, Keystone, Kocian, Olympia, Rex Features, Sygma, studio x, Transglobe, Ullstein, Neue Revue, Danjaq, Eon Productions, UIP; Gestaltung: Lutz Kober, Helmut Kruse, Per Matthäus, Andreas Berneike, Heico Forster; Satz: Ebenig & Wilke, Hamburg, Karen Dommasch, Martina Schumann; Lithos: Type & Litho, Hamburg; Druck: westermann druck GmbH, Georg-Westermann-Allee 66, 3300 Braunschweig; Verlag: Kino Verlag GmbH, Milchstraße 1, 2000 Hamburg 13; © Kino Verlag GmbH, Hamburg. 2. überarbeitete und erweiterte Auflage 1987; ISBN 3-89324-026-8

James Bond: keiner kann es besser.

ALBERT R. BROCCOLI
zeigt

ROGER MOORE
als IAN FLEMING'S

JAMES BOND 007
in

mit MAUD ADAMS, LOUIS JOURDAN, KRISTINA WAYBORN, KABIR BEDI, VIJAY AMRITRAJ   Produktion ALBERT R. BROCCOLI   Regie JOHN GLEN
Story & Drehbuch GEORGE MacDONALD FRASER und RICHARD MAIBAUM & MICHAEL G. WILSON   Executive Producer MICHAEL G. WILSON
Produktions-Designer PETER LAMONT   Associate Producer TOM PEVSNER   Musik JOHN BARRY   Titelsong gesungen von RITA COOLIDGE
Soundtrack auf Schallplatten und Cassetten   Ein MGM/UA Film   im Verleih der

Octopussy

Octopussy. Großbritannien 1983; 131 Min.; Regie: John Glen; Drehbuch: Richard Maibaum, Michael G. Wilson; Kamera: Alan Hume, Musik: John Barry; Produktion: Albert R. Broccoli

Deutsche Erstaufführung: 5. 8. 1983

Besetzung: Roger Moore (James Bond), Maud Adams (Octopussy), Louis Jourdan (Kamal), Kristina Wayborn (Magda), Steven Berkoff (Orlov)

Inhalt: James Bond lernt in Indien die undurchsichtige Geschäftsfrau „Octopussy" kennen, die mit ihrem Komplizen Kamal einen raffinierten Coup plant: die Schatzkammer des Kreml auszuheben. Doch Kamal treibt ein Doppelspiel: Er will auf einer amerikanischen Militärbasis in Westdeutschland eine Atombombe zünden. Bond kommt der Intrige auf die Spur und kann Kamals teuflische Pläne durchkreuzen.

cinema-tographische Notizen: Für seinen 13. Bond-Film sparte Produzent Albert R. Broccoli nicht mit Aufwand und exotischen Schauplätzen — dennoch wirkte das Spektakel unausgeglichen. Man hatte sich ganz dem unrealistischen Klamauk à la „Moonraker" verschrieben. Maud Adams wirkte als Bond-Girl schon zu reif, und Louis Jourdan vermochte als Superschurke auch nicht recht zu überzeugen. Trost für die Bond-Fans: Es gab wieder einmal einige hervorragende Stunt- und Tricksequenzen zu bewundern.

Regisseur: John Glen (geb. 1932) hatte seine Berufslaufbahn 1947 als Cutter begonnen. Seinen Bond-Einstand gab er als Cutter und Second-Unit-Regisseur von „Im Geheimdienst Ihrer Majestät" (1969). Auch bei „Der Spion, der mich liebte" und „Moonraker" betreute er den Schnitt. Nachdem er bei den Actionfilmen „Die Wildgänse kommen" und „Die Seewölfe kommen" erneut als Regisseur des zweiten Stabes fungiert hatte, übertrug ihm Produzent Broccoli die Regie des Bond-Abenteuers „In geheimer Mission". Seitdem hat John Glen alle nachfolgenden Bond-Filme inszeniert.

Darsteller: Roger Moore (geb. 1927) war durch seine langjährige Erfahrung als TV-Detektiv „Simon Templar" bestens für die Bond-Rolle vorbereitet, die er als Nachfolger von Sean Connery erstmals in „Leben und sterben lassen" übernahm. In „Octopussy" war er zum sechsten Mal als Bond zu sehen.

Maud Adams (geb. 1945) machte mit „Octopussy" Bond-Geschichte, denn sie war das erste Bond-Girl, das in zwei Filmen mitwirkte. Ursprünglich war Faye Dunaway für die Rolle vorgesehen. Als sie absagte, verpflichtete man auf Roger Moores Wunsch Maud Adams, die schon in „Der Mann mit dem goldenen Colt" seine Partnerin gewesen war.

Louis Jourdan (geb. 1919 in Marseille) gelang eine bemerkenswerte Karriere in Hollywood. Er war der „Latin-Lover" der fünfziger Jahre: „Gigi", „Der Schwan".

cinema

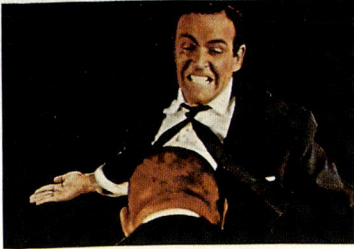

Albert R. Broccoli und Harry Saltzman zeigen

Sean Connery
als Geheimagent

007 ® in Ian Fleming's

GOLDFINGER

in weiteren Hauptrollen

Gert Fröbe
als Goldfinger

Honor Blackman
als Pussy Galore

mit

Shirley Eaton
Technicolor ®

Drehbuch: Richard Maibaum & Paul Dehn
Produktion: Harry Saltzman & Albert R. Broccoli
Regie: Guy Hamilton

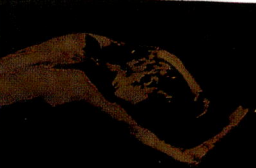

Goldfinger

Goldfinger. GB 1964; 109 Min.; Regie: Guy Hamilton; Buch: Richard Maibaum, Paul Dehn nach dem Roman von Ian Fleming; Kamera: Ted Moore; Schnitt: Peter Hunt; Produktionsdesigner: Ken Adam; Musik: John Barry; Produktion: Albert R. Broccoli und Harry Saltzman

Deutsche Erstaufführung: 14. 1. 1965

Besetzung: Sean Connery (James Bond), Gert Fröbe (Goldfinger), Shirley Eaton (Jill Masterson), Honor Blackman (Pussy Galore), Harold Sakata (Odd Job)

Inhalt: Goldfinger will mit Hilfe einer eigenen weiblichen Flugstaffel die Truppen um Fort Knox einschläfern und die Goldreserven der USA radioaktiv machen. Bond heftet sich an seine Spur.

cinema-tographische Notizen: Sensationeller „Hauptdarsteller" war ein speziell ausgerüsteter Aston Martin DB 5 mit Reifenaufschlitzern, Schleudersitz, Ölsprüher, zwei MGs, kugelsicherer Rückwand und Radarschirm. Ein großer Teil dieser Installationen funktionierte in der Realität jedoch nicht oder nur begrenzt. „Goldfinger" brachte den internationalen Durchbruch der 007-Serie und initiierte eine Reihe von Bond-Nachfolgern und eine nicht endende Werbeartikelkampagne.

Regisseur: Guy Hamilton, geboren 1922, arbeitete als Lehrling in einem Studio in Nizza und wurde später Regieassistent bei so bekannten Filmen wie „Der dritte Mann" und „African Queen". Sein Debüt als Regisseur gab er mit „The Ringer" (1952).

Darsteller: Gert Fröbe ist bis heute der Bond-Gegner, der Produktion und Publikum am besten gefiel. Geboren am 25. Dezember 1913 in Planitz, Zwickau, begann er als Violine-Spieler und Kulissenmacher am Theater. Sein Filmdebüt gab er 1948 in der „Berliner Ballade". Sein Auftritt als Kindermörder in „Es geschah am hellichten Tag" gefiel den Produzenten Broccoli und Saltzman so sehr, daß sie ihn für den Bond engagierten. Sein komisches Talent bewies Fröbe in Filmen der sechziger Jahre wie „Die tollkühnen Männer in ihren fliegenden Kisten" und „Tschitti Tschitti Bäng Bäng". Auf deutschen Bühnen gastiert er gelegentlich mit gespielten Memoiren unter dem Titel „Durch Zufall frei".

Shirley Eaton, geboren 1937, spielte ihre berühmteste Rolle als buchstäblich vergoldetes Bond-Girl. Zu der Zeit war sie in England schon zehn Jahre populär durch Komödien der „Doktor"-Serie mit Dirk Bogarde und mehreren Folgen der „Ist ja irre"-Serie.

Honor Blackman, geboren 1926, war Diana Riggs Vorgängerin in der legendären TV-Serie „Mit Schirm, Charme und Melone". Auch ihr bekanntester Film ist und bleibt „Goldfinger". In dem Western „Shalako" spielte sie ein zweites Mal neben Bond-Partner Sean Connery.

cinema

Moonraker — Streng geheim

Moonraker. GB 1979; 126 Min.; Regie: Lewis Gilbert; Buch: Christopher Wood nach einem Roman von Ian Fleming; Kamera: Jean Turnier; Schnitt: John Glen; Produktionsdesigner: Ken Adam; Musik: John Barry; Produktion: Albert R. Broccoli

Deutsche Erstaufführung: 31. 8. 1979

Besetzung: Roger Moore (James Bond), Michael Lonsdale (Hugo Drax), Lois Chiles (Holly Goodhead), Richard Kiel (Beißer)

Inhalt: Ein Space Shuttle wird entführt und Bond soll herausfinden, wie es dazu kommen konnte und wer dafür verantwortlich ist. Der Drahtzieher Hugo Drax will auf einer Raumstation außerhalb der Erde eine neue Menschenrasse züchten und die jetzige vergiften.

cinema-tographische Notizen: Nachdem „Der Spion, der mich liebte" bei Publikum, Fans und Kritikern gut ankam, wurde Lewis Gilbert ein drittes Mal mit der Regie betraut. „Moonraker" enthält eine furiose Eröffnungssequenz, in der sich Bond und Beißer in der Luft um einen Fallschirm prügeln, doch der Rest enttäuschte jedermann. Eine Gondel verwandelt sich in ein Luftkissenboot in Venedig, eine Motorbootjagd in Brasilien hat man vorher schon mal besser gesehen. Zudem taucht aufgrund des großen Erfolges im vorherigen Film der Beißer erneut auf, der diesmal fast ausschließlich für komische Situationen sorgt. Ken Adam baute eine gigantische Raumstation in Paris, sowie mehrere andere Sets in den Studios in Billancourt, doch Handlung und Einfälle verschwanden in den Kulissen.

Darsteller: Michael Lonsdale, geboren am 24. Mai 1931 in Paris, begann in Kindersendungen in Marokko, ehe er 1947 mit seinen Eltern wieder nach Paris kam. Neben der Liebe zur Malerei mit Ausstellungen in bekannten Galerien bekam Lonsdale nach dem Besuch der Schauspielschule erste Bühnenengagements. Sein Filmdebüt gab er 1956. Es folgten u. a. „Der Prozeß" (1962), „Der Schakal" (1972), „Monsieur Klein" (1976) sowie kürzlich „Der Name der Rose".

Lois Chiles, geboren 1950, spielte vor „Moonraker" eine Reihe erinnerungswürdiger Nebenrollen in „So wie wir waren", „Der große Gatsby", „Tod auf dem Nil" und „Coma". Ihre Bond-Rolle als Holly Goodhead hat ihre Karriere leider nicht vorangebracht.

Mit seinen 2.13m überragt Richard Kiel, Jahrgang 1939, alle Bond-Gegenspieler. Seine Parodie einer Kampfmaschine mit Metallgebiß kam in „Der Spion, der mich liebte" so gut an, daß er in „Moonraker" wieder dabeisein durfte. Er macht seit den frühen 60er Jahren Filme, u. a. „Trans-Amerika-Express", „Der wilde Haufen von Navarone", „Kampf um die 5. Galaxis" und „Der ausgeflippte Professor".

cinema

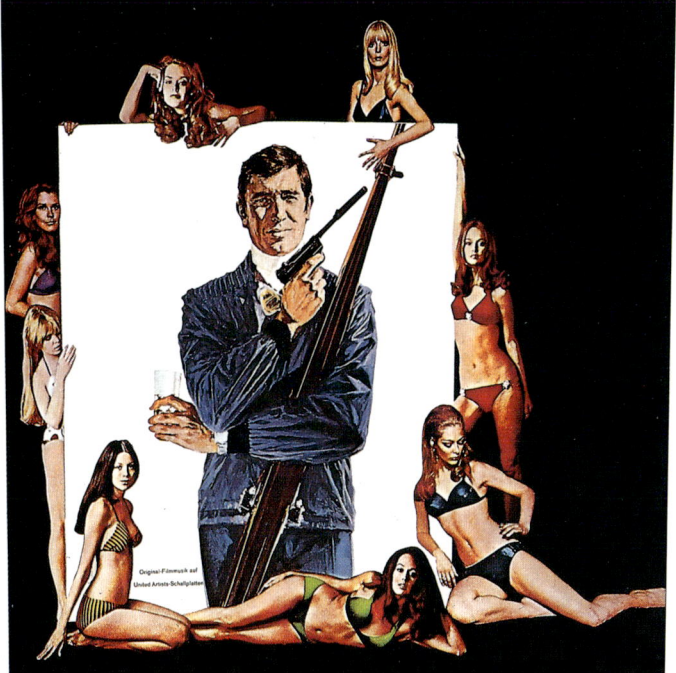

DER BESTE BOND DEN ES JE GAB!

Harry Saltzman und
Albert R. Broccoli zeigen

James Bond -
007 in
Ian Flemings

**IM
GEHEIMDIENST
IHRER
MAJESTÄT**

(On Her Majesty's Secret Service)

in den Hauptrollen
George LAZENBY   Diana RIGG
Telly Savalas als Blofeld

in weiteren Hauptrollen
Gabriele Ferzetti und Ilse Steppat

Im Geheimdienst Ihrer Majestät

On Her Majesty's Secret Service. GB 1969; 140 Min.; Regie: Peter Hunt; Buch: Richard Maibaum; Kamera: Michael Reed; Schnitt: John Glen; Produktionsdesigner: Syd Cain; Musik: John Barry; Produktion: Albert R. Broccoli und Harry Saltzman

Deutsche Erstaufführung: 19. 12. 1969

Besetzung: George Lazenby (James Bond), Diana Rigg (Tracy), Telly Savalas (Blofeld), Ilse Steppat (Irma Bunt), Gabriele Ferzetti (Draco)

Inhalt: Auf einer Bergstation in den Alpen residiert Blofeld, der mit Hilfe eines Virus totale Unfruchtbarkeit erzeugen will, um so die englische Regierung zu erpressen. James Bond und Marc Ange Draco, Chef einer Verbrecherorganisation, dringen in sein Hauptquartier ein.

cinema-tographische Notizen: Nach Connerys Vertragserfüllung hörte er auf, woraufhin Lazenby verpflichtet wurde. Das Publikum akzeptierte ihn nicht, dennoch war der Film kein geschäftlicher Flop. Er brachte allerdings bedeutend weniger Gewinn als die vorherigen Filme. Skiabfahrtsläufer und -filmer Willy Bogner inszenierte die brillante Jagd im Berner Hochland, indem er teilweise rückwärts auf einem Ski den Berg herabfuhr. Der ganze Film verzichtet auf technische Spielereien und zeigt Bonds Heirat, den tragischen Tod seiner Frau und zudem einen Bond, der offen Gefühle zeigt. Unter den eingeschworenen Fans steht er deswegen ganz oben auf der Beliebtheitsskala.

Regisseur: Peter Hunt, geboren 1928 in London, studierte Violine am London College of Music, dann Kunstgeschichte an der Universität von Rom. Er begann als Filmcutter in den 50er Jahren und schnitt zuvor alle Bondfilme. Nach „Im Geheimdienst Ihrer Majestät" inszenierte er unterschiedlich erfolgreiche Abenteuerfilme wie „Gold" (1974), „Rivalen gegen Tod und Teufel / Brüll den Teufel an" (1976) und „Wildgänse 2" (1985).

Darsteller: George Lazenby, geboren am 5. September 1939 in Goulburn, Australien, begann als Autoverkäufer und Fotomodell. Nach dem persönlichen Mißerfolg in dem Film schnitten ihn viele Produzenten, so daß er sich nur mit Nebenrollen und Kurzauftritten in Werbespots über Wasser halten konnte.

Telly Savalas, geboren am 21. Januar 1925 in Garden City, New York, ist griechischer Abstammung. Er arbeitete zunächst für die Fernsehgesellschaft ABC, wurde dort Direktor der Nachrichtenabteilung. Unter seine Obhut fiel die Sendereihe „Your Voice of America", die ihm einen Peabody Award einbrachte. Ende der 50er Jahre begann er als Schauspieler. Für „Der Gefangene von Alcatraz" (1962) wurde er für den Oscar in der Rubrik „Beste männliche Nebenrolle" nominiert. Anfang der 70er Jahre wurde er durch die Fernsehserie „Einsatz in Manhattan" als Kojak berühmt.

cinema

WILLKOMMEN IN TOKIO MR. BOND

SEAN CONNERY IST JAMES BOND

in Ian Flemings

MAN LEBT NUR ZWEIMAL

präsentiert von Harry Saltzmann und Albert R. Broccoli

United Artists

Regie: Lewis Gilbert   Drehbuch: Roald Dahl   Produktion: Harry Saltzmann und Albert R. Broccoli

Musik: John Barry   Ausstattung: Ken Adam   Panavision® Technicolor®

Man lebt nur zweimal

You Only Live Twice. GB 1967; 116 Min.; Regie: Lewis Gilbert; Buch: Roald Dahl nach dem Roman von Ian Fleming; Kamera: Freddie Young; Schnitt: Thelma Connell; Produktionsdesigner: Ken Adam; Musik: John Barry; Produktion: Albert R. Broccoli und Harry Saltzman

Deutsche Erstaufführung: 15. 9. 1967

Besetzung: Sean Connery (James Bond), Donald Pleasance (Blofeld), Akiko Wakabayashi (Aki), Karin Dor (Helga Brandt)

Inhalt: Ein unbekanntes Raumschiff kapert jeweils eine russische und eine amerikanische Raumkapsel, um so einen 3. Weltkrieg zu provozieren. SPECTRE-Gangster Blofeld steuert die Aktion von einem japanischen Krater aus.

cinema-tographische Notizen: Technische Hauptdarsteller waren der Ein-Mann-Hubschrauber „Little Nellie" und ein von Ken Adam geschaffener Krater als Kulisse für den Film. Der Hubschrauber wurde für den Film von seinem Konstrukteur Kenneth H. Wallis geflogen und war mit Luftminen, Maschinengewehren, Raketen mit Wärmeleitsteuerung und Flammenwerfern bestückt. In Japan statteten führende Elektronikhersteller noch einen Toyota 2000 GT mit allerlei technischen Extras wie Farbfernsehkameras, Videorecorder, Tonband und Monitor aus. Während der Luftaufnahmen verletzte sich ein Kameramann so schwer, daß ihm später ein Bein abgenommen wurde.

Regisseur: Lewis Gilbert, geboren am 6. März 1920 in London, begann als Kinderschauspieler auf Londoner Bühnen und in englischen Filmen. In den 30er Jahren, als Regieassistent, fertigte er während des 2. Weltkriegs Dokumentarfilme an, später dann auch einige Spielfilme über den Krieg. Der große kommerzielle Erfolg von „Alfie" (1966) brachte ihm die erste James-Bond-Regie ein.

Darsteller: Donald Pleasance, geboren am 5. Oktober 1919 in Worksop, England, war eine Notbesetzung für den Film. Der Tscheche Jan Werich war ursprünglich verpflichtet worden, erkrankte jedoch während der Dreharbeiten. Pleasance ist ein bekannter englischer Charakterschauspieler, der aber auch schon auf New Yorker Bühnen spielte. Er begann Mitte der 50er Jahre in Filmen mitzuwirken. Bekannnt wurde er durch „Gesprengte Ketten" (1963), „Die phantastische Reise" (1966), aber auch „Halloween" (1978). Häufig verkörpert er den satanischen Bösewicht oder besonders skurrile Typen.

Karin Dor wurde am 22. 2. 1936 in Wiesbaden geboren. Mit 18 wurde sie von Regisseur Harald Reinl für „Rosen-Resli" entdeckt. Noch im selben Jahr heirateten die beiden. Unter seiner Regie war sie der Star populärer Wellen der 50er und 60er Jahre: Heimatfilm („Zillertal, du bist mei Freud"), Edgar Wallace und Karl May („Der Schatz im Silbersee", „Winnetou II"). Nach dem Bond-Film holte Hitchcock sie für „Topas" (1969).

cinema

Diamantenfieber

Diamonds Are Forever. GB 1971; 119 Min.; Regie: Guy Hamilton; Buch: Richard Maibaum und Tom Mankiewicz nach einem Roman von Ian Fleming; Kamera: Ted Moore; Schnitt: Bert Bates und John W. Holmes; Produktionsdesigner: Ken Adam; Musik: John Barry; Produktion: Albert R. Broccoli und Harry Saltzman

Deutsche Erstaufführung: 17. 12. 1971

Besetzung: Sean Connery (James Bond), Jill St. John (Tiffany Case), Charles Gray (Blofield), Lana Wood (Plenty O'Toole)

Inhalt: Supergangster Blofeld hortet Diamanten, um damit einen Super-Laser im Weltraum zu bestücken. Mit dieser Waffe zerstört er wichtige militärische Einrichtungen, um die amerikanische Regierung zu erpressen. Bond schleicht sich in das Netz des Schmuggels ein.

cinema-tographische Notizen: „Diamantenfieber" zeigt erstmals Einflüsse von alberner Komik in der Serie und die Tendenz, sich selbst zu parodieren. Ein Katz-und-Maus-Spiel mit Polizeiwagen in Las Vegas, zwei schwule Killer, aber auch die total verunglückte deutsche Synchronisation in der einer der Helfershelfer sächsisch (!) sprach, trugen dazu bei. Shirley Bassey sang zum zweiten Mal nach „Goldfinger" das Titellied. Ein Drehtag war 1971 auch auf dem Frankfurter Flughafen.

Regisseur: Guy Hamilton kehrte nach „Goldfinger" zurück zum Bond-Team. Zwischendurch inszenierte er einen „Anti-Bond" mit dem Film „Finale in Berlin" (1966) mit Michael Caine als Harry Palmer in der Hauptrolle sowie den sehr erfolgreichen Kriegsfilm „Luftschlacht um England" (1969).

Darsteller: Sean Connery ließ sich für die Gage von 1,25 Millionen Dollar überreden, erstmals als Bond zurückzukehren. Außerdem sagte ihm der Verleih United Artists zu, zwei Filme seiner Wahl zu produzieren. Zusätzlich enthielt sein Vertrag eine Extra-Gage von 10000 Dollar pro Woche, falls die Drehzeit überschritten würde. Die Produktion wurde jedoch rechtzeitig fertig. Der überwiegende Teil der Filme, die Connery abseits von Bond drehte, erwiesen sich als Flops. Lediglich „Ein Haufen toller Hunde" (1965) erhielt exzellente Kritiken und mehrere Auszeichnungen.

Charles Gray, geboren am 29. 8. 1928 in Bournemouth, Dorset, der schon in „Man lebt nur zweimal" als Verbindungsmann auftauchte, spielte diesmal Blofeld. Er begann als Shakespeare-Interpret an englischen Theatern. Bekannt ist er auch als Erzähler der „Rocky Horror Picture Show".

Jill St. John wurde als Jill Oppenheim am 18. 8. 1940 in Los Angeles geboren. Bekannter als ihre Filme sind ihre Beziehungen zu bekannten Persönlichkeiten wie Henry Kissinger und Robert Wagner.

cinema

Liebesgrüße aus Moskau

From Russia With Love. GB 1963; 116 Min.; Regie: Terence Young; Buch: Richard Maibaum, Johanna Harwood nach dem Roman von Ian Fleming; Kamera: Ted Moore; Produktionsdesigner: Syd Cain; Schnitt: Peter Hunt; Musik: John Barry; Produktion: Harry Saltzman und Albert R. Broccoli

Deutsche Erstaufführung: 14. 2. 1964

Besetzung: Sean Connery (James Bond), Daniela Bianchi (Tatjana Romanova), Robert Shaw (Red Grant), Lotte Lenya (Rosa Klebb), Pedro Armendariz (Kerim Bey)

Inhalt: Eine russische Angestellte in der Botschaft von Istanbul und eine Dechiffriermaschine dienen als Köder, um James Bond nach Istanbul zu locken. Dort stehlen beide das Gerät und reisen im Orientexpress und per Boot nach Venedig. Sowohl ein professioneller Killer als auch die Organisation SPECTRE, die sich mit den Russen den Plan ausgedacht hat, heften sich an ihre Spur.

cinema-tographische Notizen: „Liebesgrüße aus Moskau" gilt immer noch als der realistischste Film der Serie. Die Kritiker beurteilen ihn als den besten. Erstmals erhält ein technisches Detail große Bedeutung. Bond reist mit einem Diplomatenkoffer bestückt mit einem Wurfmesser, zehn Goldstücken und einer Gaspatrone, die dem Gegner bei unsachgemäßem Öffnen des Koffers ins Gesicht fliegt. Peter Hunt schnitt alle Szenen Grants (Robert Shaw), in denen er sprach, bis zum ersten Treffen mit Bond heraus und macht ihn als „stummen" Killer so besonders bedrohlich. Die Schlägerei zwischen ihm und 007 im Zugabteil gilt auch heute noch als eine meisterhafte Inszenierung.

Regisseur: Terence Youngs zweite Arbeit nach „Dr. No" etablierte ihn endgültig als Action-Regisseur. Danach inszenierte er außer Komödien wie „Die amourösen Abenteuer der Moll Flanders" einen sehenswerten Krimi mit Audrey Hepburn, „Warte bis es dunkel ist" (1967), sowie einige mehr oder weniger erfolgreiche Abenteuerfilme der verschiedensten Genres. So zum Beispiel „Mohn ist auch eine Blume" nach einem Roman von Ian Fleming, „Rivalen unter roter Sonne" und „Blutspur".

Darsteller: Robert Shaw, geboren am 9. August 1927, war nicht nur Schauspieler, sondern schrieb auch mehrere Romane und Bühnenstücke. Er begann als Darsteller am Shakespeare Memorial Theatre. In den siebziger Jahren bekam er hochdotierte Rollen in Filmen wie „Der Clou", „Der weiße Hai" und „Die Tiefe". Er starb 1978 an einem Herzanfall.

Lotte Lenya (1900-1981), die Lebensgefährtin Kurt Weills und beste Interpretin seiner Lieder, wirkte in nur wenigen Filmen mit, u. a. in Pabsts Verfilmung der „Dreigroschenoper" (1931), in Sidney Lumets „Ein Hauch von Sinnlichkeit" (1969) und zuletzt in „Zwei ausgebuffte Profis" (1977).

cinema

Der Hauch des Todes

The Living Daylights. Großbritannien 1987; 130 Min.; Regie: John Glen; Buch: Richard Maibaum, Michael G. Wilson, nach einer Kurzgeschichte von Ian Fleming; Kamera: Alec Mills; Schnitt: John Grover, Peter Davies; Musik: John Barry; Produktion: Albert R. Broccoli, Michael G. Wilson

Deutsche Erstaufführung: 13. 8. 1987

Besetzung: Timothy Dalton (James Bond), Maryam D'Abo (Kara), Joe Don Baker (Brad Whitaker), Jeroen Krabbé (Koskov), Andreas Wisniewski (Necros), John Rhys-Davies (Leonid Pushkin), Art Malik (Kamrah Shah)

Inhalt: Geheimagent James Bond wird im Anschluß an einen gefährlichen Einsatz in Gibraltar nach Bratislava beordert, wo er dem KGB-Mann Koskov zur Flucht in den Westen verhelfen soll. Die tschechische Cellistin Kara verrät ihm, daß Koskov mit dem internationalen Waffenhändler Whitaker unter einer Decke steckt. Bond verfolgt den hinterhältigen Verschwörer von Wien über Tanger bis nach Afghanistan.

cinema-tographische Notizen: Der 16. Bond-Film basiert auf einer Kurzgeschichte von Ian Fleming und ist mit 35 Millionen Dollar Produktionskosten der teuerste Film der Geheimdienstserie. Für die Rolle des neuen Bond-Darstellers war von den Produzenten ursprünglich Pierce Brosnan vorgesehen, der aber vertraglich unabkömmlich war. Mit dem neuen Bond Timothy Dalton hatte man schon verhandelt, als Sean Connery nicht mehr als Agent 007 auftreten wollte. Zu den technischen Neuheiten des Bond-Autos Aston Martin DB 5 gehören u.a. selbstregulierende Schneereifen und ein in der Radnabe eingebauter Laser.

Regisseur: John Glen begann seine Filmkarriere 1947 in den Schneideräumen des Londoner Shepperton Studios, wo er am Schnitt von „Der dritte Mann" und „The Wooden Horse" arbeitete. Nachdem er auch als Cutter und Second Unit Regisseur bei „Im Geheimdienst Ihrer Majestät", „Die Wildgänse kommen" und „Die Seewölfe kommen" gearbeitet hatte, verpflichtete ihn Produzent Broccoli für die Regie von „In tödlicher Mission". „Der Hauch des Todes" ist Glens vierter Bond-Film.

Darsteller: Timothy Dalton (1946 in Colwyn Bay, North-Wales geboren) entschloß sich mit 16 Jahren zur Schauspielerei. Seine Filmkarriere begann der Shakespearedarsteller in dem preisgekrönten Geschichtsdrama „Ein Löwe im Winter". 1978 gab er sein Hollywood-Debüt an der Seite von Mae West in „Sextette". Vor seinem Bond-Engagement stand er als Partner von Brooke Shields für „Brenda Starr" vor der Kamera.

Maryam D'Abo wurde in London geboren und wuchs in Genf auf. Sie hatte Rollen u.a. in „Liebe ohne Ausweg" und „White Nights — Nacht der Entscheidung", doch ihre Szenen fielen der Schere des Cutters zum Opfer.

cinema

HARRY SALTZMAN und ALBERT R. BROCCOLI zeigen:

ROGER MOORE als JAMES BOND

7in IAN FLEMINGS

LEBEN UND STERBEN LASSEN
(LIVE AND LET DIE)

mit YAPHET KOTTO
JANE SEYMOUR Produktion: HARRY SALTZMAN und ALBERT R. BROCCOLI
Regie: GUY HAMILTON Drehbuch: TOM MANKIEWICZ
Titellied komponiert von PAUL und LINDA McCARTNEY
gesungen von PAUL McCARTNEY und den WINGS Musik: GEORGE MARTIN

Original Filmmusik auf United Artists Schallplatten
und Musikkassetten

United Artists

Leben und sterben lassen

Live And Let Die. GB 1973; 121 Min.; Regie: Guy Hamilton; Buch: Tom Mankiewicz nach einem Roman von Ian Fleming; Kamera: Ted Moore; Schnitt: Bert Bates, Raymond Poulton, John Shirley; Produktionsdesigner: Syd Cain; Musik: George Martin; Produktion: Albert R. Broccoli und Harry Saltzman
Deutsche Erstaufführung: 13. 9. 1973
Besetzung: Roger Moore (James Bond), Yaphet Kotto (Kananga), Jane Seymour (Solitaire), Clifton James (Sheriff Pepper)
Inhalt: Dr. Kananga, alias Mr. Big, betreibt einen gutgehenden Schmuggel von Haschisch in Jamaika, getarnt als seriöser Diplomat und unter Druck gesetzt durch den Voodoo-Zauber. Eine Wahrsagerin sagt ihm die Zukunft voraus. Bond hebt den Ring aus und befreit die junge Solitaire aus seiner Gewalt.
cinema-tographische Notizen: Als Einstand für Roger Moore wurde besonders bei den Action-Sequenzen sehr viel Wert auf neue Ideen gelegt. Die Motorbootjagd in den Sümpfen von Louisiana, die Amokfahrt einer Sportmaschine auf einem Flughafen, ein Doppeldeckerbus, der Motorradfahrer abschüttelt und die Flucht über die Rücken von Krokodilen sind nur einige der Höhepunkte. Dennoch war der Film geschäftlich nicht so erfolgreich wie „Diamantenfieber". Dies ist vor allem den farbigen Gangster zuzuschreiben, da viele Schwarze deshalb den Film mieden. Nach Connerys Absage bewarben sich so illustre Kandidaten wie Burt Reynolds und Tony Curtis um die Rolle, mußten sich jedoch vor Roger Moore geschlagen geben.
Darsteller: Roger Moore, geboren am 14. Oktober 1927, begann als Trickfilmzeichner in London und absolvierte dort auch die Royal Academy of Dramatic Art. Er spielte in Hollywood Nebenrollen zumeist als eleganter Liebhaber, bevor ihn Fernsehserien bekannt machten. Vor allem „The Saint" (Simon Templar) wurde in fast alle Länder dieser Erde verkauft, aber auch „Maverick", „The Alaskans" und „Ivanhoe" trugen zu seinem Ruhm bei. Er sollte schon früher als Bond einspringen, aber die Serienverpflichtungen hielten ihn davon ab. Kurz vor dem Bondfilm wirkte Moore neben Tony Curtis in der amerikanischen Fernsehserie „The Persuaders" (Die 2) mit, die bei uns sehr erfolgreich war.

Yaphet Kotto, geboren am 15. November 1937 in New York City, begann in Nebenrollen an amerikanischen Bühnen und spielt seit 1964 auch in Filmen mit. Zumeist sieht man ihn als aggressiven, durchsetzungskräftigen Typen. So auch in „Alien" (1979) und „Brubaker"(1980).

Jane Seymour, geboren 1951, hatte schon vor ihrer Bond-Rolle in Filmen wie „Oh What a Lovely War!" und „Der junge Löwe" mitgewirkt. Sie spielt auch weiterhin für die Leinwand, populär wurde sie jedoch als Miniserien-Heroine („Jenseits von Eden", „Crossings").

cinema

Sag niemals nie

Never Say Never Again. USA 1983; 133 Min.; Regie: Irvin Kershner; Drehbuch: Lorenzo Semple jr.; Kamera: Douglas Slocombe; Musik: Michel Legrand; Produktion: Taliafilm

Deutsche Erstaufführung: 20. 1. 1984

Besetzung: Sean Connery (James Bond), Klaus Maria Brandauer (Largo), Max von Sydow (Blofeld), Barbara Carrera (Fatima), Kim Basinger (Domino), Bernie Casey (Felix Leiter), Edward Fox („M")

Inhalt: Blofeld, Boß der Verbrecherorganisation S.P.E.C.T.R.E., läßt zwei Cruise Missiles mit atomaren Sprengköpfen kidnappen und stellt den Westmächten ein Ultimatum. Ihm zur Seite steht der undurchsichtige Geschäftsmann Maximilian Largo. Bond wäre nicht Bond, wenn er sich nicht einmal mehr als Weltenretter bewähren würde.

cinema-tographische Notizen: Die Entstehung des Films hat als eine der gewagtesten und riskantesten Unternehmungen Filmgeschichte gemacht. In den fünfziger Jahren hatte Bond-Autor Ian Fleming zusammen mit Kevin McClory und Jack Whittingham einige Bond-Drehbücher geschrieben und Teile davon später in seinem Roman „Feuerball" verarbeitet. In einem Rechtsstreit klagte Kevin McClory seine Autorenrechte ein und bekam Anteile am Bucherlös sowie die Filmrechte zugesprochen. 1965 war er mit den Bond-Produzenten Albert Broccoli und Harry Saltzman über eine Verfilmung handelseinig, wobei die Filmrechte für die nächsten zehn Jahre auf Eis lagen. Nach Ablauf dieser Frist bemühte sich McClory um eine Neuverfilmung. Keines der großen Filmstudios wagte sich jedoch an dieses Projekt, weil Broccoli, der sich mittlerweile die Exklusivrechte an der Bond-Figur gesichert hatte, mit rechtlichen Schritten drohte. 1981 erwarb der Rechtsanwalt Jack Schwartzman von McClory die Filmrechte. Er brachte das Kunststück fertig, das Projekt durch alle juristischen Fallen zu lavieren, Sean Connery zu einem Comeback als Bond zu bewegen und mehr als 30 Millionen Dollar für die Realisierung des Films aufzubringen.

Regisseur: Irvin Kershner (geb. 1923) hatte zuvor schon einmal mit Sean Connery gearbeitet: bei dem 1966 entstandenen Film „Simson ist nicht zu schlagen". Für George Lucas drehte er das zweite „Star Wars"-Abenteuer „Das Imperium schlägt zurück", ehe er die Regie bei dem Bond-Film übernahm.

Darsteller: Sean Connery (geb. 1930) hatte sich geschworen, nach seinem sechsten Bond-Abenteuer „Diamantenfieber" (1971) nie wieder diese Rolle zu spielen. Seine Ehefrau Micheline kommentierte diesen Wortbruch mit „Sag niemals nie" — und so bekam der Film seinen Titel.

Klaus Maria Brandauer (geb. 1944) hat sich in „Mephisto" internationale Anerkennung erspielt.

cinema

Das neue große James Bond Abenteuer:
1000 neue Gags - 10 000 PS - Tempo - 100 000 Volt - Spannung
ALBERT R. BROCCOLI
zeigt
ROGER
MOORE
als
IAN FLEMINGS
JAMES
BOND
007
in
(THE SPY WHO LOVED ME)
DER SPION, DER MICH LIEBTE
In den Hauptrollen BARBARA BACH und CURD JÜRGENS als Stromberg Produktion ALBERT R. BROCCOLI Regie LEWIS GILBERT
Drehbuch CHRISTOPHER WOOD & RICHARD MAIBAUM Musik MARVIN HAMLISCH PANAVISION® United Artists

Der Spion, der mich liebte

The Spy Who Loved Me. GB 1977; 125 Min.; Regie: Lewis Gilbert; Buch: Richard Maibaum und Christopher Wood nach einem Roman von Ian Fleming; Kamera: Claude Renoir; Schnitt: John Glen; Produktionsdesigner: Ken Adam; Musik: Marvin Hamlisch; Produktion: Albert R. Broccoli
Deutsche Erstaufführung: 26. 8. 1977
Besetzung: Roger Moore (James Bond), Curd Jürgens (Stromberg), Barbara Bach (Anja Amasova), Richard Kiel (Beißer), Caroline Munro (Naomi), Walter Gotell (General Gogol)
Inhalt: Supergangster Stromberg schluckt in einem Tanker zwei Atom U-Boote, so daß die beiden Supermächte sich gegenseitig verdächtigen. Bond macht Stromberg in seiner Unterwasserresidenz „Atlantis" ausfindig und vereitelt seinen Plan, die Welt zu zerstören.
cinema-tographische Notizen: „Der Spion, der mich liebte" etablierte Roger Moore als James Bond, so daß das Publikum ihn endgültig akzeptierte. Der Film enthält eine Fülle neuer Einfälle, obwohl ein findiger Beobachter einmal viele Ähnlichkeiten mit „Man lebt nur zweimal" feststellte, der auch von Gilbert inszeniert wurde. Die Sensation des Films war ein tauchfähiger Lotus Esprit, der sich sowohl auf der Straße, als auch unter Wasser seiner Gegner zu erwehren weiß – inklusive Zementauswurf, Ölsprüher, Wasserbomben, explosiver Harpunen und Periskop. Sechs Autos waren für den Film im Einsatz, außerdem zwei Modelle. Zusätzlich ist kurz eine Kawasaki mit Beiwagen zu sehen, die bei Aufprall explodiert. Für den Film wurde eigens in den Londoner Pinewood Studios eine neue Halle gebaut, die zur Innendekoration des Tankers wurde. Ken Adam baute die Kulisse.
Darsteller: Curd Jürgens (1915-1982) arbeitete zunächst als Journalist. Durch seine erste Frau Luise Basler kam er zur Schauspielerei, die er seit 1935 ausübte. International bekannt wurde er durch seine Darstellung in „Des Teufels General" (1955). Jürgens wirkte in über 100 Filmen mit und verfaßte eine Autobiographie unter dem Titel „Sechzig Jahre und kein bißchen weise". Nach Gert Fröbe war er der zweite deutsche Schauspieler, der Bonds Widersacher wurde.

Barbara Bach, geboren 1949 in New York, hatte in Italien schon eine Reihe von B-Filmen („Der schwarze Leib der Tarantel") gedreht, bevor sie die schöne Spionin verkörperte. Auch nach Bond blieben ihre Rollen zweitklassig: „Der wilde Haufen von Navarone", „Jaguar lebt!", „Kampf um die 5. Galaxis", „Der Supertyp". 1981 heiratete Barbara den Ex-Beatle Ringo Starr und drehte mit ihm „Caveman — Der aus der Höhle kam."

Caroline Munro, geboren 1950, hat ihre üppigen Formen vorwiegend in Abenteuer- und Horrorfilmen gezeigt: „Der sechste Kontinent", „Love to Kill".

cinema

HARRY SALTZMAN und ALBERT R. BROCCOLI zeigen

ROGER MOORE
als JAMES BOND 007 in IAN FLEMINGS

mit
CHRISTOPHER LEE · BRITT EKLUND

Produktion: HARRY SALTZMAN
und ALBERT R. BROCCOLI
Regie: GUY HAMILTON
Drehbuch: RICHARD MAIBAUM und TOM MANKIEWICZ

DER MANN
MIT DEM
GOLDENEN COLT

Musik: JOHN BARRY   FARBE   **United Artists**
Entertainment from Transamerica Corporation

29571 I Original Sound Track auf UA Schallplatte erhältlich 29571 I

Kuoni Reisen zu James Bond in den Fernen Osten

Der Mann mit dem goldenen Colt

The Man With The Golden Gun. GB 1974; 125 Min.; Regie: Guy Hamilton; Buch: Richard Maibaum, Tom Mankiewicz nach einem Roman von Ian Fleming; Kamera: Ted Moore; Schnitt: Ray Poulton; Produktionsdesigner: Peter Murton; Musik: John Barry; Produktion: Albert R. Broccoli und Harry Saltzman

Deutsche Erstaufführung: 20. 12. 1974

Besetzung: Roger Moore (James Bond), Christopher Lee (Scaramanga), Britt Ekland (Mary Goodnight), Maud Adams (Andrea), Herve Villechaize (Schnickschnack), Clifton James (J.W. Pepper)

Inhalt: Scaramanga ist der höchstbezahlte Killer der Welt und mordet auf Befehl für eine Million Dollar. Bond macht sich auf den Weg, ihn zu suchen. Scaramanga verfügt außerdem über das „Solex", das Kernstück einer Anlage, die Sonnenenergie in Elektrizität umwandelt. Auf einer kleinen thailändischen Insel kommt es zum Duell der Gegenspieler.

cinema-tographische Notizen: Nach „Man lebt nur zweimal" ist dies nun der zweite asiatische Bond voller faszinierender Schauplätze wie Bangkok, Hongkong und Macao. Technischer Leckerbissen ist ein Spiralsprung um 360 Grad in einem Auto über einen Fluß. Von einem Computer der New Yorker Cornell Universität genauestens vorausberechnet, klappte der Sprung auf Anhieb. Weiterhin gibt es eine Motorbootjagd auf den Klongs von Bangkok und ein Auto, das sich in ein Flugzeug verwandelt. In Wirklichkeit konnte das Gefährt jedoch nur leichte Sprünge von etwa 500 Metern ausführen. Trotz gigantischer PR-Aktion blieb das Kassenergebnis hinter den Erwartungen zurück, vermutlich auch deshalb, weil der Film viele alberne Späßchen enthielt und nie richtig spannend wurde.

Darsteller: Christopher Lee, geboren am 27. Mai 1922 in London, dessen Vater schon Schauspieler war, ist Ian Flemings Cousin und wurde von ihm gefragt, ob er nicht Dr. No spielen wollte, doch Lee lehnte ab. Lee debütierte Ende der 40er Jahre in Filmen, bevor er durch die Verkörperung des Grafen Dracula der Londoner Hammer Produktion bekannt wurde. Mitte der 60er Jahre war er häufig in deutschen Billigfilmen wie der Dr. Fu Man Chu Serie zu sehen.

Britt Ekland, als Britt-Marie Eklund 1942 in Stockholm geboren, begann als Modell, bevor sie 1962 in „Short Is The Summer" debütierte. Sie war mit Peter Sellers verheiratet. Mit ihm drehte sie „Jagt den Fuchs" und „Bobo ist der Größte". Andere Titel: „Der Doppelte Mann", „Casanova & Co.".

Clifton James, geboren 1921, spielte schon neben Paul Newman in „Der Unbeugsame" und in „. . . tick . . . tick . . . tick" Rollen, die ihn für den feisten Sheriff Pepper prädestinierten. Weitere Filme: „Klauen wir gleich die ganze Bank", „Trans-Amerika-Express" und „Superman II".

cinema

Der neue Bond '81

ALBERT R. BROCCOLI zeigt

ROGER MOORE

als Ian Flemings

JAMES BOND 007

IN TÖDLICHER MISSION

(For Your Eyes Only)

mit CAROLE BOUQUET · TOPOL · LYNN-HOLLY JOHNSON · JULIAN GLOVER Produktion ALBERT R. BROCCOLI Regie JOHN GLEN

Drehbuch RICHARD MAIBAUM und MICHAEL G. WILSON Produktionsleitung MICHAEL G. WILSON

Musik BILL CONTI Entwürfe PETER LAMONT Herstellungsleitung TOM PEVSNER Titel-Song gesungen von SHEENA EASTON

PANAVISION · TECHNICOLOR Auch in DOLBY STEREO Original-Filmmusik auf EMI-Schallplatten und Kassetten

In tödlicher Mission

For Your Eyes Only. GB 1981; 127 Min.; Regie: John Glen; Buch: Richard Maibaum und Michael G. Wilson nach einem Roman von Ian Fleming; Kamera: Alan Hume; Schnitt: John Grover; Produktionsdesigner: Peter Lamont; Musik: Bill Conti; Produktion: Albert R. Broccoli
Deutsche Erstaufführung: 7. 8. 1981
Besetzung: Roger Moore (James Bond), Carole Bouquet (Melina Havelock), Julian Glover (Kristatos), Chaim Topol (Columbo), Lynn Holly-Johnson (Bibi)
Inhalt: Ein Spionageschiff der britischen Kriegsmarine wird versenkt. An Bord befand sich ein Lenkwaffen-Computer (ATAC) mit streng geheimen Daten der Verteidigungspolitik. Ein Reeder-König und ein Schmuggler wollen Bond davon abbringen, an das ATAC zu kommen und jagen ihn durch Griechenlands Inselwelt.
cinema-tographische Notizen: „In tödlicher Mission" kehrt zurück zum Realismus der Serie, nachdem der Schauplatz Weltraum in „Moonraker — Streng geheim" nicht so gut ankam. Besonders die Stuntmen hatten Großeinsätze. Eine 54 PS starke Ente hilft Bond und Melina auf der Flucht vor ihren Verfolgern, auch Sprünge übersteht sie schadlos. Willy Bogner inszeniert eine atemberaubende Skijagd in Cortina d'Ampezzo und läßt Skifahrer Wolfgang Junginger für Bond im Eiskanal einen Bob verfolgen, da er selbst von einem Motorradfahrer gejagt wird. Auch Rick Sylvester, der in „Der Spion, der mich liebte" den Skisprung vom Gletscher gewagt hatte, ist wieder mit von der Partie. Diesmal klettert er außen an den Felsen von Meteora in Griechenland herum.
Regisseur: John Glen, schon seit „Im Geheimdienst Ihrer Majestät" Cutter und Regisseur des Action-Teams, erhielt hier erstmals die Regie. Er begann als Cutter bei „Der dritte Mann" 1947 in den Londoner Shepperton Studios. Erste Regieerfahrungen sammelte er bei der Fernsehserie „Geheimauftrag für John Drake" in den 60er Jahren.
Darsteller: Carole Bouquet, geboren 1958 in Paris, debütierte mit einer Hauptrolle in Luis Buñuels „Dieses obskure Objekt der Begierde". Nach ihrem Bond-Erfolg sah man sie u. a. in Werner Schroeters „Tag der Idioten" (1981) und als Partnerin von Adriano Celentano in „Bingo Bongo" (1982).

Chaim Topol, geboren am 9. September 1935 in Tel Aviv, wo er auch erste Schauspielererfahrungen sammelte. Er spielte während des 2. Weltkriegs mit einer israelischen Armeeeinheit. In London wurde er Interpret des Milchmanns Tevye in dem Musical „Anatevka", den er später auch in dem gleichnamigen Film darstellte (Oscar-Nominierung).

Julian Glover, geboren 1935, hat als Nebendarsteller in Filmen wie „Tom Jones", „Achtzehn Stunden bis zur Ewigkeit" und „Alfred der Große" mitgewirkt.

cinema

Im Angesicht des Todes

A View To A Kill. GB 1985; 130 Min.; Regie: John Glen; Buch: Richard Maibaum und Michael G. Wilson nach einem Roman von Ian Fleming; Kamera: Alan Hume; Schnitt: Peter Davies; Produktionsdesigner: Peter Lamont; Musik: John Barry; Produktion: Albert R. Broccoli und Michael G. Wilson
Deutsche Erstaufführung: 8. 8. 1985
Besetzung: Roger Moore (James Bond), Tanya Roberts (Stacey Sutton), Christopher Walken (Max Zorin), Grace Jones (May Day), Patrick Macnee (Tibbett)
Inhalt: Der Industrielle Max Zorin will durch die Explosion einer unterirdischen Mine eine Verschiebung der Erdplatten erreichen, um dann das Computertal Silicon Valley in Kalifornien zu überfluten. Zorin will dann die Weltmacht über den Mikrochip-Markt gewinnen. Bond macht sich auf die Suche nach dem Verbrecher und vereitelt seine Pläne.
cinema-tographische Notizen: „Im Angesicht des Todes" beginnt wieder einmal mit einer furiosen Skijagd, die Willy Bogner inszenierte, in der Double John Eaves in Gletscherspalten springt und teilweise auf der Kufe eines Bobs die Verfolger narrt. Zudem gibt es in Paris einen Sprung vom Eiffelturm, eine Autojagd mit einem halbierten Taxi und ein paar Actionsequenzen in San Francisco. Bürgermeisterin Dianne Feinstein sagte dem Team großzügig vollste Unterstützung zu, so daß Buslinien umgeleitet wurden und die Golden Gate Bridge gesperrt werden konnten. Dennoch hat man den Eindruck, alles schon mal irgendwo gesehen zu haben. Viele Anklänge an „Goldfinger" sind spürbar. Roger Moore wirkt alt und müde. Außerdem wurden viele Aufnahmen vor einer Leinwand im Studio gedreht.
Darsteller: Für Roger Moore wurde „Im Angesicht des Todes" der letzte Bond-Film. Während seiner sieben Filme wirkte er zwischenzeitlich auch immer in Abenteuerstreifen wie „Die Wildgänse kommen" (1977) und „Die Seewölfe kommen" (1980) mit. In „Auf dem Highway ist die Hölle los" (1980) parodierte er seine Bond-Rolle selber und spielte einen gewissen Seymour Goldfarb, der sich als Roger Moore ausgibt und in einem Rennen durch Amerika in dem Aston Martin DB 5 teilnimmt.

Christopher Walken, geboren am 31. März 1943 in Astoria im Staat New York, gab schon 1969 sein Spielfilmdebüt. Für „Die durch die Hölle gehen" (1978) gewann er sowohl den New Yorker Film Critics Award als auch einen Oscar für die beste männliche Nebenrolle.

Grace Jones, Sängerin, Fotomodell und Schauspielerin, profilierte sich als Partnerin von Arnold Schwarzenegger in „Conan, der Zerstörer" für die Bond-Rolle.

Tanya Roberts wurde in den USA und auch bei uns im TV mit „Drei Engel für Charlie" berühmt.

cinema

James Bond — 007 jagt Dr. No

Dr. No. GB 1962; 105 Min.; Regie: Terence Young; Buch: Richard Maibaum, Johanna Harwood und Berkely Mather nach dem Roman von Ian Fleming; Kamera: Ted Moore; Produktionsdesigner: Ken Adam; Schnitt: Peter Hunt; Musik: Monty Norman; Produktion: Harry Saltzman und Albert R. Broccoli
Deutsche Erstaufführung: 25. 1. 1963
Besetzung: Sean Connery (James Bond), Ursula Andress (Honey), Joseph Wiseman (Dr. No), Jack Lord (Felix Leiter)
Inhalt: James Bond begibt sich nach Jamaika, um die Ablenkung amerikanischer Raketen zu untersuchen. In einem Labor auf der Insel Crab Key findet er den wahnsinnigen Dr. No, der für die Anschläge verantwortlich ist. Die Muschelsucherin Honey hilft ihm dabei.
cinema-tographische Notizen: „Dr. No" ist der erste Film der James-Bond-Serie. Nachdem erst eine Fernsehserie geplant war, stimmte United Artists zu, erstmal sechs Filme zu finanzieren. Der Film entwickelte sich umgehend zu einem Kassenerfolg und die Produzenten beschlossen, das Budget der nächsten Filme zu erhöhen. „Dr. No" hatte weniger als 1 Million Dollar gekostet.
Regisseur: Terence Young wurde am 20. Juni 1915 in Shanghai geboren, hat jedoch britische Eltern. Seit 1936 arbeitete er an Filmdrehbüchern mit, inszenierte später Dokumentationen über den 2. Weltkrieg und arbeitete als Regieassistent bei Brian Desmond Hurst. Sein erster Spielfilm entstand 1948. In „Operation Tiger" arbeitete er 1957 erstmals mit Sean Connery zusammen. Ein Jahr zuvor hatte Young für Broccolis Produktionsgesellschaft „Warwick" schon den Film „Zarak Khan" inszeniert, der ihm dann den Regieauftrag für „Dr. No" einbrachte.
Darsteller: Sean Connery, geboren am 25. August 1930 in Edinburgh, stammt aus sehr ärmlichen Verhältnissen. Er verließ die Schule mit 15, schlug sich mit Gelegenheitsjobs durch, bekam eine Rolle im Chor von „South Pacific" und später dann Rollen als kleiner Gangster in englischen Spielfilmen. Als James Bond verpflichtete er sich für fünf Spielfilme.

Ursula Andress, geboren am 19. März 1936 in Bern. Als Teenager ging sie nach Rom und spielte in italienischen Schnellproduktionen der fünfziger Jahre. Marlon Brando stellte sie einem Agenten von Paramount vor, doch ihr Filmauftritt wurde später geschnitten. „Dr. No" war ihre erste Hauptrolle. Von 1957-62 war sie mit John Derek verheiratet. Spätere Lebensgefährten waren Belmondo und Harry Hamlin.

Joseph Wiseman, geboren am 15. Mai 1918 in Montreal. Er stand bereits seit 1936 in den USA auf der Bühne. In Filmen wirkte er nur sporadisch mit, u. a. war er in „Die Valachi-Papiere" und „Buck Rogers" zu sehen.

cinema

Feuerball

Thunderball. GB 1965; 125 Min.; Regie: Terence Young; Drehbuch: Richard Maibaum und John Hopkins nach einem Originaldrehbuch von Jack Whittingham, Kevin McClory und Ian Fleming; Kamera: Ted Moore; Schnitt: Peter Hunt; Produktionsdesigner: Ken Adam; Musik: John Barry; Produktion: Kevin McClory

Deutsche Erstaufführung: 17. 12. 1965

Besetzung: Sean Connery (James Bond), Claudine Auger (Domino), Adolfo Celi (Largo), Luciana Paluzzi (Fiona)

Inhalt: Die Verbrecherorganisation SPECTRE entführt einen Vulcan-Bomber mit zwei Atombomben an Bord und erpreßt damit die englische Regierung. James Bond beginnt seine Suche auf den Bahamas und erhält Hilfe von der Freundin des Obergangsters.

cinema-tographische Notizen: In „Feuerball" triumphierte erstmals die Technik über die Handlung, auch schon deswegen, um sich von den zahlreichen Nachahmern abzuheben. Eine Ein-Mann-Rakete ermöglicht die schnelle Flucht über ein Schloß, ein raketenbestücktes Motorrad schießt einen Pkw in Brand, die Unterwasserausrüstung war gespickt mit technischem Schnickschnack: eine Kamera mit Geigerzähler, Atemstäbchen, Harpunen mit Explosionssprengköpfen. Special-Effects-Mann John Stears erhielt später einen Oscar für seine Arbeit. Ein großer Teil des Films spielt unter Wasser und wurde in seichten Gewässer der Bahamas gedreht. Leiter der Unterwasseraufnahmen war Ricou Browning, der schon in den fünfziger Jahren als Kiemenmann in „Schrecken vom Amazonas" durch Hollywoods Gewässer gekrault war. Hunderte von Journalisten säumten die „Feuerball"-Dreharbeiten.

Regisseur: Terence Young kehrte für diesen Film als Regisseur zurück, gab aber später in Interviews bekannt, er „hasse" James-Bond-Filme, wohl auch deshalb, weil die Dreharbeiten permanent von Fotografen beobachtet wurden.

Darsteller: Adolfo Celi (1922-1986) begann auf Bühnen in Italien und spielte seit Ende der 40er Jahre in italienischen Filmen Rollen von Bösewichtern. Seit „Feuerball" erhielt er auch im Ausland größere Rollen, zumeist als reicher Industrieller oder Drahtzieher einer Verbrecherorganisation. Filme: „Hitler — Die letzten zehn Tage", „Das Gespenst der Freiheit", „Monsignor".

Claudine Auger, geboren am 26. April 1942 und ehemalige Miss Frankreich, kam über das Pariser Konservatorium zum Film. Sie trat nach dem Bond überwiegend in französischen Kriminalfilmen auf. Ihre erste bedeutende Rolle spielte sie 1959 als Tänzerin in Jean Cocteaus „Das Testament des Orpheus". Französischen Theaterfreunden war sie als Molière-Interpretin schon bekannt, als sie mit „Feuerball" berühmt wurde.

cinema